LE GUIDE DES
aliments santé

300 aliments, 350 recettes et
150 solutions à vos problèmes de santé

Catalogage avant publication de Bibliothèque et Archives nationales du Québec et Bibliothèque et Archives Canada

Cousin, Pierre Jean
Le guide des aliments santé
Traduction de: *The new complete guide to nutritional health.*
Comprend des réf. bibliogr. et un index.
ISBN 978-2-89455-608-5
1. Alimentation. 2. Cuisine santé. 3. Diétothérapie. 4. Régimes alimentaires. I. Hartvig, Kirsten. II. Titre.
RA784.C68214 2013 613.2 C2012-941463-8

Nous reconnaissons l'aide financière du gouvernement du Canada par l'entremise du Fonds du livre du Canada (FLC) ainsi que celle de la SODEC pour nos activités d'édition.

Patrimoine canadien Canadian Heritage Canada SODEC Québec

Gouvernement du Québec – Programme de crédit d'impôt pour l'édition de livres – Gestion SODEC

Cette édition revue et corrigée a été publiée originalement en Grande-Bretagne en 2011 sous le titre *The New Complete Guide to Nutritional Health* par Duncan Baird Publishers, Sixth Floor, Castle House, 75-76 Wells Street, London W1T 3QH.

Direction éditoriale: Judy Barratt, Grace Cheetham
Conception graphique: Manisha Patel
Graphisme: Steve Painter, Suzanne Tuhrim, Joy Wheeler, Gail Jones
Photographie: William Lingwood, Toby Scott
Stylisme: David Morgan, Helen Trent, Sunil Vijayakar, Mari Meredid Williams

Traduction et édition: Linda Nantel
Infographie: Christiane Séguin
Conception de la couverture: Christiane Séguin
Dépôt légal — Bibliothèque et Archives nationales du Québec, Bibliothèque et Archives Canada, 2013
ISBN: 978-2-89455-608-5

Distribution et diffusion
Amérique: Prologue
France: Dilisco S.A.
Belgique: La Caravelle S.A.
Suisse: Transat S.A.

Guy Saint-Jean Éditeur inc.
3440, boul. Industriel, Laval (Québec) Canada, H7L 4R9. 450 663-1777.
Courriel: info@saint-jeanediteur.com • Web: www.saint-jeanediteur.com

Imprimé en Chine

ASSOCIATION NATIONALE DES ÉDITEURS DE LIVRES

PIERRE JEAN COUSIN et KIRSTEN HARTVIG

LE GUIDE DES **aliments santé**

300 aliments, 350 recettes et 150 solutions à vos problèmes de santé

Traduit de l'anglais par Linda Nantel

Guy Saint-Jean ÉDITEUR

sommaire

DEUXIÈME PARTIE: PRÉVENIR ET COMBATTRE

avant-propos

fiez-vous à ce livre

La connaissance est souvent ennemie de la sagesse. Plus nous sommes renseignés, moins nous avons une bonne compréhension globale des choses, et ce, principalement dans le domaine de la nutrition et de la santé. Les nombreux sites web et publications qui traitent de ces sujets ont de quoi semer la confusion. Ce livre vous permettra de jouir d'une bonne santé et d'une vie plus active en mettant à votre menu des boissons et des aliments vraiment délicieux.

La science de la nutrition moderne est une branche de la biochimie, qui est lourdement influencée par le «modèle médical» traditionnel statuant que la «santé» consiste en l'absence de maladie et que les «soins de santé» réfèrent d'abord aux médicaments et aux traitements médicaux ou chirurgicaux. Voilà une vision très limitée de la réalité. Pourquoi ne pourrions-nous pas vivre dans un monde où il serait normal de jouir d'une bonne santé et de mener une vie active jusqu'à la fin de nos jours? Les origines véritables de la nutrition proviennent de l'ancienne discipline de la diététique tel qu'on l'enseigne et la pratique depuis des milliers d'années chez certains peuples d'Orient et d'Occident qui la respectent encore aujourd'hui.

Si vous voulez changer le monde, commencez par vous changer vous-même ainsi que votre communauté. N'oublions pas que la santé englobe aussi les plans mental, émotionnel et spirituel. De ce fait, la nature et la qualité de ce que nous mangeons et buvons déterminent en grande partie notre état de bien-être général.

Les auteurs Pierre Jean Cousin et Kirsten Hartvig sont très conscients de la valeur de cette sagesse millénaire. Nous savons que dans toutes les populations et communautés, l'incidence de carie, constipation, maladies intestinales, obésité, hypertension, diabète, ostéoporose, attaque cérébrale, cardiopathie et de la plupart des cancers est déterminée principalement par la qualité de l'alimentation et de la nutrition, le manque d'activité physique et le tabagisme.

En tant que directeur scientifique du World Cancer Research Fund, j'ai dirigé et publié deux importants rapports consacrés à l'alimentation, à la nutrition et à la prévention du cancer dont les conclusions sont fondées sur une documentation de grande qualité. Il s'agit là d'un travail colossal, mais je ne peux toutefois m'empêcher de penser que ces recommandations découlant de l'analyse systématique de milliers d'études indiquant les habitudes de consommation dans les pays les plus riches sont vraiment trop prudentes. N'oublions pas que la plupart des maladies chroniques graves étaient rares ou inhabituelles jusqu'à tout récemment. Les produits industriels sont évidemment pointés du doigt. Quel traitement nos aliments subissent-ils avant d'être mis en marché? Aucun rapport d'experts n'élabore sur ce sujet.

J'ai la chance de vivre et de travailler au Brésil, un pays dont la richesse humaine est remarquable et où les gens n'hésitent pas à acheter des fruits et des légumes «imparfaits». L'automne, j'aime y cueillir des avocats, un des superaliments dont il est question dans ce livre.

Nous ne sommes pas uniquement un corps condamné à souffrir éventuellement de telle ou telle maladie. Nous sommes des organismes vivants. Chaque être humain vit en symbiose avec des milliards de microbes nous protégeant contre la maladie physique, mentale, émotionnelle et spirituelle. Notre système immunitaire est composé de tous ces microbes ainsi que des tissus où vivent les bactéries. Les auteurs de cet ouvrage croient qu'en nourrissant nos bestioles ainsi que leurs aires d'habitation, nous restons forts et sommes moins sujets aux maladies. Voilà comment on peut profiter pleinement d'une vie saine et heureuse. Il est évidemment idéal de commencer à bien se nourrir dès notre plus jeune âge. Je vous invite donc à offrir un exemplaire de ce livre aux jeunes parents ou, mieux encore, à vos proches qui souhaitent avoir des enfants.

Geoffrey Cannon

World Public Health Nutrition Association

www.wphna.org

avant-propos

comment utiliser ce livre

Cet ouvrage est le fruit de l'expérience de deux experts spécialisés dans les liens qui unissent la bonne alimentation et la bonne santé. Pierre Jean Cousin est un acupuncteur et un phytothérapeute très actif dans le domaine de la médecine douce à Londres. Kirsten Hartvig vit au Danemark où elle est naturopathe et praticienne en herboristerie médicinale. Elle donne des cours et anime des retraites en plus d'avoir un cabinet privé.

Les auteurs ont conjugué leurs connaissances pour traiter de la nutrition selon leur vision personnelle. Toujours à la fine pointe de la recherche scientifique, ils présentent les meilleurs aliments pour la santé et nous renseignent sur l'indice glycémique et l'obésité. Pierre Jean Cousin explique comment les aliments peuvent à la fois prévenir et traiter plusieurs problèmes de santé. Kirsten Hartvig adopte une approche végétarienne et indique comment faire les bons choix pour renforcer notre système immunitaire afin de pouvoir lutter contre la maladie à l'aide de nos défenses naturelles.

Au fil des chapitres, vous découvrirez des «superaliments» dont les vertus sont exceptionnelles pour la santé. Vous trouverez ci-après les symboles qui, tout au long de ce livre, mettent en lumière des faits importants à leur sujet. La plupart des aliments proposés par les auteurs sont faciles à se procurer. Après avoir pris connaissance de leurs propriétés médicinales, vous pourrez les cuisiner grâce aux nombreuses recettes qui vous mettront l'eau à la bouche. **Les recettes sont pour 4 personnes,** sauf indication contraire.

Certains chapitres expliquent comment une combinaison idéale de bons aliments peut aider à prévenir ou à traiter plusieurs affections. Ce livre est toutefois consacré à la santé et non à la maladie. Il vous aidera à avoir une meilleure compréhension de la valeur thérapeutique des aliments frais et naturels afin que votre famille et vous puissiez jouir d'une bonne santé, d'une grande vitalité ainsi que du plaisir de partager de délicieux repas avec les personnes que vous aimez.

REMARQUE IMPORTANTE

Les renseignements et les conseils contenus dans cet ouvrage se veulent un guide général et ne sont pas conçus pour des individus particuliers et leur situation personnelle. En cas de doute, toute personne devrait consulter un médecin dans les meilleurs délais possible. Ce livre ne doit pas remplacer un traitement prescrit par un médecin qualifié. Les auteurs et l'éditeur ne peuvent être tenus responsables pour toute réclamation découlant d'un usage inadéquat des conseils prodigués dans ce livre. Ne tentez pas d'établir un diagnostic ni de vous soigner vous-même pour une maladie grave ou de longue durée sans avoir au préalable consulté un médecin ou un membre de la profession médicale.

SYMBOLES UTILISÉS

- ★ IMPORTANTS NUTRIMENTS ET AUTRES INGRÉDIENTS ACTIFS
- ● PARTIE DU CORPS ET MALADIE / PROPRIÉTÉS
- ! MISE EN GARDE
- ✔ ALIMENTS BÉNÉFIQUES / CONSEILS PRATIQUES / POINTS D'INTÉRÊT
- ✘ ALIMENTS, BOISSONS ET PRATIQUES À ÉVITER

1re partie: guérir et soulager

pierre jean cousin

introduction

L'un des plus grands pouvoirs que nous avons sur notre santé est de surveiller notre alimentation. En consommant trop de gras animal, de sel, de sucre et d'additifs, nous causons des torts irréparables à notre corps, particulièrement à nos reins et à notre système cardiovasculaire. Une bonne alimentation peut accroître notre vitalité, nos défenses immunitaires et notre espérance de vie. Nous pouvons aussi influer sur la santé des générations qui nous succéderont en enseignant à nos enfants à adopter de saines habitudes.

À toutes les époques et dans toutes les cultures, l'être humain a utilisé la nourriture pour soigner les malades. Les sociétés occidentales modernes ont délaissé ces traditions pour se tourner vers les techniques médicales et les produits pharmaceutiques. De nos jours, rares sont les thérapeutes qui prescrivent des aliments pour favoriser la guérison. Le temps est venu de rapatrier le pouvoir curatif des aliments là où il appartient, c'est-à-dire dans nos foyers.

les principes de la bonne alimentation

Les piliers d'un régime sain sont les sucres complexes non raffinés et les fibres. La plus grande partie de notre alimentation doit être composée de haricots, lentilles, pommes de terre, pâtes, céréales et pains complets. Les protéines, comme la viande, la volaille et le poisson doivent être consommées en petites quantités. Il est faux de croire qu'il faut manger beaucoup de protéines pour jouir d'une bonne santé et il n'est pas nécessaire de manger chaque jour poisson, viande et produits laitiers. Les autres ingrédients essentiels à notre santé sont les vitamines, minéraux et phytochimiques (substances chimiques naturelles des végétaux) présents en abondance dans les fruits, les légumes et les acides gras des noix, graines, poissons gras et huiles (ex.: huile d'olive).

Toutes les civilisations ont adopté les céréales et les légumineuses comme aliments de base. En Asie, on mange du riz et du soja; en Amérique, du maïs et des haricots; en Europe, blé, orge, avoine, sarrasin, haricots, lentilles et autres légumineuses; en Afrique, blé, millet, sorgho, haricots et pois chiches. Traditionnellement les fruits et les légumes (souvent crus) et de petites quantités de viande et de poisson venaient compléter ce régime. Les aliments fermentés (fromage, yogourt, caillé, sauce de poisson, légumes marinés, cidre, bière et vin), tous bénéfiques pour l'intestin, figuraient également au menu de nos ancêtres. Riche en bonnes bactéries, en fibres en en nutriments, ce régime a le mérite de maintenir l'équilibre de la flore intestinale.

Il est très facile d'acquérir de bonnes habitudes alimentaires en suivant les règles suivantes:

- Acheter plus de fruits et légumes frais (riches en antioxydants, ils aident à prévenir entre autres le cancer et la cardiopathie), céréales, légumineuses et poisson.
- Manger moins de viande, produits laitiers et aliments prêts-à-servir.
- Remplacer la viande par du poisson gras.
- Éviter de manger plus de calories que nécessaire.
- Acheter un livre de cuisine inspiré du régime méditerranéen.
- Consommer moins de sucre, café, thé, boissons gazeuses et alcool.
- Manger à intervalles réguliers (jusqu'à 5 fois par jour si cela répond à vos besoins).

- Manger de préférence des produits biologiques et de saison.
- S'assurer d'avoir une alimentation très variée.
- Manger de préférence des aliments frais; éviter les conserves ou les aliments séchés contenant des additifs.
- Faire preuve de souplesse en misant sur l'équilibre et le plaisir. Éviter les diètes rigides.

l'échec de l'alimentation moderne

Les principes de la saine alimentation sont très différents de ceux communément appliqués de nos jours dans les pays occidentaux. Au cours des années 1940, nous avons commencé à utiliser des aliments contenant agents de conservation, colorants, rehausseurs de goût, sucre et caféine sans compter les traces de pesticides, métaux, engrais, hormones et antibiotiques. Cela a contribué à la prolifération de mauvaises bactéries dans l'intestin, à une accumulation de toxines dans l'organisme, à une mauvaise digestion et à une augmentation des risques de maladies cardiovasculaires, allergies et cancers.

Les techniques de production modernes sont à la source de l'«alimentation industrielle», produite en grande quantité aux dépens de la qualité et de la valeur nutritive. Paradoxalement, même si un choix immense d'aliments nous est maintenant offert, nous consacrons moins de temps à les sélectionner, à les préparer et à les manger. Nous nous contentons souvent d'acheter un nombre limité d'aliments que nous consommons de façon routinière ou pour des raisons de commodité.

La plupart des aliments que nous mettons dans notre assiette sont appauvris. Par exemple, ceux qui sont importés des autres pays perdent une grande partie de leurs vitamines pendant le transport, dans les réfrigérateurs ou sur les tablettes des supermarchés.

Afin de rendre les aliments frais «sécuritaires» et de prolonger leur conservation, on les stérilise ou on les irradie pour éliminer leurs microorganismes. Ces procédés affectent leur qualité et tuent leurs propriétés vitales. Toutes les mauvaises bactéries disparaissent, ainsi que toutes les bonnes bactéries et tous les ferments pourtant nécessaires à la santé de la flore intestinale et à la digestion. En pasteurisant le lait, on le déprive de ses ferments naturels et plusieurs personnes deviennent incapables de le digérer. Les produits laitiers non pasteurisés, comme le yogourt contenant des lactobacilles, sont bien tolérés par la plupart des gens. Comme les aliments stérilisés se conservent mieux, on les garde longtemps au réfrigérateur ou on les réchauffe plusieurs fois, ce qui donne naissance à divers microorganismes qui, en l'absence de bonnes bactéries, peuvent proliférer et causer diverses maladies, comme la listériose.

La production alimentaire industrielle est en partie responsable du déséquilibre des hormones mâles (lié à la mauvaise utilisation des hormones chez les animaux), de la résistance des bactéries aux antibiotiques (due à l'ajout d'antibiotiques dans l'alimentation animale) et de la maladie de Creutzfeldt-Jacob, associée à l'encéphalopathie spongiforme bovine, une maladie affectant les vaches causée par la contamination des aliments pour animaux. La modification génétique des aliments peut avoir des effets néfastes à long terme sur la santé humaine et l'environnement. Il faut oser contredire les scientifiques qui prétendent qu'«aucun fait évident ne

démontre que les aliments génétiquement modifiés pourraient représenter un danger». Ce genre d'argument ne constitue aucunement une preuve fiable quant aux fondements de leurs dires.

Nous devons nous renseigner et faire des choix éclairés au moment d'acheter des produits naturels biologiques en renonçant aux aliments déprivés de valeur nutritive conservés de manière artificielle.

la valeur médicinale des aliments

Notre connaissance du pouvoir curatif des aliments repose des traditions millénaires et sur nos méthodes d'observation empiriques. Les études scientifiques modernes confirment les vertus curatives des aliments que nos ancêtres ont utilisés pendant des siècles pour leur valeur thérapeutique. On sait maintenant que plusieurs aliments renferment effectivement des propriétés médicinales. Par exemple, la puissante action antibactérienne de l'allicine, une substance présente dans l'ail, est bien documentée. Il en va de même des propriétés curatives et protectrices des antioxydants et des huiles essentielles des fruits, légumes, herbes et épices. Certains de ces ingrédients sont même vendus sous forme de médicaments par l'industrie pharmaceutique. Il suffit de penser à la cynarine, un ingrédient actif extrait de l'artichaut jouant un rôle important dans le traitement des maladies du foie et la régénération des tissus du foie endommagés. Il y a un grand avantage à utiliser des aliments plutôt que des médicaments puisque les aliments sont mis à la disposition de tous et qu'on peut les consommer sans trop de risques. Les cures alimentaires augmentent les fonctions naturelles de l'organisme et favorisent son autoguérison.

la première partie de ce livre

Intitulée «Guérir et soulager», la première partie de ce livre vous aidera à adopter de saines habitudes et à utiliser les vertus médicinales des aliments. Elle est divisée en quatre chapitres. Le chapitre premier, «Les aliments pour guérir», présente 140 aliments courants, leurs nutriments et leurs principales vertus. Le chapitre 2, «Problèmes ou maladies spécifiques», indique quels sont les aliments pouvant jouer un rôle dans le traitement de plus de 80 maladies. Le chapitre 3, «Recettes pour guérir», est une collection de recettes qui mettent brillamment en valeur les aliments santé. Le chapitre 4, «Passez à l'action!», est un guide pratique consacré aux vitamines et aux minéraux ainsi qu'aux aliments qui en contiennent le plus. On y explique également comment détoxifier l'organisme grâce à une cure simple à base de fruits, légumes, jus et infusions.

La plupart des recettes et techniques suggérées sont simples et font usage d'ingrédients faciles à se procurer. Les recettes peuvent être utilisées de trois manières:

- Comme plats de tous les jours pour les personnes en bonne santé souhaitant maintenir leur bien-être en incorporant des aliments santé à leur régime.
- Comme remèdes pour les maladies aiguës ou chroniques. Les recettes de jus (p. 119 à 121)

et de boissons médicinales (p. 125 à 133) sont les plus intéressantes sur le plan médicinal. On peut consommer des aliments santé tout en continuant de suivre un traitement médical. Les changements favorables prendront plus ou moins de temps à apparaître selon votre maladie et votre état de santé général. Soyez patient et persévérez. Les maladies liées au stress peuvent aussi bénéficier d'un traitement diététique.

- Comme traitement de premiers soins et pour soulager les symptômes. Certains aliments utilisés dans les recettes peuvent atténuer des malaises. D'autres peuvent être appliqués sur la peau pour traiter brûlures, piqûres, morsures et autres problèmes (ex.: eczéma) ou encore comme soin de beauté.

Certaines boissons médicinales contiennent du vin ou de la vodka. Même si l'alcool pris en excès est néfaste pour la santé, il s'agit d'un excellent solvant qui concentre les ingrédients actifs des plantes. Par exemple, en faisant macérer du basilic dans la vodka, on préserve ses composés médicinaux sous une forme facile à absorber (le basilic est bon pour l'indigestion, la nausée et les ballonnements). La plupart des boissons médicinales contenant de l'alcool doivent être bues en petites quantités ou pendant une période juste assez longue pour soulager un symptôme ou un ennui de santé particulier. Toutes les boissons médicinales sont puissantes et on doit en user avec précaution. Elles ne sont pas destinées aux enfants, sauf indication contraire. Consultez votre médecin si vous hésitez ou si vous êtes inquiet à propos d'un problème de santé. N'hésitez pas à ajouter un peu de crème pour agrémenter certaines recettes. Si vous souffrez d'intolérance au lactose, utilisez plutôt du yogourt ou du lait (jus) de soja. En cas d'hypertension, de cholestérol élevé, de cardiopathie ou de diabète, évitez de mettre du sucre, du sel et du gras dans vos plats.

achat et cueillette des ingrédients

Achetez des fruits et des légumes biologiques et ne les gardez pas trop longtemps au réfrigérateur. Optez pour la viande biologique ou d'élevage; il est préférable de se procurer de petites quantités de bonne qualité que de grandes quantités de qualité moindre. Achetez votre poisson le jour même de l'arrivage chez votre fournisseur.

Si possible, faites la cueillette des ingrédients sauvages dans votre potager ou chez des producteurs établis à la campagne. Les jeunes feuilles de bourrache, d'ortie et de pissenlit doivent être cueillies loin de la route, des chemins de fer et des sentiers fréquentés par les animaux. Assurez-vous de pouvoir identifier clairement les plantes dont vous avez besoin et que celles-ci sont en bon état et propres à la consommation. Plusieurs herbes pousseront facilement dans votre potager ou dans des pots: camomille, mélisse, sarriette, menthe, basilic, thym, romarin, etc. Veillez à cueillir vos petits fruits sauvages dans des lieux non exposés à la pollution de la route. Ne choisissez que les fruits mûrs et intacts et n'en mangez pas sur place puisqu'il est important de toujours bien les laver avant de les consommer.

Pierre Jean Cousin

chapitre 1

les aliments pour guérir

Les aliments ne sont pas un simple carburant nous fournissant l'énergie nécessaire pour vaquer à nos diverses occupations. Plusieurs ont le pouvoir de prévenir et de traiter la maladie de façon naturelle. Ce chapitre présente les aliments les plus bénéfiques. Huit d'entre eux possèdent des vertus vraiment exceptionnelles.

légumes, céréales et légumineuses

LÉGUMES-RACINES

BETTERAVE

★ VITAMINES A, B, C; FER, MAGNÉSIUM, MANGANÈSE, POTASSIUM, ZINC, ASPARAGINE, BÉTAÏNE, BIOFLAVONOÏDES, SUCRE NATUREL

● SANG ET CIRCULATION Anémie.

Nutritive, facile à digérer, riche en minéraux. La bétaïne régule le pH (équilibre acide-alcalin) de l'estomac et facilite la digestion. Jus: un verre par jour pendant un mois pour améliorer la digestion. Feuille: riche en vitamines et minéraux, bon pour le foie; ajouter aux soupes

RECETTES *Bortch (p. 94), Jus de betterave et céleri (p. 121), Betteraves marinées (p. 122).*

CÉLERI-RAVE

★ VITAMINES B, C, K; IODE, FER, MAGNÉSIUM, MANGANÈSE, POTASSIUM, ANTIOXYDANTS

● SANG ET CIRCULATION Hyperlipidémie.

Céleri à grosse racine charnue. Bon pour cholestérol, prévention du cancer des intestins.

RECETTE *Blancs de volaille et purée de céleri-rave (p. 108).*

NAVET

★ VITAMINES A, B, C, ACIDE FOLIQUE; CALCIUM, MAGNÉSIUM, PHOSPHORE, POTASSIUM, SOUFRE, SUCRE NATUREL

Crucifère (voir Brocoli, p. 24); manger les racines cuites ou crues et râpées en salade et les jeunes feuilles.

RECETTES *Salade de navets (p. 100), Navets marinés (p. 122).*

OIGNON ET ÉCHALOTE

★ VITAMINES B, C; MANGANÈSE, PHOSPHORE, POTASSIUM, COMPOSÉS SULFURÉS, BIOFLAVONOÏDES, HUILE ESSENTIELLE, SUCRE NATUREL

● OS ET ARTICULATIONS Arthrite (rhumatoïde), goutte, rhumatisme.

● SANG ET CIRCULATION Artériosclérose.

● SYSTÈME DIGESTIF Diabète, diarrhée.

● SYSTÈME IMMUNITAIRE Rhume, grippe.

● SANTÉ FÉMININE Règles douloureuses.

Antibiotiques, antifongiques. Gênent la formation des tumeurs, réduisent le cholestérol, préviennent la formation de caillots, éliminent l'urée, aident la miction. Troubles digestifs, diarrhée, toux, rhume, grippe: jus ou décoction. Piqûres d'insecte, verrues et furoncles: boire le jus avec de l'eau ou du jus de carotte.

RECETTE *Oignons au cidre (p. 111).*

PANAIS

★ **VITAMINES C, E, K, ACIDE FOLIQUE; MANGANÈSE, PHOSPHORE, POTASSIUM, GLUCIDES, FIBRES**

Même famille que la carotte et le persil. Faibles quantités d'huiles essentielles — surtout des terpènes — réputées pour leurs vertus anticancer.

POIREAU

★ **VITAMINES A, B, C, K; CALCIUM, FER, MAGNÉSIUM, MANGANÈSE, PHOSPHORE, POTASSIUM, SILICE, SOUFRE**

● **OS ET ARTICULATIONS** Arthrite (rhumatoïde), goutte.

● **REINS ET VESSIE** Calculs rénaux.

Même famille que l'ail et l'oignon, mais contient une quantité moindre des mêmes ingrédients actifs. Diurétique, laxatif, antiseptique; excellent pour le tube digestif. Jus en usage externe pour: abcès, inflammation de la peau, piqûres, morsures.

RECETTES *Sarrasin à la sauce aux poireaux (p. 105), Polenta aux poireaux (p. 107), Sirop de poireau (p. 132).*

POMME DE TERRE

★ **VITAMINES B, C, ACIDE FOLIQUE; CUIVRE, PHOSPHORE, POTASSIUM, SOUFRE, GLUCIDES**

● **SYSTÈME DIGESTIF** Diabète, gastrite, ulcères peptiques.

Pour problèmes digestifs mineurs. Gastrite, ulcères peptiques: mixer le jus avec une même quantité de jus de carotte et de chou et un peu de jus de citron. Brûlures, piqûres d'insecte, eczéma, furoncles: jus ou chair crue sur la peau. Germée ou verte, elle peut causer des problèmes d'estomac.

RECETTES *Blancs de volaille et purée de céleri-rave (p. 108), Galettes de pommes de terre (p. 108), Purée de pommes de terre au cresson (p. 111), Pommes de terre, sauce aux herbes (p. 113).*

RADIS (ROUGE ET NOIR)

★ **VITAMINES C, ACIDE FOLIQUE; SOUFRE, RAPHANOL, EAU**

● **OS ET ARTICULATIONS** Arthrite (rhumatoïde).

● **SYSTÈME DIGESTIF** Dyspepsie.

● **SYSTÈME RESPIRATOIRE** Toux, coqueluche.

Manger cru en salade. Pauvre sur le plan nutritif, mais renferme du raphanol (surtout le radis noir), un ingrédient actif bon pour la sécrétion biliaire et la vidange vésiculaire. Foie et vésicule biliaire: mixer 60 ml (¼ de tasse) de jus de radis noir avec la même quantité de jus de carotte. Le sirop de radis noir est expectorant et bon pour la coqueluche. Jeunes feuilles de radis rouge: riches en vitamines; ajouter aux soupes.

RECETTES *Salade de radis et kumquats (p. 98), Salade de scarole (p. 101), Salade de radis noir (p. 101), Sirop de radis noir (p. 133).*

suite à la page 24

carotte

RICHE EN ANTIOXYDANTS, LA CAROTTE PROTÈGE CONTRE CERTAINS TYPES DE CANCERS, RENFORCE LE SYSTÈME IMMUNITAIRE ET AIDE À TRAITER PLUSIEURS MALADIES.

Ses propriétés

Les Grecs et les Romains connaissaient les propriétés médicinales de la carotte. La variété longue et orange que nous consommons de nos jours est née en Hollande au XVIIe siècle.

Ce légume très précieux pour la santé contient vitamine A (100 g contiennent 400 % de la quantité requise quotidiennement), acide folique, vitamine K, potassium, manganèse, soufre, cuivre, carotènes et pectine. Sa haute teneur en fibres et en liquide en fait un doux laxatif et soulage la constipation. Ses propriétés astringentes soignent la diarrhée. Pour traiter la diarrhée (adultes), manger des carottes et du riz bouillis et boire du thé noir. Les jeunes feuilles regorgent de minéraux et peuvent être ajoutées aux soupes ou cuites avec des céréales (tonique pour enfants et convalescents).

La carotte est recommandée pour: fatigue chronique, anémie, défenses immunitaires affaiblies, mauvaise vision nocturne, ulcères d'estomac, troubles intestinaux et lactation. Les carottes crues inhibent les effets de la salmonelle et de la Listeria, réduisent ou préviennent les maladies d'origine alimentaire. Jadis, on en donnait aux chevaux souffrant de bronchite. Le jus est recommandé aux enfants et contient plus d'ingrédients actifs que les carottes crues.

Acheter des carottes bios de préférence, sinon enlever la pelure qui renferme des organophosphates et autres résidus d'engrais et de pesticides.

Bienfaits pour la santé

La carotte est une excellente source d'antioxydants; elle protège aussi contre le cancer du poumon et autres types de cancers. Une alimentation riche en carottes réduit le taux de mauvais cholestérol, prévient les amas de dépôts graisseux dans les parois artérielles et renforce le système immunitaire.

Ce légume peu coûteux devrait être consommé 2 ou 3 fois par semaine, de préférence cru (salades, goûters) ou en jus.

Préparations médicinales

L'infusion de graines de carotte (p. 126) stimule l'appétit et la digestion. Elle a des vertus diurétiques et carminatives (soulage la flatulence). Pour un bon traitement de beauté régénérant le visage et le cou, mélanger le jus avec d'autres ingrédients (ex.: concombre, fraises, cerfeuil). Une application externe de jus de carotte peut aussi aider à soulager l'acné et l'eczéma.

FICHE SANTÉ

- **SANG ET CIRCULATION** Cholestérol.
- **SYSTÈME DIGESTIF** Diarrhée, flatulence, ulcères peptiques.
- **SYSTÈME NERVEUX, ESPRIT, ÉMOTIONS** Fatigue mentale.
- **PEAU, CHEVEUX, ONGLES** Acné, dermite, eczéma.

carottes au romarin

1 oignon rouge, en tranches
1 kg (8 tasses) de carottes, en tranches
1 c. à soupe comble de romarin, haché
2 c. à soupe de beurre
5 c. à soupe de yogourt nature ou de crème fraîche
Sel et poivre du moulin
1 c. à soupe de persil, haché

Faire revenir oignon, carottes et romarin dans le beurre. Couvrir et cuire 30 minutes à feu doux en ajoutant de l'eau au besoin. Mélanger avec le yogourt, assaisonner et garnir de persil.

salade de carottes

500 g (4 tasses) de carottes, râpées
Jus de 1 citron
Jus de 1 orange
1 pincée de sel

Mélanger tous les ingrédients et servir froid.

jus de carotte santé

4 carottes, hachées grossièrement
½ chou, en quartiers
1 poivron rouge ou vert, épépiné
2 petites échalotes

Passer le tout à la centrifugeuse et ajouter de l'eau au besoin. Servir froid.

citrouille

LA CHAIR ORANGE FONCÉ DE LA CITROUILLE REGORGE DE NUTRIMENTS. SES FLEURS ET SES GRAINES ONT AUSSI D'IMPRESSIONNANTES VERTUS CURATIVES.

Son histoire

Au Mexique, on a trouvé des graines de citrouille datant de 7000 ans, ce qui laisse supposer que cette plante potagère est originaire de l'Amérique du Sud. Les Amérindiens et les Aztèques l'utilisaient comme aliment et comme remède et il s'agit probablement de l'une des premières plantes cultivées en Occident. On la cultive aujourd'hui dans le monde entier, sauf en Antarctique. On peut consommer la chair, les graines et les fleurs. Facile à cultiver, son poids varie en général de 4 à 8 kg (9 à 17 ½ lb).

Usage alimentaire

La citrouille mûre peut être bouillie, rôtie, cuite au four ou à la vapeur. Ses graines servent souvent dans les plats salés et sucrés. Dans certains pays, on mange les feuilles dans les soupes ou comme légumes.

La cure de citrouille

Pauvre en calories, riche en eau et en fibres, elle contient des alpha- et bêtacarotènes et autres caroténoïdes (antioxydants), de la vitamine C, du magnésium et du potassium.

L'alphacarotène protège contre les cataractes et certains cancers; le bêtacarotène est un puissant anti-inflammatoire qui prévient le cholestérol et réduit le risque de cardiopathie. La citrouille aiderait aussi à régénérer les cellules du pancréas, ce qui est utile dans les cas de diabète.

Les graines contiennent protéines, tryptophane, acides gras essentiels, vitamines B1, B2, B3 et E, zinc, fer, manganèse, magnésium, sélénium, phosphore, cuivre et potassium. En phytothérapie, on les prescrit dans les cas d'élargissement de la prostate, comme diurétique ou comme remède pour expulser les vers intestinaux. Une teneur élevée en tryptophane serait utile au traitement de l'anxiété, de la dépression et autres troubles de l'humeur. Les gras essentiels aident à préserver la santé de la peau, des nerfs et des vaisseaux sanguins.

FICHE SANTÉ

- **OS ET ARTICULATIONS** Arthrite (rhumatoïde).
- **SANG ET CIRCULATION** Athérosclérose, cardiopathie, cholestérol élevé, thrombose.
- **SYSTÈME DIGESTIF** Parasites intestinaux.
- **SYSTÈME IMMUNITAIRE** Cancer, diabète.
- **REINS ET VESSIE** Diurétique.
- **SANTÉ MASCULINE** Élargissement de la prostate.
- **SYSTÈME NERVEUX, ESPRIT, ÉMOTIONS** Anxiété, dépression, sautes d'humeur.
- **PEAU, CHEVEUX, ONGLES** Ralentit le vieillissement.

risotto à la citrouille *(photo)*

1 oignon rouge, haché
2 gousses d'ail, broyées
2 tiges de céleri, hachées
1 poivron rouge, en tranches
1 bâton de cannelle de 5 cm (2 po)
1 piment, en tranches
2 c. à soupe d'huile d'olive
300 g (1 ⅓ tasse) de riz arborio, rincé
1 kg (8 tasses) de citrouille, en cubes
400 g (2 tasses) de tomates, hachées
2 c. à thé (à café) d'origan séché
1 litre (4 tasses) de bouillon de légumes

Faire sauter les 6 premiers ingrédients dans l'huile. Ajouter le riz et la citrouille et cuire de 2 à 3 minutes. Ajouter les tomates et l'origan. Verser le bouillon peu à peu en remuant sans cesse. Porter à ébullition et cuire à feu doux environ 15 minutes, jusqu'à absorption du liquide *(al dente)*.

sauce à la citrouille

500 g (4 tasses) de citrouille, pelée et en morceaux
1 oignon rouge, en tranches
250 g (1 ¼ tasse) de tomates, hachées
3 c. à soupe d'huile d'olive
1 botte de basilic, hachée
Sel et poivre du moulin
100 g (1 tasse) de parmesan, râpé

Dans une casserole, mélanger les 4 premiers ingrédients Ajouter basilic, sel et poivre. Cuire 30 minutes à feu doux en remuant souvent. Ajouter le fromage, remuer et servir avec des pâtes ou en plat d'accompagnement.

tarte à la citrouille

500 g (4 tasses) de citrouille, pelée et tranchée
250 g (½ lb) de pâte brisée
2 c. à soupe de confiture d'abricot
1 œuf bio
1 ½ c. à soupe de sucre de canne
½ c. à thé (à café) de muscade
4 c. à soupe de raisins secs

Porter de l'eau à ébullition. Ajouter la citrouille, ramener à ébullition et cuire de 5 à 10 minutes. Égoutter et refroidir. Abaisser la pâte pour remplir un moule beurré de 20 cm (8 po). Réserver les retailles. Étaler la confiture sur la pâte. Dans un bol, mélanger la citrouille avec le reste des ingrédients et verser dans le moule. Couvrir avec un treillis de pâte (retailles). Cuire 20 minutes au four préchauffé à 200 °C/400 °F/gaz 6.

LÉGUMES VERTS ET FEUILLUS

BETTE À CARDE

★ **VITAMINES A, C, E, K; FER, MAGNÉSIUM**

On consomme les feuilles vertes. Diurétique, laxatif. Bon pour inflammation des reins et de la vessie. Brûlures, abcès, furoncles: cataplasme de feuilles cuites.

BROCOLI

★ **VITAMINES A, C, E, K, ACIDE FOLIQUE; CALCIUM, FER, ZINC**

● **SANG ET CIRCULATION** Hypertension.

Crucifère riche en antioxydants. On croit qu'il réduit le risque de certains types de cancer, dont celui du poumon et du côlon. Une cuisson prolongée élimine environ la moitié de ses substances bénéfiques.

RECETTE *Jus de brocoli et haricot vert (p. 121).*

CHOU DE BRUXELLES

★ **VITAMINES A, B, C, K, ACIDE FOLIQUE; FER, MANGANÈSE, POTASSIUM**

VOIR Brocoli

RECETTE *Choux de Bruxelles aux châtaignes (p. 112).*

CHOU-FLEUR

★ **VITAMINES C, E, ACIDE FOLIQUE; POTASSIUM, ZINC, CAROTÈNE**

● **OS ET ARTICULATIONS** Arthrite (rhumatoïde).

VOIR Brocoli

RECETTE *Chou-fleur mariné (p. 122).*

CRESSON

★ **VITAMINES A, B, C, E, K; CALCIUM, IODE, FER, MANGANÈSE, PHOSPHORE, ZINC**

● **OS ET ARTICULATIONS** Arthrite (rhumatoïde).

● **SANG ET CIRCULATION** Anémie.

● **SYSTÈME DIGESTIF** Parasites intestinaux.

● **SYSTÈME RESPIRATOIRE** Bronchite.

Stimule l'appétit, tonique, purgatif, diurétique, énergétique, expectorant, anticancer. Jus: tonique pour les cheveux. Inflammation, ulcères, taches de rousseur: appliquer jus ou feuilles sur la peau.

RECETTES *Poisson et salade d'épinards (p. 111), Purée de pommes de terre au cresson (p. 111).*

ÉPINARD

★ **VITAMINES A, B, C, E, K, ACIDE FOLIQUE; CALCIUM, FER, POTASSIUM, MAGNÉSIUM, MANGANÈSE, ZINC, CAROTÈNE**

Antioxydant, stimule le pancréas. Un excès peut nuire à l'absorption du calcium. En manger modérément en cas de goutte, arthrite ou inflammation du tube digestif. Le jus est un puissant tonique. Constipation: infuser 10 g (⅓ d'oz) de graines d'épinard 10 minutes dans 250 ml (1 tasse) d'eau bouillante. Eczéma et brûlures: appliquer des feuilles sur la peau.

RECETTES *Agneau aux lentilles et aux épinards (p. 107), Doliques aux pruneaux et aux épinards (p. 109), Poisson et salade d'épinards (p. 111).*

HARICOT VERT

★ **VITAMINE A, ACIDE FOLIQUE; CUIVRE, PHOSPHORE, SILICE, GLUCIDES, CHLOROPHYLLE**

● **OS ET ARTICULATIONS** Arthrite (rhumatoïde), goutte, rhumatisme..

● **REINS ET VESSIE** Calculs rénaux.

Diurétique, légèrement tonique. Bon pour reins, rétention d'eau, production des globules blancs (protection contre l'infection). Rhumatisme, retention d'eau: en manger chaque jour pendant 1 mois (on peut boire l'eau de cuisson ou l'ajouter à une soupe) ou prendre ½ verre de jus de haricot vert tous les matins 4 ou 5 fois par semaine.

RECETTES *Salade de haricots verts (p. 99), Haricots verts à la moutarde (p. 113), Jus de haricot vert à l'ail (p. 121), Jus de brocoli et haricot vert (p. 121).*

ORTIE

★ **VITAMINES A, B, C, K; CAROTÈNE, CALCIUM, FER, MAGNÉSIUM, POTASSIUM, SILICE, SOUFRE**

● **OS ET ARTICULATIONS** Arthrite (rhumatoïde), goutte, rhumatisme.

● **SANG ET CIRCULATION** Anémie.

● **SYSTÈME DIGESTIF** Diarrhée.

Diurétique, astringent, purgatif. Bon pour éliminer l'acide urique, combattre l'infection, diminuer les saignements menstruels et autres, stimuler foie, sécrétion biliaire et appétit. Fortifiant pour enfants et convalescents.

RECETTES *Soupe aux orties (p. 96), Risotto aux orties (p. 105), Flétan au beurre d'ortie (p. 109).*

PISSENLIT

★ **VITAMINES A, B, C, K, ACIDE FOLIQUE; CALCIUM, FER, MANGANÈSE, POTASSIUM, SILICE, BIOFLAVONOÏDES, PRINCIPE AMER, CHLOROPHYLLE, INULINE**

● **SANG ET CIRCULATION** Anémie, hyperlipidémie.

● **SYSTÈME DIGESTIF** Colite, constipation, calculs biliaires.

● **REINS ET VESSIE** Calculs rénaux.

● **PEAU, CHEVEUX, ONGLES** Eczéma.

Feuille: foie trop lent, calculs rénaux et biliaires. Racine: diurétique, détoxifiant. Manger les jeunes feuilles et bourgeons crus en salade ou cuits (soupes). Cuire les feuilles comme tout autre légume vert feuillu.

RECETTES *Galettes de pommes de terre (p. 108), Infusion de pissenlit (p. 125).*

LÉGUMES À SALADES

CÉLERI

★ **VITAMINES A, B, C, K; CALCIUM, MAGNÉSIUM, MANGANÈSE, POTASSIUM, HUILE ESSENTIELLE**

● **OS ET ARTICULATIONS** Goutte, rhumatisme.

● **REINS ET VESSIE** Calculs rénaux ou de la vessie.

● **SYSTÈME IMMUNITAIRE** Mal de gorge.

Bon pour digestion, faible appétit, perte de poids. Le jus est antiseptique: ulcères buccaux, mal de gorge. Mélanger avec une même quantité de jus de carotte et appliquer sur la peau pour accélérer la guérison.

RECETTES *Céleri aux herbes (p. 112), Jus de chou, carotte et céleri (p. 121), Jus de betterave et céleri (p. 121).*

CONCOMBRE

★ **VITAMINES B, C, K; MAGNÉSIUM, MANGANÈSE, POTASSIUM, SOUFRE**

● **OS ET ARTICULATIONS** Goutte, rhumatisme.

● **SYSTÈME DIGESTIF** Colite ulcéreuse.

Diurétique, anti-inflammatoire, dissout l'acide urique, bon pour les intestins. Acheter bio afin de pouvoir manger la pelure. Chair et jus en usage externe pour réduire l'inflammation et hydrater la peau. Masque facial: au robot, mélanger 1 c. à soupe de crème fraîche avec des graines de concombre, melon et citrouille à parts égales. Laisser 30 minutes sur le visage et rincer.

RECETTES *Salade d'ananas et de concombre (p. 101), Salade de concombre (p. 101), Riz aux boules de concombre (p. 111), Jus de concombre et laitue (p. 121).*

COURGETTE

★ **VITAMINES A, B, C; MAGNÉSIUM, MANGANÈSE, PHOSPHORE, POTASSIUM, ZINC, CAROTÈNES**

● **SYSTÈME DIGESTIF** Dyspepsie, gastroentérite.

● **SYSTÈME NERVEUX, ESPRIT, ÉMOTIONS** Insomnie.

Manger cru ou cuit légèrement. Léger laxatif, diurétique, soulage l'inflammation des reins et de la vessie. On peut boire chaque jour le jus mélangé à d'autres jus de légumes. Recommandé pour le diabète. Inflammation, abcès: appliquer le jus ou la chair en purée sur la peau. Ajouter de l'argile pour faire un masque de beauté.

RECETTE *Gâteau aux courgettes (p. 105).*

chou

LE CHOU SOULAGE PLUSIEURS PROBLÈMES DIGESTIFS. RICHE EN ANTIOXYDANTS, IL RENFORCE LE SYSTÈME IMMUNITAIRE ET COMBAT L'INFECTION.

Son histoire

Sa culture remonte au néolithique. Quant aux Romains, ils considéraient cette crucifère comme une panacée pour la plupart des maladies.

Ses propriétés

Il est riche en vitamines A, C, K, fer, potassium, soufre et cuivre. Il renferme des antioxydants qui atténuent les risques de cancer de l'intestin et de cardiopathie. Anti-inflammatoire, diurétique; réduit la glycémie. Principaux usages médicinaux: troubles digestifs (gastrite, ulcère, colite, diverticulite). Le jus est efficace contre les ulcères d'estomac. Inflammation du tube digestif: un petit verre de jus de chou chaque matin pendant quelques semaines nettoie et purifie.

Le chou stimule le système immunitaire et soulage rhume, catarrhe, laryngite et autres infections respiratoires. Sa haute teneur en soufre combat le rhumatisme et l'arthrite. Le chou contient un peu de glucobrassicine, laquelle réduit l'activité de la thyroïde. Les personnes souffrant de carence en iode doivent éviter une consommation excessive de chou, ce qui pourrait causer une forme légère et rare d'hypothyroïdie.

Le chou dans l'alimentation

Une cuisson prolongée détruit les ingrédients actifs du chou; le chou cru et le jus sont meilleurs pour la santé. La choucroute marinée est excellente à cause de sa concentration élevée en lactobacilles, des bactéries bénéfiques pour les intestins.

Usage externe

Feuilles en cataplasme: blessures, fractures, entorses, brûlures et inflammation articulaire (rhumatisme, arthrite, goutte, inflammation oculaire). Laver la peau avec du jus pour traiter acné et eczéma.

FICHE SANTÉ

- **OS ET ARTICULATIONS** Arthrite (rhumatoïde), goutte.
- **SANG ET CIRCULATION** Maladie de Raynaud.
- **SYSTÈME DIGESTIF** Colite, diverticulite, ulcères peptiques.
- **SYSTÈME RESPIRATOIRE** Asthme, toux.

chou et châtaignes

Un régal avec le rôti de porc.

1 chou blanc ou rouge (ou des choux de Bruxelles)
2 c. à soupe d'huile d'olive
4 oignons rouges moyens, en tranches
300 g (10 oz) de châtaignes, épluchées et cuites
Graines de cumin (garniture)

Couper le chou en lanières et blanchir quelques minutes dans une casserole d'eau bouillante salée. Dans une autre grande casserole, à feu doux, faire revenir les oignons dans l'huile d'olive. Ajouter le reste des ingrédients et cuire 5 minutes. Garnir de cumin et servir chaud.

jus de chou, carotte et bleuet

2 parts de jus de chou frais
2 parts de jus de carotte frais
1 part de jus de bleuet (myrtille)

Bien mélanger et servir froid.

FEUILLES VARIÉES

★ **VITAMINES B, C, K, ACIDE FOLIQUE; FER, MAGNÉSIUM, BIOFLAVONOÏDES**

Chicorée, scarole, endive, laitue frisée: diurétiques, bonnes pour le foie et la vésicule biliaire (principes amers). La racine de chicorée séchée et rôtie est un bon substitut du café. Cultivée sans lumière, l'endive est peu nutritive.

RECETTE *Salade de scarole (p. 101).*

LAITUE

★ **VITAMINES A, C, K, ACIDE FOLIQUE; FER, MANGANÈSE, POTASSIUM, ZINC, LACTUCARIUM**

● **SYSTÈME NERVEUX, ESPRIT, ÉMOTIONS** Insomnie.

Riche en fibres, aide la digestion. Le lactucarium a des propriétés sédatives et analgésiques; peut aider en cas d'insomnie légère. Les graines ont plus de propriétés médicinales. Décoction de graines: asthme, bronchite, toux spasmodique, insomnie. Décoction de feuilles: en usage externe pour acné et conjonctivite (anti-inflammatoire).

RECETTES *Jus de laitue au basilic (p. 121), Décoction de laitue (p. 128).*

MÂCHE

★ **VITAMINES A, B, C, K, ACIDE FOLIQUE; FER, CHLOROPHYLLE, FIBRES**

● **OS ET ARTICULATIONS** Arthrite (rhumatoïde).

● **SANG ET CIRCULATION** Anémie, artériosclérose.

● **SYSTÈME DIGESTIF** Constipation, gastroentérite.

● **REINS ET VESSIE** Calculs rénaux.

Détoxifiant, léger diurétique, digestif. Aide à éliminer l'urée et le mucus (troubles respiratoires). Manger cru en salade, cuit ou en jus.

POIVRON

★ **VITAMINES A, B, C, ACIDE FOLIQUE; ANTIOXYDANTS**

● **OS ET ARTICULATIONS** Rhumatisme.

● **SYSTÈME DIGESTIF** Diarrhée, dyspepsie, flatulence.

La couleur indique le degré de maturité. Manger cru en salade ou grillé dans les mets méditerranéens. ***VOIR*** Piment.

RECETTE *Poivrons farcis (p. 106).*

ROQUETTE

★ **VITAMINES A, C, K, ACIDE FOLIQUE; FER, CHLOROPHYLLE, FIBRES**

● **SYSTÈME DIGESTIF** Dyspepsie.

Tonique, digestif, aphrodisiaque; stimule l'appétit. Manger cru en salade ou cuit légèrement (pâtes, raviolis).

TOMATE

★ **VITAMINES A, B, C, K, ACIDE FOLIQUE; OLIGOÉLÉMENTS, ANTIOXYDANTS**

● **OS ET ARTICULATIONS** Arthrite (rhumatoïde).

● **SYSTÈME DIGESTIF** Cholécystite, constipation, calculs biliaires.

● **REINS ET VESSIE** Calculs rénaux.

Dissout l'urée, prévient la formation de cristaux d'acide urique. Réduit l'inflammation du tube digestif et l'activité bactérienne intestinale. Acheter bio de préférence; plusieurs variétés sont génétiquement modifiées.

RECETTES *Coulis de tomate (p. 105), Polenta, sauce tomate au basilic (p. 107), Jus de tomate et céleri (p. 120).*

LÉGUMES GASTRONOMIQUES

ALGUE

★ **VITAMINE C; CALCIUM, IODE, FER, MAGNÉSIUM, PHOSPHORE, POTASSIUM, SODIUM**

● **SANG ET CIRCULATION** Athérosclérose, hypertension.

Antibactérien, anticancer. Renforce le système immunitaire, soigne les ulcères, clarifie le sang, réduit cholestérol et pression artérielle, prévient cardiopathie et attaque cérébrale.

ARTICHAUT

★ **VITAMINES A, B, C, K; FER, MANGANÈSE, PHOSPHORE, CYNARINE**

Bon pour reins (augmentation de la diurèse), foie (détoxication), sécrétion et émulsion biliaire, cholestérol, digestion. À éviter pendant l'allaitement; l'artichaut donne un goût amer au lait et ralentit la production de lait. Troubles rénaux et du foie: infusion de feuilles. Rhumatisme, goutte, rétention: bourgeons.

RECETTES *Artichauts à la menthe (p. 103), Vin d'artichaut (p. 130), Teinture d'artichaut (p. 132).*

ASPERGE

★ **VITAMINES A, B, C, K, ACIDE FOLIQUE; CUIVRE, FER, FLUORURE, MANGANÈSE, POTASSIUM, ASPARAGINE**

● **SANG ET CIRCULATION** Artériosclérose, hypertension, hyperlipidémie.

● **SYSTÈME DIGESTIF** Constipation.

Manger cru et râpé en salade, bouilli ou vapeur. Faible en calories, diurétique, riche en fibres, antibactérien, anticancer. Bon pour intestins, lactation. Éviter en cas de maladie inflammatoire (goutte, rhumatisme, cyctite), car l'asparagine a un effet irritant.

RECETTES *Salade d'asperges (p. 101), Sirop d'asperge (p. 133).*

AUBERGINE

★ **VITAMINES B, C; CALCIUM, CUIVRE, MAGNÉSIUM, MANGANÈSE, PHOSPHORE, POTASSIUM, BIOFLAVONOÏDES**

● **SYSTÈME DIGESTIF** Constipation.

Faible en calories, laxatif, calme l'esprit, stimule le foie et le pancréas. Manger toujours cuite: faire d'abord dégorger au sel 1 h pour qu'elle absorbe moins de gras pendant la cuisson. Inflammation, abcès et brûlures: appliquer les feuilles sur la peau. L'aubergine non mûre est très toxique.

RECETTES *Salade de poivrons et aubergines (p. 97), Saumon grillé, sauce à l'aubergine (p. 105).*

AVOCAT

★ **VITAMINES B, C, E, K, ACIDE FOLIQUE; ACIDES GRAS ESSENTIELS**

Inhibe certains types de bactéries dans l'intestin et régule le cholestérol. Appliquer de la purée d'avocat sur la peau (vieillissement, sécheresse) ou faire un masque de beauté en la mixant avec un œuf et du miel.

RECETTES *Vinaigrette à l'avocat (p. 97), Tartare d'avocat (p. 103).*

CHAMPIGNON

★ **VITAMINE B; CUIVRE, IODE, MANGANÈSE, POTASSIUM, SÉLÉNIUM, ZINC, PROTÉINES**

Source de protéines végétales. Stimulant, renforce l'immunité. Ne jamais manger les champignons sauvages crus; certains sont toxiques.

RECETTE *Crêpes de sarrasin aux champignons (p. 106).*

CITROUILLE (VOIR P. 22-23)

★ **VITAMINES A, C; ANTIOXYDANTS, CAROTÈNE, POTASSIUM**

● **SYSTÈME DIGESTIF** Diabète, dysenterie, dyspepsie.

● **REINS ET VESSIE** Cystite.

● **SYSTÈME NERVEUX, ESPRIT, ÉMOTIONS** Insomnie

Faible en calories, riche en eau, calmant, rafraîchissant. Le jus est laxatif. Inflammation, abcès et brûlures: appliquer de la pulpe sur la peau. Insomnie, cyctite: graines décortiquées cuites dans l'eau ou le lait. Graine rôtie: acides gras, magnésium, phosphore, zinc, potassium.

RECETTES *Strudel à la citrouille (p. 109), Citrouille au sirop (p. 114).*

FENOUIL

★ **VITAMINES A, B, C; MANGANÈSE, PHOSPHORE, POTASSIUM, SOUFRE, HUILES ESSENTIELLES**

● **SYSTÈME DIGESTIF** Crampes abdominales, colique, nausée.

● **SYSTÈME NERVEUX, ESPRIT, ÉMOTIONS** Mal de tête.

● **SANTÉ FÉMININE** Règles douloureuses.

Manger cru en salade (bon avec le radicchio) ou cuit. Bon pour appétit, digestion, sécrétion biliaire. Facilite la digestion des légumineuses (prévient la flatulence). Aide les mères qui allaitent à stimuler l'appétit du bébé, à prévenir la colique et les troubles digestifs. Une infusion de graines a les mêmes vertus que le bulbe.

RECETTES *Salade de fenouil et radicchio (p. 99), Fenouil au vin blanc (p. 112), Infusion de fenouil (p. 125), Décoction de barbe de maïs et fenouil (p. 127), Décoction de fenouil (p. 128).*

SALSIFIS

★ **ACIDE FOLIQUE, INULINE, POTASSIUM**

● **OS ET ARTICULATIONS** Arthrite (rhumatoïde), goutte.

● **SYSTÈME DIGESTIF** Diabète.

● **PEAU, CHEVEUX, ONGLES** Eczéma.

Racine semblable au panais. Détoxifiant, bon pour le foie et les reins. Dès qu'on l'a pelé, le mettre dans l'eau glacée avec jus de citron ou vinaigre pour l'empêcher de noircir. Verrues: appliquer le jus directement sur la peau.

RECETTE *Salsifis (p. 112).*

TOPINAMBOUR

★ **VITAMINES B, C; OLIGOÉLÉMENTS, INULINE**

● **SYSTÈME DIGESTIF** Constipation, gastrite.

Nutritif, mérite d'être mieux connu. Manger cru et râpé en salade ou légèrement bouilli ou vapeur. Réserver l'eau de cuisson pour faire une soupe. Bon pour le diabète.

LÉGUMINEUSES

GOURGANE

★ **VITAMINES C, K, ACIDE FOLIQUE; CALCIUM, FER, MAGNÉSIUM, PHOSPHORE, POTASSIUM, GLUCIDES, PROTÉINES**

● **SYSTÈME DIGESTIF** Diarrhée, dysenterie.

Bon pour reins, vessie. Calculs rénaux et sciatique: infuser quelques fleurs 10 minutes dans 160 ml (2/3 de tasse) d'eau bouillante.

RECETTE *Soupe aux gourganes (p. 94).*

HARICOTS (ROUGE, FLAGEOLET, COCO ROSE)

★ **VITAMINES B, K, ACIDE FOLIQUE; CALCIUM, FER, MAGNÉSIUM, PHOSPHORE, POTASSIUM, GLUCIDES, FIBRES, PROTÉINES**

● **SYSTÈME DIGESTIF** Diabète.

Bons pour le foie et le diabète. Manger avec modération en cas de goutte ou de rhumatisme. Germés, ils sont très nutritifs et savoureux. Faciles à digérer si on les cuit ou apprête avec des aromates (ail, laurier, thym). Les haricots rouges renferment une substance pouvant causer des maux d'estomac qu'on peut neutraliser en les faisant tremper, puis en les faisant bouillir 15 minutes à feu vif.

RECETTES *Salade de haricots (p. 98), Doliques aux pruneaux et aux épinards (p. 109), Haricots, carottes et oignons (p. 112).*

LENTILLE

★ **VITAMINES B, ACIDE FOLIQUE; CALCIUM, FER, POTASSIUM, PROTÉINES, GLUCIDES**

● **SANG ET CIRCULATION** Athérosclérose, hypertension.

● **SYSTÈME DIGESTIF** Diabète, constipation.

Bon pour femmes enceintes, fonction du côlon, cholestérol élevé. Pourrait inhiber la croissance du cancer.

RECETTES *Soupe aux lentilles (p. 97), Agneau aux lentilles et aux épinards (p. 107).*

POIS

★ **VITAMINES A, B, C, K, ACIDE FOLIQUE; FER, MAGNÉSIUM, PHOSPHORE, ZINC, GLUCIDES, FIBRES, PROTÉINES**

Énergétique, tonique, aide à régulier la fonction intestinale.

RECETTE *Petits pois au bacon (p. 112).*

POIS CHICHE

★ **VITAMINES B, K, ACIDE FOLIQUE; CALCIUM, FER, MAGNÉSIUM, MANGANÈSE, PHOSPHORE, POTASSIUM, SÉLÉNIUM, ZINC, SILICE, GLUCIDES, PROTÉINES**

Digestible, nutritif, antiseptique, diurétique. Bon pour inflammation des voies urinaires, mauvaise digestion.

RECETTE *Bouillon de pois chiches (p. 94).*

SOJA

★ **VITAMINES B, ACIDE FOLIQUE; CALCIUM, FER, MAGNÉSIUM, POTASSIUM, SÉLÉNIUM, ZINC, GLUCIDES, FIBRES, LÉCITHINE, PROTÉINES**

Germe de soja: anti-inflammatoire (rhumatisme, acidité gastrique).

CÉRÉALES

AVOINE

★ **VITAMINES B, ACIDE FOLIQUE; CALCIUM, FER, MAGNÉSIUM, PHOSPHORE, POTASSIUM, ZINC, GLUCIDES, ACIDES GRAS, FIBRES, PROTÉINES**

● **SYSTÈME DIGESTIF** Diabète.

● **SYSTÈME NERVEUX, ESPRIT, ÉMOTIONS** Dépression, insomnie, fatigue mentale.

Diurétique. Bon pour cholestérol, diabète, stimule la thyroïde. Insomnie, légère dépression, fatigue mentale: teinture d'avoine (*Avena sativa*).

RECETTE *Bouillie d'orge aux fruits (p. 77).*

BLÉ

★ **VITAMINES B, E, ACIDE FOLIQUE; CUIVRE, FER, MAGNÉSIUM, SÉLÉNIUM, ZINC, GLUCIDES, FIBRES, PROTÉINES**

Le traitement industriel le déprive d'une grande partie de ses propriétés curatives. Germé, il offre plus de vitamines et de protéines. Le son de blé renferme des enzymes facilitant digestion, dyspepsie et hyperacidité.

RECETTE *Taboulé (p. 102).*

MAÏS

★ **VITAMINES B, C, ACIDE FOLIQUE; MAGNÉSIUM, MANGANÈSE, PHOSPHORE, POTASSIUM, GLUCIDES, FIBRES, ACIDES GRAS**

Meilleur en épi ou en polenta. La mouture déprive le maïs de ses nutriments. Bon pour intolérance au gluten, thyroïde. Huile pressée à froid: riche en gras polyinsaturés (acide oléique); réduit le cholestérol. Ne convient pas à la chaleur élevée; délicieuse en vinaigrette. L'huile de maïs bio est rare.

RECETTES *Polenta, sauce tomate au basilic (p. 107), Décoction de barbe de maïs et fenouil (p. 127).*

MILLET

★ **VITAMINES B, ACIDE FOLIQUE; FER, MAGNÉSIUM, PHOSPHORE, SILICE, GLUCIDES, FIBRES, PROTÉINES**

Sans gluten. Bon pour fatigue, système nerveux, grossesse, convalescence, perte de poids.

RECETTE *Pilaf de poulet au céleri-rave (p. 109).*

ORGE

★ **VITAMINES B, E; CALCIUM, CUIVRE, IODE, FER, MAGNÉSIUM, POTASSIUM, GLUCIDES, FIBRES, L-TRYPTOPHANE**

● **SYSTÈME DIGESTIF** Diarrhée, dyspepsie.

● **SYSTÈME NERVEUX, ESPRIT, ÉMOTIONS** Légère insomnie.

● **SANTÉ FÉMININE** Syndrome prémenstruel.

Bon pour systèmes nerveux et digestif, glycémie. L-tryptophane: insomnie et syndrome prémenstruel. Contient de l'hordénine: antidiarrhéique, tonique cardiaque. L'orge germée contient des enzymes soulageant dyspepsie et hyperacidité. La meilleure façon de profiter de ses vertus médicinales est de boire de l'eau d'orge (p. 129). Le grain entier – germé de préférence – procure un maximum de nutriments.

RECETTES *Bouillie d'orge aux fruits (p. 77), Bouillon de pois chiches (p. 94), Pilaf de poulet au céleri-rave (p. 109), Infusion d'orge (p. 126), Eau d'orge (p. 129).*

RIZ

★ **VITAMINES B, E; CUIVRE, FER, MAGNÉSIUM, MANGANÈSE, PHOSPHORE, SÉLÉNIUM, ZINC, GLUCIDES, FIBRES, PROTÉINES**

● **SYSTÈME DIGESTIF** Diarrhée, diabète, diverticulite.

Sans gluten, énergétique, astringent; bon pour l'hypertension. L'eau de riz soigne la diarrhée légère et aide les convalescents. Diarrhée: faire tremper 200 g (1 tasse) de riz dans l'eau et le miel, égoutter et faire colorer dans un wok sans huile; ajouter 2 litres (8 tasses) d'eau, laisser mijoter jusqu'à formation d'une bouillie et boire. Le riz blanc poli a perdu ses principaux nutriments: opter pour le riz brun.

RECETTES *Risotto aux orties (p. 105), Poivrons farcis (p. 106), Riz aux boules de concombre (p. 111).*

SARRASIN

★ **VITAMINES B, FER, PROTÉINES, MAGNÉSIUM, SÉLÉNIUM, ZINC, GLUCIDES, RUTINE**

Sans gluten; remplace le blé en cas de maladie cœliaque ou d'intolérance au gluten. La farine est recommandée en cas de maladie causant un excès de mucus. La rutine protège le cœur.

RECETTES *Sarrasin à la sauce aux poireaux (p. 105), Crêpes de sarrasin aux champignons (p. 106).*

SEIGLE

★ **VITAMINES E, K, B, ACIDE FOLIQUE; CUIVRE, FER, MAGNÉSIUM, SÉLÉNIUM, ZINC, POTASSIUM, SOUFRE, GLUCIDES, FIBRES**

● **SANG ET CIRCULATION** Artériosclérose, hypertension.

Réduit la viscosité du sang, bon pour le cœur. Les cardiopathies sont moins nombreuses dans les pays où le seigle est un aliment de base.

olive

ALIMENT DE PREMIER PLAN DU RÉGIME MÉDITERRANÉEN, L'OLIVE RÉGULE LE CHOLESTÉROL SANGUIN ET RÉDUIT LA CARDIOPATHIE.

Ses propriétés

L'olive contient: vitamines A et E; phosphore, potassium, magnésium, manganèse, antioxydants, acides oléique et linoléique. Les noires sont plus digestibles et plus riches en vitamines et en antioxydants que les vertes. On peut les consommer nature tandis que les vertes doivent être lavées en saumure pour éliminer leur amertume.

Ceux qui suivent un régime méditerranéen ont moins de maladies cardiovasculaires que ceux qui mangent davantage de gras animal. La haute teneur en acide oléique des olives aide à créer un équilibre entre le bon cholestérol (HDL) et le mauvais cholestérol (LDL), ce qui aide à prévenir l'accumulation de dépôts graisseux sur les artères et à réduire les risques d'athérosclérose et de cardiopathies.

Les olives sont bonnes pour la constipation et les calculs biliaires: chaque matin, boire à jeun 2 c. à soupe d'huile d'olive pressée à froid mélangée avec la même quantité de jus de citron. Hypertension, athérosclérose, calculs rénaux, diabète et angine: infuser 50 g (1 ¾ oz) de feuilles d'olivier séchées (ou 80 g/2 ¾ oz fraîches) 10 minutes dans 1 litre (4 tasses) d'eau bouillante. Boire 160 ml (⅔ de tasse) 3 ou 4 fois par jour. L'huile est bonne pour la peau et très efficace pour soulager psoriasis, peau sèche et eczéma.

L'huile d'olive

On obtient l'huile d'olive en écrasant les olives avec une meule de pierre. Les techniques modernes ont remplacé la tradition en utilisant des méthodes chimiques et de centrifugation. L'huile la plus nutritive est la vierge extra pressée à froid. Le goût et la couleur peuvent varier selon les pays et le temps de récolte. Évitez l'huile courante ou raffinée et achetez plutôt:

- Huile d'olive vierge extra: obtenue par la première pression à froid; moins de 1 % d'acidité; idéale pour usage médicinal et en salade.
- Huile d'olive vierge fine: obtenue lors de la seconde pression. Plus acide, mais son goût et ses vertus médicinales sont bonnes.

FICHE SANTÉ

- **SANG ET CIRCULATION** Angine, athérosclérose, hypertension.
- **SYSTÈME DIGESTIF** Constipation, diabète, calculs biliaires.
- **REINS ET VESSIE** Calculs rénaux.
- **PEAU, CHEVEUX, ONGLES** Dermite et eczéma.

tapenade d'olives noires

200 g (1 ½ tasse) d'olives noires, dénoyautées
2 ou 3 gousses d'ail, pelées
150 g (1 tasse) de câpres, égouttées
100 g (3 ½ oz) d'anchois, trempés 10 minutes dans le lait
1 c. à thé (à café) de moutarde de Dijon
2 c. à soupe d'huile d'olive

Au robot culinaire, réduire le tout en purée épaisse. Servir avec des pâtes ou des salades ou sur du pain grillé.

huile d'olive aromatique

6 brins de thym
1 ou 2 brins de romarin
1 brin de marjolaine
1 c. à thé (à café) de grains de poivre noir
3 gousses d'ail entières, pelées
2 échalotes entières
6 feuilles de laurier
1 litre (4 tasses) d'huile d'olive

Sceller le tout dans un bocal à conserves étanche. Laisser reposer pendant 1 mois (p. 122).

olives vertes au citron

400 g (2 ¾ tasses) d'olives vertes en saumure
Citrons confits (p. 47)
Plusieurs brins de thym
Huile d'olive pressée à froid
60 ml (¼ de tasse) de vin blanc sec

Égoutter les olives et réserver la moitié de la saumure. Dans un bocal à conserves étanche, faire des couches d'olives et de citron. Ajouter le thym. Mélanger la saumure avec une quantité égale d'huile et de vin. Verser dans le bocal, fermer hermétiquement et laisser reposer de 2 à 3 semaines avant de servir comme hors-d'œuvre ou avec une salade.

fruits et noix

FRUITS EXOTIQUES

ANANAS

★ VITAMINES B, C; ACIDES CITRIQUE, FOLIQUE ET MALIQUE, MAGNÉSIUM, POTASSIUM, BROMÉLINE, SUCRE NATUREL

● OS ET ARTICULATIONS Arthrite (rhumatisme, goutte).

● SANG ET CIRCULATION Artériosclérose.

● SYSTÈME DIGESTIF Dyspepsie.

La broméline est une enzyme qui réduit l'inflammation, aide la digestion et digère les protéines. Elle entre dans la composition de certains médicaments anti-inflammatoires. Elle est plus concentrée au centre de l'ananas.

RECETTE *Salade d'ananas et de concombre (p. 101).*

BANANE

★ VITAMINES B, C, ACIDE FOLIQUE; IODE, FER, MAGNÉSIUM, MANGANÈSE, POTASSIUM, GLUCIDES, TRYPTOPHANE

Antiacide, légèrement antibactérien. Consulter un médecin en cas de diabète.

RECETTE *Salade de bananes et dattes (p. 114).*

DATTE

★ VITAMINES A, B; CALCIUM, MAGNÉSIUM, POTASSIUM, SUCRE NATUREL

● SANG ET CIRCULATION Anémie.

● SYSTÈME RESPIRATOIRE Bronchite.

● SYSTÈME NERVEUX, ESPRIT, ÉMOTIONS Fatigue mentale.

Prévention du cancer, tuberculose. Problèmes respiratoires: noyaux bouillis ou en poudre.

RECETTE *Salade de bananes et dattes (p. 114).*

FIGUE

★ VITAMINES A, B, C, ACIDE FOLIQUE; CALCIUM, CUIVRE, FER, MANGANÈSE, POTASSIUM, ZINC, SUCRE NATUREL

● SYSTÈME DIGESTIF Constipation, dyspepsie, gastrite, gingivite.

● SYSTÈME RESPIRATOIRE Bronchite.

● SYSTÈME IMMUNITAIRE Mal de gorge.

Bon pour personnes âgées, convalescentes ou enceintes. Laxatif et légèrement diurétique. Constipation: le matin, manger 4 ou 5 figues fraîches, 2 dattes et des raisins secs avec du lait. Problèmes respiratoires ou gargarisme pour gingivite et mal de gorge: faire bouillir 120 g (4 oz) de figues fraîches dans 1 litre (4 tasses) d'eau et filtrer.

RECETTE *Figues au cottage framboise (p. 117).*

GOYAVE

★ VITAMINES A, C; POTASSIUM, SOUFRE, CAROTÈNE, SUCRE NATUREL

● SYSTÈME DIGESTIF Dyspepsie.

Astringent, digestif. Le fruit non mûri est difficile à digérer; éviter les graines en cas de problèmes intestinaux.

KUMQUAT

★ VITAMINE C; FLAVONOÏDES DES AGRUMES, SUCRE NATUREL

Ses propriétés sont celles de l'orange (p. 41).

RECETTE *Salade de radis et kumquats (p. 98).*

LITCHI

★ VITAMINES C, MAGNÉSIUM, PHOSPHORE, POTASSIUM, BIOFLAVONOÏDES, SUCRE NATUREL

Stimule la digestion; légèrement astringent. Douleurs abdominales: décoction de graines de litchi.

RECETTES *Salade de litchis (p. 114), Décoction de litchi (p. 128).*

MANGUE

★ VITAMINES A, B, C, E; SOUFRE, CAROTÈNES, SUCRE NATUREL

● SYSTÈME DIGESTIF Colite, diarrhée, colite ulcéreuse.

Effet astringent sur l'intestin; stimule le système digestif.

NOIX DE COCO

★ **SUCRE NATUREL, ACIDES OLÉIQUE ET PALMITIQUE**

Excellent goûter; légèrement diurétique et laxatif. Le lait de coco soulage ulcères gastriques et gastrite.

PAPAYE

★ **VITAMINES A, B, C, ACIDE FOLIQUE; POTASSIUM, SUCRE NATUREL, PAPAÏNE**

Fait baisser la fièvre. La papaïne est une enzyme qui facilite la digestion en décomposant les protéines.

RECETTE *Papayes au gingembre (p. 117).*

PETITS FRUITS ET FRUITS TENDRES

ABRICOT

★ **VITAMINES A, B, C; FER, MAGNÉSIUM, MANGANÈSE, PHOSPHORE, POTASSIUM, SUCRE NATUREL**

● **SANG ET CIRCULATION** Anémie.

● **SYSTÈME NERVEUX, ESPRIT, ÉMOTIONS** Fatigue mentale, légère anxiété, insomnie.

Régularise le système nerveux. Frais ou séché: bon pour personnes âgées, convalescentes ou enceintes.

RECETTES *Abricots pochés (p. 117), Jus de lime, menthe et abricot (p. 119).*

CASSIS

★ **VITAMINE C; CALCIUM, MAGNÉSIUM, PHOSPHORE, POTASSIUM, SUCRE NATUREL**

● **OS ET ARTICULATIONS** Goutte, rhumatisme.

● **SYSTÈME IMMUNITAIRE** Mal de gorge.

Accélère la guérison, augmente la vitalité, aide à reminaliser les os après une fracture. Feuilles et fruits ont les mêmes propriétés et sont diurétiques.

RECETTE *Vin de cassis (p. 129).*

CERISE

★ **VITAMINE C; MAGNÉSIUM, POTASSIUM, ACIDE ELLAGIQUE, SUCRE NATUREL**

● **OS ET ARTICULATIONS** Arthrite (rhumatoïde), goutte, rhumatisme.

● **SANG ET CIRCULATION** Athérosclérose, artériosclérose.

● **REINS ET VESSIE** Calculs rénaux, cystite.

Diurétique, laxatif, dépuratif. Stimule le système immunitaire, prévient l'infection. Cystite, rhumatisme et œdème: décoction de queues de cerise.

RECETTES *Décoction de queues de cerise (p. 127), Décoction de queues de cerise et pomme (p. 128), Vin de feuilles de cerise (p. 130).*

FRAISE

★ **VITAMINES B, C; FER, MAGNÉSIUM, PHOSPHORE, SILICE, SOUFRE, SUCRE NATUREL, ACIDE SALICYLIQUE**

● **OS ET ARTICULATIONS** Goutte.

● **SANG ET CIRCULATION** Hypertension.

● **SYSTÈME DIGESTIF** Colite, constipation, diarrhée.

● **REINS ET VESSIE** Cystite.

Tonique, laxatif, antibactérien. Améliore la fonction du foie et de la vésicule biliaire. Peut causer allergie ou accentuer la dermite allergique. Feuilles et racines bonnes en décoction.

RECETTES *Salade de carottes et fraises (p. 97), Salade de fruits à la mélisse (p. 115), Jus de fraise et framboise (p. 120), Décoction de feuilles de fraisier (p. 128).*

FRAMBOISE

★ **VITAMINES B, C, K; FER, MAGNÉSIUM, POTASSIUM, ACIDES CITRIQUE, MALIQUE ET SALICYLIQUE, SUCRE NATUREL**

● **OS ET ARTICULATIONS** Goutte.

● **SYSTÈME DIGESTIF** Indigestion, vomissements.

● **PEAU, CHEVEUX, ONGLES** Eczéma.

Léger diurétique, laxatif. Bon pour miction fréquente. Infusion de feuilles: facilite le travail pendant l'accouchement.

RECETTES *Groseilles au coulis de framboise (p. 115), Jus de pomme et framboise (p. 119), Jus de cerise et framboise (p. 120), Jus de fraise et framboise (p. 120), Vinaigre de framboise (p. 122).*

GROSEILLE À MAQUEREAU

★ **VITAMINES A, B, C; FER, PHOSPHORE, POTASSIUM, ACIDES MALIQUE ET CITRIQUE, SUCRE NATUREL**

● **OS ET ARTICULATIONS** Arthrite (rhumatoïde), goutte.

Laxatif, diurétique. Stimule le foie, soulage l'inflammation du tube digestif et des voies urinaires.

GROSEILLE (GADELLE) ROUGE

★ **VITAMINES C, K; CALCIUM, FER, PHOSPHORE, POTASSIUM, ACIDE CITRIQUE, PECTINE, SUCRE NATUREL**

● **OS ET ARTICULATIONS** Arthrite rhumatoïde, goutte.

● **SYSTÈME DIGESTIF** Constipation.

● **REINS ET VESSIE** Cystite.

Laxatif, diurétique, purgatif. Soulage inflammation du tube digestif, fièvre légère, problèmes de foie. Très acide: éviter les excès.

RECETTES *Groseilles au coulis de framboise (p. 115), Jus de groseille, mûre et bleuet (p. 120).*

MELON (TOUTES LES VARIÉTÉS)

★ **VITAMINES A, B, C; SUCRE NATUREL**

● **OS ET ARTICULATIONS** Goutte, rhumatisme.

● **SYSTÈME DIGESTIF** Constipation, dyspepsie, syndrome du côlon irritable.

Rafraîchissant, laxatif, diurétique. Appliquer la chair broyée sur la peau pour brûlures mineure et coups de soleil. Lotion de beauté: eau distillée, lait et jus de melon mixés à parts égales.

RECETTES *Melon à la menthe (p. 114), Pastèque et fruits d'été (p. 114).*

MÛRE

★ **VITAMINES B, C, E, K; CUIVRE, MANGANÈSE, POTASSIUM, SUCRE NATUREL, PECTINE, TANNIN, HUILE ESSENTIELLE**

● **SYSTÈME DIGESTIF** Diarrhée.

● **SYSTÈME IMMUNITAIRE** Mal de gorge.

Astringent, laxatif, tonique, dépuratif. Sirop: bon pour diarrhée (enfants), infections respiratoires, mal de gorge. Infusion de feuilles en gargarisme pour mal de gorge aigu.

RECETTES *Pastèque et fruits d'été (p. 114), Salade de fruits à la mélisse (p. 115), Jus de groseille, mûre et bleuet (p. 120), Sirop de mûre (p. 133).*

PÊCHE

★ **VITAMINES A, B, C; CUIVRE, MAGNÉSIUM, PHOSPHORE, POTASSIUM, ZINC, SUCRE NATUREL**

● **SYSTÈME DIGESTIF** Dyspepsie.

● **REINS ET VESSIE** Calculs rénaux.

Diurétique, laxatif. Les fleurs de pêcher servent à faire une infusion ou un sirop calmant et laxatif (bon pour les enfants). L'infusion de fleurs a un puissant effet purgatif. Traitement de beauté: appliquer du jus frais sur la peau.

RECETTE *Sirop de pêche (p. 132).*

PRUNE ET PRUNEAU

★ **CALCIUM, FER, MAGNÉSIUM, PHOSPHORE, POTASSIUM, FIBRE, SUCRE NATUREL**

● **OS ET ARTICULATIONS** Goutte, rhumatisme.

● **SANG ET CIRCULATION** Athérosclérose.

● **SYSTÈME DIGESTIF** Constipation.

Riches en fibres. Pruneau: laxatif, anticancer, bon pour le foie, réduit le cholestérol.

RECETTE *Doliques aux pruneaux et aux épinards (p. 109).*

RAISIN FRAIS OU SEC

★ **VITAMINES B, C, K; CALCIUM, IODE, MANGANÈSE, POTASSIUM, SODIUM, BIOFLAVONOÏDES, SUCRE NATUREL**

● **OS ET ARTICULATIONS** Arthrite (rhumatoïde), goutte.

● **PEAU, CHEVEUX, ONGLES** Dermite, eczéma.

Diurétique, détoxifiant, laxatif. Élimine l'acide urique, améliore la sécrétion hépatique et la santé du foie. Raisin noir: bioflavonoïdes (quercétine) bons pour cœur et circulation. Raisin sec: enfants, personnes âgées, convalescentes ou enceintes. Riche en acides gras polyinsaturés, l'huile de pépins de raisin pressée à froid est utile à la santé cardiovasculaire.

RECETTE *Compote de fruits d'automne (p. 116).*

AGRUMES

MANDARINE ET TANGERINE

★ **VITAMINES B, C; CALCIUM, CUIVRE, MANGANÈSE, PHOSPHORE, POTASSIUM, ZINC, BIOFLAVONOÏDES, SUCRE NATUREL, PECTINE**

Propriétés similiaires à celles de l'orange. Le zeste de mandarine renferme une huile essentielle sédative. Mauvaise digestion, irritabilité et distension abdominales: infusion de zeste de tangerine séché.

bleuet (myrtille)

ANTICANCER, ANTIBACTÉRIEN, LE BLEUET EST PRÉCIEUX POUR LA SANTÉ DES YEUX, DES INTESTINS, DES VOIES URINAIRES ET DU SYSTÈME CIRCULATOIRE.

Ses propriétés

Comme la canneberge (airelle) et la myrtille, le bleuet appartient à la famille des éricacées. En Europe, on l'utilise dans la médecine populaire depuis le XVIe siècle. Ce fruit est l'une des meilleures sources d'antioxydants, utiles pour lutter contre le cancer et autres maladies dégénératives. Il a aussi un effet antibactérien sur les intestins, principalement sur les bactéries coliformes. Il aide à la guérison des ulcères gastriques et ses feuilles renferment des tannins antidiarrhéiques. Ses bioflavonoïdes, anthocyanes, glucosides, vitamine C et delphininol améliorent la circulation sanguine. Le bleuet contribuerait à la santé des capillaires, à abaisser la glycémie, prévenir la formation de caillots et améliorer la vision. Le jus de bleuet, de myrtille ou de canneberge est efficace contre les infections urinaires (ex.: cystite).

Une consommation régulière de bleuets est indiquée pour prévenir les maladies chroniques et changements dus au vieillissement: cardiopathies, diabète léger, problèmes des yeux, infections urinaires ou intestinales.

Préparations médicinales

On peut faire des préparations médicinales avec les fruits et les feuilles. Une décoction peut traiter diarrhée, colique et mauvaise vision nocturne. On peut la prendre comme rince-bouche pour le mal de gorge et les ulcères ou pour laver le visage (acné). Faire bouillir 75 g (½ tasse) de bleuets dans 1 litre (4 tasses) d'eau jusqu'à réduction de moitié et filtrer.

Diabète léger, problèmes intestinaux, artériosclérose, rhumatisme, arthrite: faire bouillir 20 g (⅔ d'oz) de feuilles de bleuets et 20 g (⅔ d'oz) de feuilles de fraises 3 minutes dans 1 litre (4 tasses) d'eau. Infuser 10 minutes, filtrer et boire. Teinture: mélanger 100 g (⅔ de tasse) de bleuets frais, quelques feuilles de bleuets, le zeste de 1 citron et 750 ml (3 tasses) de vodka. Laisser reposer 3 semaines dans un endroit frais; presser, filtrer et embouteiller hermétiquement. Chaque jour, prendre 20 à 30 gouttes dans un verre d'eau pour diabète léger, diarrhée, problèmes intestinaux et respiratoires, ou comme gargarisme pour le mal de gorge.

FICHE SANTÉ

- **OS ET ARTICULATIONS** Arthrite (rhumatoïde), rhumatisme.
- **SANG ET CIRCULATION** Athérosclérose, artériosclérose, maladie de Raynaud.
- **SYSTÈME DIGESTIF** Crampes et coliques abdominales, colite, diarrhée, gastroentérite, infections intestinales, colite ulcéreuse.
- **REINS ET VESSIE** Cystite et urétrite.
- **SYSTÈME IMMUNITAIRE** Mal de gorge.

vinaigre de bleuet

Prendre chaque matin 1 c. à thé (à café) diluée dans l'eau ou dans une vinaigrette.

300 g (2 tasses) de bleuets (myrtilles)
750 ml (3 tasses) de vinaigre de vin blanc ou de vinaigre de cidre

Dans un bocal à conserves étanche, déposer les bleuets et le vinaigre. Sceller et laisser macérer 2 semaines dans un lieu frais. Filtrer et embouteiller.

cottage aux bleuets

200 g (1 tasse) de fromage cottage
3 c. à soupe de sucre semoule (super fin)
3 c. à soupe de yogourt nature
200 g (1 ¼ tasse) de bleuets (myrtilles) frais
1 pomme, pelée et râpée
Jus de citron
Quelques framboises (garniture)

Battre le fromage avec le sucre et le yogourt. Ajouter le reste des ingrédients et garnir de framboises. Servir froid.

sirop de bleuet

Boire avec de l'eau ou du vin blanc.

1 kg (6 tasses) de bleuets (myrtilles)
310 ml (1 ¼ tasse) d'eau
Sucre

Porter les bleuets et l'eau à ébullition. Filtrer dans une étamine et laisser fermenter le jus 24 heures à température ambiante. Ajouter un poids égal de sucre, remuer et porter à ébullition. Laisser mijoter 1 minute. Garder le jus refroidi au réfrigérateur dans des bouteilles stérilisées.

ORANGE

★ **VITAMINES B, C; CALCIUM, CUIVRE, MANGANÈSE, PHOSPHORE, POTASSIUM, ZINC, BIOFLAVONOÏDES, SUCRE NATUREL, PECTINE**

● **SYSTÈME DIGESTIF** Dyspepsie.

Tonique, diurétique, laxatif. Stimule le système immunitaire, le foie et l'appétit. Antioxydant, aide à réduire le cholestérol. Le fruit est préférable au jus concentré.

RECETTES *Salade de radis et kumquats (p. 98), Infusion de zeste d'orange (p. 125).*

PAMPLEMOUSSE

★ **VITAMINES B, C; CUIVRE, MAGNÉSIUM, POTASSIUM, ANTIOXYDANTS, BIOFLAVONOÏDES, HUILE ESSENTIELLE, SUCRE NATUREL, PECTINE**

● **OS ET ARTICULATIONS** Arthrite (rhumatoïde).

● **SYSTÈME DIGESTIF** Dyspepsie, obésité.

Puissant antioxydant, réduit le cholestérol. Bon pour problèmes circulatoires, obésité. Peut interagir avec certains médicaments; consulter un médecin. Huile essentielle: astringente, détoxifiante et légèrement diurétique; stimule l'appétit et le foie.

AUTRES FRUITS

CERISE DE TERRE (ALKÉKENGE)

★ **VITAMINE C, PHYSALINE**

● **OS ET ARTICULATIONS** Arthrite (rhumatoïde), goutte.

● **REINS ET VESSIE** Calculs de la vessie.

La physaline est diurétique et facilite l'élimination de l'urée. La confiture soulage l'inflammation des reins ou de la vessie.

RECETTES *Confiture de cerise de terre (p. 124), Décoction de cerises de terre (p. 128).*

COING

★ **VITAMINES A, B, C; CALCIUM, CUIVRE, FER, MAGNÉSIUM, PHOSPHORE, SUCRE NATUREL, PECTINE, TANNIN**

● **SYSTÈME DIGESTIF** Diarrhée.

Astringent, bon pour le foie et la digestion.

RECETTE *Liqueur de coing (p. 132).*

GRENADE

★ **VITAMINES B, C, K; CUIVRE, MANGANÈSE, PHOSPHORE, POTASSIUM, SUCRE NATUREL**

● **SANG ET CIRCULATION** Hypertension.

● **SYSTÈME DIGESTIF** Constipation.

Tonique pour cœur, reins et vessie. Problèmes de la vessie et ver solitaire: jus de grenade.

KAKI

★ **VITAMINES A, B, C; CUIVRE, IODE, FER, MAGNÉSIUM, PHOSPHORE, SOUFRE, ZINC, SUCRE NATUREL, PECTINE**

● **SYSTÈME DIGESTIF** Maladie de Crohn.

Laxatif, astringent. Prévient la prolifération des bactéries dans l'intestin.

POIRE

★ **VITAMINES C, K, ACIDE FOLIQUE; CUIVRE, IODE, MAGNÉSIUM, SOUFRE, SUCRE NATUREL, PECTINE**

● **OS ET ARTICULATIONS** Arthrite (rhumatoïde), goutte, rhumatisme.

● **SYSTÈME DIGESTIF** Diarrhée.

Laxatif, diurétique, astringent, calmant. Aide à éliminer l'acide urique, prévient la prolifération bactérienne dans l'intestin. Bon pour personnes âgées, convalescentes ou enceintes. Probèmes urinaires: infusion de feuilles de poirier.

RECETTES *Compote de fruits d'automne (p. 116), Poires aux herbes (p. 116), Infusion de poire et pomme (p. 126).*

POMME

★ **VITAMINES C, K, ACIDE FOLIQUE; MAGNÉSIUM, MANGANÈSE, POTASSIUM, SOUFRE, SUCRE NATUREL, PECTINE, ACIDE MALIQUE**

● **OS ET ARTICULATIONS** Arthrite (rhumatoïde), goutte, rhumatisme.

● **SYSTÈME DIGESTIF** Constipation, diarrhée, dyspepsie, ulcères peptiques.

Léger diurétique, aide à éliminer l'acide urique, réduit le cholestérol. Crue: constipation; cuite: diarrhée. Toux, mal de gorge: infusion de fleurs de pommier.

RECETTES *Compote de fruits d'automne (p. 116), Jus de pomme et framboise (p. 119), Jus de cerise et pomme (p. 120), Infusion de poire et pomme (p. 126), Décoction de queues de cerise et pomme (p. 128).*

citron

PUISSANT ANTIOXYDANT, DÉSINFECTANT, RICHE EN VITAMINE C ET EN FLAVONOÏDES DES AGRUMES, LE CITRON RENFORCE LE SYSTÈME IMMUNITAIRE, PRÉVIENT L'INFECTION ET LA MALADIE.

Ses propriétés

Le citronnier est un arbre à feuilles persistantes indigène des forêts de l'Inde septentrionale. Comme la lime, l'orange et le pamplemousse, le citron est un agrume. On croit qu'il a été introduit en Europe par les Arabes vers le XIe siècle. Il a longtemps servi à prévenir et à traiter le scorbut, une maladie due à une carence en vitamine C.

Les flavonoïdes des agrumes sont des photochimiques (substances chimiques naturelles) aux grandes vertus antioxydantes utiles pour guérir les blessures, renforcer la paroi capillaire et prévenir des maladies comme l'artériosclérose. La vitamine C aide à lutter contre l'infection, renforce le système immunitaire, contribue à la formation du collagène, à la prévention du cancer et à la santé de la peau et des articulations. Le citron renferme aussi: acides citrique, malique et folique, vitamine B, glucose, fructose, potassium et silice.

La pectine concentrée dans la peau recouvrant les segments aide à réduire le mauvais cholestérol.

La cure de citron

Le citron est diurétique et stimule le système immunitaire; il réduit la fièvre légère, diminue la pression artérielle et l'acidité gastrique, assiste la fonction hépatique et augmente la fluidité du sang. Il est particulièrement efficace dans les cas de rhumatisme, arthrite, cholestérol élevé, dyspepsie, rhume et grippe.

Le jus de citron est antiseptique et désinfectant. On peut appliquer le jus directement sur la peau. Il est astringent, bactéricide et sert à la fabrication de masques de beauté et de traitement antivieillissement ou à éliminer les taches de rousseur.

Le zeste renferme une huile essentielle odorante, antibactérienne et antiparasitaire extraite par pression. Elle sert à traiter rhume, mal de gorge, gingivite et ulcères buccaux. Mal de gorge: 4 gouttes d'huile essentielle dans 1 c. à thé (à café) de miel. Gingivite et ulcères buccaux: 1 goutte sur la brosse à dents avec un peu de dentifrice pour désinfecter les dents et la bouche.

FICHE SANTÉ

- **OS ET ARTICULATIONS** Arthrite (rhumatoïde), rhumatisme.
- **SANG ET CIRCULATION** Athérosclérose, palpitations.
- **SYSTÈME DIGESTIF** Dyspepsie.
- **SYSTÈME IMMUNITAIRE** Rhume, grippe, mal de gorge.

limonade

2 citrons, lavés et coupés en tranches
60 g (¼ de tasse) de cassonade
1 litre (4 tasses) d'eau

Mélanger les ingrédients et laisser macérer 12 heures au réfrigérateur en remuant de temps à autre. Servir froid.

citron confit

Pour salades ou plats mijotés. En petite quantité, le jus de citron peut servir d'assaisonnement.

3 citrons, lavés et coupés en quartiers
Sel

Dans un petit bocal à conserves étanche, verser 1 cm (½ po) de sel. Ajouter une couche de citron, une autre couche de sel et alterner ainsi jusqu'à épuisement du citron. Terminer par une couche de sel. Garder 1 mois dans un endroit frais et sombre. Après ce temps, rincer les citrons à l'eau froide avant utilisation.

citrons dans l'huile

Ces citrons se conserveront pendant des mois. Ils sont délicieux dans les salades et les plats de viande ou de poisson. L'huile peut servir à faire des vinaigrettes.

6 citrons, lavés et coupés en tranches ou en quartiers
3 c. à soupe de sel
Huile d'olive
1 feuille de laurier

Dans un bol, couvrir les citrons de sel, remuer et mettre au froid 24 heures. Égoutter dans une passoire pendant 2 heures ou presser pour extraire le maximum de jus. Essuyer le sel avant de les mettre les citrons dans un bocal à conserves étanche. Couvrir complètement d'huile et ajouter le laurier.

RHUBARBE

★ **VITAMINES C, K; CALCIUM, FER, MAGNÉSIUM, POTASSIUM, MANGANÈSE**

● **SYSTÈME DIGESTIF** Constipation.

À éviter en cas d'hyperacidité, goutte, calculs rénaux ou biliaires. Tonique, laxatif, antiparasitaire. Bon pour sécrétion biliaire, goutte. Racine: poudre ou teinture comme laxatif. Les feuilles sont toxiques.

RECETTE *Tarte à la rhubarbe (p. 115).*

NOIX

AMANDE

★ **VITAMINES B, E, ACIDE FOLIQUE; CALCIUM, CUIVRE, ACIDES GRAS, FER, MAGNÉSIUM, MANGANÈSE, PHOSPHORE, POTASSIUM, ACIDE OLÉIQUE, ZINC**

● **SYSTÈME DIGESTIF** Syndrome du côlon irritable.

Énergétique, bon pour système nerveux et digestion. Spasmes intestinaux et inflammation du syndrome du côlon irritable: boisson aux amandes. Huile douce: léger laxatif convenant aux enfants. Usage externe: huile et pâte pour eczéma, éruptions, masques de beauté. Les amandes amères sont toxiques.

RECETTE *Boisson aux amandes (p. 79).*

ARACHIDE

★ **VITAMINES B, E, ACIDE FOLIQUE; CALCIUM, FER, MAGNÉSIUM, SÉLÉNIUM, ZINC, AMYLASE, ACIDES GRAS**

● **SYSTÈME DIGESTIF** Dyspepsie.

L'amylase est une enzyme qui soulage dyspepsie et hyperacidité. Les symptômes d'allergie incluent vomissements et diarrhée. L'allergie peut être fatale dans certains cas.

CHÂTAIGNE

★ **VITAMINES B, C; FER, MAGNÉSIUM, POTASSIUM, ZINC**

● **SANG ET CIRCULATION** Anémie.

● **SYSTÈME DIGESTIF** Dyspepsie.

Bon pour personnes âgées ou convalescentes, varices, hémorroïdes. Expectorant: infuser quelques feuilles 10 minutes dans 1 litre (4 tasses) d'eau bouillante.

RECETTE *Choux de Bruxelles aux châtaignes (p. 112).*

NOISETTE

★ **VITAMINES B, E, K, ACIDE FOLIQUE; CALCIUM, MANGANÈSE, PHOSPHORE, CUIVRE, FER, MAGNÉSIUM, POTASSIUM, SOUFRE, ZINC, ACIDES GRAS**

Riche en fibre, énergétique. Bon pour calculs rénaux et biliaires. Vers intestinaux: chaque matin, à jeun et pendant 15 jours, 1 c. à soupe d'huile de noisette pressée à froid. Huile en usage externe pour sébum, dermite, séborrhée, acné, eczéma. Veines variqueuses: infuser 30 g (1 oz) de feuilles séchées dans 1 litre (4 tasses) d'eau bouillante pendant 12 heures. Filtrer et utiliser 2 ou 3 fois par jour pour laver la peau. Un extrait de feuilles liquide du commerce, pris oralement, est aussi efficace.

RECETTE *Haricots verts à la moutarde (p. 113).*

NOIX

★ **VITAMINES B, E, K, ACIDE FOLIQUE; CALCIUM, FER, MAGNÉSIUM, POTASSIUM, SÉLÉNIUM, ZINC, ACIDES OLÉIQUE ET LINOLÉIQUE, ACIDES GRAS.**

● **SYSTÈME DIGESTIF** Diarrhée.

Astringent. Bon pour cholestérol, parasites intestinaux, problèmes circulatoires et cardiaques. Eczéma, dermite: huile sur la peau.

RECETTE *Sauce à l'ail et aux noix (p. 57).*

PIGNON

★ **VITAMINES B, E, ACIDE FOLIQUE; CUIVRE, ACIDES GRAS, FER, MAGNÉSIUM, MANGANÈSE, PHOSPHORE, POTASSIUM, ZINC, ACIDE OLÉIQUE**

Nutritif, énergétique, laxatif, digestif.

fines herbes, épices et condiments

FINES HERBES

ANETH

★ **HUILE ESSENTIELLE**

● **SYSTÈME DIGESTIF** Crampes abdominales, colique.

● **SANTÉ FÉMININE** Règles douloureuses ou irrégulières.

Fenouil sauvage souvent utilisé avec le poisson ou en vinaigre pour marinades. Feuilles et graines servent en cuisine. Donne un bon goût au lait des femmes qui allaitent.

RECETTES *Soupe aux lentilles (p. 97), Décoction d'aneth (p. 128), Vinaigre aromatique (p. 124).*

BASILIC

★ **HUILE ESSENTIELLE**

● **OS ET ARTICULATIONS** Goutte.

● **SYSTÈME DIGESTIF** Crampe abdominale, colique, infections intestinales.

● **SYSTÈME NERVEUX, ESPRIT, ÉMOTIONS** Anxiété, insomnie, fatigue mentale, migraine.

Tonique pour le système nerveux; aide à soulager troubles digestifs et infections intestinales. Bon cru, cuit ou comme boisson médicinale (liqueur). Huile essentielle: puissant antispasmodique et antiseptique. Pour conserver les feuilles dans l'huile, rincer, éponger et couvrir de sel. Après 30 minutes, enlever le sel, déposer dans un bocal stérilisé et remplir d'huile d'olive pressée à froid. Sceller et garder au froid.

RECETTES *Polenta, sauce tomate au basilic (p. 107), Fusillis au pesto (p. 106), Liqueur de basilic (p. 131).*

BOURRACHE ET ONAGRE

★ **ACIDE GAMMA-LINOLÉIQUE (AGL)**

● **SYSTÈME RESPIRATOIRE** Bronchite.

Bon dans les soupes et les jus. Purgatif, diurétique, laxatif, élimine les toxines. Graine: renferme de l'acide gamma-linoléique, un acide gras essentiel favorisant la production de prostaglandines, lesquelles aident à garder le sang fluide, abaisser la pression artérielle, maintenir l'équilibre hydrique et réguler la glycémie. L'huile d'onagre est aussi une bonne source d'AGL. Eczéma, traitement de la peau: huile de bourrache. Servir les jeunes feuilles en salade avec cresson et pissenlit.

RECETTE *Bourrache vinaigrée (p. 124).*

CAMOMILLE

★ **PRODUITS CHIMIQUES COMPLEXES: NOBILINE, CHAMAZULÈNE, HUILE ESSENTIELLE**

● **SYSTÈME DIGESTIF** Colique, diarrhée, indigestion, syndrome du côlon irritable.

● **SYSTÈME NERVEUX, ESPRIT, ÉMOTIONS** Insomnie, migraine, névralgie.

● **SANTÉ FÉMININE** Règles douloureuses.

Contient un tonique amer (nobiline) et un puissant anti-inflammatoire (chamaluzène). Infusion: calmant, digestif, stimule le foie et régule la sécrétion biliaire. Douche pour: irritation de la peau, brûlures mineure, coup de soleil, dermite, eczéma; collyre pour conjonctivite. Apéritif: mélanger des fleurs avec du vin blanc.

RECETTES *Infusion de mélisse et camomille (p. 126), Infusion de camomille et sureau (p. 126), Vin d'agrumes et camomille (p. 131), Apéritif à la camomille (p. 131).*

CERFEUIL

★ **VITAMINES A, B, C; FER, HUILE ESSENTIELLE**

● **OS ET ARTICULATIONS** Goutte.

● **SANG ET CIRCULATION** Anémie.

● **SYSTÈME RESPIRATOIRE** Bronchite.

Bon cru ou en bouillon. Diurétique, tonique, laxatif. Bon pour stimuler l'appétit, réguler la sécrétion biliaire, expulser le flegme. Piqûres ou morsures d'insecte: frotter du cerfeuil haché sur la peau.

RECETTES *Bouillon d'herbes (p. 94), Salade d'oignon au persil (p. 101), Pommes de terre, sauce aux herbes (p. 113).*

CIBOULETTE ET OIGNON VERT

★ **VITAMINES A, B, C; CALCIUM, MAGNÉSIUM, PHOSPHORE, POTASSIUM, COMPOSÉS SULFURÉS, BIOFLAVONOÏDES, HUILE ESSENTIELLE**

- **OS ET ARTICULATIONS** Arthrite (rhumatoïde), goutte, rhumatisme.
- **SANG ET CIRCULATION** Artériosclérose.
- **SYSTÈME DIGESTIF** Diabète, diarrhée, infections intestinales et parasites.
- **SANTÉ FÉMININE** Règles douloureuses.

Bons crus ou cuits. Antibactériens, antiviraux, antifongiques, diurétiques. Bons pour: prévention des tumeurs et caillots, cholestérol, rétention, élimination de l'urée et du mucus, systèmes digestif et circulatoire. Furoncles, verrues, piqûres d'insecte: appliquer du jus frais. Rhume, grippe, troubles digestifs: bouillon d'oignon vert ou de ciboulette avec ail, clous de girofle et gingembre.

RECETTES *Bouillon de gingembre et ciboulette (p. 96), Polenta aux poireaux (p. 107).*

CORIANDRE

★ **VITAMINES B, ACIDE FOLIQUE; HUILE ESSENTIELLE**

Bon pour système digestif, douleur abdominale, dyspepsie, flatulence, problèmes digestifs, syndrome du côlon irritable. Les graines renferment plus d'ingrédients actifs que les feuilles; on en fait des boissons médicinales.

RECETTES *Vinaigrette à la coriandre (p. 97), Infusion de coriandre (p. 127), Teinture de coriandre (p. 132).*

ESTRAGON

★ **HUILE ESSENTIELLE**

- **SYSTÈME DIGESTIF** Colique, parasites intestinaux.
- **SANTÉ FÉMININE** Règles douloureuses.

Stimulant général, antispasmodique, digestif. Rhumatisme, crampes et spasmes musculaires: remplir un bocal de feuilles, couvrir d'huile d'olive et laisser reposer 2 semaines; appliquer sur la peau.

RECETTES *Vinaigre d'estragon (p. 124), Vinaigre aromatique (p. 124).*

LAURIER

★ **HUILE ESSENTIELLE**

- **SYSTÈME DIGESTIF** Dyspepsie, flatulence.
- **SANTÉ FÉMININE** Règles douloureuses.

Feuille: antiseptique, stimulant, antispasmodique. Infusion pour indigestion ou gargarisme pour infections de la gorge: infuser 3 ou 4 feuilles 10 minutes dans l'eau bouillante.

RECETTE *Infusion de zeste d'orange (p. 125).*

MARJOLAINE ET ORIGAN

★ **HUILE ESSENTIELLE**

- **SYSTÈME DIGESTIF** Douleur abdominale, distension et flatulence.
- **SYSTÈME RESPIRATOIRE** Bronchite, rhume, grippe.

Interchangeables en cuisine. Bactéricides, expectorants, stimulants du système digestif. Remèdes pour infections (oreilles, nez, gorge, poumons). Rhumatisme et infections cutanées: appliquer sur la peau les huiles essentielles diluées dans une huile de base (ex.: amande).

RECETTE *Infusion de marjolaine (p. 125).*

MÉLISSE

★ **HUILE ESSENTIELLE**

- **SYSTÈME DIGESTIF** Indigestion.
- **SYSTÈME NERVEUX, ESPRIT, ÉMOTIONS** Anxiété, insomnie, migraine, névralgie.

Utilisé dans les liqueurs d'herbes (Chartreuse, Bénédictine, Eau de mélisse des Carmes). Bon pour spasmes (musculaires, digestifs, asthmatiques). Huile essentielle: tonique, antispasmodique.

RECETTES *Infusion de mélisse et camomille (p. 126), Infusion pétillante à la mélisse (p. 127).*

MENTHE

★ **HUILE ESSENTIELLE**

- **SANG ET CIRCULATION** Palpitations.
- **SYSTÈME DIGESTIF** Colique, colite, parasites intestinaux, syndrome du côlon irritable, nausée et vomissements (grossesse).
- **SYSTÈME RESPIRATOIRE** Asthme, bronchite.
- **SYSTÈME NERVEUX, ESPRIT, ÉMOTIONS** Fatigue mentale, migraine, névralgie.

Stimule le système nerveux; une infusion prise en soirée peut nuire au sommeil. Huile essentielle: puissant antispasmodique, analgésique, anti-inflammatoire et antiseptique pour les intestins; aide à expulser les vers intestinaux.

RECETTES *Taboulé (p. 102), Melon à la menthe (p. 114), Sorbet à la menthe (p. 115), Sirop de menthe (p. 133).*

OSEILLE

★ **VITAMINE C, FER, CHLOROPHYLLE, OXALATE**

Laxatif, purgatif. Bon pour infections du système digestif et des poumons. L'oxalate lui donne un goût sur. Consommer avec modération; l'oxalate est poison s'il est pris en grande quantité.

RECETTE *Bouillon d'herbes (p. 94).*

PERSIL

★ **VITAMINES A, B, C, K, ACIDE FOLIQUE; CALCIUM, FER, ZINC, HUILE ESSENTIELLE**

● **SANG ET CIRCULATION** Anémie.

● **SYSTÈME DIGESTIF** Dyspepsie, flatulence.

Manger cru ou cuit. Diurétique, purgatif, tonique, laxatif, antiseptique pulmonaire. Bon pour appétit, fonction hépatique, sécrétion biliaire. Traitement antivieillissement ou remède pour piqûres et morsures d'insecte: frotter la peau avec du persil haché. Rétention urinaire, problèmes digestifs (dyspepsie, etc.): infusion de graines.

RECETTES *Salade d'oignon au persil (p. 101), Taboulé (p. 102), Pommes de terre, sauce aux herbes (p. 113).*

ROMARIN

★ **HUILE ESSENTIELLE**

● **OS ET ARTICULATIONS** Goutte.

● **SYSTÈME DIGESTIF** Colite, diarrhée, flatulence, infections intestinales, syndrome du côlon irritable.

● **SYSTÈME RESPIRATOIRE** Asthme.

● **SYSTÈME NERVEUX, ESPRIT, ÉMOTIONS** Mal de tête, névralgie.

● **SYSTÈME IMMUNITAIRE** Rhume, grippe.

Puissante huile essentielle pour: activation de la sudation, sécrétion biliaire et digestion. Antiseptique pulmonaire et digestif. Rhumatisme et crampes musculaires: masser la peau avec l'huile essentielle diluée dans une huile de base (ex.: amande).

RECETTE *Carottes au romarin (p. 21).*

SARRIETTE

★ **HUILE ESSENTIELLE**

● **SYSTÈME DIGESTIF** Diarrhée, flatulence.

● **SYSTÈME RESPIRATOIRE** Asthme, bronchite.

En cuisine, on utilise la sarriette d'été (potager) et la sarriette d'hiver (sauvage). Stimule le système nerveux; tonique, aide à traiter la mauvaise digestion.

SAUGE

★ **HUILE ESSENTIELLE**

● **SANTÉ FÉMININE** Règles douloureuses ou irrégulières, ménopause.

On trouve plus de 200 espèces, mais on utilise Salvia officinalis en cuisine. Stimulant général, tonique digestif. Bon pour hypotension, sudation excessive, fatigue.

RECETTE *Soupe à l'ail (p. 57).*

SUREAU

★ **HUILE ESSENTIELLE**

Toutes les parties de la plante ont des propriétés anti-inflammatoires. Fleur: diurétique, augmente la sudation (rhume, grippe). Bon pour varicelle, rubéole, scarlatine, détoxication, sécrétion biliaire. Baie: constipation, mal de tête, névralgie légère. Écorce: diurétique; bon pour rhumatisme, arthrite, néphrite et calculs de la vessie.

RECETTES *Infusion de camomille et sureau (p. 126), Sirop de sureau (p. 133).*

THYM

★ **HUILE ESSENTIELLE**

- **OS ET ARTICULATIONS** Rhumatisme.
- **SYSTÈME DIGESTIF** Infections intestinales et parasites.
- **SYSTÈME RESPIRATOIRE** Bronchite, toux.
- **REINS ET VESSIE** Cystite.
- **SYSTÈME IMMUNITAIRE** Rhume, grippe.

Puissant antibactérien, stimulant général, améliore la mauvaise circulation, antiseptique pour gorge, poumons et système digestif.

RECETTE *Vinaigre aromatique (p. 124).*

TILLEUL

★ **HUILE ESSENTIELLE**

Fleur: antispasmodique, sédatif, légèrement hypnotique, favorise la sudation. Pourrait réduire la viscosité et la vitesse de sédimentation du sang. Aiderait à prévenir la cardiopathie. Insomnie (enfant et adulte): quelques fleurs dans 310 ml (1 ¼ tasse) d'eau bouillante pendant 5 minutes.

RECETTE *Poires aux herbes (p. 116).*

ÉPICES ET GRAINES

ANIS

★ **HUILE ESSENTIELLE**

- **SYSTÈME DIGESTIF** Colique, distension et flatulence, dyspepsie, nausée, vomissements.
- **SYSTÈME NERVEUX, ESPRIT, ÉMOTIONS** Migraine.
- **SANTÉ FÉMININE** Règles douloureuses ou irrégulières.

Les graines (anis) et les fruits (anis étoilé) ont les mêmes propriétés. Léger diurétique, stimule sécrétion biliaire et digestion. Bon pour les mères qui allaitent. Huile essentielle: puissant antispasmodique; stimule les systèmes cardiaque, respiratoire et digestif.

RECETTES *Poires aux herbes (p. 116), Anisette (p. 131), Teinture d'anis (p. 132).*

CACAO

★ **VITAMINE B, CALCIUM, FER, MAGNÉSIUM, POTASSIUM, SÉLÉNIUM, ZINC, THÉOBROMINE, GRAS VÉGÉTAL**

La théobromine a un effet semblable à la caféine — mais moins toxique — n'élevant pas la pression artérielle et ne causant pas de dépendance. Le cacao de qualité (60 % et plus) est légèrement diurétique et aide à éliminer les toxines. Peut causer des migraines dans certains cas.

CANNELLE

★ **HUILE ESSENTIELLE**

- **SYSTÈME IMMUNITAIRE** Rhume, grippe.

Ce bactéricide améliore la fonction des systèmes respiratoire et cardiovasculaire. Antispasmodique et digestif. Augmente la vitalité, réchauffe le corps et traite rhume et grippe.

RECETTE *Vin à la cannelle (p. 129).*

CARDAMOME

★ **HUILE ESSENTIELLE**

- **SYSTÈME DIGESTIF** Diarrhée.

Graine: stimule l'appétit et aide la digestion. Contient une huile essentielle qui rafraîchit l'haleine. Mâcher quelques graines si l'on a mangé trop d'ail ou pour prévenir les brûlures d'estomac.

RECETTES *Sauce à la cardamome (p. 113), Abricots pochés (p. 117).*

ail

L'AIL EST ANTICOAGULANT, ANTIBACTÉRIEN ET ANTIFONGIQUE EN PLUS D'AIDER À RÉDUIRE LE TAUX DE CHOLESTÉROL SANGUIN.

Son histoire

L'ail fait partie de la famille des liliacées. Originaire d'Asie, il a toujours eu la réputation de prévenir et de guérir la maladie. En Égypte, les constructeurs de pyramides en mangeaient pour se renforcer. Les soldats de la Grèce antique croyaient que l'ail pouvait augmenter leur résistance à l'infection. En Europe, au XVIe et XIXe siècles, on comptait sur ses vertus pour tenter d'enrayer la peste et le choléra.

Ses propriétés

L'ail contient de l'allicine, une huile volatile produite au moment où on le broit, ainsi que plusieurs composés sulfurés obtenus en le faisant bouillir ou cuire à la vapeur. L'allicine est un puissant anticoagulant; elle inhibe la formation des caillots et aide à dissoudre les caillots existants en permettant au sang de circuler plus librement, réduisant ainsi la pression artérielle. Elle est aussi antibactérienne et antifongique. L'ail réduit la production de cholestérol dans le foie et permet à l'organisme d'éliminer celui contenu dans les aliments. Il est très utile dans les cas d'hypercholestérolémie, de thrombose, de cardiopathie et autres problèmes circulatoires. L'ail cru soulage les symptômes du rhume et des infections respiratoires. Il aide aussi à lutter contre les infections du système digestif, à équilibrer la flore intestinale et à expulser les parasites intestinaux. Faire bouillir une tête d'ail dans du lait et boire cette décoction tous les matins pour éliminer les parasites intestinaux. Une étude récente suggère que le disulfure d'allyle, un composé de l'ail, aiderait à prévenir la croissance de certaines tumeurs malignes.

La cure d'ail

En Europe, une tradition populaire voulait que l'on place un sachet rempli d'ail autour du cou des enfants pour repousser le rhume ou la grippe. Tout récemment, des scientifiques ont découvert que la peau pouvait effectivement absorber les composés sulfurés de l'ail.

Pour jouir d'une valeur thérapeutique maximale, mangez au moins deux gousses d'ail crues par jour ou achetez des capsules d'ail, qui ont le mérite d'être inodores. Pour rafraîchir l'haleine, mâchez des graines de cardamome, du persil ou des grains de café torréfiés.

Pour la teinture d'ail, on fait macérer 50 g (1 ¾ oz) d'ail dans 250 ml (1 tasse) de vodka forte pendant 2 semaines dans une bouteille opaque et hermétique. Filtrer en pressant l'ail avec une cuillère pour extraire tout le liquide. Verser jusqu'à 15 gouttes dans un peu d'eau et boire 2 fois par jour pour réduire l'hypertension ou le cholestérol, combattre le rhume et la bronchite ou comme antiseptique pour le système digestif. La teinture se conservera 2 ans dans une bouteille hermétique gardée à l'abri de la lumière.

FICHE SANTÉ

- **SANG ET CIRCULATION** Athérosclérose, hypertension, thrombose.
- **SYSTÈME DIGESTIF** Gastroentérite, parasites intestinaux, colite ulcéreuse.
- **SYSTÈME IMMUNITAIRE** Rhume, grippe.

soupe à l'ail

4 ou 5 têtes d'ail (peler les gousses)
2 litres (8 tasses) d'eau
Environ 10 feuilles de sauge
Sel et poivre

Faire bouillir l'ail 20 minutes dans l'eau. Ajouter sauge, sel et poivre. Laisser infuser quelques minutes. Dans un grand plat, verser l'huile sur le pain. Couvrir de soupe et garnir de persil.

jus de carotte, ail et épinard

4 carottes moyennes, hachées
120 g (3 tasses) de feuilles d'épinards frais
2 gousses d'ail, pelées
Glace concassée
Sel et poivre du moulin

Extraire le jus à la centrifugeuse. Mélanger avec de la glace et assaisonner au goût.

sauce à l'ail et aux noix

50 g (1 ¾ oz) de gousses d'ail, pelées
75 g (½ tasse) de noix
250 ml (1 tasse) d'huile de noix
Sel et poivre du moulin
1 c. à soupe de persil, haché finement
Glace concassée (facultatif)

Mixer le tout au mélangeur; ajouter de l'eau glacée au besoin.

CLOU DE GIROFLE

★ **HUILE ESSENTIELLE**

● **SYSTÈME DIGESTIF** Diarrhée.

● **SYSTÈME IMMUNITAIRE** Rhume, grippe.

Infections intestinales; les voyageurs en mâchent pour prévenir hépatite et infections intestinales. Léger effet anesthésique. Huile: puissant antiseptique en usage externe pour blessures infectées, mal de dent, ulcères buccaux.

CUMIN

★ **HUILE ESSENTIELLE**

● **SYSTÈME DIGESTIF** Flatulence.

Graine: huile essentielle, sédatif, carminatif. Bon pour digestion lente, mères qui allaitent.

RECETTE *Décoction de cumin (p. 128).*

FENOUIL (GRAINES)

★ **HUILE ESSENTIELLE**

● **OS ET ARTICULATIONS** Goutte.

● **SYSTÈME DIGESTIF** Douleur abdominale, colique, nausée et vomissements (ex.: grossesse).

Graine: tonique et diurétique; a un effet semblable à l'œstrogène et peut régulariser les règles. Bon pour digestion (faible appétit, ballonnements, nausée, flatulence). Favorise la miction et l'élimination de l'acide urique.

RECETTE *Décoction de fenouil (p. 128).*

GENIÈVRE

★ **HUILE ESSENTIELLE**

● **OS ET ARTICULATIONS** Goutte, rhumatisme.

● **SYSTÈME DIGESTIF** Infections intestinales.

● **REINS ET VESSIE** Cystite.

Baie: tonique, antiseptique, purgatif, diurétique; contient une huile essentielle antibactérienne. Élimine l'acide urique et les toxines. Bon pour digestion lente, infections thoraciques, diabète (stimule le pancréas). Eau pour laver la peau (acné, eczéma, blessures): faire bouillir 50 g (1 ¾ oz) de baies et de brindilles 10 minutes dans 1 litre (4 tasses) d'eau; filtrer et refroidir. Contient une huile essentielle antibactérienne.

RECETTES *Navets marinés (p. 122), Vin de genièvre (p. 131).*

GINGEMBRE

★ **VITAMINES B, C; HUILE ESSENTIELLE, MAGNÉSIUM, POTASSIUM**

● **SYSTÈME DIGESTIF** Nausée et vomissements.

● **SYSTÈME IMMUNITAIRE** Rhume, grippe.

● **SANTÉ FÉMININE:** Vomissements (grossesse).

Stimule l'appétit; propriétés antiseptiques et toniques. Atténue des symptômes du rhume: faire un bouillon avec gingembre, oignons verts, ail et clous de girofle. Huile: pour massage (rhumatisme, circulation du sang dans les muscles). Mélanger ½ c. à thé (à café) d'huile essentielle de gingembre, ⅕ c. à thé (à café) d'huile essentielle de romarin, ⅕ c. à thé (à café) d'huile essentielle de baies de genièvre et 6 c. à soupe d'huile végétale.

RECETTES *Saumon grillé au gingembre et au miel (p. 65), Bouillon de gingembre et ciboulette (p. 96), Tarte à la rhubarbe (p. 115), Papayes au gingembre (p. 117), Infusion de gingembre (p. 127).*

MUSCADE

★ **HUILE ESSENTIELLE**

● **SYSTÈME DIGESTIF** Diarrhée.

Contient une huile essentielle puissante qui est poison en grande quantité, mais bénéfique à petite dose. Antiseptique pour le système digestif, analgésique. Stimule le cerveau et le système nerveux. Bon pour mauvaise haleine, problèmes digestifs. Rhumatisme et névralgie: appliquer sur la peau de l'huile essentielle diluée dans une huile de base (ex.: amande).

PIMENT

★ **VITAMINES A, B, C, K; OLIGOÉLÉMENTS, HUILE ESSENTIELLE CONTENANT JUSQU'À 1 % DE CAPSAÏCINE**

● **SYSTÈME DIGESTIF** Diarrhée, dyspepsie, flatulence.

● **SYSTÈME IMMUNITAIRE** Rhume.

On trouve plus de 50 espèces de piments forts. La couleur indique le degré de maturité: vert, jaune, rouge, pourpre. Bon pour problèmes digestifs et circulatoires. Une consommation excessive peut causer une inflammation chronique de l'estomac et des intestins. L'huile essentielle contient de la capsaïcine, bonne pour le cœur et la circulation.

RECETTE *Sauce à la cardamome (p. 113).*

RAIFORT

★ **VITAMINE C, ACIDE FOLIQUE; CALCIUM, FER, MAGNÉSIUM, PHOSPHORE, POTASSIUM, SÉLÉNIUM, SOUFRE, ZINC, HUILE ESSENTIELLE**

● **OS ET ARTICULATIONS** Arthrite (rhumatoïde), goutte.

● **SYSTÈME RESPIRATOIRE** Bronchite, rhume, toux.

Antispasmodique, bon pour les problèmes de sinus, stimule la sécrétion biliaire.

RECETTE Sauce au raifort (p. 113).

SAFRAN

★ **COMPOSÉS AMERS, HUILE ESSENTIELLE**

● **SYSTÈME DIGESTIF** Dyspepsie.

● **SANTÉ FÉMININE** Règles douloureuses.

Calmant, antispasmodique. Traite les spasmes bronchiques. Appliquer sur les gencives pour soulager la douleur.

TOURNESOL

★ **LINOLÉIQUE, ACIDES STÉARIQUE ET PALMITIQUE, GRAS POLYINSATURÉS**

● **SYSTÈME DIGESTIF** Constipation.

Les graines, délicieuses grillées, contiennent des acides gras essentiels et font partie des régimes faibles en cholestérol.

VANILLE

★ **HUILE ESSENTIELLE**

Excitant léger et tonique. Stimule la digestion. Huile essentielle: antiseptique.

CONDIMENTS, MIEL ET VIN

GELÉE ROYALE

★ VITAMINES B, C; ACIDES AMINÉS

● SANG ET CIRCULATION Anémie.

● SYSTÈME NERVEUX, ESPRIT, ÉMOTIONS Dépression, fatigue mentale.

Substance blanchâtre avec laquelle les abeilles nourrissent les larves choisies pour devenir reines. Puissant tonique recommandé surtout aux enfants et personnes âgées.

MIEL

★ SUBSTANCES AROMATIQUES, FRUCTOSE, GLUCOSE, POLLEN

● SYSTÈME DIGESTIF Diarrhée.

● SYSTÈME RESPIRATOIRE Asthme, bronchite.

● SYSTÈME IMMUNITAIRE Mal de gorge.

Antibiotique naturel; effets externes et internes. Bon pour infections respiratoires, nerfs, blessures, sommeil. Traite la diarrhée tout en ayant des propriétés laxatives. Mal de gorge: quelques gouttes de jus de citron avec 1 c. à thé (à café) de miel.

RECETTES *Saumon grillé au gingembre et au miel (p. 65), Sirop de pêche (p. 132).*

MOUTARDE

★ HUILE ESSENTIELLE, AGENTS DE FERMENTATION

● SYSTÈME DIGESTIF Constipation.

Stimule la digestion et crée une sensation de chaleur dans l'estomac. La graine blanche sert comme condiment tandis que la noire est utilisée en phytothérapie.

RECETTE *Moutarde de table (p. 124).*

POIVRE

★ OLIGO-ÉLÉMENTS (DONT LE CHROME), HUILE ESSENTIELLE COMPLEXE (PIPÉRINE)

● SYSTÈME DIGESTIF Diarrhée, dyspepsie.

● SYSTÈME IMMUNITAIRE Rhume, mal de gorge.

Bon pour digestion, circulation (engelures); stimule le cœur et la circulation périphérique. Un excès peut aggraver l'inflammation de l'estomac et des intestins.

POLLEN

★ VITAMINES B, C, E; MAGNÉSIUM, POTASSIUM, OLIGOÉLÉMENTS, ACIDES AMINÉS ESSENTIELS, ANTIOXYDANTS

Aliment complémentaire facile à assimiler; bon pour raviver l'énergie. Dose recommandée par jour: 1 c. à soupe (certains spécialistes suggèrent d'en prendre plus).

VIN

★ BIOFLAVONOÏDES, TANNINS

● SYSTÈME IMMUNITAIRE Hypertension.

Pas plus de 2 verres par jour pour renforcer le système cardiovasculaire. Le vin rouge, en particulier, réduit l'incidence de cardiopathie, surtout en cas de cholestérol élevé et d'hypertension.

RECETTES *Vin de cassis (p. 129), Vin à la cannelle (p. 129), Vin d'artichaut (p. 130), Vin de feuilles de cerise (p. 130), Vin de genièvre (p. 131), Vin d'agrumes et camomille (p. 131), Apéritif à la camomille (p. 131).*

VINAIGRE

★ POTASSIUM, PHOSPHORE, OLIGOÉLÉMENTS (DONT CUIVRE ET ZINC).

● OS ET ARTICULATIONS Arthrite (rhumatoïde), goutte, rhumatisme.

● SYSTÈME IMMUNITAIRE Mal de gorge.

Désinfecte et tonifie la peau. Préserve les ingrédients actifs des plantes médicinales. Mal de gorge: se gargariser avec vinaigre, miel et eau. Le vinaigre aromatique élève la valeur médicinale des aliments. Une consommation excessive peut causer des problèmes digestifs.

RECETTES *Navets marinés (p. 122), Betteraves marinées (p. 122), Chou-fleur mariné (p. 122), Vinaigre de mûre (p. 122), Vinaigre de framboise (p. 122), Bourrache vinaigrée (p. 124), Vinaigre d'estragon (p. 124), Vinaigre d'échalote (p. 124), Vinaigre de fines herbes (p. 124), Vinaigre aromatique (p. 124).*

viande, poisson et produits laitiers

FRUITS DE MER

★ **IODE, FER, SÉLÉNIUM, ZINC ET AUTRES OLIGO-ÉLÉMENTS, PROTÉINES**

Énergétiques; bonne source de zinc et de sélénium. Stimulent le système immunitaire; protéines maigres. Une bonne alternative à la viande rouge.

LAIT, FROMAGE, BEURRE, YOGOURT (YAOURT)

★ **VITAMINES A, B, D; CALCIUM, PROTÉINES**

Bonnes sources de protéines et de calcium, mais difficiles à digérer. Pendant la stérilisation, le lait est soumis à une chaleur intense qui détruit ses ferments naturels. Ceux-ci aident à digérer le lactose (sucre du lait). Sans ces bactéries, l'incidence d'intolérance s'accroît. Symptômes: diarrhée, ballonnements, douleur abdominale, flatulence. Le lait peut empirer l'eczéma et les problèmes respiratoires (mucus). Consommer fromage, beurre et crème en petite quantité, car les gras saturés créent des dépôts graisseux dans les artères. Les éviter ou opter pour des produits maigres en cas d'obésité ou de cholestérol élevé. Le yogourt facilite la digestion et retient les bactéries naturelles aidant à digérer le lactose. Les produits laitiers sont plus digestibles si on les mélange avec du yogourt. Ex.: fromage cottage et 2 à 3 c. à soupe de yogourt.

RECETTES *Cottage au cresson (p. 103), Flétan au beurre d'ortie (p. 109), Figues au cottage framboise (p. 117)*

ŒUF

★ **VITAMINES B, D; CALCIUM, CHROME, IODE, FER, SÉLÉNIUM, ZINC, CHOLESTÉROL, PROTÉINES**

Bonne source de protéines; non recommandé en cas de cholestérol élevé. Acheter des œufs fermiers bios.

RECETTES *Sarrasin à la sauce aux poireaux (p. 105), Polenta aux poireaux (p. 107).*

VOLAILLE ET GIBIER

★ **VITAMINE B, FER, OLIGOÉLÉMENTS, ZINC, PROTÉINES**

Généralement plus maigres que les autres viandes. La viande rouge contient beaucoup de gras caché, ennemi des artères; il est bon de la remplacer de temps à autre par la volaille ou le gibier.

RECETTES *Blancs de volaille et purée de céleri-rave (p. 108), Pilaf de poulet au céleri-rave (p. 109).*

VIANDE ROUGE

★ **VITAMINE B, FER, SÉLÉNIUM, ZINC, PROTÉINES**

À consommer avec modération: haute teneur en gras. Retirer le gras visible des coupes maigres d'agneau, de porc et de bœuf. Contient des traces d'hormones et d'antibiotiques; acheter de la viande bio de préférence.

RECETTE *Agneau aux lentilles et aux épinards (p. 107).*

poisson gras

LES ACIDES GRAS OMÉGA-3 DES POISSONS GRAS (MAQUEREAU, SAUMON, HARENG, THON, ETC.) RÉDUISENT LE RISQUE DE CARDIOPATHIE.

Ses propriétés

Il est recommandé de manger régulièrement des poissons gras d'eau douce et d'eau salée. Ils remplacent magnifiquement la viande rouge et contiennent de la vitamine D. L'incidence de maladies du cœur est plus faible chez les populations dont l'alimentation est riche en oméga-3 (ex.: les Inuits).

Prévention de la maladie

L'huile de poisson réduit certains problèmes de santé importants (voir Fiche santé). Une consommation régulière de poisson et d'huile de poisson pourrait réduire du tiers le risque de crise cardiaque. Les poissons gras sont efficaces contre les maladies inflammatoires. L'huile est recommandée pour eczéma, psoriasis et sclérose en plaques; elle pourrait protéger contre le cancer. Les oméga-3 pourraient contrer certains types d'allergie et favoriser le développement du cerveau chez l'enfant. Ils aident aussi à la production des prostaglandines, des substances semblables aux hormones aux vertus multiples (équilibre hydrique, glycémie, etc.).

Inclure le poisson dans son régime

Parmi les poissons et fruits de mer, les meilleures sources d'oméga-3 sont: maquereau, hareng, anchois, truite, saumon, sardine, blanchaille et thon rouge. En général, il suffit de manger du poisson gras 2 fois par semaine pour maintenir une bonne santé. On recommande toutefois aux personnes ayant subi une crise cardiaque ou souffrant de cardiopathie chronique de manger 30 g (1 oz) d'huile de poisson gras par jour.

L'huile de poisson gras et l'huile de foie de morue renferment des oméga-3. Les suppléments d'huile de foie de morue sont recommandés pendant l'hiver (une surdose peut nuire à la santé). Il s'agit aussi d'une excellente source de vitamines liposolubles A et D. Si l'on a du mal à se procurer du poisson gras frais, on peut opter pour des sardines ou du maquereau en conserve.

FICHE SANTÉ

- **OS ET ARTICULATIONS** Arthrite (rhumatoïde).
- **SANG ET CIRCULATION** Athérosclérose, artériosclérose, hypertention.
- **SYSTÈME DIGESTIF** Colite ulcéreuse.
- **PEAU, CHEVEUX, ONGLES** Eczéma, psoriasis.

cotriade de maquereau

3 pommes de terre, en tranches
2 tomates moyennes, en tranches
150 g (5 oz) de petits oignons, coupés en deux
2 clous de girofle
2 gousses d'ail
1 bouquet garni
1 pincée de safran
Sel et poivre du moulin
160 ml (⅔ de tasse) de vin blanc sec
310 ml (1 ¼ tasse) d'eau
1 kg (2 lb) de maquereau, nettoyé et éviscéré
2 c. à soupe de ciboulette ou de persil, haché

Étaler les pommes de terre dans un plat de cuisson. Ajouter le reste des ingrédients, sauf la ciboulette. Cuire au four préchauffé à 200 °C/400 °F/gaz 6 environ 20 minutes. Garnir de ciboulette et servir.

saumon grillé au gingembre et au miel

800 g (1 ¾ lb) de filets de saumon
1 morceau de gingembre de 5 cm (2 po), pelé et râpé
2 gousses d'ail
3 c. à soupe de sauce soja
½ c. à thé (à café) de cinq-épices chinois
2 c. à soupe de miel
2 oignons verts, hachés

Mélanger tous les ingrédients dans un grand bol. Couvrir de pellicule plastique et mettre au froid 30 minutes. Éponger le poisson et réserver la marinade. Cuire au four ou à la poêle 5 minutes de chaque côté en badigeonnant de marinade en cours de cuisson.

chapitre 2

problèmes ou maladies spécifiques

Lorsque vient le temps de combattre la maladie, il est important d'être bien renseigné sur les choix alimentaires pouvant le mieux nous aider. Ce chapitre présente plus de 100 maladies regroupées selon le système organique affecté. Vous y trouverez une fiche des symptômes, la liste des aliments recommandés et proscrits, des menus et des références aux recettes suggérées pour recouvrer la santé.

os et articulations

ALIMENTS SANTÉ RECOMMANDÉS: ARTICHAUT, CHOU, CONCOMBRE, FROMAGE, GINGEMBRE, HARICOT VERT, HUILE DE POISSON, LAIT, OIGNON, ORTIE, PISSENLIT, POIREAU, POISSON GRAS, RADIS.

Nos muscles, os et articulations subissent sans cesse de petits traumas et notre système musculosquelettique se transforme graduellement au fil des ans, ce qui cause douleur, inflammation, rigidité ou restriction de mouvement.

Une bonne circulation et l'élimination de l'acide urique aident à préserver notre mobilité et à prévenir la douleur. Recommandations: Éviter alcool, aliments acidifiants, excès de viande rouge; manger plus d'aliments riches en minéraux (haricot vert), détoxifiants (artichaut, pissenlit, radis) ou diurétiques (concombre, oignon, poireau). Les aliments riches en calcium et en vitamine D renforcent les os. Jus et infusions aident à minéraliser les os et à éliminer les déchets. Faites régulièrement une cure de détoxication stricte (p. 136 à 138) en cas d'arthrite ou de rhumatisme chronique.

Rester souple grâce à l'exercice. Un excès de poids peut affaiblir hanches, genoux et bas de la colonne vertébrale.

(Infusion médicinale: infuser 1 c. à soupe de l'ingrédient séché 10 minutes dans une tasse d'eau bouillante.)

ARTHRITE (RHUMATOÏDE)

DOULEUR, INFLAMMATION ET ENFLURE DES ARTICULATIONS AVEC DOULEUR OU RIGIDITÉ GÉNÉRALE. MALADIE CHRONIQUE ET HÉRÉDITAIRE IMPLIQUANT UNE RÉACTION AUTO-IMMUNE.

! PRODUITS LAITIERS, BLÉ, GRAS ET AUTRES ALIMENTS PEUVENT PROVOQUER OU AGGRAVER UNE CRISE. ÉLIMINER L'ALIMENT SUSPECT 2 OU 3 SEMAINES ET LE RÉINTÉGRER PEU À PEU EN NOTANT LES SYMPTÔMES.

✔ Ail, ananas, artichaut, asperge, baie de genièvre, banane, bleuet, cassis, céleri, cerise, chicorée, chou, ciboulette, citron, concombre, cresson, estragon, fenouil, gadelle, groseille, laitue, maïs, mâche, melon, millet, oignon, oignon vert, ortie, panais, pamplemousse, pissenlit, poire, poireau, poisson gras, poivron, pomme, pomme de terre, pruneau, radis, raifort, raisin frais ou sec, salsifis, thym, tomate, vinaigre. Masser les articulations avec un mélange d'huiles essentielles de gingembre (analgésique), romarin et genièvre et d'huile végétale (p. 58).

✘ Alcool, aliments traités, arachide, café, farine blanche, gibier, huiles et graisses chauffées, huiles raffinées, légumineuses, oseille, produits laitiers, sucre, thé, viande rouge, volaille.

RECETTES *Jus de carotte santé (p. 21), Bouillon de pois chiches (p. 94), Jus de brocoli et haricot vert (p. 121), Infusion de poire et pomme (p. 126), Décoction de queues de cerise (p. 127), Décoction de queues de cerise et pomme (p. 128), Décoction de feuilles de fraisier (p. 128), Vin de feuilles de cerise (p. 130).*

BURSITE

INFLAMMATION D'UNE BOURSE SÉREUSE PROTÉGEANT L'ARTICULATION CONTRE LA FRICTION. SYMPTÔMES: DOULEUR, RESTRICTION DE MOUVEMENT ET ENFLURE (SURTOUT ÉPAULE, POIGNET, COUDE, GENOU ET DOIGTS)

✔ Boire: infusion de feuilles de poirier ou de cassissier. Appliquer un cataplasme de feuilles de chou crues sur les articulations affectées 2 ou 3 fois par jour. **VOIR** conseils généraux (p. 68).

RECETTE *Infusion de poire et pomme (p. 126).*

CRAMPES MUSCULAIRES

SPASME MUSCULAIRE SOUDAIN CAUSANT TEMPORAIREMENT DE LA DOULEUR ET POUVANT ÊTRE CAUSÉ PAR UN PROBLÈME CIRCULATOIRE.

✔ L'estragon est un bon antispasmodique. Manger: aliments riches en magnésium (céréales complètes, noix, fruits de mer, légumes verts). **VOIR** conseils généraux (p. 71).

FIBROMYALGIE

DOULEUR ET RAIDEUR MUSCULAIRE DE CAUSES INCERTAINES: DOS, COU, ÉPAULES.

✔ Masser la zone affectée avec de l'huile d'olive infusée au romarin et aux baies de laurier ou de genièvre. **VOIR** Arthrite (rhumatoïde), Goutte et Spondylarthrite ankylosante.

GOUTTE

ATTAQUE SOUDAINE DE DOULEUR SÉVÈRE, ENFLURE ET INFLAMMATION: GROS ORTEIL, CHEVILLES, GENOUX OU COUDES. ACCUMULATION DE CRISTAUX D'ACIDE URIQUE DANS LES ARTICULATIONS. DES ATTAQUES RÉCURRENTES PEUVENT ÊTRE FRÉQUENTES.

✔ Basilic, céleri, cerfeuil, fraise, framboise, ortie, raisin. Cataplasme de feuilles de chou crues sur les articulations. **VOIR** Arthrite (rhumatoïde).

✘ Café, thé, rhubarbe.

RECETTES *Jus de pomme et framboise (p. 119), Infusion de*

MENUS POUR L'INFLAMMATION ET AUTRES DOULEURS DES ARTICULATIONS

Menus aux propriétés anti-inflammatoires pour traiter rhumatisme, arthrite, inflammation et douleurs articulaires, fibromyalgie ou pseudopolyarthrite rhizomélique.

1er MENU

MATIN

Gruau sans sucre avec lait* écrémé, yogourt* et jus de légumes (haricot vert, chou, etc.) ou fruits (ananas, pomme et fraise).

GOÛTERS

Fruits séchés (raisin, abricot) et café de pissenlit ou de chicorée grillée.

MIDI

Soupe aux poireaux ou pommes de terre et pain* brun; salade: mâche, haricots verts, radis, huile d'olive, jus de citron; saumon poché et pommes de terre; poire ou pomme.

SOIR

Légumes vapeur avec ail ou gingembre; riz ou nouilles; infusion de pissenlit ou de feuilles de cassissier ou verre de vin* d'artichaut.

2e MENU

MATIN

Cottage* + 2 ou 3 c. à soupe de yogourt*, jus de fruits (raisin, pomme ou cerise); tranche de melon ou banane.

GOÛTERS

Fruits séchés (cassis, raisin); café de pissenlit ou de chicorée grillée.

MIDI

Pâtes aux légumes, saumon fumé, pain* brun, fruit.

SOIR

Salade et pain* brun; infusion de camomille ou de feuilles de cassissier ou petit verre de vin* d'artichaut.

Évitez les aliments suivis d'une * si l'arthrite empire à cause d'une allergie à l'alcool, au blé ou aux produits laitiers.

pissenlit (p. 125), Décoction de feuilles de fraisier (p. 128), Teinture d'artichaut (p. 132).

MAL DE DOS CHRONIQUE

! PEUT NÉCESSITER UN TRAITEMENT CHIROPRATIQUE OU OSTÉOPATHIQUE.

✔ **VOIR** Arthrite rhumatoïde et Ostéoarthrite.

OSTÉOARTHRITE

MALADIE CHRONIQUE DÉGÉNÉRATIVE, FRÉQUENTE APRÈS 40 ANS, AFFECTANT SURTOUT LES ARTICULATIONS PORTANTES.

✔ Asperge, cerfeuil, chou, gingembre, haricot, mûre, olive, pissenlit, poireau, pomme, radis, salsifis, yogourt. Boire chaque jour: jus de fruit et légumes frais et manger plus de poisson, huile de poisson et fruits de mer. **VOIR** conseils généraux (p. 68).

OSTÉOPOROSE

PERTE GRADUELLE DE CALCIUM FRAGILISANT LES OS FRÉQUENTE CHEZ LES FEMMES POST-MÉNOPAUSÉES AYANT UN FAIBLE TAUX D'ŒSTROGÈNE.

! UN RÉGIME RICHE EN CALCIUM ET MAGNÉSIUM COMBINÉ À DE L'EXERCICE DE FAIBLE INTENSITÉ ET À UNE EXPOSITION AU SOLEIL.

✔ Cottage, fromage de chèvre, fromages à pâte dure, fruits frais, huile de poisson, légumes feuillus verts, poisson gras, soja, tofu, yogourt.

PSEUDOPOLYARTHRITE RHIZOMÉLIQUE

INFLAMMATION DES MUSCLES: DOULEUR ET ENRAIDISSEMENT DES HANCHES ET DES ÉPAULES. CAUSE INCONNUE, MAIS L'AUTO-IMMUNITÉ, LA GÉNÉTIQUE ET L'INFECTION PEUVENT ÊTRE IMPLIQUÉES.

✔ **VOIR** Anémie, Arthrite (rhumatoïde) et Fibromyalgie.

RHUMATISME

INFLAMMATION DES MUSCLES ET ARTICULATIONS; SURTOUT L'ARTHRITE RHUMATOÏDE.

✔ **VOIR** Arthrite (rhumatoïde) et Fibromyalgie.

SPONDYLARTHRITE ANKYLOSANTE

INFLAMMATION CHRONIQUE ET PROGRESSIVE DE LA COLONNE VERTÉBRALE CAUSANT DOULEUR ET RIGIDITÉ. PLUS FRÉQUENTE CHEZ LES JEUNES HOMMES.

✔ Infuser feuilles de laurier, baies de genièvre, fleurs de camomille et de romarin dans l'huile d'olive; masser la zone douloureuse. Boire des infusions de feuilles de cassissier ou de feuilles et de racines de fraisier. **VOIR** Arthrite rhumatoïde.

RECETTES *Décoction de feuilles de fraisier (p. 128), Vin d'artichaut (p. 130).*

SYNDROME DES JAMBES SANS REPOS

SENSATION DE DOULEUR ET DE BRÛLURE CAUSANT AGITATION, SOUBRESAUTS ET IRRITABILITÉ.

! PEUT ÊTRE CAUSÉ PAR UNE CARENCE EN FER ET EN VITAMINE B.

✔ Infusions: baie de sureau, camomille, gingembre, mélisse, romarin. Manger: gingembre, piment, romarin, tilleul. **VOIR** conseils généraux (p. 71).

✘ Café, thé.

RECETTES *Infusion de mélisse et camomille (p. 126), Infusion de camomille et sureau (p. 126), Infusion de gingembre (p. 127).*

SYNDROME DU CANAL CARPIEN

COMPRESSION D'UN NERF DU POIGNET. SYMPTÔMES: DOULEUR DU BRAS, ENGOURDISSEMENTS, FOURMILLEMENTS OU SENSATIONS DE BRÛLURES DANS LA MAIN ET LES DOIGTS. PARFOIS DE NATURE HORMONALE (PEUT SURGIR PENDANT LA GROSSESSE) OU CAUSÉ PAR UN MUSCLE FROISSÉ À RÉPÉTITION.

✔ Application fréquente d'un cataplasme de feuilles de chou ou d'un mélange d'argile verte, de feuilles de chou et de concombre fait au mélangeur. **VOIR** conseils généraux (p. 68) et Bursite.

TENDINITE

INFLAMMATION D'UN TENDON (TISSU FIBREUX LIANT LES MUSCLES ET LES OS).

✔ **VOIR** Bursite.

TÉNOSYNOVITE (PARATÉNONITE)

INFLAMMATION D'UN TENDON ET DE SA COUCHE EXTERNE.

✔ **VOIR** Bursite.

cœur et circulation

ALIMENTS SANTÉ RECOMMANDÉS: AIL, AVOINE, CHICORÉE, CITRON, CLOU DE GIROFLE, ÉCHALOTE, ÉPINARD, GINGEMBRE, HARICOT VERT, HUILE D'OLIVE, LAITUE, LÉGUMINEUSES, LIME (CITRON VERT), OIGNON, OLIVE, ORANGE, ORGE, PANAIS, PERSIL, POIREAU, POMME DE TERRE, ROMARIN, SARRASIN.

L'alimentation joue un rôle-clé sur la santé du cœur et des vaisseaux sanguins. Un mauvais régime peut augmenter le risque de cardiopathie, attaque cérébrale, hypertension et athérosclérose. Gras saturés, sucre et sel favorisent les dépôts lipidiques (athéromes) dans les artères, le rétrécissement des artères, les caillots et crises cardiaques.

La meilleure façon d'éviter une deuxième crise cardiaque est d'adopter un régime qui protège le système cardiovasculaire. Manger plus de: poisson gras et fibres, légumes riches en potassium, ail, gingembre, légumes verts, fruits pour diminuer la pression artérielle. Les bioflavonoïdes (fruits et légumes jaunes, orange, rouges et verts) sont des antioxydants aidant à réduire la formation de dépôts lipidiques et de caillots dans les artères. Mangez moins de: viande rouge ou grasse (surtout le porc), produits laitiers entiers, œufs, sucre, sel, alcool. Éliminer: friture et aliments vides. Faire de l'exercice de faible intensité 3 fois par semaine pendant 1 h (natation, vélo, marche, etc.). Perdre du poids au besoin et, surtout, cesser de fumer.

(Infusion médicinale: infuser 1 c. à soupe de l'ingrédient séché 10 minutes dans une tasse d'eau bouillante.)

ANÉMIE

CARENCE EN FER DANS LE SANG HABITUELLEMENT CAUSÉE PAR UN APPORT INSUFFISANT EN ALIMENTS RICHES EN FER OU UNE PERTE DE SANG (EX.: RÈGLES ABONDANTES). L'ANÉMIE PERNICIEUSE EST DUE À UNE MALABSORPTION DE LA VITAMINE B_{12}

✔ Aliments riches en fer: abricot séché, betterave, brocoli, carotte, cassis, cerfeuil, châtaigne, épinard, extrait de levure, gelée royale, haricot vert, jus de fruits et légumes frais, mâche, mûre, ortie, persil, pissenlit, pruneau. Beaucoup de jus: cerise noire, épinard, fenouil, laitue, mûre, raisin. Végétaliens: prendre un supplément de vitamine B_{12} chaque jour.

RECETTES *Soupe aux orties (p. 96), Jus de chou, carotte et céleri (p. 121), Jus de haricot vert à l'ail (p. 121), Jus de brocoli et haricot vert (p. 121), Jus de céleri et oignon rouge (p. 121), Infusion de fenouil (p. 125), Décoction de fenouil (p. 128), Vin de cassis (p. 129).*

ANGINE DE POITRINE

DOULEUR CONSTRICTIVE AU CENTRE DU THORAX RÉSULTANT D'UN FAIBLE APPORT DE SANG AU CŒUR ET CAUSÉE GÉNÉRALEMENT PAR UN RÉTRÉCISSEMENT ET UN BLOCAGE DES ARTÈRES. STRESS ET ÉPUISEMENT DÉCLENCHENT LES CRISES.

! TOUJOURS PRENDRE LES MÉDICAMENTS PRESCRITS PAR LE MÉDECIN. SI LE REPOS NE SUFFIT PAS À SOULAGER LA DOULEUR, VOIR UN MÉDECIN SANS TARDER.

✔ Une petite portion de poisson gras chaque jour. Aliments riches en magnésium: céréales, noix et graines. Infusions de feuilles d'olivier et de fleurs de tilleul. **VOIR** Athérosclérose, Artériosclérose, Hypertension, Irritabilité et stress (p. 85).

✘ Alcool, aliments sucrés, œuf, produits laitiers entiers, sel, viande rouge grasse. Éviter frites et aliments vides.

RECETTES *Teinture d'ail (p. 56), Jus de haricot vert à l'ail (p. 121), Jus de brocoli et haricot vert (p. 121), Jus de céleri et oignon rouge (p. 121), Infusion de mélisse et camomille (p. 126), Infusion de gingembre (p. 127).*

ARTÉRIOSCLÉROSE

DURCISSEMENT DES ARTÈRES DÛ AU VIEILLISSEMENT SOUVENT AGGRAVÉ PAR UN EXCÈS DE GRAS, SEL, SUCRE ET ALCOOL.

! TOUJOURS PRENDRE LES MÉDICAMENTS PRESCRITS PAR LE MÉDECIN.

✔ Abricot, ail, ananas, artichaut, asperge, bleuet, camomille, céleri, chicorée, ciboulette, citrouille, fraise, framboise, laitue, mâche, oignon, persil, pissenlit, poisson, pomme de terre, radis noir, raisin, romarin, safran, seigle, tilleul. **VOIR** Athérosclérose.

✘ Alcool, aliments traités ou vides, friture, produits laitiers entiers, sel, sucre, viande rouge grasse.

RECETTES *Teinture d'ail (p. 56), Décoction de feuilles de fraisier (p. 128), Vin d'artichaut (p. 130).*

ATHÉROSCLÉROSE

DÉPÔT DE LIPIDES SUR LA PAROI DES ARTÈRES (ATHÉROME) LIÉ À UN EXCÈS DE GRAS ET DE SUCRE.

! TOUJOURS PRENDRE LES MÉDICAMENTS PRESCRITS PAR LE MÉDECIN.

✔ Abricot, ail, algue, ananas, avoine, bleuet, cassis, céleri, cerise, citron, figue, gingembre, olive, orge germée, pruneau, raisin, sauge. Prendre souvent: poisson gras, jus de bleuet, légumes feuillus verts, jaunes et orange. Décoctions et infusions: artichaut, cassissier (fleurs et fruits), feuilles de fraisier.

✘ Aliments frits, traités, vides ou riches en sucre, produits laitiers entiers, viande rouge grasse.

RECETTES *Jus de chou, carotte et bleuet (p. 27), Jus de chou, carotte et céleri (p. 121), Infusion de gingembre (p. 127), Décoction de feuilles de fraisier (p. 128), Eau d'orge (p. 129).*

ENGELURES

ENFLURES DOULOUREUSES DE LA PEAU DUES AU FROID ET À UNE MAUVAISE CIRCULATION (NEZ, DOIGTS, ORTEILS, LOBES D'OREILLES).

✔ Circulation: ail, bleuet, carotte, cassis, cerfeuil, chou, gingembre, groseille, mûre. Boissons et repas chauds; infusion de feuilles de mûrier. **VOIR** Anémie.

RECETTE *Infusion de gingembre (p. 127).*

MENUS POUR L'HYPERTENSION

Les menus suivants visent à faciliter la perte de poids et à soulager les symptômes associés au stress et à l'hypertension. Ils sont aussi recommandés pour les problèmes circulatoires. Si vous ne voulez pas perdre de poids, augmentez les quantités.

1er MENU

MATIN

Céréales sans sucre et lait écrémé; jus de laitue, concombre, ail ou de pomme, ananas, fraise.

GOÛTERS

Fruits séchés; café de pissenlit.

MIDI

Soupe aux lentilles et pain brun; salade de fenouil, radicchio et olives avec vinaigrette (huile d'olive, jus de citron); poisson et pommes de terre, fruit.

SOIR

Légumes vapeur avec gingembre et ail sur nouilles; petit verre de vin d'artichaut (p. 130).

2e MENU

MATIN

Gruau; jus de pomme ou de raisin.

GOÛTERS

Fruit séché; café de pissenlit.

MIDI

Soupe aux poireaux et pommes de terre; cottage; saumon fumé et pain brun; fruit.

SOIR

Salade mixte et pain brun; infusion de camomille ou feuilles de cassissier.

HYPERLIPIDÉMIE

EXCÈS DE GRAS DANS LE SANG. ÉVITER TABAGISME, EXCÈS D'ALCOOL, MANQUE D'EXERCICE, RÉGIME RICHE EN GRAS.

! TOUJOURS PRENDRE LES MÉDICAMENTS PRESCRITS PAR LE MÉDECIN.

✔ Ail, avoine, céleri-rave, figue, huile d'olive, noix, oignon, orge germée, papaye, pissenlit, poisson gras. Infusions: artichaut, feuilles d'olivier. **VOIR** Athérosclérose et Artériosclérose.

✘ Aliments gras, sauf le poisson gras.

RECETTES *Teinture d'ail (p. 56), Vin d'artichaut (p. 130).*

HYPERTENSION

RÉSISTANCE DES VAISSEAUX SANGUINS AU FLUX SANGUIN. SOUVENT ASYMPTOMATIQUE ET ASSOCIÉE AU CHOLESTÉROL ÉLEVÉ ET À L'ARTÉRIOSCLÉROSE. FACTEURS: STRESS, ÂGE, EXCÈS D'ALCOOL, MAUVAISE ALIMENTATION. RISQUES: CRISE CARDIAQUE, AVC.

! TOUJOURS PRENDRE LES MÉDICAMENTS PRESCRITS PAR LE MÉDECIN.

✔ Ail, artichaut, asperge, avoine, brocoli, céleri, laitue, olive (huile), feuilles d'olivier (infusion), pissenlit, poireau, poisson gras, raisin, riz, seigle, tomate, tournesol (huile et graine), vin rouge. Jus de raisin et infusions de feuilles d'olivier et artichaut. Manger plus d'aliments riches en magnésium, éviter l'obésité, faire de l'exercice. **VOIR** Athérosclérose.

✘ Aliments gras, blé, produits laitiers.

RECETTES *Jus de chou, carotte et bleuet (p. 27), Teinture d'ail (p. 56), Jus de tomate et céleri (p. 120), Jus de haricot vert à l'ail (p. 121), Jus de céleri et oignon rouge (p. 121), Jus de concombre et laitue (p. 121), Jus de laitue au basilic (p. 121), Infusion de pissenlit (p. 125).*

MALADIE DE RAYNAUD

MAUVAISE CIRCULATION (MAINS, PIEDS, JOUES, NEZ, OREILLES) DUE À UN SPASME ARTÉRIEL.

✔ Ail, bleuet, cannelle, carotte, cassis, cayenne, cerfeuil, chou, gingembre, groseille rouge, mûre, poivre noir. Prendre boissons et repas chauds; aliments riches en magnésium. Boire: infusion de feuilles de mûrier. **VOIR** Anémie.

RECETTE *Infusion de gingembre (p. 127).*

PALPITATIONS/ARYTHMIE

BATTEMENTS IRRÉGULIERS DU CŒUR CAUSÉS PAR: FACTEURS CONGÉNITAUX, ÉPUISEMENT, STRESS OU CARDIOPATHIE. VOIR UN MÉDECIN.

! TOUJOURS PRENDRE LES MÉDICAMENTS PRESCRITS PAR LE MÉDECIN.

✔ Ail, avoine, chicorée, citron, clou de girofle, échalote, estragon, feuilles d'olivier (infusion), fruit de la passion, haricot vert, huile d'olive, mélisse, menthe, oignon, orge germée, panais, poireau, romarin, sarrasin, tilleul, valériane.

✘ Alcool, café, thé, tabac.

RECETTES *Jus de haricot vert à l'ail (p. 121), Jus de céleri et oignon rouge (p. 121), Jus de laitue au basilic (p. 121), Infusion de mélisse et camomille (p. 126), Eau d'orge (p. 129).*

THROMBOSE

FORMATION D'UN CAILLOT DANS UN VAISSEAU SANGUIN OU DANS LE CŒUR GÊNANT LA CIRCULATION SANGUINE.

! TOUJOURS PRENDRE LES MÉDICAMENTS PRESCRITS PAR LE MÉDECIN.

✔ Ail, ananas, bourrache, camomille, citron, citrouille, estragon, fenugrec, fraise, framboise, huile d'olive, orange, sarrasin, tilleul. Manger du poisson gras régulièrement.

✘ Alcool, tabac.

RECETTES *Teinture d'ail (p. 56), Jus de fraise et framboise (p. 120), Jus de haricot vert à l'ail (p. 121), Jus de céleri et oignon rouge (p. 121), Décoction de feuilles de fraisier (p. 128).*

système digestif

ALIMENTS SANTÉ RECOMMANDÉS: AIL, ANANAS, ARTICHAUT, BASILIC, BLEUET (MYRTILLE), CAROTTE, CASSIS, CERFEUIL, CHICORÉE, CITRON, COING, COURGETTE, CRESSON, FENOUIL, FIGUE, GENIÈVRE, GINGEMBRE, HUILE D'OLIVE, LAITUE, LÉGUMES VERTS AMERS, MUSCADE, ORGE GERMÉE, PAMPLEMOUSSE, PAPAYE, PERSIL, PISSENLIT, RADIS NOIR ET ROUGE, ROMARIN, THYM.

Le système digestif comprend: bouche, œsophage, estomac, foie, pancréas, vésicule biliaire et intestins. Éviter: aliments prêts-à-servir ou riches en sucres et en gras, tabac, excès d'alcool, boissons gazeuses; stress et problèmes émotifs.
On peut soulager plusieurs problèmes digestifs en éliminant: alcool, café, goûters salés ou épicés, aliments gras ou vides. Manger moins mais plus souvent (5 petits repas). Bien manger le matin, modérément le midi et légèrement le soir.
Deux ou trois fois par année, faire un régime sans blé ni produits laitiers pendant 2 ou 3 semaines ou suivre la cure de détoxication (p. 136-138). Manger plus de fruits et légumes frais; les fines herbes facilitent la digestion et sont antibactériennes. Intestins: ananas, bleuet, carotte, chou, courgette, fenouil, figue, laitue, papaye. Dyspepsie: orge germée. Foie, bile: artichaut, cassis (feuilles et baies), cerfeuil, chicorée, citron, coing, cresson, huile d'olive, légumes verts amers, pamplemousse, persil, pissenlit, radis noir.
(Infusion médicinale: infuser 1 c. à soupe de l'ingrédient séché 10 minutes dans une tasse d'eau bouillante.)

BALLONNEMENT

VOIR DOULEUR ABDOMINALE, DISTENSION ET FLATULENCE.

CALCULS BILIAIRES

VOIR CHOLÉCYSTITE.

CHOLÉCYSTITE

INFLAMMATION AIGUË OU CHRONIQUE DE LA VÉSICULE BILIAIRE DUE À UN BLOCAGE (EX.: CALCULS) OU À UNE INFECTION CAUSANT DE LA DOULEUR DU CÔTÉ SUPÉRIEUR DROIT DE L'ABDOMEN OU ENTRE LES ÉPAULES. SOUVENT ACCOMPAGNÉE D'INDIGESTION ET DE NAUSÉE APRÈS CONSOMMATION D'ALIMENTS GRAS.

! UNE DOULEUR AIGUË PEUT VITE DEVENIR UNE URGENCE MÉDICALE: VOIR UN MÉDECIN SANS TARDER. LES CONSEILS D'AUTOGUÉRISON DOIVENT SERVIR UNIQUEMENT SI L'ON A LA CERTITUDE QU'IL NE S'AGIT PAS D'UN CAS POTENTIELLEMENT GRAVE.

✔ Fruits et légumes frais, herbes amères, noisette, pissenlit, romarin. Le matin: huile d'olive et jus de citron (p. 36), puis jus de radis noir et carotte (p. 121). Infusions: feuilles d'artichaut, citron, zeste de citron, romarin; jus de cerise.

✘ Aliments gras, biscuits et sucres raffinés, rhubarbe.

RECETTES *Jus de cerise et framboise (p. 120), Jus de cerise et pomme (p. 120), Jus de radis noir et carotte (p. 121), Infusion de pissenlit (p. 125), Vin d'artichaut (p. 130), Liqueur de citron (p. 131), Teinture d'artichaut (p. 132).*

COLIQUE

VOIR **CRAMPE ABDOMINALE, CONSTIPATION, INDIGESTION.**

COLITE

VOIR **DOULEUR ABDOMINALE, SYNDROME DU CÔLON IRRITABLE, COLITE ULCÉREUSE.**

COLITE ULCÉREUSE

INFLAMMATION CHRONIQUE ET ULCÉRATION DE LA PARTIE INFÉRIEURE DU CÔLON: DOULEUR ABDOMINALE, DIARRHÉE AVEC SANG ET MUCUS.

! TOUJOURS PRENDRE LES MÉDICAMENTS PRESCRITS PAR LE MÉDECIN.

✔ Ail, betterave, bleuet, carotte, céréales, chou, chou-fleur, coing, concombre, courgette, fraise, fruits et légumes frais, gourgane, groseille, kaki, laitue, litchi, mâche, mangue, orge, ortie, pissenlit, poire, pomme cuite, romarin. Manger moins de viande et plus de fibres. ***VOIR*** Anémie.

✘ Alcool, goyave, produits laitiers, tabac.

RECETTES *Boisson aux amandes (p. 79), Jus de chou, carotte et bleuet (p. 27), Jus de mangue (p. 120), Infusion de fenouil (p. 125), Infusion de mélisse et camomille (p. 126), Infusion de camomille et sureau (p. 126), Décoction de fenouil (p. 128).*

CONSTIPATION

SELLES DURES; DÉFÉCATION IRRÉGULIÈRE.

! ÉVITER LES LAXATIFS PUISSANTS. MANGER PLUS DE FIBRES, FRUITS ET LÉGUMES CRUS.

✔ Asperge, baie de sureau, cerfeuil, chou de Bruxelles, concombre, figue, fraise, framboise, grenade, groseille, kaki, kumquat, légumes feuillus verts, melon, moutarde, navet, noisette, noix de coco, olive, orange, oseille, pamplemousse, pastèque, pêche, poireau, pois, pomme, pruneau, rhubarbe cuite, tomate, topinambour, yogourt. Boire: eau et jus (melon, pomme, pruneau, tomate) mélangés ou non avec du yogourt. Chaque matin: huile d'olive et jus de citron (p. 36) et figues bouillies dans le lait (p. 38).

✘ Graines de goyave. Éliminer le blé s'il aggrave le problème; il peut s'agir d'une allergie.

MENUS POUR AIDER LA DIGESTION

Les menus suivants soulagent les problèmes mineurs (constipation, distension, flatulence) causés par un système digestif affaibli ou engorgé.

1er MENU

MATIN

Gruau; yogourt; jus de carotte, chou, poivron vert ou rouge ou de jus de fruits mélangés (mûre, bleuet, pomme, etc.).

GOÛTERS

Fruits séchés (bleuet, ananas, papaye); café de chicorée ou pissenlit; infusions: fenouil, gingembre, basilic, mélisse.

MIDI

Poisson ou poulet avec pommes de terre et sauce aux herbes (p. 113) ou Sarrasin à la sauce aux poireaux (p. 105) ou Taboulé (p. 102) avec côtelette d'agneau grillée et salade de carottes à l'orange; Tarte à la rhubarbe (p. 115).

SOIR

Soupe aux gourganes ou Bouillon d'herbes (p. 94) avec orge; salade de fruits; infusion: camomille; petit verre de Liqueur de basilic (p. 131) ou 1 c. à thé (à café) d'Anisette (p. 131) dans un verre d'eau.

2e MENU

MATIN

Riz ou flocons de maïs avec boisson (jus) de soja ou compote de fruits; jus de fruits (raisin, pomme ou bleuet); ½ pamplemousse ou 1 banane ou 1 kiwi.

GOÛTERS

Fruits séchés (raisin, papaye, ananas ou bleuet); café de chicorée ou pissenlit; infusions: fenouil, gingembre, graines de cumin.

MIDI

Saumon grillé au gingembre et au miel (p. 65) et légumes vapeur; Citrouille au sirop (p. 114).

SOIR

Artichauts à la menthe (p. 103) ou Soupe aux lentilles (p. 97); Poires aux herbes (p. 116); Vin d'agrumes et camomille (p. 131).

RECETTES *Boisson aux amandes (p. 79), Tarte à la rhubarbe (p. 115), Jus de pomme et framboise (p. 119), Jus de pruneau (p. 120), Jus de tomate et céleri (p. 120), Jus de concombre et laitue (p. 121), Sirop de sureau (p. 133).*

CRAMPE ABDOMINALE

INCONFORT ABDOMINAL: GAZ, CONSTIPATION, SYNDROME DU CÔLON IRRITABLE.

✔ Infusions: aneth, anis, basilic, camomille, coriandre, estragon, graines de cumin, fenouil, gingembre, laurier, graines de litchi, marjolaine, mélisse, menthe, origan. Fermentation et inflammation: ail, bleuet, carotte, concombre.

VOIR conseils généraux (p. 74), Distension et flatulence.

RECETTES *Jus de chou, carotte et bleuet (p. 27), Décoction de bleuets (p. 42), Jus de concombre et laitue (p. 121), Infusion de fenouil (p. 125), Infusion de mélisse et camomille (p. 126), Décoction de litchi (p. 128), Décoction d'aneth (p. 128), Décoction de fenouil (p. 128), Décoction de cumin (p. 128), Vin d'agrumes et camomille (p. 131), Anisette (p. 131), Liqueur de basilic (p. 131).*

DIABÈTE SUCRÉ

ABSENCE OU INSUFFISANCE D'INSULINE CRÉANT DES PROBLÈMES DU MÉTABOLISME DU SUCRE. AUGMENTATION DU TAUX DE SUCRE DANS LE SANG ET L'URINE.

! TOUJOURS PRENDRE LES MÉDICAMENTS PRESCRITS PAR LE MÉDECIN.

✔ Ail, artichaut, avoine, bleuet, céréales complètes, chou, ciboulette, citrouille, échalote, farine et pâtes brunes, fruits frais, haricot, légumineuses, noix, oignon vert, olive, pain brun, pomme de terre, riz, salsifis, topinambour. Boire des jus (agrumes, bleuet, céleri, chou) ou infusions (bleuet, feuilles de bleuet, genièvre).

✘ Excès de gras animal. Banane: demander un avis médical.

RECETTES *Teinture de bleuet (p. 42), Jus de chou, carotte et céleri (p. 121), Jus de betterave et céleri (p. 121), Vin de genièvre (p. 130).*

DIARRHÉE

CAUSES: INFLAMMATION, INFECTION, INTOLÉRANCE ALIMENTAIRE, STRESS, MÉDICAMENTS.

! VOIR UN MÉDECIN S'IL Y A RISQUE DE DÉSHYDRATATION.

✔ Bleuet, camomille, cardamome, carotte bouillie, chou, ciboulette, clou de girofle, coing, eau de riz, fraise, gourgane, litchi, miel, mûre, muscade, noix, oignon, orge, ortie, piment, poire, poivre, poivron, pomme cuite, riz bouilli, romarin, sarriette. Boire des jus (bleuet, carotte, mûre) ou infusions (fenouil, eau de riz).

RECETTES *Décoction de bleuets (p. 42), Teinture de bleuet (p. 42), Infusion de fenouil (p. 125), Décoction de fenouil (p. 128), Liqueur de coing (p. 132), Sirop de mûre (p. 133).*

DISTENSION ET FLATULENCE

DOULEUR OU BALLONNEMENTS DUS À LA FERMENTATION OU À LA MALABSORPTION DES ALIMENTS, À L'INFECTION OU AU STRESS.

✔ Ail, anis, bleuet, carotte, clou de girofle, coriandre, cumin, fenouil, genièvre, laitue, laurier, marjolaine, mûre, origan, piment, poivron, romarin, sarriette. Boire des jus (ail, bleuet, laitue, mûre) ou infusions (anis, camomille, graines d'aneth, de cumin ou de fenouil).

✘ Alcool, aliments fermentés ou pouvant fermenter (ex.: pain, légumineuses, sucreries).

RECETTES *Infusion de laurier (p. 52), Jus de laitue au basilic (p. 121), Décoction d'aneth (p. 128), Décoction de fenouil (p. 128), Décoction de cumin (p. 128).*

DIVERTICULITE

INFLAMMATION DES CAVITÉS INTESTINALES CAUSANT DOULEUR, FLATULENCE, DIARRHÉE OU CONSTIPATION.

✔ Aliments riches en fibres: bleuet, chou, chou de Bruxelles, fruits séchés, gruau, haricot, légumes verts, lentille, marron, melon, mûre, navet, orange, pain brun, pamplemousse, panais, pastèque, pois, pois chiche, pomme, pomme de terre, riz brun, topinambour. Beaucoup d'ail et de fines herbes contre la flatulence.

✘ Graines de goyave.

RECETTES *Jus de chou, carotte et bleuet (p. 27), Soupe à l'ail (p. 57), Jus de concombre et laitue (p. 121), Infusion de fenouil (p. 125), Infusion de mélisse et camomille (p. 126), Décoction d'aneth (p. 128), Décoction de fenouil (p. 128), Décoction de cumin (p. 128), Anisette (p. 131).*

DOULEUR ABDOMINALE

PEUT ÊTRE ACCOMPAGNÉE DE GONFLEMENTS DE L'ABDOMEN, DIARRHÉE OU VOMISSEMENTS.

! UNE TELLE DOULEUR PEUT VITE DEVENIR UNE URGENCE MÉDICALE: VOIR UN MÉDECIN SANS TARDER. LES CONSEILS D'AUTOGUÉRISON DOIVENT SERVIR UNIQUEMENT SI L'ON A LA CERTITUDE QU'IL NE S'AGIT PAS D'UN CAS POTENTIELLEMENT GRAVE.

DYSPEPSIE ET BRÛLURES D'ESTOMAC

INDIGESTION ET SENSATION DE BRÛLURE DANS LA PARTIE SUPÉRIEURE DE L'ABDOMEN: ALCOOL, ALIMENTS GRAS OU SUCRÉS, STRESS, ETC.

✔ Ananas, anis, arachide, banane, carotte, citron, citrouille, coing, coriandre, courgette, fenouil, figue, goyave épépinée, kaki, laitue, laurier, marron, melon, orange, orge, pamplemousse, pêche, piment, poivre, poivron, pomme, pomme de terre, radis, roquette, safran, topinambour.

✘ Alcool, aliments gras, café, thé. Manger tard le soir.

RECETTES *Infusion de mélisse et camomille (p. 126), Infusion de coriandre (p. 127), Décoction de fenouil (p. 128), Anisette (p. 131), Teinture d'anis (p. 132).*

FLATULENCE

***VOIR* DISTENSION ET FLATULENCE.**

GASTRITE

INFLAMMATION GÉNÉRALE DE LA MUQUEUSE GASTRIQUE; SYMPTÔMES SEMBLABLES À CEUX DE L'INDIGESTION.

✔ Un jeûne de 20 h à l'eau d'orge ou de riz (***VOIR*** Riz; p. 35) peut réduire les symptômes. Manger ensuite des aliments non irritants: banane, carotte, chou, coing, courgette, citrouille, fenouil, figue, orge, pastèque, pomme de terre, riz, topinambour. Boire des jus (carotte, chou, courgette) ou infusions (graines d'anis, de cumin ou de fenouil, menthe). ***VOIR*** conseils généraux (p. 74), Dyspepsie et Indigestion.

RECETTES *Jus de chou, carotte et céleri (p. 121), Jus de laitue au basilic (p. 121), Infusion de coriandre (p. 127), Décoction d'aneth (p. 128), Décoction de fenouil (p. 128).*

GASTROENTÉRITE

INFLAMMATION DU TUBE DIGESTIF CAUSÉE PAR DES MICROORGANISMES: NAUSÉE, VOMISSEMENTS, DIARRHÉE, FIÈVRE, DOULEUR ABDOMINALE.

! NE RIEN MANGER PENDANT 24 H. BOIRE SOUVENT DE PETITES QUANTITÉS DE LIQUIDE. THÉS: FENOUIL, GINGEMBRE, MENTHE. INFUSIONS: BASILIC, GENIÈVRE, THYM.

✔ Recommencer à manger peu à peu des aliments cuits avec ail, basilic, marjolaine, menthe, thym, romarin. Manger: bleuet, carotte bouillie, pois chiches, coing, kaki, cresson, ciboulette, oignon vert, courgette, mâche, citrouille.

RECETTES *Soupe à l'ail (p. 57), Boisson aux amandes (p. 79), Bouillon d'herbes (p. 94), Infusion de gingembre (p. 127), Décoction de fenouil (p. 128), Eau d'orge (p. 129), Liqueur de basilic (p. 131).*

GINGIVITE

GENCIVES SAIGNANTES OU INFECTÉES CAUSÉES PAR LES BACTÉRIES OU UN MANQUE DE VITAMINES.

! TOUJOURS SE BROSSER LES DENTS ET LES GENCIVES AVEC SOIN.

✔ Mâcher: zeste de citron, clou de girofle, figue ou bleuet frais ou séché. Rince-bouche: ajouter 1 c. à soupe de sel et 1 ou 2 gouttes d'huile essentielle de citron à une infusion de thym concentrée ou 1 c. à thé (à café) de jus de citron dans une infusion de sauge concentrée; ou Eau de figue (p. 38).

✘ Sucreries.

BOUILLIE D'ORGE AUX FRUITS

Recette de Hanne Glasse publiée en 1747 pour stimuler le système digestif trop lent.

50 g (½ tasse) d'orge germée
4 c. à soupe de raisins secs
4 c. à soupe de baies de cassis ou de bleuets séchés
1 pincée de muscade moulue
2 c. à soupe de cassonade
60 ml (¼ de tasse) de vin blanc ou un peu de brandy
2 jaunes d'œufs (facultatif)

Dans une grande casserole, faire bouillir l'eau, l'orge, les raisins, le cassis et la muscade. Retirer du feu dès que l'orge est tendre et incorporer la cassonade et le vin. Remettre sur le feu, porter à ébullition et cuire à feu doux 2 minutes. Retirer du feu et ajouter les jaunes d'œufs en remuant. La texture sera semblable à celle du pouding au riz.

GUEULE DE BOIS

DUE À UN EXCÈS D'ALCOOL: FATIGUE, MAL DE TÊTE, NAUSÉE, INDIGESTION.

✔ Boire beaucoup d'eau et d'infusions. **VOIR** Indigestion.

RECETTES *Soupe à l'ail (p. 57), Infusion de pissenlit (p. 125), Infusion de fenouil (p. 125), Infusion de gingembre (p. 127).*

HÉPATITES A, B OU C

INFECTIONS VIRALES AIGUËS ET CHRONIQUES DU FOIE: FATIGUE, INDIGESTION, JAUNISSE ET PERTE DE L'APPÉTIT.

! IL EST ESSENTIEL DE SUIVRE LES CONSEILS DU MÉDECIN.

✔ Artichaut, asperge, bette à carde, bleuet, céleri, cerfeuil, chicorée, chou, citron, haricot vert, légumes verts amers, olive (et huile), pamplemousse, persil, pissenlit, pomme, radis noir, raifort. Boire: jus de laitue, thé à la menthe, huile d'olive mélangée à du jus de citron (p. 36).

✘ Alcool, aliments gras, viande, tabac.

RECETTE *Infusion de pissenlit (p. 125).*

INDIGESTION

DIVERS SYMPTÔMES, DONT NAUSÉE, VOMISSEMENTS, BRÛLURES D'ESTOMAC, ÉRUCTATIONS. SOUVENT DUE À UN EXCÈS D'ALCOOL OU D'ALIMENTS GRAS.

✔ Boire: eau, décoction, infusion ou teinture. Manger le moins possible jusqu'à la disparition des symptômes.

RECETTES *Soupe à l'ail (p. 57), Bouillon d'herbes (p. 94), Infusion de fenouil (p. 125), Infusion de mélisse et camomille (p. 126), Infusion de coriandre (p. 127), Infusion de gingembre (p. 127), Décoction de fenouil (p. 128), Teinture d'anis (p. 132).*

INFECTIONS ET PARASITES INTESTINAUX

VOIR GASTROENTÉRITE.

MALADIE DE CROHN

INFLAMMATION RÉCURRENTE DE L'INTESTIN. SYMPTÔMES (PAS TOUJOURS PRÉSENTS): DOULEUR, DIARRHÉE, PERTE DE POIDS, ANÉMIE, DOULEUR ARTICULAIRE. SI LA MALADIE S'AGGRAVE OU REVIENT, ÉLIMINER LE PRODUIT SUSPECT.

✔ Bleuet, boisson aux amandes, camomille, carotte, citrouille, coing, coriandre, courgette, estragon, gingembre, kaki, légumineuses germées, melon, menthe, orge, pomme de terre, riz, romarin. Boire: infusion de menthe ou de graines de persil.

✘ Produits laitiers et blé (s'ils augmentent les symptômes).

RECETTES *Boisson aux amandes (p. 79), Infusion de fenouil (p. 125), Décoction d'aneth (p. 128), Infusion de fenouil (p. 128), Anisette (p. 131), Liqueur de basilic (p. 131).*

MALADIE D'ORIGINE ALIMENTAIRE

VOIR GASTROENTÉRITE, INDIGESTION, NAUSÉE ET VOMISSEMENTS.

MAUVAISE HALEINE (HALITOSE)

SOUVENT CAUSÉE PAR LA LEVURE, LES BACTÉRIES OU DIVERS PROBLÈMES DIGESTIFS.

✔ Muscade et infusion de graines de cardamome. **VOIR** Gingivite.

NAUSÉE ET VOMISSEMENT

SYMPTÔMES D'INDIGESTION OU DE GASTROENTÉRITE ET, PARFOIS, DE MALADIE GRAVE.

! VOIR UN MÉDECIN SI LES SYMPTÔMES PERDURENT, SI VOUS ÊTES INQUIET OU SOUFFRANT, OU S'IL Y A DU SANG.

✔ Infusions: anis, fenouil, gingembre, menthe. **VOIR** Cholécystite, Gastrite, Gueule de bois, Indigestion, Migraine.

RECETTES *Infusion de gingembre (p. 127), Décoction de fenouil (p. 128), Liqueur de basilic (p. 131).*

OBÉSITÉ

EXCÈS DE POIDS GÊNANT LES MOUVEMENTS ET POUVANT CAUSER DE GRAVES PROBLÈMES DE SANTÉ. SOUVENT DUE À LA SURALIMENTATION ET AU MANQUE D'EXERCICE, À LA LENTEUR DU MÉTABOLISME OU AU MALFONCTIONNEMENT DE LA GLANDE THYROÏDE.

! IL EST ESSENTIEL DE DIMINUER L'APPORT EN CALORIES ET DE FAIRE PLUS D'EXERCICE.

✔ Manger des aliments faibles en calories ayant un volume élevé (ex.: légumes verts, légumineuses, pomme de terre).

✘ Produits laitiers, blé (en cas d'allergie). **VOIR** Cure de détoxication (p. 136-139).

SYNDROME DU CÔLON IRRITABLE

CRAMPES ET SPASMES ABDOMINAUX, ALTERNANCE DE CONSTIPATION ET DE DIARRHÉE; SOUVENT LIÉ AU STRESS, AUX PROBLÈMES PSYCHOLOGIQUES ET AU CHANGEMENT DE ROUTINE.

! ÉVITER LES PRODUITS LAITIERS ET LE BLÉ PENDANT 2 SEMAINES. RÉINTRODUIRE LE BLÉ 1 OU 2 SEMAINES PLUS TARD, PUIS LES PRODUITS LAITIERS. SI LA MALADIE S'AGGRAVE OU REVIENT, ÉLIMINER LE PRODUIT SUSPECT.

✔ Bleuet, boisson aux amandes, camomille, carotte, citrouille, coing, coriandre, courgette, estragon, gingembre, kaki, légumineuses germées, melon, menthe, orge, pomme de terre, riz, romarin. Boire: infusion de menthe ou de graines de persil.

✘ Produits laitiers et blé (s'ils augmentent les symptômes).

RECETTES *Boisson aux amandes (p. 79), Infusion de fenouil (p. 125), Décoction d'aneth (p. 128), Infusion de fenouil (p. 128), Anisette (p. 131), Liqueur de basilic (p. 131).*

ULCÈRES PEPTIQUES

ULCÈRES GASTRIQUES ET DUODÉNAUX; INFLAMMATION PUIS ÉROSION D'UNE PETITE PARTIE DU DUODÉNUM OU DE LA MUQUEUSE GASTRIQUE: BRÛLURES, DOULEUR LANCINANTE (HAUT DE L'ABDOMEN OU POITRINE), INDIGESTION, NAUSÉE, VOMISSEMENTS.

! TOUJOURS PRENDRE LES MÉDICAMENTS PRESCRITS PAR LE MÉDECIN. ULCÈRE PERFORÉ: DOULEUR SÉVÈRE ET VOMISSEMENTS DE SANG ROUGE CLAIR — VOIR UN MÉDECIN D'URGENCE. CESSER DE FUMER.

✔ Banane, carotte, chou, coing, fenouil, figue, laitue, orge, pomme, pomme de terre, riz. Boire: jus de pomme de terre (p. 18) mélangé à du jus de carotte.

✘ Alcool, aliments acides, gras ou épicés, café, thé.

RECETTES *Jus de chou, carotte et bleuet (p. 27), Infusion de fenouil (p. 125), Infusion de coriandre (p. 127), Décoction de fenouil (p. 128), Teinture d'anis (p. 132).*

BOISSON AUX AMANDES

Bon pour colite ulcéreuse, constipation, gastroentérite, inflammation des bronches, maladie de Crohn, syndrome du côlon irritable, toux. Léger laxatif pour enfants.

100 g (¾ de tasse) d'amandes
60 ml (¼ de tasse) de miel
2 c. à soupe d'eau de fleur d'oranger

Au robot culinaire, réduire les amandes et 1 c. à soupe d'eau en purée. Ajouter le miel et diluer avec 1 litre (4 tasses) d'eau. Filtrer et incorporer l'eau de fleur d'oranger. Prendre 3 c. à soupe 3 fois par jour.

système respiratoire

ALIMENTS SANTÉ RECOMMANDÉS: AIL, BASILIC, CERFEUIL, CIBOULETTE, CRESSON, GINGEMBRE, LAITUE, MÂCHE, MARJOLAINE, MENTHE, OIGNON VERT, PERSIL, RADIS ROUGE ET NOIR, ROMARIN, SARRIETTE, THYM.

Problèmes communs: irritation et inflammation avec excès de mucus dû aux allergènes, bactéries, virus ou polluants. Il faut arrêter de fumer et faire de l'exercice (marches en plein air). Éviter: blé, produits laitiers. Utiliser beaucoup de fines herbes et boire des jus riches en zinc et en vitamine C renforçant le système immunitaire.
(Infusion médicinale: infuser 1 c. à soupe de l'ingrédient séché 10 minutes dans une tasse d'eau bouillante.)

ASTHME

INFLAMMATION ET CONSTRICTION DES BRONCHES ET BRONCHIOLES CAUSANT ESSOUFFLEMENT, SIFFLEMENTS, TOUX. PEUT ÊTRE HÉRÉDITAIRE. CAUSES: STRESS, ALLERGIES, EXERCICE, AIR FROID.

! TOUJOURS PRENDRE LES MÉDICAMENTS PRESCRITS PAR LE MÉDECIN.

✔ Carotte, cassis, cerfeuil, chou, cresson, laitue, menthe, miel, oseille, pamplemousse, radis, raifort, romarin, sarriette. Boire des jus (cerfeuil, carotte, chou, citron, cresson, pomme) ou infusions (menthe, romarin, thym, jus de citron). En cas de crise: 3 gouttes d'huile essentielle de fenouil sur un morceau de sucre.

✘ Produits laitiers.

RECETTES *Jus de carotte, pomme et gingembre (p. 120), Jus de chou, carotte et céleri (p. 121), Infusion de mélisse et camomille (p. 126), Infusion de gingembre (p. 127), Décoction de laitue (p. 128), Décoction de feuilles de fraisier (p. 128).*

BRONCHITE

INFLAMMATION DES BRONCHES: TOUX, ESSOUFFLEMENT, EXPECTORATIONS. AIGUË: VIRUS ET BACTÉRIES; CHRONIQUE: INFECTIONS RÉCURRENTES, FUMÉE, POLLUTION.

✔ Ail, bourrache, carotte, cassis, cerfeuil, coing, cresson, figue, laitue, menthe, miel, radis, raifort, raisin, sarriette, sauge, thym. Infusions: bourrache, romarin.

✘ Blé, produits laitiers.

RECETTES *Boisson aux amandes (p. 79), Jus de carotte, pomme et gingembre (p. 120), Infusion de marjolaine (p. 125), Infusion de mélisse et camomille (p. 126), Infusion de gingembre (p. 127), Décoction de laitue (p. 128), Sirop de poireau (p. 132).*

COQUELUCHE

INFECTION BACTÉRIENNE TRÈS CONTAGIEUSE: QUINTES DE TOUX SPASMODIQUES. SURTOUT CHEZ LES ENFANTS.

! LES ANTIBIOTIQUES PEUVENT RÉDUIRE LA DURÉE.

✔ Boire jus de citron et miel. ***VOIR*** Asthme, Bronchite, Système immunitaire.

RECETTES *Boisson aux amandes (p. 79), Infusion de marjolaine (p. 125), Infusion de mélisse et camomille (p. 126), Infusion de camomille et sureau (p. 126), Sirop de poireau (p. 132), Sirop de radis noir (p. 133).*

MAL DE GORGE ET AMYGDALITE

VOIR **MAL DE GORGE (P. 86)**

PLEURÉSIE

DOULEUR THORACIQUE SÉVÈRE — SOUVENT D'UN SEUL CÔTÉ — DUE À L'INFLAMMATION DE LA PLÈVRE ET AGGRAVÉE PAR LA TOUX.

! VOIR UN MÉDECIN.

✔ Ail, carotte, cerfeuil, cerise, chou, cresson, figue, oignon, poireau, radis, safran. ***VOIR*** Asthme, Bronchite.

RECETTES *Jus de chou, carotte et céleri (p. 121), Infusion de marjolaine (p. 125), Infusion de mélisse et camomille (p. 126), Infusion de camomille et sureau (p. 126), Infusion de queues de cerise (p. 127), Décoction de laitue (p. 128).*

PNEUMONIE

INFLAMMATION SÉVÈRE (PEUT ÊTRE DANGEREUSE) DES POUMONS CAUSÉE PAR UNE INFECTION VIRALE OU BACTÉRIENNE OU UNE IRRITATION CHIMIQUE. ESSOUFFLEMENT, FIÈVRE, DOULEUR THORACIQUE, TOUX.

! TOUJOURS PRENDRE LES MÉDICAMENTS PRESCRITS PAR LE MÉDECIN.

✔ Aliments riches en vitamine C et en zinc, ail, bourrache, carotte, cerfeuil, clou de girofle, genièvre, mâche, mûre, ortie, poireau, romarin, sarriette, thym. ***VOIR*** Asthme, Bronchite.

RECETTES *Jus de cerise et pomme (p. 120), Jus de chou, carotte et céleri (p. 121), Jus de haricot vert à l'ail (p. 121), Jus de céleri et oignon rouge (p. 121), Jus de laitue au basilic (p. 121), Infusion de marjolaine (p. 125), Infusion de mélisse et camomille (p. 126), Infusion de camomille et sureau (p. 126), Décoction de queues de cerise (p. 127).*

RHUME DES FOINS (RHINITE ALLERGIQUE)

RÉACTION ALLERGIQUE: ARBRE, POLLEN, POUSSIÈRE, POILS D'ANIMAUX, PARTICULES PORTÉES PAR LE VENT. SYMPTÔMES: ÉTERNUEMENTS, ÉCOULEMENT NASAL, DÉMANGEAISONS.

✔ ***VOIR*** Asthme et conseils généraux (p. 80).

RECETTES *Infusion de marjolaine (p. 125), Infusion de mélisse et camomille (p. 126), Infusion de camomille et sureau (p. 126).*

TOUX

SYMPTÔME D'UNE INFECTION OU IRRITATION DES VOIES RESPIRATOIRES SOUVENT ASSOCIÉ AUX RHUME, GRIPPE, MAL DE GORGE, BRONCHITE. *VOIR* SYSTÈME IMMUNITAIRE, PAGE 86.

! VOIR UN MÉDECIN SI LA TOUX PERSISTE OU SI LE MUCUS RENFERME DU SANG.

✔ ***VOIR*** Asthme, Bronchite, Mal de gorge.

MENUS POUR LES MALADIES PULMONAIRES CHRONIQUES

Pour ceux qui souffrent de maladies pulmonaires chroniques (asthme, bronchite, etc.).

MATIN

Céréales de riz et boisson (jus) de soja; jus de carotte; café; pamplemousse ou kiwi.

GOÛTERS

Fruits séchés (figue, raisin) ou frais (orange, kiwi, papaye, ananas); infusion de gingembre.

MIDI

Salade de radis noir et poisson grillé avec sauce moutarde ou raifort; melon à la menthe.

SOIR

Soupe aux lentilles (p. 97) et pain de seigle; Tartare d'avocat (p. 103), infusions: graines de laitue, marjolaine ou mélisse.

reins et vessie

ALIMENTS SANTÉ RECOMMANDÉS: BLEUET (MYRTILLE), CANNEBERGE (AIRELLE), CASSIS, CÉLERI, CÉRÉALES COMPLÈTES, CHOU, CONCOMBRE, CRESSON, FIGUE, FRUITS FRAIS, GERME DE BLÉ, OIGNON, ORGE, PISSENLIT, POIREAU, RAISIN.

Les reins filtrent les déchets du sang, lesquels sont éliminés par la vessie et l'urètre sous forme d'urine (1,5 à 2 L par 24 h). Il faut boire plus si l'urine est orange foncé ou ambrée. Consulter un médecin en cas de changements: douleur, inconfort, urine brouillée, etc. Après 50 ans, les hommes peuvent avoir un élargissement de la prostate (p. 91) nuisant au flot urinaire.

Boire: eau, jus de fruits et infusions. Manger: aliments riches en fibres et magnésium (céréales complètes, fruits frais, germe de blé). Réduire: café, thé, alcool. L'alcool inhibe la production de l'hormone antidiurétique, ce qui augmente de beaucoup la production d'urine par les reins. Un système immunitaire en bonne santé (p. 86-87) prévient les infections des reins, de la vessie et de l'urètre.

(Infusion médicinale: infuser 1 c. à soupe de l'ingrédient séché 10 minutes dans une tasse d'eau bouillante.)

CALCULS RÉNAUX OU DE LA VESSIE

PETITES MASSES DURES DE CALCIUM ET D'AUTRES SELS AFFECTANT LES VOIES URINAIRES. MICTIONS DOULOUREUSES FRÉQUENTES, SANG DANS L'URINE, DOULEUR SÉVÈRE. PEUT NÉCESSITER UNE CHIRURGIE OU AUTRE INTERVENTION MÉDICALE.

! BOIRE AU MOINS 6 À 8 VERRES D'EAU PAR JOUR ET UN AUTRE LA NUIT.

✔ Amande, artichaut, cassis, céleri, cerise, cerise de terre, chicorée, chou, cresson, fraise, gourgane, haricot, mâche, melon, mûre, oignon, olive, ortie, pêche, pissenlit, pois chiche, radis, raisin, tomate. Boire des jus (cassis, canneberge, cerise, cresson, raisin) ou infusion (feuilles d'olivier).

✘ Arachide, café, chocolat, épinard, groseille, oseille, protéines animales, rhubarbe, thé.

RECETTES *Infusion de fleurs de gourgane (p. 32), Bouillon de pois chiches (p. 94), Jus de chou, carotte et céleri (p. 121), Jus de céleri et oignon rouge (p. 121), Jus de concombre et cœur de laitue (p. 121), Confiture de cerise de terre (p. 124), Infusion de pissenlit (p. 125), Infusion de poire et pomme (p. 126), Décoction de barbe de maïs et fenouil (p. 127), Décoction de cerises de terre (p. 128), Décoction de feuilles de fraisier (p. 128), Eau d'orge (p. 129), Vin de genièvre (p. 131).*

CYSTITE ET URÉTRITE

INFLAMMATION DE LA VESSIE ET DE L'URÈTRE CAUSÉE PAR UNE IRRITATION OU UNE INFECTION À CERTAINS PRODUITS CHIMIQUES. SYMPTÔMES: DOULEUR DANS LE BAS DU VENTRE, SANG DANS L'URINE, MICTION FRÉQUENTE, URGENTE ET DOULOUREUSE. LA CYSTITE TOUCHE SURTOUT LES FEMMES.

✔ Artichaut, baie de genièvre, bleuet, canneberge, cerise, citrouille, concombre, fraise, groseille rouge, melon, pastèque, pissenlit, thym. Boire beaucoup: eau et jus de cresson, cassis, bleuet, canneberge et raisin.

✘ Asperges.

RECETTES *Jus de chou, carotte et bleuet (p. 27), Bouillon de pois chiches (p. 94), Jus de cerise et framboise (p. 120), Jus de chou,* *carotte et céleri (p. 121), Jus de céleri et d'oignon rouge (p. 121), Jus de concombre et laitue (p. 121), Confiture de cerise de terre (p. 124), Décoction de barbe de maïs et fenouil (p. 127), Décoction aux cerises de terre (p. 128), Décoction aux feuilles de fraisier (p. 128), Eau d'orge (p. 129).*

ÉLARGISSEMENT DE LA PROSTATE

CAUSE LE RÉTRÉCISSEMENT DE L'URÈTRE ET ENTRAVE LE DÉBIT URINAIRE. *VOIR* SANTÉ MASCULINE (P. 91).

PYÉLONÉPHRITE

INFECTION AIGUË OU CHRONIQUE DES REINS CAUSANT DOULEUR AU DOS ET DANS LE BAS DU VENTRE, FIÈVRE ET MICTIONS DOULOUREUSES.

! POURRAIT REQUÉRIR DES ANTIBIOTIQUES D'URGENCE.

✔ Ail, amande, artichaut, bourrache, cassis, céleri, cerise, cerise de terre, chicorée, chou, concombre, cresson, fraise, gourgane, groseille rouge, haricot, laitue, melon, oignon, pastèque, pêche, pissenlit, pois chiche, poireau, radis, raisin. Boire beaucoup: eau et jus de chou, oignon, céleri, concombre, cresson, raisin, canneberge, cerise et bleuet.

RECETTES *Jus de chou, carotte et bleuet (p. 27), Bouillon de pois chiches (p. 94), Jus de cerise et pomme (p. 120), Jus de céleri et d'oignon rouge (p. 121), Jus de concombre et laitue (p. 121), Confiture de cerise de terre (p. 124), Décoction de barbe de maïs et fenouil*
(p. 127), Décoction de cerises de terre (p. 128), Décoction de feuilles de fraisier (p. 128), Eau d'orge (p. 129).

VESSIE IRRITABLE

Besoin urgent et fréquent d'uriner. *VOIR* Cystite et Urétrite.

MENUS POUR LES PROBLÈMES DE REINS ET DE VESSIE

Les menus suivants visent à soigner les voies urinaires des personnes souffrant de calculs rénaux ou de la vessie. Il est important de boire beaucoup de liquide et de manger des aliments aux vertus diurétiques et anti-inflammatoires (ex.: oignon, poireau, pois chiche).

1er MENU

MATIN
Céréales ou gruau; jus de carotte et de céleri; infusion; pamplemousse ou kiwi.

GOÛTERS
Fruits séchés ou fruits frais riches en vitamine C; infusion de pissenlit ou de gingembre; jus de canneberge (airelle).

MIDI
Gâteau aux courgettes (p. 105); poisson grillé avec riz et concombre; Eau d'orge (p. 129); jus de canneberge (airelle).

SOIR
Sarrasin à la sauce aux poireaux (p. 105); Cottage aux bleuets (p. 43); infusion de thym ou de graines de laitue; décoction de genièvre.

2e MENU

MATIN
Œuf bouilli et pain de seigle; jus (céleri et oignon ou haricot vert, laitue, ail); yogourt nature; infusion.

GOÛTERS
Fruits séchés, surtout raisin et figue; fruits frais (ex.: cassis, bleuet, poire); Eau d'orge (p. 129).

MIDI
Oignons au cidre (p. 111) avec tranche de viande rôtie, pain et moutarde; salade de concombre; fruit.

SOIR
Bouillon de pois chiches (p. 94) et pain; Eau d'orge (p. 129); infusion de thym ou de camomille.

système nerveux, esprit et émotions

ALIMENTS SANTÉ RECOMMANDÉS: ABRICOT, ASPERGE, AVOCAT, AVOINE, BANANE, BETTERAVE, CAMOMILLE, CÉLERI, CÉRÉALES COMPLÈTES, CHOU, CITROUILLE, COING, FRUITS DE MER, GRAINE D'ANETH, PÊCHE, POISSON, LAITUE, LÉGUMES VERTS, LÉGUMINEUSES, NOIX, POMME, POMME DE TERRE.

Recommandés: relaxation, exercice en plein air, gestion du stress, méditation, légers changements alimentaires. Aliments riches en: vitamines B, acide folique, magnésium, potassium, zinc, sélénium, manganèse. Manger: poisson, légumes verts, noix, pommes de terre, légumineuses, céréales complètes et plus de protéines. Boire moins de café, thé, alcool. Infusions: camomille, verveine citronnelle, mélisse, tilleul, feuille d'olivier, valériane, fleur d'oranger. En cas d'hypoglycémie, prendre réguliément des repas ou goûters riches en glucides. (Infusion médicinale: infuser 1 c. à soupe de l'ingrédient séché 10 minutes dans une tasse d'eau bouillante.)

ANXIÉTÉ

SENTIMENTS DE PEUR AVEC TENSION, SUEURS, PALPITATIONS, INSOMNIE ET PERTE D'APPÉTIT.

✔ Abricot, amande, aubergine, basilic, betterave, céleri, coing, haricot, laitue, légumineuses, mélisse, pêche. Boire des jus (abricot, concombre, laitue, pêche, pomme) ou infusions (anis, basilic, camomille, graines de laitue, mélisse, romarin, thym, tilleul). Manger plus de glucides et, à l'occasion, des sucreries.

✘ Café, thé, colas.

RECETTES *Infusion de mélisse et camomille (p. 126), Infusion pétillante à la mélisse (p. 127), Décoction de laitue (p. 128), Vin d'agrumes et camomille (p. 131), Sirop d'asperge (p. 133).*

DÉPRESSION

ÉTAT MENTAL NÉGATIF ASSOCIÉ À PLUSIEURS SYMPTÔMES PHYSIQUES.

✔ Avoine, fruits et légumes frais riches en vitamines B, noix. ***VOIR*** Anxiété.

✘ Alcool.

FATIGUE MENTALE

MANQUE DE CONCENTRATION ET DE MÉMOIRE.

✔ Aliments riches en vitamines B (céréales complètes, légumes verts), fruits de mer, fruits et légumes (abricot, carotte), gelée royale, menthe, sélénium, zinc. Boire des jus (abricot, cerise, raisin) ou infusions (basilic, menthe). ***VOIR*** Anxiété, Insomnie.

✘ Excès de café ou d'alcool.

INSOMNIE

DIFFICULTÉ PERSISTANTE DU SOMMEIL: INTERRUPTIONS FRÉQUENTES OU DIFFICULTÉ À S'ENDORMIR.

✔ Aubergine, basilic, camomille, citrouille, courgette, fenouil, laitue, maïs, marjolaine, oignon, orge, tilleul. Prendre un goûter glucidique 20 minutes avant d'aller au lit. **VOIR** Anxiété.

✘ Café, thé, colas.

RECETTES *Infusion de tilleul (p. 54), Jus de mangue (p. 120), Infusion de marjolaine (p. 125), Infusion de mélisse et camomille (p. 126), Infusion pétillante à la mélisse (p. 127), Vin d'agrumes et camomille (p. 131), Apéritif à la camomille (p. 131), Sirop d'asperge (p. 133).*

IRRITABILITÉ ET STRESS

SYMPTÔMES (ANXIÉTÉ, MAUVAISE CONCENTRATION, INSOMNIE) SOUVENT ASSOCIÉS À DES PROBLÈMES PHYSIQUES (HYPERTENSION, MAUVAISE DIGESTION, ETC.).

✔ **VOIR** Anxiété, Insomnie, Cœur et circulation (p. 71), Système digestif (p. 74).

MAL DE TÊTE ET MIGRAINE

SOUVENT CAUSÉS PAR LE STRESS OU LA TENSION MUSCULAIRE. L'HYPOGLYCÉMIE, LES CHANGEMENTS HORMONAUX ET CERTAINS ALIMENTS PEUVENT CAUSER DES MIGRAINES SÉVÈRES.

✔ Amande, anis, basilic, camomille, chou, ciboulette, fenouil, gingembre, gourgane, mélisse, menthe, oignon, pêche, poisson gras, romarin, viande blanche. Manger fruits et légumes frais. Boire des jus (abricot, laitue, pomme) ou infusions (anis, camomille, graines de fenouil, mélisse, menthe). **VOIR** Anxiété.

✘ Additifs numéro E, alcool, café, crème glacée, édulcorants, fromage, glutamate de sodium, thé.

RECETTES *Infusion de gingembre (p. 127), Anisette (p. 131), Liqueur de basilic (p. 131), Teinture d'anis (p. 132).*

NÉVRALGIE

VOIR MAL DE TÊTE ET MIGRAINE.

SCLÉROSE EN PLAQUES

MALADIE DÉGÉNÉRATIVE DU SYSTÈME NERVEUX.

! TOUJOURS PRENDRE LES MÉDICAMENTS PRESCRITS PAR LE MÉDECIN.

✔ Fruits et légumes frais, légumineuses, maïs, millet, sarrasin. Manger du poisson gras et des huiles pressées à froid (olive, tournesol). Boire des jus (abricot, chou, laitue, pomme, raisin) ou infusions (anis, basilic, camomille, graines de fenouil, mélisse, menthe). Prendre de l'huile d'onagre chaque jour.

✘ Gluten, produits laitiers, viande.

RECETTE *Infusion de gingembre (p. 127).*

VERTIGE

ÉTOURDISSEMENTS ET PERTE D'ÉQUILIBRE; NAUSÉE (PARFOIS).

! PEUT INDIQUER UN PROBLÈME GRAVE; VOIR UN MÉDECIN.

✔ Basilic, fenouil, mélisse, menthe, orange, sauge, thym.

VOIR Conseils généraux, p. 84.

MENUS POUR LES SYMPTÔMES DUS AU STRESS

Menus pour ceux qui souffrent de dépression, mauvaise concentration, mal de tête, anxiété ou insomnie légère.

MENU

MATIN

Gruau; jus de carotte; infusions (mélisse, camomille); banane.

GOÛTERS

Fruits séchés; fruit riche en vitamine C; noix, infusions.

MIDI

Viande grillée, Haricots, carottes et oignons (p. 112), Riz aux boules de concombre (p. 111) ou Salade de céleri-rave et carotte (p. 100); Salade de fruits à la mélisse (p. 115).

SOIR

Saumon grillé, sauce à l'aubergine (p. 105); Salade de bananes et dattes (p. 114); infusions (camomille, graines de laitue, mélisse).

système immunitaire

ALIMENTS SANTÉ RECOMMANDÉS: AIL, ARTICHAUT, BASILIC, BLEUET, CAMOMILLE, CANNELLE, CAROTTE, CASSIS, CÉRÉALES COMPLÈTES, CERISE, CHOU, CIBOULETTE, CITRON, CLOU DE GIROFLE, CONCOMBRE, CRESSON, CUMIN, FRAMBOISE, FRUITS DE MER, GROSEILLE ROUGE, LÉGUMINEUSES, MÉLISSE, MENTHE, MÛRE, OIGNON ROUGE, PASTÈQUE, PISSENLIT, POIRE, POIREAU, POISSON GRAS, POMME, SUREAU, THÉ VERT, THYM, YOGOURT.

Voir aussi la 2e partie de ce livre: Prévenir et combattre.
Le système immunitaire protège contre l'infection due aux bactéries, virus et autres microbes. Il y a allergie lorsqu'il réagit exagérément à une substance. Il est renforcé par un régime équilibré et un programme d'exercice régulier, une faible consommation d'alcool et de gras animal. Principaux aliments responsables des allergies: additifs numéro E, agrumes, blé, fruits de mer, lait, fromage, glutamate de sodium, maïs, noix, œuf, porc, tomates traitées.

Aliments pour renforcer le système immunitaire:

1) Anti-infectieux: ail, basilic, bleuet, cannelle, citron, clou de girofle, cumin, genièvre, mûre, thym, yogourt (lactobacilles).

2) Anti-inflammatoires: artichaut, camomille, cassis, cerise, chou, concombre, cresson, pastèque, framboise, groseille rouge, mélisse, menthe, poire, poisson gras, pomme, sureau.

3) Diurétiques et purgatifs: artichaut, ciboulette, haricot vert, oignon, pissenlit, poireau.

Les légumes verts sont riches en vitamines, bêtacarotène, minéraux et oligoéléments. Les fruits et légumes rouges, verts et jaunes contiennent des antioxydants. Le poisson gras a plusieurs propriétés anti-inflammatoires. Fruits et légumes crus sont la meilleure source de vitamine C; céréales complètes, fruits de mer et légumineuses sont d'importants immunostimulants.

(Infusion médicinale: infuser 1 c. à soupe de l'ingrédient séché 10 minutes dans une tasse d'eau bouillante.)

CANDIDA

INFECTION DUE À UN DÉFICIT IMMUNITAIRE OU À LA PROLIFÉRATION DU *CANDIDA ALBICANS* SURVENANT LORSQUE LA FLORE INTESTINALE EST PERTURBÉE PAR LA PRISE D'ANTIBIOTIQUES OU D'IMMUNODÉPRESSEURS.

✔ Ail, bleuet, navet mariné, yogourt; infusions: graines de cumin, thym, fenouil et anis. Faire la cure des p. 136 à 138. ***VOIR*** conseils généraux (p. 74 et 86).

RECETTES *Infusion de fenouil (p. 125), Infusion de marjolaine (p. 125).*

GRIPPE

VOIR **RHUME BANAL.**

LARYNGITE

VOIR **MAL DE GORGE.**

MAL DE GORGE

SYMPTÔME COMMUN RÉSULTANT D'UN RHUME, D'UNE LARYNGITE, D'UNE PHARYNGITE OU D'UNE AMYGDALITE.

✔ Ail, bleuet, bourrache, carotte, cassis, céleri, cerfeuil, citron, clou de girofle, figue, genièvre, laurier, mâche, miel, mûre, oignon, ortie, poireau, poivre, romarin, sarriette, thym, vinaigre. **VOIR** conseils généraux, p. 80 et 86.

RECETTES *Boisson d'amande (p. 79), Infusion de marjolaine (p. 125), Sirop de poireau (p. 133), Sirop de radis noir (p. 133).*

RHUME BANAL

INFECTION VIRALE: ÉCOULEMENT NASAL, FIÈVRE LÉGÈRE, MAL DE GORGE ET TOUX. DES RHUMES RÉCURRENTS PEUVENT INDIQUER UNE FAIBLESSE DU SYSTÈME IMMUNITAIRE.

✔ Ail, basilic, bleuet, cannelle, céréales complètes, citron, clou de girofle, cumin, fruits de mer, genièvre, gingembre, mûre, oignon, oignon vert, orange, piment, poivre, romarin, thym, yogourt. Manger fruits et légumes crus (rouges, verts et jaunes de préférence). Boire des jus frais de carotte, citron, mûre ou orange.

RECETTES *Soupe à l'ail (p. 57), Bouillon de gingembre et ciboulette (p. 96), Infusion de camomille et sureau (p. 126).*

SINUSITE

INFLAMMATION DES SINUS CAUSÉE PAR DES RHUMES FRÉQUENTS OU SUIVANT UNE INFECTION DES VOIES RESPIRATOIRES SUPÉRIEURES. LA SINUSITE CHRONIQUE PEUT ÊTRE DUE À UNE ALLERGIE.

VOIR Rhume banal.

SYNDROME DE FATIGUE POST-VIRAL

MALADIE CHRONIQUE CAUSANT BAISSE D'ÉNERGIE ET MAUVAISE CONCENTRATION SUCCÉDANT GÉNÉRALEMENT À UNE MALADIE VIRALE.

✔ Jus frais: abricot, betterave, bleuet, carotte, cerise, chou, raisin. Infusions: basilic, menthe, thym. **VOIR** Anémie (p. 71), Fatigue mentale (p. 84), Système immunitaire et détoxication (p. 136 à 138).

RECETTES *Teinture d'ail (p. 56).*

MENUS POUR LE SYSTÈME IMMUNITAIRE

Les menus suivants visent à améliorer la santé du système immunitaire et à prévenir la maladie.

1er MENU

MATIN

Yogourt nature et kiwi; jus de carotte; café de racines de pissenlit ou infusion de camomille ou de mélisse.

GOÛTERS

Fruit frais riche en vitamine C; noix; infusions.

MIDI

Salade de céleri-rave et de carotte (p. 100); Galettes de pomme de terre (p. 108), Salade de litchis (p. 114)

SOIR

Épinards et haricots verts; infusion de camomille ou mélisse.

2e MENU

MATIN

Œuf bouilli et pain complet; jus de carotte.

GOÛTERS

Fruits séchés ou noix; infusion de pissenlit.

MIDI

Salade de haricots (p. 98); poisson poché; salade de fruits.

SOIR

Soupe aux orties (p. 96); Cottage aux bleuets (p. 43); infusion de sureau ou camomille.

peau, cheveux, ongles

ALIMENTS SANTÉ RECOMMANDÉS: FRUITS DE MER, FRUITS ET LÉGUMES ROUGES, VERTS ET JAUNES, CAMOMILLE, CAROTTE, CERFEUIL, CHOU, CRESSON, OLIVE, PISSENLIT, POISSON GRAS.

Essayer la cure de détoxication (p. 136-139). Identifier et éliminer les allergènes alimentaires. Renoncer au tabac. Cataplasmes et lotions pour éliminer inflammation et activité bactérienne.

Aliments pour peau, cheveux et ongles:

1) pissenlit: bon détoxifiant général;

2) carotte et tous les fruits et légumes rouges, verts et jaunes: riches en bêtacarotène et en antioxydants;

3) légumes feuillus verts: contiennent vitamines et minéraux bénéfiques pour la peau;

4) infusion de camomille: soulage le stress pouvant exacerber les problèmes de peau; bon pour laver la peau;

5) fruits de mer, poisson gras: acides gras essentiels et minéraux.

(Infusion médicinale: infuser 1 c. à soupe de l'ingrédient séché 10 minutes dans une tasse d'eau bouillante.)

ACNÉ

LÉSION DE LA PEAU; INFLAMMATION DU VISAGE, DU NEZ OU DU DOS HABITUELLEMENT LIÉE AUX FLUCTUATIONS HORMONALES.

✔ Aliments riches en zinc et en vitamine A. Appliquer feuilles ou jus de chou sur la peau ou laver le visage avec une infusion de camomille.

✘ Aliments riches en iode, chocolat, fromage, sucres raffinés.

RECETTES *Jus de chou, carotte et bleuet (p. 27), Eau de genièvre (p. 58; usage externe), Jus de radis noir et carotte (p. 121).*

DERMITE ET ECZÉMA

INFLAMMATION DE LA PEAU SOUVENT CHRONIQUE.

✔ Artichaut, carotte, cerfeuil, concombre, framboise, légumes verts, melon, pissenlit, poisson gras, raisin, salsifis. Application d'huile d'olive ou de noix. Laver la peau avec une infusion de thym ou camomille pour prévenir l'activité bactérienne et réduire l'inflammation.

✘ Alcool et aliments épicés. Réduire: aliments traités, allergènes alimentaires, produits laitiers, viande.

RECETTES *Jus de chou, carotte et bleuet (p. 27), Eau de genièvre (p. 58; usage externe), Jus de radis noir et carotte (p. 121), Infusion de pissenlit (p. 125).*

FURONCLE

VOIR **ACNÉ.**

INFECTIONS FONGIQUES

IRRITATION DE LA PEAU ENTRE LES DOIGTS OU LES ORTEILS, SUR LE CUIR CHEVELU OU AUTOUR DE L'AINE.

Laver la zone irritée avec une infusion de thym. ***VOIR*** conseils généraux (p. 86).

PELLICULE

PETITES ÉCAILLES SUR LE CUIR CHEVELU, PARFOIS DUES À UNE INFECTION FONGIQUE.

✔ Rincer les cheveux avec une infusion de thym ou de romarin. ***VOIR*** conseils généraux (p. 88).

PSORIASIS

RENOUVELLEMENT EXCESSIF DES CELLULES DE LA PEAU: PLAQUES SQUAMEUSES DOULOUREUSES. ANTÉCÉDENTS FRÉQUENTS DANS LA FAMILLE.

! LE STRESS CAUSE OU AGGRAVE LE PSORIASIS.

✔ Manger beaucoup de poisson gras et s'exposer au soleil. ***VOIR*** Irritabilité et stress (p. 85).

✘ Gras d'origine animal et produits laitiers.

ROSACÉE

INFLAMMATION CHRONIQUE DU VISAGE; PLAQUES ROUGES SUR JOUES, NEZ, FRONT ET MENTON.

! AGGRAVÉE PAR L'ALCOOL ET LES ALIMENTS ÉPICÉS.

✔ Essayer un régime sans produits laitiers. Infusion de camomille pour laver le visage. Inflammation: infusion de thym ou feuilles de chou ou laitue sur la zone affectée.

RECETTES *Jus de chou, carotte et bleuet (p. 27), Jus de carotte et radis noir (p. 121).*

URTICAIRE

ÉRUPTION DE PAPULES DUE À UNE RÉACTION ALLERGIQUE ET AGGRAVÉE PAR LE STRESS.

! CONSULTER UN MÉDECIN SI ELLE EST CAUSÉE PAR UN MÉDICAMENT. DANGEREUX SI BOUCHE, LANGUE ET LÈVRES SONT AFFECTÉES.

✔ Artichaut, carotte, concombre, légumes verts (ortie et cresson), pastèque, pissenlit, radis. Boire: infusions de mélisse ou camomille. Infusion mi-menthe, mi-camomille pour laver la peau.

✘ Éliminer la cause de l'allergie. Éviter pendant quelques jours: alcool, blé, gras animal, œuf, produits laitiers, stimulants.

RECETTES *Infusion de mélisse et camomille (p. 126), Infusion pétillante à la mélisse (p. 127).*

santé féminine

Lisez les renseignements concernant votre cas. Le fenouil est recommandé aux femmes qui allaitent puisqu'il peut stimuler l'appétit du bébé et prévenir la colique et les problèmes digestifs tout en améliorant le goût du lait maternel. (Infusion médicinale: infuser 1 c. à soupe de l'ingrédient séché 10 minutes dans une tasse d'eau bouillante.)

AMÉNORRHÉE

RÈGLES IRRÉGULIÈRES OU ABSENTES. CAUSES: DÉSÉQUILIBRE HORMONAL, STRESS, SURENTRAÎNEMENT, PERTE DE POIDS RAPIDE, ANOREXIE.

✔ Aneth, anis, extrait de levure, fenouil, foie, fruits séchés, légumes feuillus verts, persil, sauge, viande rouge.

RECETTES *Jus de lime, menthe et abricot (p. 119), Jus de brocoli et haricot vert (p. 121), Infusion de fenouil (p. 125), Infusion de graines de carotte (p. 126), Infusion de coriandre (p. 127), Décoction de barbe de maïs et fenouil (p. 127), Décoction d'aneth (p. 128), Décoction de fenouil (p. 128), Anisette (p. 131), Teinture d'anis (p. 132), Teinture de coriandre (p. 132).*

CANDIDOSE

VOIR **CANDIDA (P. 86).**

CYSTITE

VOIR **REINS ET VESSIE**

ENDOMÉTRIOSE

INFLAMMATION DUE À DES FRAGMENTS DE L'ENDOMÈTRE MIGRANT HORS DE L'UTÉRUS. SYMPTÔMES: RÈGLES DOULOUREUSES, DOULEUR VIVE LORS DES RELATIONS SEXUELLES. *VOIR* SYNDROME PRÉMENSTRUEL, RÈGLES DOULOUREUSES.

GROSSESSE (BIEN-ÊTRE GÉNÉRAL)

UNE ALIMENTATION SAINE EST ESSENTIELLE À LA MÈRE ET AU BÉBÉ.

✔ Manger chaque jour des aliments riches en fer et acide folique: betterave, céleri, céréales complètes, fenouil, légumineuses germées, mûre, viande rouge, yogourt. Boire chaque jour 1,5 litre (6 tasses) d'eau minérale; jus: abricot, betterave, chou, cresson, haricot vert, laitue, pomme, raisin; infusions: camomille, fenouil, fleurs de tilleul, menthe.

✘ Alcool et aliments vides ou traités.

RECETTES *Jus de chou, carotte et bleuet (p. 27), Jus de pomme et framboise (p. 119), Jus de lime, menthe et abricot (p. 119), Jus de cerise et framboise (p. 120), Jus de haricot vert et d'ail (p. 121), Jus de betterave et céleri (p. 121), Jus de laitue et basilic (p. 121), Infusion de fenouil (p. 125), Infusion de feuilles de framboisier (p. 125), Infusion de mélisse et camomille (p. 126), Infusion de gingembre (p. 127); Décoction de fenouil (p. 128).*

MALADIE GRAVIDIQUE PRÉCOCE

NAUSÉE ET, PARFOIS, VOMISSEMENTS AU COURS DU PREMIER TRIMESTRE DE LA GROSSESSE.

✔ Prendre souvent des petits repas et augmenter les glucides (châtaigne, haricots, pain, pâtes, riz). Boire des infusions (fenouil, gingembre, menthe) ou manger du gingembre cristallisé pour éviter la nausée.

RECETTES *Infusion de fenouil (p. 126), Infusion de gingembre (p. 127).*

PROBLÈMES DIGESTIFS DE LA GROSSESSE

DIGESTION LENTE, BRÛLURES D'ESTOMAC, HYPERACIDITÉ ET INDIGESTIONS SONT FRÉQUENTS.

✔ Ananas, banane, carotte, courgette, figue, gingembre, orge germée, papaye, pêche, pomme, pomme de terre. Prendre souvent des petits repas. Boire des jus (ananas, carotte, pêche, pomme) ou infusions: basilic, camomille, graines de fenouil ou mélisse. **VOIR** Constipation (p. 75).

✘ Éviter les aliments gras et traités.

RECETTES *Infusion de fenouil (p. 125), Infusion de mélisse et camomille (p. 126), Infusion pétillante à la mélisse (p. 127), Infusion de gingembre (p. 127), Décoction de barbe de maïs et fenouil (p. 127), Décoction de fenouil (p. 128), Eau d'orge (p. 129).*

RÈGLES DOULOUREUSES

DOULEUR DANS LE BAS DU VENTRE PENDANT LES RÈGLES.

✔ Boire infusions: aneth, anis, sauge. Antispasmodiques et analgésiques pour douleurs et crampes abdominales: camomille, ciboulette, échalote, estragon, fenouil, graines de coriandre, laurier, menthe, oignon, oignon vert, romarin, safran.

RECETTES *Huile d'estragon (application externe; p. 52), Infusion de feuilles de framboisier (p. 125), Infusion de mélisse et camomille (p. 126), Infusion de coriandre (p. 127), Décoction d'aneth (p. 128).*

RÈGLES IRRÉGULIÈRES

***VOIR* AMÉNORRHÉE.**

RÉTENTION D'EAU

FRÉQUENTE AVANT LES RÈGLES OU PENDANT LA GROSSESSE.

✔ Boire: infusions d'orge. Le poireau et l'oignon sont de bons diurétiques.

RECETTE *Infusion d'orge (p. 126).*

SYMPTÔMES DE LA MÉNOPAUSE

CHANGEMENTS HORMONAUX ET ARRÊT DES RÈGLES VERS L'ÂGE DE 50 ANS. SAUTES D'HUMEUR, CHALEURS ET AUTRES SYMPTÔMES.

✔ Aliments riches en calcium et manganèse: avocat, céréales complètes, cottage, datte, figue, légumes verts, châtaigne, noix, soja, thé, tofu, yogourt. Aliments riches en bore: amande, pruneau, raisin sec, soja. Aliments riches en vitamines B. Boire des jus (cerise, chou, cresson, pamplemousse, raisin) ou infusions (anis, camomille, graines de cumin, mélisse, sauge) ou boissons au yogourt.

RECETTES *Jus de chou, carotte et bleuet (p. 27), Jus de cerise et framboise (p. 120), Jus de cerise et pomme (p. 120), Infusion de mélisse et camomille (p. 126), Infusion pétillante à la mélisse (p. 127), Décoction de cumin (p. 128), Anisette (p. 131), Teinture d'anis (p. 132).*

SYNDROME PRÉMENSTRUEL

SYMPTÔMES PHYSIQUES ET ÉMOTIONNELS PRÉCÉDANT LES RÈGLES: CONSTIPATION, FATIGUE, RÉTENTION D'EAU, IRRITABILITÉ, DOULEUR ET DISTENSION ABDOMINALE, SAUTES D'HUMEUR.

✔ Manger plus de fruits et légumes riches en vitamine B_6, calcium, magnésium, manganèse et zinc (p. 141-143). Manger souvent des petits repas riches en glucides et légumes-racines. Infusions: aneth, anis, sauge; antispasmodiques et analgésiques: estragon, menthe. L'orge renferme un acide aminé pouvant soulager les symptômes. ***VOIR*** Irritabilité et stress (p. 85).

✘ Aliments gras et salés, stimulants (café, thé, cola). Manger moins de produits laitiers.

RECETTES *Jus de céleri et oignon rouge (p. 121), Jus de concombre et laitue (p. 121), Jus de laitue au basilic (p. 121), Infusion de mélisse et camomille (p. 126), Infusion pétillante à la mélisse (p. 127).*

santé masculine

ÉLARGISSEMENT DE LA PROSTATE

FRÉQUENT CHEZ LES HOMMES DE 45 ANS ET PLUS. SYMPTÔME PRÉCOCE: MICTION DIFFICILE LE MATIN.

! LE CANCER EST UNE CAUSE FRÉQUENTE REQUÉRANT UN TRAITEMENT. CONSULTER UN MÉDECIN RAPIDEMENT.

✔ Aliments riches en zinc (p. 143), figue séchée, graine et huile de citrouille, légumes verts, maïs, noix, œuf, ortie, pain, poisson, poulet, soja, tofu, yogourt. Mélanger à parts égales: amandes, arachides, graines de concombre, de lin et de sésame, haricots de soja, noix de Grenoble et noix du Brésil. Réduire en purée et prendre 2 c. à soupe par jour.

PROSTATITE

VOIR **CONSEILS GÉNÉRAUX (P. 86) ET ÉLARGISSEMENT DE LA PROSTATE.**

✔ Infusions de genièvre ou bleuet.

santé infantile

La plupart des conseils fournis dans cette section s'appliquent aux enfants, sauf les préparations à base d'alcool.

ANXIÉTÉ, PEUR, CAUCHEMARS

✔ Infusions le soir: camomille, mélisse, tilleul.

RECETTES *Infusion de mélisse et camomille (p. 126), Infusion pétillante à la mélisse (p. 127).*

CONSTIPATION

VOIR **SYSTÈME DIGESTIF.**

✔ Jeunes enfants: purée de pommes ou de carottes.

RECETTE *Sirop de pêche (p. 132).*

COQUELUCHE

VOIR **SYSTÈME RESPIRATOIRE (P. 80).**

DIARRHÉE

VOIR **SYSTÈME DIGESTIF.**

✔ Bleuet, carotte bouillie et eau de riz (***VOIR*** Riz, p. 35).

ROUGEOLE ET RUBÉOLE

INFECTION VIRALE TRÈS CONTAGIEUSE: FIÈVRE ET ÉRUPTION CUTANÉE.

✔ Cassis, céleri, cerise, concombre, oignon, thym pour réduire la fièvre et combattre l'infection. Infusion de camomille pour laver la peau et calmer l'irritation. Huile d'olive mélangée à 3 % d'huile essentielle de lavande contre l'éruption cutanée.

RECETTES *Jus de chou, carotte et bleuet (p. 27), Jus de radis noir et carotte (p. 121); Décoction de queues de cerise (p. 127); Décoction de queues de cerise et pomme (p. 128).*

VARICELLE

VOIR **ROUGEOLE.**

chapitre 3

recettes pour guérir

Apprenez à inclure les aliments santé dans votre régime quotidien. Découvrez les boissons médicinales, teintures et sirops aptes à contrer certains maux ou maladies. Pour savoir comment utiliser un aliment santé en particulier, lisez le chapitre 1 afin de trouver les références aux recettes du présent chapitre. Pour trouver une recette destinée à soulager un problème particulier, consultez le chapitre 2 dans lequel on recommande des recettes pour chaque maladie. Vous pouvez aussi simplement parcourir les recettes pour établir votre propre menu santé.

soupes et salades

Recettes pour 4 personnes, sauf indication contraire. Achetez ou cultivez des aliments biologiques dans la mesure du possible.

SOUPES

croûtons

4 tranches de pain épaisses, rassies
1 gousse d'ail
Huile d'olive

Frotter le pain avec l'ail. Couper en dés et frire légèrement dans l'huile. Égoutter sur du papier absorbant.

soupe aux gourganes *(photo)*

1 oignon rouge, haché finement
2 c. à soupe d'huile d'olive
1,5 kg (3 lb) de gourganes fraîches ou sèches (trempées)
50 g (1 tasse) de persil, roquette ou cerfeuil frais, haché
2 litres (8 tasses) d'eau froide
Sel et poivre du moulin

À couvert et à feu doux, faire suer l'oignon dans l'huile 10 minutes. Ajouter les gourganes, le persil et l'eau. Porter à ébullition et laisser mijoter jusqu'à cuisson complète. Passer au mélangeur, assaisonner et servir avec les croûtons (recette précédente).

bouillon d'herbes

50 g (1 tasse) d'oseille, hachée
25 g (½ tasse) de laitue, hachée
25 g (½ tasse) de bette à carde, hachée
25 g (½ tasse) de cerfeuil, haché
25 g (¼ de tasse) de poireau, haché
Sel
1,5 litre (6 tasses) d'eau
1 c. à soupe d'huile d'olive

Passer le tout au mélangeur, puis porter à ébullition dans une casserole. Laisser mijoter environ 20 min, jusqu'à cuisson complète.

bortch

2 betteraves rouges, pelées
1,5 litre (6 tasses) de bouillon de légumes ou de viande
½ chou vert ou blanc, en fines lanières
½ chou rouge, en fines lanières
1 panais, pelé et coupé en 2
1 carotte, pelée et coupée en 2
3 c. à soupe de purée de tomates
Quelques graines de cumin
2 c. à soupe de vinaigre de vin rouge
Sel et poivre du moulin
Yogourt, crème sure ou aigre

Couper une betterave en fines lanières. Dans une grande casserole, porter le bouillon à ébullition. Ajouter tous les légumes coupés, la purée de tomates et le cumin. Couvrir et laisser mijoter environ 1 h en ajoutant du bouillon au besoin. Écraser le panais et la carotte à l'aide d'une fourchette et les remettre dans la soupe. Extraire le jus de la betterave restante à la centrifugeuse. Mélanger avec le vinaigre, le sel et le poivre, puis verser dans la soupe. Servir avec du yogourt.

bouillon de pois chiches

L'orge et les pois chiches bouillis ensemble pendant 30 minutes donnent une décoction aux propriétés diurétiques efficaces contre la cystite et l'œdème. Après 30 minutes de cuisson, filtrer le liquide de cuisson et réserver au réfrigérateur. Remplir la casserole d'eau et poursuivre la cuisson du bouillon de pois chiches. Fade, il est excellent pour bébés et convalescents.

100 g (½ tasse) de pois chiches, trempés et germés (peut prendre jusqu'à 48 h)
150 g (¾ de tasse) d'orge mondé
1 litre (4 tasses) d'eau
Sel et poivre du moulin
50 g (1 tasse) de persil, haché

Faire bouillir les pois chiches et l'orge dans l'eau environ 1 h, jusqu'à cuisson complète. Assaisonner, ajouter le persil et laisser reposer 10 minutes avant de passer au mélangeur.

bouillon de gingembre et ciboulette *(photo)*

1 botte de ciboulette ou 8 oignons verts
1 clou de girofle
1 morceau de gingembre de 5 cm (2 po), en tranches
2 gousses d'ail
5 grains de poivre noir
1 petite racine d'angélique de Chine, hachée
1 litre (4 tasses) d'eau

Faire bouillir le tout 15 minutes et servir chaud. On peut aussi ajouter des morceaux de poulet cru dans le bouillon et laisser mijoter 30 min.

soupe aux orties

Cueillez les orties loin des routes polluées.

500 g (1 lb) de pommes de terre, pelées et hachées
300 g (6 tasses) de sommités d'ortie (feuilles et tiges)
Sel et poivre du moulin
5 c. à soupe d'huile d'olive
2 c. à soupe de persil ou de cerfeuil, haché

Déposer les pommes de terre dans une grande casserole, couvrir d'eau et porter à ébullition. Laisser mijoter 20 minutes. Ajouter les orties et cuire de 5 à 8 minutes. Saler, poivrer et passer au mélangeur avec l'huile et le persil. Servir chaud avec des croûtons (p. 94).

soupe aux lentilles

Germination: Achetez des lentilles entières vertes à l'extérieur et rouges à l'intérieur. Faites tremper 24 h dans l'eau froide, rincez et déposez dans une assiette plate. Couvrez d'un linge humide et laissez germer dans une pièce bien aérée pendant 24 h à 48 heures.

400 g (4 tasses) de lentilles germées ou de lentilles rouges cassées non germées
Bouillon de poulet ou de légumes
3 oignons rouges, hachés
2 tomates, hachées
4 gousses d'ail, broyées
2 c. à soupe d'aneth
Poivre du moulin
Yogourt, cottage, crème sure ou aigre

Cuire les lentilles à la vapeur 20 min, couvrir de bouillon et laisser mijoter 20 minutes. Cuire oignons, tomates et ail 5 minutes à la vapeur et passer au mélangeur. Mélanger avec les lentilles, puis ajouter l'aneth et le poivre. Laisser mijoter 5 minutes. Servir avec du yogourt.

SALADES

vinaigrette simple

1 ou 2 gousses d'ail (ou au goût), broyées
2 c. à soupe de jus de citron
4 c. à soupe d'huile d'olive
1 c. à thé (à café) de moutarde de Dijon (facultatif)
Sel et poivre du moulin

Mélanger l'ail et le jus de citron. Ajouter l'huile et la moutarde. Assaisonner au goût. (Ou mixer le tout au mélangeur.)

vinaigrette à l'avocat

2 avocats, pelés et dénoyautés
1 gousse d'ail (facultatif)
Jus de citron
1 c. à soupe de moutarde de Dijon
1 c. à soupe de persil, haché finement
Sel et poivre du moulin

Passer le tout au mélangeur. Utiliser pour remplacer la mayonnaise ou la sauce à salade.

salade de poivrons et aubergines

1 poivron rouge, coupé en 2
1 poivron vert, coupé en 2
1 poivron jaune, coupé en 2
500 g (5 tasses) d'aubergines, hachées finement
Jus de ½ citron
2 échalotes, hachées finement
250 g (1 ¼ tasse) de tomates, en quartiers
Vinaigrette simple
2 c. à soupe de basilic ou de menthe, haché finement

Passer les poivrons sous le gril jusqu'à ce que la peau soit complètement noircie. Déposer dans un sac de plastique hermétique. Retirer la peau des poivrons refroidis. Cuire l'aubergine dans l'eau bouillante salée et le jus de citron. Égoutter et mélanger avec les poivrons en fines tranches, les échalotes et les tomates. Mélanger avec la vinaigrette et garnir de basilic. Garder au froid 2 h avant de servir.

salade de carottes et fraises

Un régal avec la vinaigrette à la coriandre.

3 c. à soupe d'huile d'olive
Jus de 1 petit citron
500 g (4 tasses) de carottes, râpées
300 g (2 tasses) de fraises, hachées
3 fraises
Zeste de citron, en julienne

Mélanger l'huile et le jus de citron. Ajouter les carottes et les fraises hachées. Garnir de fraises et de zeste. Encore meilleure si on la met au réfrigérateur 3 h avant de servir.

vinaigrette à la coriandre

1 c. à soupe de coriandre, hachée finement
310 ml (1 ¼ tasse) de yogourt (yaourt) nature
Sel et poivre du moulin

Bien mélanger tous les ingrédients.

salade de haricots *(photo)*

200 g (1 tasse) de haricots coco ou de doliques à œil noir
1 pincée de cannelle moulue
1 oignon, haché finement
2 tomates, hachées
50 g (1/3 de tasse) d'olives noires
1 clou de girofle
Sel et poivre du moulin
4 c. à soupe d'huile d'olive
1 c. à soupe de menthe, hachée

Faire tremper les haricots en suivant les instructions sur l'emballage. Déposer dans une casserole d'eau, porter à ébullition et laisser mijoter environ 2 h avec la cannelle. Égoutter et mélanger avec le reste des ingrédients, sauf la menthe. Parsemer de menthe et mettre au froid au moins 12 h avant de servir avec du pain à l'ail.

salade de radis et kumquats *(photo de droite)*

12 radis, en tranches
2 oranges, en tranches
12 kumquats, coupés en 2 sur la longueur
Jus de citron
Sucre ou miel (facultatif)

Mélanger les radis, les oranges et les kumquats. Ajouter le jus de citron et le sel. Mettre au froid et remuer avant de servir. Sucrer au goût.

salade de fenouil et radicchio

2 bulbes de fenouil, hachés finement
Radicchio (même quantité que le fenouil)
4 c. à soupe de vinaigrette (⅓ jus de citron + ⅔ huile d'olive)

Dans un grand bol, mélanger les légumes. Verser la vinaigrette, remuer et servir.

salade de haricots verts

500 g (1 lb) de haricots verts
30 g (¼ de tasse) de noisettes, hachées
3 c. à soupe de Vinaigrette simple (p. 97)
½ laitue
2 c. à soupe de persil ou de cerfeuil, haché

Cuire les haricots dans l'eau bouillante salée (*al dente*). Refroidir dans l'eau froide et égoutter. Faire griller les noisettes à sec dans une poêle. Remuer les haricots avec la vinaigrette et déposer sur la laitue. Garnir de noisettes et de persil.

salade de céleri-rave et carotte

300 g (2 ½ tasses) de céleri-rave, râpé ou en julienne
300 g (2 ½ tasses) de carottes, râpées ou en julienne
Vinaigrette à l'avocat (p. 97)
2 c. à soupe de persil ou de cerfeuil, haché

Blanchir le céleri-rave 5 sec et égoutter. Mélanger avec les carottes et la vinaigrette. Mettre au froid 2 h, puis garnir de persil.

salade de navets *(photo)*

Un heureux mariage avec le poisson fumé.

1 kg (2 lb) de petits navets, pelés
500 ml (2 tasses) de bouillon de poulet ou de légumes
3 c. à soupe de ciboulette, hachée
3 c. à soupe d'estragon, haché
3 c. à soupe de cerfeuil, haché
2 c. à soupe d'huile d'olive
1 c. à soupe de jus de citron

Blanchir les navets 2 minutes et égoutter. Cuire dans le bouillon de 10 à 15 minutes et laisser refroidir. Mélanger avec le reste des ingrédients et servir chaud.

salade de scarole

1 scarole ou autre laitue
Quelques radis, parés
100 g (¾ de tasse) d'olives noires, dénoyautées
Quelques anchois (facultatif)
3 tomates, en quartiers
1 échalote, hachée
2 c. à soupe de ciboulette, hachée
2 c. à soupe d'estragon, haché
4 c. à soupe de Vinaigrette simple (p. 97)
150 g (5 oz) de feta, chèvre ou mozzarella (garniture)

Mélanger le tout et garnir de fromage. Mettre au froid 30 minutes avant de servir.

salade d'ananas et de concombre

300 g (2 ½ tasses) de concombre, pelé et coupé en fines tranches
Sel
300 g (2 tasses) d'ananas frais, en dés
2 c. à soupe de mayonnaise ou crème légère + jus de citron (facultatif)
Bourrache vinaigrée (p. 124), fleurs de bourrache ou feuilles de menthe (garniture)

Faire dégorger le concombre au sel 45 minutes. Rincer et presser pour extraire l'eau. Mélanger avec les ananas et mettre au froid 2 heures. Bien égoutter et mélanger avec la mayonnaise. Garnir au goût.

salade d'asperges

1 kg (2 lb) de grosses asperges, parées
Sel et poivre du moulin
6 c. à soupe d'huile d'olive
2 c. à soupe de cerfeuil, haché (facultatif)
Quelques câpres, égouttées
Copeaux de parmesan
Vinaigre balsamique

Dans une lèchefrite, ranger les asperges sur une seule couche. Assaisonner et arroser d'huile. Cuire au four préchauffé à 200 °C/400 °F/gaz 6 environ 20 minutes. Servir aussitôt et garnir avec le reste des ingrédients.

salade d'oignon au persil

Servir avec du poisson grillé.

2 c. à soupe d'huile d'olive
1 botte de persil ou de cerfeuil, hachée
1 gros oignon rouge, en fines tranches
2 citrons, pelés et coupés en dés
Sel et poivre du moulin

Mélanger le tout et mettre au froid avant de servir sur un lit de laitue.

salade de radis noir

1 ou 2 radis noirs, pelés et coupés en tranches
Sel
150 g (5 oz) de gruyère ou autre fromage, en dés
3 c. à soupe de Vinaigrette simple (p. 97)
2 c. à soupe de persil, haché
1 échalote, hachée finement

Faire dégorger les radis au sel 45 minutes. Rincer et presser pour extraire l'eau. Mélanger avec le fromage et arroser de vinaigrette. Garnir de persil et d'échalote. Bien remuer et servir sur un lit de laitue.

salade de concombre

1 gros concombre, pelé et coupé en tranches
Sel
2 c. à soupe de persil plat ou de cerfeuil, haché
1 échalote, hachée finement
100 g (3 ½ oz) de jambon ou de dinde, en dés
4 c. à soupe de Vinaigrette simple (p. 97)
Sel et poivre du moulin

Faire dégorger le concombre au sel 45 minutes. Rincer et mélanger avec le reste des ingrédients. Mettre au froid avant de servir.

entrées, plats principaux et à-côtés

Recettes pour 4 personnes, sauf indication contraire. Achetez ou cultivez des aliments biologiques dans la mesure du possible.

ENTRÉES

taboulé *(photo)*

Pour servir comme plat principal, doubler la quantité de boulgour et ajouter olives, citron confit (p. 47), dés de concombre et œufs durs hachés.

120 g (1 ½ tasse) de boulgour ou de couscous
Sel et poivre du moulin
160 ml (⅔ de tasse) d'huile d'olive
Jus de 1 citron
300 g (6 tasses) de persil, haché finement
100 g (1 tasse) de menthe, hachée finement
3 échalotes ou oignons verts, hachés
2 tomates, en dés

Faire tremper le boulgour 15 minutes dans l'eau chaude (ou selon l'emballage). Égoutter au tamis en pressant les grains. Mélanger avec le sel, le poivre, l'huile et le jus de citron. Laisser reposer quelques minutes, puis ajouter les fines herbes et les échalotes. Mettre au froid pendant 24 heures, garnir de tomates et servir sur un lit de laitue.

artichauts à la menthe

50 g (1 tasse) de persil, haché finement
1 c. à soupe de menthe, hachée finement
1 gousse d'ail, broyée
Sel et poivre du moulin
2 c. à soupe d'huile d'olive
4 cœurs d'artichauts moyens frais (ou 8 petits)
250 ml (1 tasse) d'huile d'olive
Jus de ½ citron

Mélanger les 5 premiers ingrédients et farcir les cœurs d'artichauts. Déposer dans une casserole, couvrir d'eau salée et ajouter l'huile. Porter à ébullition, puis mettre au four préchauffé à 350 °C/ 180 °F/gaz 4. Cuire 35 min, puis arroser de jus de citron.

tartare d'avocat *(photo)*

2 avocats, dénoyautés
2 échalotes, hachées finement
1 c. à soupe de cerfeuil, haché finement
1 c. à soupe d'estragon, haché finement
Jus de ½ citron
Sel et poivre du moulin

Passer le tout au mélangeur. Servir froid.

cottage au cresson

En hors-d'œuvre ou sur du pain grillé.

1 botte de cresson, lavée dans 1 c. à soupe de vinaigre
250 g (1 ¼ tasse) de cottage écrémé
Sel et poivre du moulin
1 c. à soupe de persil et échalote, hachés finement (facultatif)

Mélanger le cresson haché avec le fromage. Assaisonner avec le reste des ingrédients.

tapenade d'olives vertes

1 gousse d'ail, pelée
1 c. à soupe d'estragon, haché
1 c. à soupe de persil, haché
1 ou 2 filets d'anchois, trempés
10 minutes dans le lait
3 c. à soupe d'huile d'olive
Jus de ½ petit citron
100 g (¾ de tasse) d'olives vertes, hachées finement
Sel et poivre du moulin

Passer les 6 premiers ingrédients au mélangeur. Ajouter les olives et assaisonner.

gâteau aux courgettes *(photo)*

800 g (7 tasses) de courgettes, hachées et bouillies 4 minutes
1 œuf
3 c. à soupe de cottage ou de ricotta
Sel et poivre du moulin
1 poivron jaune, en petits dés

Mélanger les courgettes, l'œuf, le fromage et les assaisonnements. Incorporer le poivron. Répartir dans 4 ramequins placés dans une lèchefrite. Remplir d'eau chaude à mi-hauteur et cuire 25 minutes au four préchauffé à 330 °C/170 °F/gaz 3. Servir avec le coulis de tomate (recette suivante).

coulis de tomate

4 grosses tomates à chair ferme, en quartiers
1 pincée de sucre
1 c. à thé (à café) de purée de tomates
4 c. à soupe d'huile d'olive
Sel et poivre du moulin

Bien mélanger le tout et passer au tamis. Servir avec le Gâteau aux courgettes (ci-haut) ou des viandes grillées.

PLATS PRINCIPAUX

risotto aux orties

Voir p. 96 pour la cueillette des orties.

2 oignons moyens, en tranches
2 c. à soupe d'huile d'olive
400 g (1 ¾ tasse) de riz arborio
160 ml (⅔ de tasse) de vin blanc sec
1 litre (4 tasses) de bouillon de légumes ou de poulet, chaud
200 g (5 tasses) de feuilles d'ortie ou d'épinard
Sel et poivre du moulin
2 c. à soupe de persil ou de cerfeuil, haché
100 g (1 tasse) de parmesan, fraîchement râpé

Faire suer les oignons 10 minutes dans l'huile. Ajouter le riz, remuer et cuire 2 minutes. Verser le vin et cuire jusqu'à absorption. Ajouter le bouillon, une louche à la fois, et attendre qu'il soit absorbé avant d'en rajouter. Répéter jusqu'à ce que le riz soit cuit (al dente). Cuire les orties à la vapeur, essorer et hacher. Mélanger avec le riz et réchauffer 2 minutes. Assaisonner et garnir de persil et de parmesan.

sarrasin à la sauce aux poireaux

500 g (2 ¾ tasses) de kacha rôti à sec (sarrasin vert)
1 litre (4 tasses) d'eau
4 gros poireaux, hachés
3 œufs, battus
Sel et poivre du moulin
160 ml (⅔ de tasse) de crème 15 %, de boisson (jus) de soja, de cottage ou de yogourt (yaourt)
3 c. à soupe de persil ou de cerfeuil, haché
Jus de citron

Dans une casserole, porter le kacha et l'eau à ébullition. Laisser mijoter à couvert 15 à 20 minutes. Cuire les poireaux à la vapeur 10 minutes et en mélanger la moitié avec le sarrasin et les œufs. Assaisonner et verser dans un plat de cuisson graissé. Cuire 20 minutes au four préchauffé à 350 °C/180 °F/gaz 4. Au mélangeur, mixer le reste des poireaux avec la crème et le persil. Ajouter du jus de citron et servir avec le kacha.

saumon grillé, sauce à l'aubergine

3 grosses aubergines entières
6 c. à soupe d'huile d'olive
Sel et poivre du moulin
2 c. à soupe de basilic, haché finement
4 filets de saumon

Piquer les aubergines et cuire sous le gril du four en les retournant jusqu'à ce que la peau soit complètement noircie. Déposer la chair dans un tamis et presser pour extraire le maximum de liquide. Dans un mortier ou au robot culinaire, piler la chair en versant assez d'huile pour faire une sauce. Ajouter du sel, du poivre et le basilic. Sous le gril du four préchauffé, cuire le saumon 5 minutes de chaque côté. Servir avec la sauce.

poivrons farcis *(photo)*

4 poivrons (2 verts et 2 rouges)
125 g (¾ de tasse) de riz basmati, cuit
1 grosse tomate, hachée
1 c. à soupe d'estragon, haché
100 g (¾ de tasse) d'olives vertes et/ou noires, hachées
1 gousse d'ail, broyée
1 c. à thé (à café) d'huile ou de beurre
Sel et poivre du moulin

Couper le dessus des poivrons, évider et réserver. Mélanger le riz avec le reste des ingrédients. Farcir les poivrons et remettre les «chapeaux» en place. Ranger dans un plat de cuisson huilé, couvrir et cuire au four préchauffé à 350 °C/180 °F/gaz 4 de 35 à 40 minutes.

crêpes de sarrasin aux champignons

225 g (1 ¾ tasse) de farine de sarrasin
Sel et poivre du moulin
1 gros œuf
500 ml (2 tasses) d'eau
1 gros oignon, haché finement
2 grosses gousses d'ail, broyées
2 c. à soupe d'huile végétale
1 c. à thé (à café) de paprika
675 g (1 ½ lb) de champignons sauvages, en morceaux de 2,5 cm (1 po)
1 poivron rouge, en morceaux de 2,5 cm (1 po)
160 ml (⅔ de tasse) de vin rouge
4 grandes feuilles de sauge, hachées
3 c. à soupe de persil, haché finement

Dans un bol, mélanger la farine et 1 c. à thé (à café) de sel; faire un puits au centre et y déposer l'œuf. Mélanger en versant l'eau en filet. Refroidir 30 minutes ou toute la nuit. Dans une grande poêle, à feu doux, cuire l'oignon et l'ail dans l'huile. Ajouter le paprika, les champignons, le poivron et le vin. Mélanger et cuire 10 minutes. Ajouter les herbes, du sel et du poivre. Dans une poêle chaude huilée, à feu moyen, cuire une petite louche de pâte à la fois de 3 à 4 minutes de chaque côté. Garnir de légumes, rouler et servir.

fusillis au pesto

5 gousses d'ail
15 grandes feuilles de basilic
50 g (1/3 de tasse) de pignons
Sel et poivre du moulin
100 g (1 tasse) de parmesan, râpé
7 c. à soupe d'huile d'olive
500 g (1 lb) de fusillis, cuits (réserver un peu d'eau de cuisson)

À l'aide d'un pilon ou du mélangeur, broyer l'ail, le basilic et les pignons. Mélanger avec du sel, du poivre, le parmesan et l'huile. Remuer avec les pâtes et un peu d'eau de cuisson.

polenta aux poireaux

4 poireaux, coupés sur la longueur
4 œufs, cuits dur
250 g (2 tasses) de polenta instantanée
180 ml (¾ de tasse) de crème de soja
1 à 2 c. à soupe de sauce aux piments
200 g (2 tasses) de parmesan ou de cheddar fort, râpé
Sel et poivre du moulin
2 c. à soupe de ciboulette, persil ou cerfeuil, haché
2 c. à soupe d'huile d'olive
4 quartiers de citron

Cuire les poireaux dans l'eau bouillante salée. Écraser séparément les jaunes et les blancs d'œufs. Faire bouillir la polenta selon les indications de l'emballage, puis ajouter la crème, la sauce aux piments et le fromage. Saler et poivrer. Servir la polenta dans des assiettes chaudes. Couvrir de poireaux, puis de blancs et de jaunes d'œufs. Dans une poêle, faire sauter les herbes 30 secondes dans l'huile et verser sur les poireaux. Servir avec du citron.

agneau aux lentilles et aux épinards

225 g (1 tasse) de lentilles brunes, trempées 12 heures
1 grosse gousse d'ail
500 g (1 lb) d'épinards, en fines lanières
1 c. à soupe d'huile végétale
½ c. à thé (à café) de coriandre moulue
½ c. à thé (à café) de cumin moulu
Sel et poivre du moulin
4 c. à soupe d'huile d'olive
2 c. à soupe de feuilles de coriandre, hachées
2 c. à soupe de yogourt nature (facultatif)
2 filets d'agneau ou du riz cuit (plat végétarien)
Huile végétale (pour la cuisson)

Cuire les lentilles et l'ail 15 minutes dans l'eau bouillante. Faire sauter les épinards dans l'huile, ajouter les assaisonnements et l'huile d'olive, puis la coriandre et le yogourt. Dans une poêle très chaude, cuire et dorer la viande 6 minutes de chaque côté. (Pour une viande bien cuite, cuire 10 minutes de plus sur la grille supérieure du four préchauffé à 230 °C/450 °F/gaz 8.) Servir en fines tranches sur un lit de lentilles ou avec le riz pour un plat végétarien.

polenta, sauce tomate au basilic *(photo)*

1 oignon moyen, haché
2 c. à soupe d'huile d'olive
500 g (1 lb) de tomates, blanchies et pelées
Sel et poivre du moulin
Quelques feuilles de basilic, hachées
1,5 litre (6 tasses) d'eau
375 g (3 tasses) de polenta précuite
7 c. à soupe de beurre
200 g (2 tasses) de parmesan, râpé

Dans une poêle, à feu doux, faire suer l'oignon dans l'huile. Ajouter les tomates, assaisonner et laisser mijoter de 30 à 40 minutes. Ajouter le basilic et retirer du feu. Dans une casserole, porter l'eau et 1 c. à thé (à café) de sel à ébullition et cuire la polenta à feu doux environ 10 minutes en remuant sans cesse. Ajouter le beurre et le parmesan. Verser dans un plat rectangulaire peu profond, lisser le dessus et laisser refroidir. Découper en tranches, réchauffer au four ou au micro-ondes et napper de sauce tomate.

blancs de volaille et purée de céleri-rave *(photo)*

4 blancs de volaille sans la peau (poitrines)
Poivre
4 feuilles de laitue, d'oseille ou d'épinard
8 tranches de bacon fumé
Huile végétale (pour la cuisson)
1 céleri-rave, en morceaux
Pommes de terre, en morceaux (poids égal au céleri)
Lait chaud, beurre ou huile d'olive
Sel et poivre du moulin

Faire une longue incision sur les blancs de volaille pour les ouvrir comme un livre. Poivrer et couvrir de laitue. Refermer et envelopper de bacon. Faire tenir avec un cure-dent et garder au froid. Cuire le céleri-rave et les pommes de terre séparément dans l'eau bouillante. Égoutter, mélanger dans un bol et couvrir d'un linge pour absorber l'humidité. Réduire en purée avec du lait, assaisonner et réserver au chaud. Dans une poêle, cuire le poulet dans l'huile 6 minutes de chaque côté. Servir avec la purée.

galettes de pommes de terre

Exquises avec la Salade de haricots verts (p. 99).

120 g (4 oz) de bacon fumé ou de pancetta, haché
1 c. à soupe d'huile d'olive
500 g (1 lb) de feuilles de pissenlit, de cresson ou de laitue
2 gousses d'ail
2 c. à soupe de vinaigre de vin blanc
500 g (1 lb) de pommes de terre, en purée
2 c. à soupe de farine
1 gros œuf
Huile végétale (pour la cuisson)

Dans une grande poêle, frire le bacon dans l'huile et réserver. Dans la même poêle, à feu doux, cuire le pissenlit et l'ail environ 12 minutes. Retirer l'ail, verser le vinaigre et cuire jusqu'à évaporation du liquide. Mélanger avec la purée de pommes de terre et ajouter le bacon. Incorporer la farine et l'œuf. Avec les mains farinées, faire 4 grosses ou 8 petites galettes. Faire dorer de chaque côté dans l'huile chaude.

strudel à la citrouille

2 oignons rouges, hachés finement
3 c. à soupe d'huile d'olive
800 g (6 tasses) de citrouille, en morceaux
2 gousses d'ail, broyées
1 feuille de laurier
1 brin de thym
Sel et poivre du moulin
400 g (14 oz) de pâte phyllo fraîche
Huile d'olive
1 œuf, battu
115 g (1 tasse) de parmesan, fraîchement râpé
60 g (⅔ de tasse) de chapelure

Cuire les oignons dans l'huile environ 10 minutes. Ajouter citrouille, ail, laurier, thym, sel et poivre. Couvrir et cuire à feu doux. Ajouter un peu d'eau au besoin. Sur un plan de travail, superposer 4 feuilles de pâte et badigeonner d'huile. Couvrir avec 4 autres feuilles et huiler encore. Répéter une dernière fois. Déposer les légumes au centre en laissant une bordure de 5 cm (2 po) tout autour. Rouler en saucisson et replier les extrémités en dessous. Dorer à l'œuf battu, saupoudrer de parmesan et de chapelure. Cuire sur une plaque au four préchauffé à 200 °C/400 °F/gaz 6 environ 20 minutes.

pilaf de poulet au céleri-rave

On peut remplacer le poulet par des crevettes, des moules ou des calmars.

4 blancs de volaille sans la peau (poitrines)
8 c. à soupe d'huile d'olive
1 grosse gousse d'ail, broyée
Sel et poivre du moulin
500 g (3 tasses) de céleri-rave, en petits dés
200 g (1 tasse) d'orge, trempée toute la nuit
200 g (1 tasse) de millet, cuit
160 ml (⅔ de tasse) de pesto (***VOIR*** Fusillis au pesto, p. 106)
Poivre
8 grandes feuilles de basilic

Faire mariner le poulet dans l'huile avec l'ail, le sel et le poivre pendant 2 heures. Cuire le céleri-rave et l'orge à la vapeur environ 15 minutes. Mélanger avec le millet, le pesto et du poivre. Dans une poêle, cuire le poulet et la marinade environ 6 minutes de chaque côté. Découper en lanières, mélanger avec les céréales et garnir de basilic.

doliques aux pruneaux et aux épinards

On peut ajouter au couscous amandes, raisins secs et persil haché.

1 oignon rouge, haché
1 c. à soupe d'huile
375 ml (3 tasses) d'eau
125 g (⅔ de tasse) de doliques à œil noir ou autres légumineuses, trempés 12 heures
½ c. à thé (à café) de curcuma
1 c. à thé (à café) de cannelle moulue
Poivre du moulin
125 g (⅔ de tasse) de pruneaux non trempés
1 kg (2 lb) de petits épinards
225 g (1 ⅓ tasse) de couscous ou de riz basmati, cuit

Dans une grande casserole, à feu doux, faire suer l'oignon dans l'huile environ 10 minutes. Ajouter l'eau, les doliques égouttés, le curcuma, la cannelle et le poivre. Couvrir et laisser mijoter 30 minutes. Ajouter les pruneaux et les épinards et cuire 10 minutes. Servir sur du couscous.

flétan au beurre d'ortie

150 g (5 oz) de jeunes feuilles d'ortie ou d'oseille
160 g (⅔ de tasse) de beurre non salé, ramolli
Sel et poivre du moulin
4 c. à soupe de vin blanc
4 c. à soupe d'eau salée ou de fumet de poisson
1 feuille de laurier
Jus de ½ citron
4 darnes de flétan
Beurre

Cuire les orties à la vapeur environ 8 minutes. Essorer et mélanger avec le beurre, le sel et le poivre. Étaler sur du papier sulfurisé, former un rouleau et laisser durcir au réfrigérateur. Dans une large casserole peu profonde, porter le vin et l'eau à ébullition. Ajouter le laurier et le jus de citron et cuire le poisson 5 minutes de chaque côté. Poivrer et garnir chaque portion d'une rondelle de beurre d'ortie.

poisson et salade d'épinards (photo)

1,5 kg (3 lb) de petits épinards, équeutés
6 champignons moyens, en tranches
Quelques feuilles de roquette (facultatif)
Sel et poivre du moulin
3 c. à soupe de Vinaigrette simple (p. 97)
3 c. à soupe d'huile
8 filets de rouget
Ciboulette et cerfeuil, hachés

Déposer les épinards dans un bol, ajouter les champignons, la roquette, le sel et le poivre. Verser la vinaigrette et remuer. Dans une poêle, chauffer l'huile et cuire le poisson environ 5 minutes de chaque côté. Disposer les filets sur la salade, puis garnir de fines herbes.

À-CÔTÉS

oignons au cidre (photo)

4 c. à soupe d'huile
10 oignons moyens entiers
5 c. à soupe de cidre sec
1 brin de romarin
2 feuilles de laurier
Sel et poivre du moulin

Dans une grande poêle, faire dorer les oignons dans l'huile sur toutes les faces. Ajouter le reste des ingrédients. Couvrir et laisser mijoter doucement jusqu'à ce que les oignons soient bien cuits sans perdre leur forme. Retirer les oignons et faire bouillir la sauce jusqu'à consistance de sirop. Verser sur les oignons et servir avec des courgettes cuites.

échalotes vapeur

Servir comme mets d'accompagnement ou pour lier les sauces.

300 g (10 oz) d'échalotes, pelées
½ c. à thé (à café) de cannelle moulue
Cuire les échalotes à la vapeur et mélanger avec la cannelle.

riz aux boules de concombre

500 ml (2 tasses) d'eau salée
250 g (1 ¼ tasse) de riz brun, rincé
1 concombre
1 échalote, hachée finement
2 c. à soupe de beurre
1 c. à soupe de coriandre ou de persil, haché

Dans une grande casserole, porter l'eau à ébullition. Ajouter le riz, couvrir et cuire à feu doux 20 minutes. Couper le concombre en 2 sur la longueur et prélever le maximum de boules à l'aide d'une cuillère parisienne. Blanchir les boules 2 minutes dans l'eau bouillante, égoutter et rincer. Cuire les échalotes et les concombres dans le beurre à feu doux. Dès qu'ils commencent à dorer, ajouter le riz, puis garnir de coriandre.

purée de pommes de terre au cresson

500 g (1 lb) de pommes de terre, pelées et hachées
300 g (10 oz) de cresson, bien nettoyé
1 c. à soupe de beurre ou de crème 15 %
1 grosse pincée de muscade
Sel et poivre du moulin

Faire bouillir les pommes de terre dans l'eau salée. Égoutter et remettre à feu doux pour sécher. Mélanger le cresson avec le beurre, puis incorporer aux pommes de terre. Réduire en purée lisse au presse-purée. Incorporer la muscade, le sel et le poivre.

céleri aux herbes

1 gros céleri (sans feuilles ni filaments)
80 ml (⅓ de tasse) de vin blanc
80 ml (⅓ de tasse) d'eau
4 c. à soupe d'huile d'olive
2 c. à soupe de persil, haché finement
2 c. à soupe d'estragon, haché finement
Sel et poivre du moulin
Quelques gouttes de jus de citron

Couper le céleri en petits morceaux et bouillir dans l'eau salée 4 à 6 minutes. Égoutter et déposer dans un plat de cuisson. Faire bouillir le vin et l'eau, puis verser sur le céleri. Ajouter l'huile et cuire au four préchauffé à 330 °C/170 °F/gaz 3. Assaisonner et servir chaud.

petits pois au bacon

100 g (3 ½ oz) de lardons ou de bacon maigre haché
500 g (3 tasses) de petits pois frais ou surgelés
160 ml (⅔ de tasse) de bouillon de légumes
Roquette, hachée finement
Poivre du moulin

Faire dorer les lardons dans une poêle. Jeter le gras et réserver. Réchauffer les pois et le bouillon dans la poêle, puis mélanger avec les lardons. Disposer sur un lit de roquette et poivrer.

salsifis

1,5 litre (6 tasses) d'eau froide
1 c. à soupe de farine
3 c. à soupe de vinaigre
2 c. à thé (à café) de sel
1 kg (2 lb) de salsifis frais
Huile d'olive
1 c. à soupe de persil, haché finement

Dans une grande casserole, porter à ébullition l'eau, la farine, le vinaigre et le sel. Ajouter les salsifis, couvrir et laisser mijoter 20 minutes. Mettre au froid. Avant de servir, faire sauter légèrement à l'huile d'olive et garnir de persil.

choux de bruxelles aux châtaignes

600 g (1 ¼ lb) de châtaignes
1 litre (4 tasses) de bouillon de viande ou de légumes
750 g (1 lb 10 oz) de choux de Bruxelles
100 g (3 ½ oz) de bacon, lardons ou pancetta
1 c. à soupe d'huile végétale
Sel et poivre du moulin

À l'aide d'un couteau, faire une incision dans les châtaignes. Déposer dans une casserole, couvrir d'eau et porter à ébullition 2 minutes. Égoutter, peler et cuire 30 minutes dans le bouillon, les choux 15 minutes dans l'eau bouillante salée. Dans une poêle, frire le bacon dans l'huile. Égoutter et faire revenir dans la poêle 4 minutes avec les choux et les châtaignes. Assaisonner.

haricots, carottes et oignons

200 g (7 oz) d'oignons, en tranches
200 g (1 ⅔ tasse) de carottes, en tranches
3 gousses d'ail
2 c. à soupe d'huile d'olive ou de beurre
1 kg (5 tasses) de haricots secs, trempés 12 heures
Bouquet garni (1 feuille de laurier, 3 brins de persil et 1 clou de girofle)
Sel et poivre du moulin

Dans une grande casserole, à feu doux, cuire les oignons, les carottes et l'ail 10 minutes dans l'huile. Ajouter les haricots égouttés et cuire 3 minutes. Couvrir d'eau et porter à ébullition. Ajouter le bouquet garni, couvrir et laisser mijoter 1 ½ heure. Saler et poivrer après 45 minutes. Servir chaud.

fenouil au vin blanc

800 g (8 tasses) de fenouil, en fines tranches
310 ml (1 ¼ tasse) de vin blanc
2 feuilles de laurier
1 bâton de cannelle ou ½ c. à thé (à café) de cannelle moulue
Quelques grains de poivre noir, broyés
30 g (¼ de tasse) de pistaches, écalées
2 filets d'anchois (facultatif)
1 c. à thé (à café) de sucre
1 pincée de muscade
3 c. à soupe d'huile d'olive
1 c. à soupe de vinaigre
Jus et zeste râpé de ½ citron

Dans une casserole, déposer fenouil, vin, laurier, cannelle et poivre. Couvrir d'eau et porter à ébullition. Laisser mijoter pour attendrir le fenouil. Égoutter et déposer dans un bol. Mélanger le reste des ingrédients dans un bol, puis verser sur le fenouil. Couvrir et mettre au froid 24 heures. Servir à température ambiante.

pommes de terre, sauce aux herbes

Sauce:
1 c. à soupe de vin blanc
6 brins de persil, hachés finement
6 brins de cerfeuil, hachés finement
2 c. à soupe d'estragon, haché finement
4 filets d'anchois, hachés finement (facultatif)
1 œuf, cuit dur et haché finement
2 petites échalotes, hachées finement
1 pincée de poivre noir
3 c. à soupe d'huile d'olive
1 c. à soupe de vinaigre de vin blanc

16 petites pommes de terre nouvelles, bouillies
2 c. à thé (à café) de câpres, égouttées

Faire bouillir le vin rapidement, puis mélanger avec le reste des ingrédients. Déposer les tranches de pommes de terre chaudes dans un plat. Napper de sauce chaude, garnir de câpres et remuer.

haricots verts à la moutarde *(photo)*

1 kg (2 lb) de haricots verts
160 ml (⅔ de tasse) de crème 15 % ou de yogourt
Jus de 1 petit citron
1 c. à soupe de moutarde de Dijon
100 g (¾ de tasse) de noisettes, grillées et hachées
Sel et poivre du moulin

Cuire les haricots à la vapeur (al dente). Rincer et égoutter. Mélanger la crème, le jus et la moutarde dans un bol. Verser sur les haricots et remuer. Garnir de noisettes, assaisonner et refroidir avant de servir.

sauce à la cardamome

Pour rehausser les soupes et les plats mijotés.

4 gousses de cardamome
4 piments séchés
1 gousse d'ail, pelée
1 c. à thé (à café) de poivre noir
1 c. à thé (à café) de graines de carvi
1 bouquet de coriandre (feuilles seulement)

Passer tous les ingrédients au mélangeur.

sauce au raifort

Ajuster les quantités au goût.

2 c. à soupe d'échalotes, hachées finement
1 pincée de poivre noir
3 c. à soupe de sel
200 g (7 oz) de poudre de moutarde
1 piment rouge séché, broyé
60 g (¼ de tasse) de racine de raifort frais, râpée
1 c. à thé (à café) de muscade moulue
125 ml (½ tasse) de vinaigre
60 ml (¼ de tasse) de vin blanc sec
Bouillon de légumes (facultatif)

Réduire le tout en purée lisse et ajouter un peu de bouillon au besoin. Pour atténuer le goût, laisser bouillir 5 minutes et mettre au froid.

desserts

Recettes pour 4 personnes, sauf indication contraire. Achetez ou cultivez des aliments biologiques dans la mesure du possible. Laver, peler ou épépiner les fruits si nécessaire.

pastèque et fruits d'été

(photo)

1 petite pastèque
Mûres, framboises et fraises*
Un peu de glace concassée
Sucre semoule (super fin)
2 c. à soupe d'eau de fleur d'oranger

* Le quart du poids de la pastèque pour chaque fruit.

Épépiner la chair de la pastèque et couper en gros cubes. Mélanger avec le reste des ingrédients.

salade de bananes et dattes

5 bananes mûres, en tranches
250 g (1/1 lb) de dattes fraîches, hachées finement
310 ml (1 ¼ tasse) de yogourt (yaourt) nature
Noix, grillées et hachées (facultatif)

Dans des bols de verre, faire alterner des couches de bananes et de dattes. Napper de yogourt et mettre au froid toute la nuit. Garnir de noix et servir.

salade de litchis

200 g (7 oz) de litchis, pelées et dénoyautés
200 g (1 tasse) de tangerines, en segments
6 à 8 kumquats, hachés
2 c. à soupe d'eau de fleur d'oranger
2 verres de glace concassée faite de thé parfumé au jasmin

Mélanger le tout dans un bol et servir aussitôt.

melon à la menthe

2 c. à soupe de sucre
2 c. à soupe d'eau
3 c. à soupe de menthe fraîche
Jus de ½ citron
1 melon miel mûr froid, en tranches
Un peu de gingembre cristallisé ou confit (facultatif)

Dans une petite casserole, à feu doux, dissoudre le sucre dans l'eau. Porter à ébullition, puis ajouter la menthe et le jus de citron. Laisser refroidir. Servir le melon dans des bols. Napper de sirop et garnir de gingembre.

citrouille au sirop

720 g (3 tasses) de sucre
500 ml (2 tasses) d'eau
1 citrouille, pelée, coupée en 8 et épépinée
Noix ou amandes, grillées et hachées

Dissoudre le sucre dans l'eau, porter à ébullition et ajouter la citrouille. Faire mijoter 20 minutes, puis laisser refroidir. Garnir de noix avant de servir.

tarte à la rhubarbe

225 g (1 ¾ tasse) de farine
1 pincée de sel
120 g (½ tasse) de beurre
3 c. à soupe d'eau glacée
500 g (1 lb) de rhubarbe, en morceaux de 4 cm (1 ½ po)
120 g (½ tasse) de cassonade molle
1 morceau de gingembre de 5 cm (2 po) ou 1 c. à thé de zeste d'orange ou de citron, râpé
1 c. à soupe de jus de citron

Bien mélanger la farine, le sel et le beurre. Lier avec l'eau. Garder au froid 30 minutes avant d'étaler dans un moule à tarte de 25 cm (10 po). Ajouter la rhubarbe et couvrir avec le reste des ingrédients. Cuire au four préchauffé à 350 °C/180 °F/gaz 4 environ 35 minutes. Garnir de crème ou de yogourt, au goût.

salade de fruits à la mélisse

100 g (⅔ de tasse) de fraises sauvages
100 g (⅔ de tasse) de mûres
100 g (⅔ de tasse) de bleuets
100 g (¾ de tasse) de groseilles rouges
3 pommes, pelées, évidées, tranchées et arrosées de jus de citron
120 g (½ tasse) de sucre
80 ml (⅓ de tasse) d'eau
160 ml (⅔ de tasse) de vin pétillant (facultatif)
2 c. à soupe de jus de citron
10 feuilles de mélisse, hachées finement

Mélanger les fruits dans un bol. À feu doux, dissoudre le sucre dans les ingredients liquides. Porter à ébullition et laisser réduire. Verser le sirop refroidi sur les fruits et garnir de mélisse. Mettre au froid 2 heures avant de servir.

groseilles au coulis de framboise

250 g (2 tasses) de groseilles rouges
250 g (2 tasses) de groseilles blanches
250 g (1 ½ tasse) de framboises, écrasées
120 g (½ tasse) de sucre
Feuilles de menthe fraîche

Répartir les groseilles dans des bols. Dans une casserole, à feu moyen, cuire les framboises 2 minutes. Filtrer, verser dans une casserole propre et y dissoudre le sucre à feu doux. Verser sur les groseilles et garnir de menthe. Napper de crème ou de yogourt (yaourt), au goût.

sorbet à la menthe

180 g (¾ de tasse) de sucre
310 ml (1 ¼ tasse) d'eau
3 c. à soupe de feuilles de menthe fraîche
Jus de 2 citrons
1 blanc d'œuf, battu en pics secs
Feuilles de menthe ou tranches de lime (citron vert) (facultatif)

Dans une casserole, à feu doux, dissoudre le sucre dans l'eau. Porter à ébullition et laisser réduire en sirop. Hacher finement 3 c. à soupe de menthe et laisser infuser 1 heure dans le sirop. Filtrer, ajouter le jus de citron et laisser prendre au congélateur. Défaire en morceaux, passer au mélangeur et incorporer le blanc d'œuf. Garnir de menthe.

poires aux herbes

1 litre (4 tasses) d'eau bouillante
Quelques fleurs de tilleul
2 c. à soupe de menthe séchée
2 anis étoilés
Zeste de 1 orange
4 grosses poires
Sucre
Fruits séchés (abricots, raisins, pruneaux) (facultatif)
Noix grillées (facultatif)

Verser l'eau sur le tilleul, la menthe, l'anis et le zeste. Laisser infuser 30 minutes, filtrer et verser dans une casserole. Cuire les poires dans une marguerite dans une casserole, puis les retirer. Laisser réduire le liquide de moitié et sucrer au goût. Verser sur les poires et laisser refroidir. On peut ajouter quelques fruits séchés à l'infusion avant de napper les fruits. Garnir de noix.

compote de fruits d'automne

1 kg (2 lb) de pommes, pelées, évidées et hachées
1 kg (2 lb) de poires, pelées, évidées et hachées
500 g (1 lb) de raisins noirs ou bleus, épépinés
Jus et zeste de 1 citron ou 1 c. à soupe de gingembre, râpé
1 clou de girofle
½ c. à thé (à café) de cannelle moulue
1 pincée de muscade
160 ml (⅔ de tasse) d'eau

Dans une casserole à fond épais, laisser mijoter tous les ingrédients pendant 25 minutes. Laisser refroidir dans un bol. Garnir de crème ou de yogourt, au goût.

papayes au gingembre

3 papayes, coupées en deux et épépinées
4 c. à soupe de beurre non salé
5 morceaux de gingembre confit, hachés
Jus et zeste de 1 lime (citron vert)
1 c. à soupe de sirop de gingembre
Cassonade et miel (facultatif)

Déposer les papayes dans un plat de cuisson beurré. Mélanger le beurre, le gingembre et la moitié du jus et du zeste. Verser dans le creux des papayes. Couvrir avec le jus et le zeste restants, le sirop et la cassonade. Cuire au four préchauffé à 350 °C/180 °F/gaz 4 en arrosant de temps à autre. Napper de miel et servir.

figues au cottage framboise *(photo de gauche)*

150 g (1 tasse) de framboises
100 g (½ tasse) de fromage cottage
1 c. à soupe de sucre semoule (super fin)
3 c. à soupe de yogourt (yaourt) nature
12 figues, équeutées et coupées en quatre

Mélanger les framboises, le fromage, le sucre et le yogourt. Verser sur les figues et garder au froid quelques heures avant de servir.

abricots pochés *(photo de droite)*

4 gousses de cardamome
625 ml (2 ½ tasses) d'eau
120 g (½ tasse) de sucre ou de cassonade
Zeste de 1 citron, en lanières
12 abricots, dénoyautés
Un peu de jus d'orange
Noix, grillées et hachées (facultatif)

Broyer la cardamome avec un rouleau à pâte et ficeler dans une étamine. Dans une casserole, porter l'eau, le sucre et le zeste à ébullition. Ajouter la cardamome et laisser mijoter quelques minutes. Retirer le sachet, ajouter les abricots et laisser pocher 10 minutes à feu doux. Retirer les abricots et laisser bouillir le sirop pour réduire de moitié. Ajouter le jus d'orange. Napper les abricots de sirop. Servir froid et garnir de noix.

jus

Utilisez les ingrédients les plus frais possible et buvez le jus aussitôt. Évitez les fruits trop mûrs ou abîmés et optez pour des produits bios de préférence. Ces recettes requièrent un mélangeur ou une centrifugeuse qui sépare le jus des parties solides (idéale pour pommes et agrumes). Quant au mélangeur, il réduit simplement les ingrédients en purée (bon pour les fruits tendres). Si vous n'avez pas de centrifugeuse, ajoutez un peu d'eau à la recette, passez le tout au mélangeur et filtrez le jus au tamis ou dans une étamine. Les jus sont meilleurs froids, sur de la glace concassée. On peut saler et poivrer les jus de légumes. Ajustez les quantités de fruits au goût.

JUS DE FRUITS

jus de pomme et framboise

300 g (10 oz) de pommes, pelées, évidées et hachées
100 g (⅔ de tasse) de framboises
2 c. à soupe d'eau de rose ou de fleur d'oranger
Glaçons faits de thé parfumé au jasmin
Sucre

Mixer les fruits au mélangeur. Ajouter l'eau de rose et verser sur les glaçons. (On peut aussi broyer les glaçons au mélangeur avec les fruits.) Sucrer et servir.

jus de lime, menthe et abricot

3 abricots mûrs, dénoyautés
3 c. à soupe de jus de lime (citron vert) frais
Miel
1 c. à thé (à café) de menthe fraîche, hachée

Mélanger les abricots, le jus de lime et le miel. Remplir un verre de glace et de menthe à moitié. Verser le jus et servir.

jus de cerise et framboise

60 ml (¼ de tasse) de jus de cerise du commerce
60 ml (¼ de tasse) de framboise du commerce
Jus de ½ citron

Mélanger les deux premiers jus. Ajouter le jus de citron et servir sur de la glace concassée.

jus de cerise et pomme

3 pommes
60 ml (¼ de tasse) de jus de cerise du commerce

Extraire le jus de pomme à la centrifugeuse et mélanger avec le jus de cerise.

jus de mangue

2 mangues, pelées et dénoyautées
2 c. à soupe d'eau de fleur d'oranger
Glaçons faits de thé à la camomille

Passer le tout au mélangeur jusqu'à ce que les glaçons soient broyés.

jus de carotte, pomme et gingembre

6 carottes, en morceaux
4 pommes, évidées et coupées en morceaux
1 c. à soupe de gingembre frais, râpé

Extraire le jus à la centrifugeuse et servir sur de la glace concassée.

jus de pruneau

1 c. à thé (à café) de jus de citron
Sirop d'érable
160 ml (⅔ de tasse) de jus de pruneau du commerce

Bien mélanger tous les ingrédients.

jus de groseille, mûre et bleuet

100 g (¾ de tasse) de groseilles rouges
100 g (⅔ de tasse) de mûres
100 g (⅔ de tasse) de bleuets (myrtilles)

Passer les fruits frais ou surgelés au mélangeur.

jus de fraise et framboise

200 g (1 ¼ tasse) de fraises
200 g (1 ¼ tasse) de framboises
Jus de citron
Eau (facultatif)

Passer les fraises et les framboises au mélangeur. Ajouter le jus de citron et servir sur de la glace concassée. Ajouter de l'eau au besoin.

jus d'ananas à la noix de coco

60 ml (¼ de tasse) de jus d'ananas
7 c. à soupe de boisson (jus) de soja
1 c. à thé (à café) de noix de coco râpée
Sucre

Passer les trois premiers ingrédients au mélangeur, ajouter le sucre et servir froid.

JUS DE LÉGUMES

jus de tomate et céleri

½ céleri
2 tomates
1 concombre

Extraire le jus à la centrifugeuse.

jus de chou, carotte et céleri

Bon chaud ou froid.

½ chou blanc ou rouge
4 carottes, hachées grossièrement
5 tiges de céleri, hachées grossièrement
½ oignon rouge ou 2 échalotes
Eau (pour allonger le jus, au goût)
Sel et poivre du moulin
1 c. à thé (à café) de jus de citron

Passer les légumes au mélangeur avec de l'eau. Ajouter le sel, le poivre et le jus de citron.

jus de haricot vert à l'ail

240 g (½ lb) de haricots verts
2 petits cœurs de laitue
2 c. à soupe d'eau
2 gousses d'ail
1 pincée de cayenne

Passer les légumes à la centrifugeuse avec l'eau et l'ail. Ajouter le cayenne et servir sur de la glace concassée.

jus de radis noir et carotte

100 g (3 ½ oz) de radis noirs
50 g (1 ¾ oz) de carotte

Extraire le jus à la centrifugeuse.

jus de brocoli et haricot vert

Quelques bouquets de brocoli
100 g (3 ½ oz) de haricots verts
2 c. à soupe de jus de citron
2 c. à soupe d'eau

Extraire le jus des légumes à la centrifugeuse. Mélanger avec le jus de citron et l'eau. Servir sur de la glace concassée.

jus de céleri et oignon rouge

1 céleri, paré et sans les feuilles
2 oignons rouges
Jus de ½ citron

Extraire le jus des légumes à la centrifugeuse. Verser dans un verre contenant le jus de citron et de la glace concassée.

jus de betterave et céleri

1 céleri, paré et sans les feuilles
2 betteraves, cuites
Jus de ½ citron jaune ou vert (lime)
1 c. à soupe d'huile d'olive

Extraire le jus des légumes à la centrifugeuse. Verser dans un verre et ajouter le reste des ingrédients.

jus de concombre et laitue

2 concombres
1 cœur de laitue

Extraire le jus des légumes à la centrifugeuse.

jus de laitue au basilic

1 laitue
1 radicchio
5 feuilles de basilic
Jus de ½ citron

Extraire le jus des légumes à la centrifugeuse et ajouter le jus de citron.

conserves et marinades

Prendre les ingrédients de la meilleure qualité possible. Stériliser les bocaux de verre ou de céramique (pas de métal) à l'eau bouillante, puis les laisser dans un four chaud quelques minutes.
Conservation: maximum 3 mois.

LÉGUMES MARINÉS

navets marinés

Délicieux avec porc et pommes de terre.

1,5 kg (3 lb) de navets, pelées et râpés
2 c. à soupe de sel
40 baies de genièvre
30 grains de poivre noir

Dans un grand bocal, déposer les ingrédients par couches. Placer un linge stérile et une assiette sur la couche supérieure. Poser un poids sur le dessus et garder au froid. Les navets fermenteront et marineront en 2 à 3 semaines. Rincer et éponger. Servir cru ou faire bouillir et servir avec porc ou saucisses.

betteraves marinées

1 kg (2 lb) de petites betteraves non pelées
1 litre (4 tasses) d'eau
500 ml (2 tasses) de vinaigre de vin rouge
2 feuilles de laurier
2 brins de thym
12 grains de poivre noir
2 gousses d'ail
3 c. à soupe de sel
120 g (½ tasse) de sucre
1 oignon blanc, en tranches

Envelopper les betteraves dans du papier d'aluminium et cuire au four préchauffé à 200 °C/400 °F/gaz 6. Porter les autres ingrédients à ébullition (sauf l'oignon), cuire 3 minutes et laisser refroidir. Peler les betteraves et déposer dans des bocaux étanches avec l'oignon. Verser le vinaigre et fermer hermétiquement. Garder au moins 2 semaines dans un endroit frais et sec.

chou-fleur mariné *(photo de droite)*

Utiliser dans les hors-d'œuvre et les salades.

1 chou-fleur moyen
4 c. à thé (à café) de sel
Vinaigre de vin blanc ou vinaigre de cidre (pour couvrir)
1 c. à thé (à café) chacun de grains de poivre vert, noir et rose
1 à 6 piments verts, rouges et jaunes, ou au goût

Blanchir le chou-fleur 5 minutes dans l'eau bouillante salée. Déposer de petits bouquets rincés et épongés dans un bocal étanche de 1,5 litre (6 tasses). Dans une casserole, porter le reste des ingrédients à ébullition et cuire 30 secondes. Verser sur le chou-fleur, laisser refroidir et fermer hermétiquement. Garder 3 semaines dans un endroit frais et sec.

VINAIGRES

vinaigre de mûre

Utilisez-le dans les vinaigrettes ou les jus de cuisson.

300 g (2 tasses) de belles mûres, lavées et égouttées
1 c. à thé (à café) de poudre de moutarde dans une étamine
1 litre (4 tasses) de vinaigre de vin blanc

Dans un bocal étanche, déposer les mûres et la moutarde. Verser le vinaigre et fermer hermétiquement. Garder 2 semaines dans un endroit frais et sec. Filtrer et embouteiller.

vinaigre de framboise

250 g (1 ½ tasse) de framboises
1 litre (4 tasses) de vinaigre de vin rouge

Dans un bocal étanche, déposer les framboises. Verser le vinaigre et fermer hermétiquement. Garder 2 mois dans un endroit frais et sec. Filtrer et embouteiller en pressant les fruits pour extraire le jus.

bourrache vinaigrée

Manger les feuilles en entrée, en salade ou dans divers plats. Les fleurs donnent une couleur bleutée au vinaigre.

110 g (¼ de lb) de jeunes feuilles de bourrache
1 trait de vinaigre de vin blanc
Fleurs de bourrache (10 % du volume des feuilles)
1 litre (4 tasses) de vinaigre de vin blanc + 2 c. à soupe de sel

Rincer les feuilles dans un bol d'eau froide vinaigrée, étaler sur un linge propre et laisser reposer pendant 8 heures. Déposer dans un bocal étanche de 1,5 litre (6 tasses), puis ajouter les fleurs. Verser le vinaigre salé et fermer hermétiquement. Garder 1 mois dans un lieu frais et sombre.

vinaigre d'estragon

2 poignées d'estragon frais
10 à 12 petits oignons enfilés sur des cure-dents
Quelques fleurs de bourrache (facultatif)
1 litre (4 tasses) de vinaigre de vin blanc ou de vinaigre de cidre

Déposer l'estragon, les oignons et les fleurs dans un bocal étanche. Verser le vinaigre et fermer hermétiquement. Garder 2 semaines dans un lieu frais et sombre.

vinaigre d'échalote

1 litre (4 tasses) de vinaigre de vin blanc ou de vinaigre de cidre
10 échalotes
1 feuille de laurier
1 brin de thym
1 c. à thé (à café) de grains de poivre noir

Déposer tous les ingrédients dans un bocal étanche. Sceller et garder 2 semaines dans un lieu frais et sombre. Filtrer et embouteiller.

vinaigre de fines herbes

1 litre (4 tasses) de vinaigre de vin blanc ou rouge
1 brin de marjolaine
1 brin d'estragon
1 brin de thym
1 clou de girofle ou quelques baies de genièvre
Quelques feuilles de basilic
Quelques grains de poivres noir et vert

Dans un bocal étanche, verser le vinaigre sur les autres ingrédients et fermer hermétiquement. Garder 1 mois dans un lieu frais et sombre. Filtrer et embouteiller.

vinaigre aromatique

1 litre (4 tasses) de vinaigre de vin blanc ou de de cidre
2 poignées d'aneth
2 poignées de feuilles et de tiges d'estragon
1 poignée de chaque: feuilles de basilic, de marjolaine et de thym frais
10 à 12 échalotes enfilées sur des cure-dents
1 piment rouge entier (facultatif)

Dans un bocal étanche, verser le vinaigre sur les autres ingrédients et fermer hermétiquement. Garder de 2 à 3 semaines dans un lieu frais et sombre. Filtrer et embouteiller avec le thym.

moutarde de table

2 c. à soupe de feuilles de céleri, hachées
2 c. à soupe de ciboulette, hachée
2 c. à soupe chacun de cerfeuil, persil, estragon et thym, hachés
1 gousse d'ail
1 c. à thé (à café) de sel
½ c. à thé (à café) de poivre noir
Vinaigre de vin blanc
Poudre de moutarde
Huile d'olive

Dans un petit bocal étanche, mélanger herbes, ail, sel et poivre. Couvrir de vinaigre, fermer hermétiquement et garder 1 semaine dans un lieu frais et sombre. Ajouter de la poudre de moutarde pour épaissir et de l'huile pour avoir une consistance veloutée. Bien mélanger et garder dans un contenant hermétique au réfrigérateur.

CONFITURE

confiture de cerise de terre

1 kg (2 lb) de cerises de terre, pelées et coupées en deux
Eau
1 kg (4 tasses) de sucre

Dans une casserole à fond épais, couvrir les fruits d'eau et laisser mijoter 30 minutes. Passer au mélangeur, ajouter le sucre et cuire 30 minutes. Verser dans des bocaux étanches.

boissons médicinales, teintures et sirops

Infusions, décoctions, vins, liqueurs, teintures et sirops permettent de profiter des ingrédients actifs de plusieurs plantes, herbes et épices. Lisez le chapitre 2 pour en apprendre davantage sur les affections spécifiques et les remèdes appropriés. Si vous utilisez des herbes fraîches plutôt que séchées, multipliez la quantité par 2 ou 3. On peut se procurer les herbes séchées dans les herboristeries et les magasins d'alimentation naturelle.

INFUSIONS

On peut les préparer la veille, les garder au réfrigérateur et les réchauffer le moment venu. Les infusions de tilleul, de mélisse et de camomille conviennent aux enfants.

infusion de pissenlit

Dosage: 160 ml (2⁄3 de tasse) 3 fois par jour. Propriétés: détoxifiant, fonction hépatique. Bon pour troubles des os et des articulations, problèmes digestifs, rénaux et de la vessie, eczéma, hypertension.

1 litre (4 tasses) d'eau bouillante
1 c. à soupe chacun de racines et de feuilles de pissenlit séchées

Verser l'eau sur les racines et les feuilles, couvrir et laisser infuser 10 minutes. Filtrer.

infusion de fenouil

Dosage: 160 ml (2⁄3 de tasse) 3 fois par jour ou remplacer par 1 goutte d'huile essentielle de fenouil sur un morceau de sucre ou dans 1 c. à thé (à café) de miel. Propriétés: antispasmodique, carminatif, stimule l'appétit et la digestion. Bon pour troubles digestifs, santé féminine, anémie, candida, pseudopolyarthrite rhizomélique, maladie de Raynaud.

160 ml (2⁄3 de tasse) d'eau bouillante
1 c. à soupe de graines de fenouil

Verser l'eau sur les graines, couvrir et laisser infuser 10 minutes. Filtrer.

infusion de feuilles de framboisier

Dosage: 160 ml (2⁄3 de tasse) 3 fois par jour. Propriété: astringent. Bon pour fibromyalgie, règles douloureuses, pseudopolyarthrite rhizomélique, grossesse (surtout vers la fin).

160 ml (2⁄3 de tasse) d'eau bouillante
1 c. à thé (à café) de feuilles de framboisier

Verser l'eau sur les feuilles, couvrir et laisser infuser 5 minutes. Filtrer.

infusion de zeste d'orange

Dosage: boire chaud tout au long de la journée au lieu de l'eau. Propriété: stimule le système immunitaire. Bon pour troubles du sang et de la circulation.

1 litre (4 tasses) d'eau bouillante
40 g (1⁄2 tasse) de zeste d'orange biologique
15 g (1⁄2 oz) de feuilles de laurier

Verser l'eau sur le zeste et le laurier, couvrir et laisser infuser 20 minutes. Filtrer.

infusion de marjolaine

Dosage: boire chaud toute la journée au lieu de l'eau. Pour gagner du temps, conserver les herbes mélangées dans un pot. Propriétés: digestif, antiseptique, antispasmodique. Bon pour troubles respiratoires et du système immunitaire, insomnie, muguet.

500 ml (2 tasses) d'eau bouillante
1 c. à thé (à café) de marjolaine séchée
1 c. à thé (à café) de menthe séchée
1 c. à thé (à café) de thym séché
Miel

Verser l'eau sur les fines herbes, couvrir et laisser infuser quelques minutes. Filtrer et ajouter le miel.

infusion de mélisse et camomille *(photo)*

Dosage: 160 ml (⅔ de tasse) 2 ou 3 fois par jour; chaud. Pour gagner du temps, conserver les herbes mélangées dans un pot. Propriétés: antispasmodique, sédatif, détoxifiant. Bon pour troubles cardiaques, digestifs, respiratoires, nerveux et circulatoires; santé féminine, calculs rénaux, psoriasis, urticaire.

100 g (3 ½ oz) de feuilles de mélisse séchées
30 g (1 oz) de fleurs de camomille séchées
20 g (⅔ d'oz) de feuilles de menthe séchées
160 ml (⅔ de tasse) d'eau bouillante

Mélanger les herbes. Verser l'eau sur 1 c. à soupe du mélange, couvrir et laisser infuser 10 minutes. Filtrer.

infusion de graines de carotte

Dosage: 160 ml (⅔ de tasse) 2 ou 3 fois par jour. Propriétés: digestif, tonique, stimule la sécrétion biliaire, diurétique léger. Bon pour aménorrhée.

160 ml (⅔ de tasse) d'eau bouillante
1 c. à soupe de graines de carotte

Verser l'eau sur les graines, couvrir et laisser infuser 10 minutes. Filtrer.

infusion de poire et pomme

Dosage: boire chaud toute la journée au lieu de l'eau. Propriétés: diurétique, anti-inflammatoire, détoxifiant. Bon pour troubles des os et des articulations, calculs rénaux et de la vessie.

1 litre (4 tasses) d'eau bouillante
50 g (1 ¾ oz) de feuilles de poirier
50 g (1 ¾ oz) de pelures de pomme séchées

Verser l'eau sur les ingrédients. Couvrir et laisser infuser 20 minutes. Filtrer.

infusion d'orge

Dosage: boire chaud toute la journée au lieu de l'eau. Propriétés: diurétique, calmant, anti-inflammatoire. Bon pour vessie irritable, prostatite.

1 litre (4 tasses) d'eau bouillante
100 g (½ tasse) de grains d'orge

Verser l'eau sur les grains d'orge, couvrir et laisser infuser 3 heures. Filtrer.

infusion de camomille et sureau

Dosage: 160 ml (⅔ de tasse) 3 ou 4 fois par jour; chaud. Convient aux jeunes enfants. Propriétés: favorise la sudation, détoxifiant, sédatif, anti-inflammatoire. Bon pour systèmes digestif, respiratoire, nerveux et immunitaire, endométriose, syndrome prémenstruel, psoriasis.

250 ml (1 tasse) d'eau bouillante
2 c. à soupe de fleurs de sureau
1 c. à soupe de fleurs de camomille séchées ou 1 sachet de camomille
Sucre

Verser l'eau sur les fleurs, couvrir et laisser infuser 10 minute. Filtrer et ajouter le sucre.

infusion pétillante à la mélisse

Dosage: au goût. Apéritif: remplacer l'eau par du vin pétillant. Propriétés: rafraîchissant, calmant (excellent pour les enfants). Bon pour système nerveux, santé féminine, angine, anxiété, toux, peur et cauchemars des enfants, laryngite, psoriasis, rhinite, urticaire.

500 ml (2 tasses) d'eau bouillante
45 feuilles de mélisse fraîche
500 ml (2 tasses) d'eau minérale ou de vin pétillant
Jus de 1 orange
Jus de 1 pamplemousse
Sucre
1 feuille de mélisse fraîche
1 tranche de citron

Verser l'eau sur la mélisse, couvrir et laisser infuser jusqu'à refroidissement. Filtrer et mélanger avec l'eau ou le vin et les jus d'agrumes. Ajouter le sucre et servir dans un verre givré avec la feuille de mélisse et la tranche de citron.

infusion de coriandre

Dosage: 160 ml (⅔ de tasse) 2 ou 3 fois par jour; chaud. Propriétés: antispasmodique, carminatif, digestif. Bon pour digestion, aménorrhée, règles douloureuses.

160 ml (⅔ de tasse) d'eau bouillante
1 c. à soupe de graines de coriandre
Sucre

Verser l'eau sur les graines, couvrir et laisser infuser 10 minutes. Filtrer et ajouter le sucre.

infusion de gingembre

Dosage: 160 ml (⅔ de tasse) 4 fois par jour ou au goût; chaud. Propriétés: digestif, antiémétique. Bon pour cœur et circulation, digestion, systèmes respiratoire et nerveux, troubles digestifs et nausée de la grossesse.

160 ml (⅔ de tasse) d'eau bouillante
2 c. à soupe de gingembre frais, râpé
Sucre

Verser l'eau sur le gingembre, couvrir et laisser infuser 5 minutes. Filtrer et ajouter un peu de sucre.

DÉCOCTIONS

Pour faire une décoction, on fait bouillir les parties dures ou ligneuses de la plante: tiges, racines, graines et baies. On peut les préparer la veille et les conserver au réfrigérateur sans craindre d'en boire souvent puisqu'elles sont relativement douces.

décoction de feuilles de carotte

Usage: appliquer sur la peau 2 ou 3 fois par jour. Propriétés: guérison et régénération de la peau, anti-inflammatoire, analgésique. Bon pour engelures.

1 poignée de feuilles de carotte fraîches
160 ml (⅔ de tasse) d'eau
Jus de carotte (extrait à la centrifugeuse)

Faire bouillir les feuilles 5 minutes dans l'eau. Filtrer et mélanger avec autant de jus de carotte.

décoction de queues de cerise

Dosage: 160 ml (⅔ de tasse) 3 ou 4 fois par jour. Propriétés: diurétique, détoxifiant. Bon pour os et articulations, rougeole, pleurésie, pneumonie.

30 g (1 oz) de queues de cerise
1 litre (4 tasses) d'eau

Faire bouillir les queues de cerise 10 minutes dans l'eau et filtrer.

décoction de barbe de maïs et fenouil

La barbe désigne les filaments noirs entourant l'épi sous les feuilles extérieures. On peut s'en procurer dans les herboristeries.

Dosage: 160 ml (⅔ de tasse) 3 ou 4 fois par jour; chaud. Propriétés: détoxifiant, diurétique, anti-inflammatoire, digestif. Bon pour troubles des reins et de la vessie, santé féminine, varicelle, prostatite.

1 poignée de barbe de maïs séchée
2 c. à thé (à café) de graines de fenouil
1 litre (4 tasses) d'eau

Porter tous les ingrédients à ébullition. Retirer du feu, couvrir et laisser infuser 20 minutes. Filtrer.

décoction de litchi

Dosage: boire chaud tout au long de la journée. Propriétés: analgésique, antispasmodique, astringent. Bon pour crampes abdominales, colique.

30 g (1 oz) de graines de litchi
Zeste de 1 citron
1 c. à soupe de graines de fenouil
500 ml (2 tasses) d'eau

Faire bouillir le tout 20 minutes et filtrer.

décoction de cerises de terre

Dosage: 160 ml (⅔ de tasse) 4 fois par jour. Propriétés: diurétique, anti-inflammatoire. Bon pour troubles des reins et de la vessie, prostatite.

60 g (2 oz) de cerises de terre
1 litre (4 tasses) d'eau

Faire bouillir ensemble 5 minutes. Laisser infuser 10 minutes et filtrer.

décoction de queues de cerise et pomme

Dosage: 160 ml (⅔ de tasse) 3 fois par jour. Propriétés: détoxifiant, anti-inflammatoire, diurétique. Bon pour arthrite (rhumatoïde), varicelle, rougeole.

1 poignée de queues de cerise
1 litre (4 tasses) d'eau
2 ou 3 pommes, en tranches

Faire bouillir les queues de cerise et l'eau 10 minutes. Filtrer et verser sur les pommes. Filtrer en pressant pour extraire tout le jus.

décoction de laitue

Dosage: 250 ml (1 tasse) 3 fois par jour. Propriétés: calmant, sédatif, antispasmodique. Bon pour troubles respiratoires, anxiété, calculs rénaux.

1 c. à soupe de graines de laitue
250 ml (1 tasse) d'eau

Faire bouillir ensemble 10 minutes et filtrer.

décoction d'aneth

Dosage: 160 ml (⅔ de tasse) 2 ou 3 fois par jour; chaud. Propriétés: antispasmodique, carminatif, digestif. Bon pour digestion, aménorrhée, règles douloureuses.

1 c. à soupe de graines d'aneth
500 ml (2 tasses) d'eau
Sucre

Faire bouillir les graines et l'eau 10 minutes. Filtrer et sucrer.

décoction de fenouil

Dosage: 160 ml (⅔ de tasse) 1 fois par jour; chaud. Propriétés: antispasmodique, carminatif, digestif. Bon pour digestion, santé féminine, anémie, pseudopolyarthrite rhizomélique, maladie de Raynaud.

2 c. à thé (à café) de graines de fenouil
160 ml (⅔ de tasse) d'eau
Sucre

Faire bouillir les graines et l'eau 5 minutes. Filtrer et sucrer.

décoction de feuilles de fraisier

Dosage: boire tout au long de la journée. Propriétés: astringent, anti-inflammatoire, détoxifiant. Bon pour os et articulations, cœur et circulation, système respiratoire, troubles rénaux et de la vessie, prostatite.

1 poignée de feuilles de fraisier
1 poignée de racines de fraisier
1 litre (4 tasses) d'eau

Porter le tout à ébullition, retirer du feu et laisser infuser 10 minutes. Filtrer.

décoction de cumin

Dosage: 160 ml (⅔ de tasse) 2 ou 3 fois par jour; chaud. Propriétés: sédatif, carminatif, antiseptique. Bon pour digestion, santé féminine.

1 c. à thé (à café) de graines de cumin
160 ml (⅔ de tasse) d'eau

Faire bouillir ensemble 10 minutes et filtrer.

eau d'orge

Dosage: boire tout au long de la journée. Propriétés: diurétique, calmant, anti-inflammatoire. Bon pour cœur et circulation, digestion, reins, vessie.

1 litre (4 tasses) d'eau
30 g (1/3 de tasse) d'orge germée
Miel

Porter l'eau et l'orge à faible ébullition et laisser mijoter pour cuire l'orge. Filtrer et sucrer.

VINS ET LIQUEURS

Boire en petite quantité pour usage médicinal; interdits aux enfants. Ils se conserveront quelques semaines dans des bouteilles hermétiques. Utiliser un alcool très fort pour les liqueurs, qui pourront être gardées à l'abri de la lumière pendant des années.

vin à la cannelle *(photo)*

Dosage: 50 ml (¼ de tasse) au goût. Propriétés: tonique, aphrodisiaque, antiseptique, digestif. Bon pour maladie de Raynaud.

50 g (1 ¾ oz) de bâtons de cannelle
2 gousses de vanille
750 ml (3 tasses) de vin rouge doux

Mélanger et laisser macérer 3 jours dans un contenant hermétique. Filtrer dans une étamine et garder dans une bouteille hermétique.

vin de cassis

Dosage: 50 ml (¼ de tasse). Propriétés: tonique, astringent, laxatif, énergétique, digestif. Bon pour anémie, pseudopolyarthrite rhizomélique, maladie de Raynaud, colite ulcéreuse.

750 ml (3 tasses) de vin blanc sec
200 g (1 ⅔ tasse) de cassis, écrasé
160 g (⅔ de tasse) de sucre
160 ml (⅔ de tasse) d'alcool fort (vodka, eau-de-vie, grappa)

Verser le vin sur le cassis, couvrir de pellicule plastique et mettre au froid 1 semaine. Filtrer dans une étamine. Sucrer et chauffer à feu doux sans bouillir. Laisser refroidir, ajouter l'alcool et laisser vieillir plusieurs mois dans une bouteille hermétique.

vin d'artichaut

Dosage: 50 ml (¼ de tasse) le matin et avant les repas. Propriétés: détoxifiant, améliore la fonction hépatique, stimule la sécrétion biliaire. Bon pour spondylarthrite ankylosante, artériosclérose, cholécystite, calculs biliaires, hyperlipidémie.

50 g (1 ¾ oz) de feuilles d'artichauts séchées, hachées
750 ml (3 tasses) de vin rouge

Mélanger dans un contenant hermétique et laisser macérer 10 jours. Filtrer dans une étamine et embouteiller hermétiquement.

vin de feuilles de cerise

Dosage: 50 ml (¼ de tasse) par jour (diluer au goût). Propriétés: diurétique, détoxifiant. Bon pour maladies des os et des articulations.

80 feuilles de cerisier
5 c. à soupe de sucre
750 ml (3 tasses) de vin rouge
160 ml (⅔ de tasse) de kirsch

Mélanger les feuilles, le sucre et le vin dans un contenant hermétique et laisser macérer 8 jours. Retirer les feuilles et ajouter le kirsch.

vin de bleuet (myrtille)

Dosage: 50 ml (¼ de tasse) par jour. Propriétés: tonique, digestif.

200 g (1 ¼ tasse) de bleuets (myrtilles) frais
100 g (⅔ de tasse) de framboises ou de cassis frais
750 ml (3 tasses) de vin blanc sec
160 g (⅔ de tasse) de sucre
160 ml (⅔ de tasse) d'alcool fort au choix

Écraser les fruits dans un bol. Verser le vin, couvrir hermétiquement et mettre au froid 1 semaine. Filtrer, ajouter le sucre et porter à frémissement dans une casserole. Laisser refroidir et ajouter l'alcool. Laisser vieillir plusieurs mois dans une bouteille hermétique.

vin de genièvre

Dosage: 50 ml (¼ de tasse) par jour. Propriétés: tonique, diurétique, analgésique, digestif. Bon pour maladies du rein et de la vessie, diabète sucré.

75 g (2 ½ oz) de baies de genièvre fraîches, broyées
2 c. à soupe de zeste de citron
750 ml (3 tasses) de vin blanc

Mélanger dans un contenant hermétique et laisser macérer 1 semaine dans un endroit sombre et frais. Filtrer dans une étamine et embouteiller hermétiquement.

vin d'agrumes et camomille

Dosage: 50 ml (¼ de tasse) par jour, au goût. Propriétés: sédatif, tonique amer, digestif. Bon pour problèmes digestifs, anxiété, endométriose, insomnie.

60 g (2 oz) de fleurs de camomille
Zeste de 1 citron et de 1 orange
1 c. à thé (à café) de feuilles de thé (facultatif)
750 ml (3 tasses) de vin blanc sec
60 g (¼ de tasse) de sucre
160 ml (⅔ de tasse) d'alcool fort au choix

Mélanger le tout dans un contenant hermétique et laisser macérer 1 semaine dans un endroit sombre et frais. Filtrer dans une étamine et embouteiller hermétiquement.

anisette

Dosage: 1 c. à soupe (sans eau ou diluée dans 5 c. à soupe d'eau), au goût. Propriétés: antispasmodique, carminatif. Bon pour problèmes digestifs, troubles de santé féminins, mal de tête, migraine.

25 g (¾ d'oz) de graines d'anis vert ou étoilé
3 c. à soupe de graines de coriandre
⅛ de c. à thé (à café) de macis
½ c. à thé (à café) de cannelle
750 ml (3 tasses) de vodka
240 g (1 tasse) de sucre
7 c. à soupe d'eau

Laisser macérer anis, coriandre, macis, cannelle et vodka dans un contenant hermétique 1 mois dans un endroit sombre et frais. Puis, dans une casserole, à feu doux, faire bouillir le sucre 30 secondes dans l'eau et laisser refroidir. Filtrer la vodka dans une étamine en pressant pour extraire le liquide. Mélanger avec le sirop refroidi et embouteiller hermétiquement. Garder dans un endroit frais pendant 2 semaines.

apéritif à la camomille

Dosage: 50 ml (¼ de tasse) le soir. Propriétés: sédatif, tonique amer, digestif, aide le sommeil. Bon pour endométriose.

60 g (2 oz) de fleurs de camomille
750 ml (3 tasses) de vin blanc

Laisser macérer le tout 1 mois dans contenant hermétique dans un endroit frais et sombre. Filtrer dans une étamine et embouteiller hermétiquement.

liqueur de citron

Dosage: 5 c. à thé (à café), au goût. Propriétés: carminatif, digestif, astringent, apéritif. Bon pour cholécystite, calculs biliaires.

Zeste de 3 citrons bios, en lanières
50 g (1/3 de tasse) d'amandes
1 petite gousse de vanille ou bâton de cannelle
750 ml (3 tasses) de vodka forte
240 g (1 tasse) de sucre
7 c. à soupe d'eau
1 amande ou clou de girofle

Mélanger et laisser macérer zeste, amandes, vanille et vodka dans un contenant hermétique 1 mois dans un endroit frais et sombre. Faire bouillir le sucre dans l'eau 30 secondes. Filtrer la vodka et mélanger avec le sirop refroidi. Ajouter l'amande et un peu du zeste. Laisser vieillir pendant plusieurs mois dans une bouteille hermétique.

liqueur de basilic *(photo)*

Dosage: 5 c. à thé (à café), au goût. Propriétés: antiseptique, antispasmodique, stimule l'appétit. Bon pour troubles digestifs, mal de tête, migraine.

80 feuilles de basilic frais
750 ml (3 tasses) de vodka forte
240 g (1 tasse) de sucre
7 c. à soupe d'eau

Laisser macérer le basilic et la vodka dans un contenant hermétique 1 mois dans un endroit frais et sombre. Dans une casserole, faire bouillir doucement le sucre dans l'eau 30 secondes. Mélanger avec la vodka, fermer hermétiquement et laisser macérer pendant 3 semaines. Pour préserver la couleur, retirer quelques feuilles de basilic.

liqueur de coing

Dosage: 5 c. à thé (à café), au goût. Propriété: astringent. Bon pour troubles digestifs.

1 kg (2 lb) de coings, en purée
240 g (1 de tasse) de sucre
2 clous de girofle
1 pincée de cannelle moulue
Vodka ou brandy

Mettre la purée de coings au froid 48 h, puis extraire le jus en la pressant dans une étamine. Ajouter le sucre, le clou de girofle, la cannelle et un volume égal de vodka. Laisser macérer 2 mois dans un contenant hermétique. Filtrer dans une étamine et embouteiller hermétiquement. Laisser vieillir 2 ou 3 mois.

TEINTURES

Préparées avec de l'alcool très fort, les teintures permettent de bénéficier d'une concentration optimale des ingrédients actifs des plantes. Elles se conservent à l'abri de la lumière pendant plusieurs années.

teinture d'artichaut

Dosage: 30 gouttes dans 5 c. à soupe d'eau, matin et soir. Propriétés: détoxifiant, améliore la fonction hépatique, stimule la sécrétion biliaire. Bon pour os et des articulations, cholécystite, calculs biliaires.

500 g (1 lb) de feuilles d'artichauts séchées
750 ml (3 tasses) d'alcool fort au choix

Mélanger et laisser macérer 3 semaines dans un contenant hermétique dans un endroit frais et sombre. Filtrer dans une étamine et embouteiller hermétiquement. Garder à l'abri de la lumière.

teinture d'anis

Dosage: 20 gouttes dans 160 ml (⅔ de tasse) d'eau, 1 à 3 fois par jour. Ou prendre 10 gouttes sur un morceau de sucre. Propriétés: antispasmodique, carminatif, digestif. Bon pour problèmes digestifs, problèmes de santé féminins, mal de tête et migraine.

170 g (1 ½ tasse) de graines d'anis
750 ml (3 tasses) d'alcool fort au choix

Mélanger et laisser macérer 1 mois dans un contenant hermétique dans un endroit frais et sombre. Filtrer dans une étamine et embouteiller hermétiquement. Garder à l'abri de la lumière.

teinture de coriandre

Dosage: 15 gouttes dans 5 c. à soupe d'eau après le repas. Propriétés: antispasmodique, carminatif, digestif. Bon pour gastrite, aménorrhée, lactation.

50 g (2 oz) de graines de coriandre
500 ml (2 tasses) d'alcool fort au choix

Mélanger dans un contenant hermétique et laisser macérer 1 semaine dans un endroit frais et sombre. Filtrer dans une étamine et embouteiller hermétiquement. Garder à l'abri de la lumière.

SIROPS

Les ingrédients actifs des plantes peuvent être administrés sous forme de sirops; ils se conservent au réfrigérateur quelques jours, sauf la crème de cassis, qui se garde pendant plusieurs mois.

Pour savoir quand le sirop est prêt, versez-en 1 c. à thé (à café) dans un verre d'eau froide. S'il se décompose en gouttelettes, faites-le bouillir plus longtemps; s'il forme une seule goutte, il est prêt.

sirop de poireau

Dosage: 1 c. à soupe, 3 fois par jour. Propriétés: calmant, expectorant, anti-inflammatoire. Bon pour maladies respiratoires, fibromyalgie, pseudopolyarthrite rhizomélique, mal de gorge, amygdalite.

1 poireau moyen, haché
1 litre (4 tasses) d'eau
160 g (⅔ de tasse) de sucre

Faire mijoter les poireaux dans l'eau et laisser réduire le liquide du tiers. Presser les poireaux pour extraire leur jus et les jeter. Ajouter le sucre dans l'eau et laisser bouillir quelques minutes. Laisser refroidir et verser dans une bouteille stérilisée. Sceller et garder au froid.

sirop de pêche

Dosage: 3-4 c. à soupe par jour (enfants: 2 c. à soupe). Propriétés: calmant, laxatif. Bon pour constipation chez les enfants.

160 ml (⅔ de tasse) d'eau bouillante
20 g (⅔ d'oz) de fleurs de pêcher fraîches
250 g (¾ de tasse) de miel

Dans une casserole, verser l'eau sur les fleurs, couvrir et laisser infuser environ 6 heures. Filtrer dans une étamine, ajouter le miel et porter à ébullition. Baisser le feu et laisser mijoter quelques minutes. Verser le sirop refroidi dans une bouteille stérilisée. Sceller et garder au froid.

sirop de radis noir

Dosage: 1 c. à soupe, 3 fois par jour. Propriétés: calmant, anti-inflammatoire, expectorant. Bon pour mal de gorge, amygdalite, coqueluche.

1 radis noir, pelé et coupé en tranches
Sucre semoule (super fin)

Dans un plat, sucrer généreusement chaque couche de radis. Couvrir de pellicule plastique et laisser reposer toute la nuit. Presser les radis pour extraire le sirop et filtrer dans une bouteille stérilisée. Sceller et garder au froid.

sirop de menthe

Dosage: 1 c. à thé (à café) dans un verre d'eau. Bon aussi avec les sorbets. Propriétés: digestif, antispasmodique. Bon pour colite, toux, endométriose, maladie d'origine alimentaire, rhinite.

1 litre (4 tasses) d'eau bouillante
100 g (1 tasse) de feuilles de menthe fraîche
1 kg (4 tasses) de sucre

Laisser infuser l'eau et la menthe 24 h dans un contenant hermétique. Filtrer. Dans une casserole, porter l'infusion et le sucre à ébullition et laisser mijoter 3 minutes. Verser le sirop refroidi dans une bouteille stérilisée. Sceller et garder au froid.

sirop de mûre *(photo)*

Dosage: 1 c. à soupe dans 160 ml (⅔ de tasse) d'eau, 2 ou 3 fois par jour. Propriété: astringent. Bon pour diarrhée, dysenterie.

1 kg (6 tasses) de mûres
1 kg (4 tasses) de sucre
160 ml (⅔ de tasse) d'eau

Porter le tout à ébullition et laisser mijoter doucement 10 minutes. Verser le sirop refroidi dans une bouteille stérilisée. Sceller et garder au froid.

crème de cassis

Dosage: au goût. Riche en vitamine C, ce sirop peut être dilué dans l'eau pour les enfants ou ajouté à du vin banc sec pour les adultes. Propriété: tonique. Bon pour bien-être général.

1 kg (8 tasses) de cassis
1 kg (4 tasses) de sucre

Remplir des pots de 1 litre (4 tasses) avec la même quantité de cassis et de sucre en faisant alterner les couches. Sceller et garder dans un endroit frais et sombre pendant 6 mois. Filtrer dans des bouteilles stérilisées. Sceller et garder au froid.

sirop d'asperge

Dosage: 2 c. à soupe matin et soir. Propriétés: diurétique, sédatif. Bon pour troubles nerveux, endométriose, palpitations, syndrome prémenstruel, psoriasis.

180 ml (¾ de tasse) de jus de pointes d'asperges (extrait à la centrifugeuse)
400 g (1 ⅔ tasse) de sucre

Faire bouillir le tout jusqu'à formation d'un sirop épais. Refroidir et verser dans une bouteille stérilisée. Sceller et garder au froid.

sirop de sureau

Dosage: 1 c. à soupe le matin. Propriété laxatif léger. Bon pour colique, constipation, syndrome du côlon irritable (bon pour personnes âgées).

1,5 kg (3 lb) de baies de sureau pas complètement mûres (rouges plutôt que noires), équeutées
160 ml (⅔ de tasse) d'eau
360 g (1 ½ tasse) de sucre
½ c. à thé (à café) de clou de girofle

Écraser les baies et laisser mijoter dans l'eau 30 minutes. Laisser égoutter toute la nuit dans une étamine. Porter le jus à ébullition avec le sucre et girofle. Laisser mijoter doucement 5 minutes. Verser le sirop refroidi dans une bouteille stérilisée. Sceller et garder au froid.

chapitre 4

passez à l'action!

Afin de fortifier notre organisme contre la maladie, il suffit parfois de simplifier notre alimentation de base en se contentant d'ingrédients faciles à digérer et à assimiler. Renforcé et plus résilient, le corps peut ainsi éliminer plus facilement les toxines. La cure de détoxication de 4 semaines présentée dans les pages suivantes est composée d'aliments, de boissons et d'exercices bons pour la santé. La plupart des adultes peuvent la suivre avec succès. Ce chapitre présente aussi les vitamines, minéraux et autres nutriments essentiels à une bonne santé ainsi qu'un vaste choix d'aliments qui en contiennent. Nous passons aussi en revue deux éléments de base de l'alimentation quotidienne qu'il ne faut jamais sous-estimer: les huiles de cuisson et les eaux minérales.

la cure de détoxication

Les acides produits pendant la digestion sont dus en partie au processus normal de la digestion et à la dégradation incomplète des protéines animales. Les poumons les rejettent, mais les acides plus denses (urique, phosphorique, sulfurique), générés par la dégradation des protéines animales, sont éliminés lentement par les reins. Une élimination qui ne se fait pas assez rapidement crée une toxicité.

Une suite d'opérations complexes impliquant diverses sécrétions prennent place dans le tube digestif. Le résultat de ces opérations est la décomposition des aliments en nutriments utiles à l'organisme. Toutefois, s'il y a déséquilibre intestinal, le processus digestif est réduit et la décomposition des gras, des sucres et des protéines ne se fait que partiellement. Les aliments commencent à se putréfier dans l'intestin et une flore pathogène s'installe.

Selon Dr Kousmine, spécialiste des liens entre le cancer et l'alimentation, les acides qui ne sont pas éliminés par le corps pendant la journée sont emmagasinés dans le liquide extracellulaire péritonéal. Pendant le repos nocturne, ces acides sont filtrés et rejetés par l'organisme. Avec le temps, toutefois, une accumulation d'acidité se produit dans les tissus, causant ainsi une accumulation de toxines et une acidose chronique caractérisée par divers symptômes (ex.: fatigue, perturbation du sommeil, vomissements, brûlures d'estomac, manque d'appétit ou boulimie, diarrhée ou constipation, migraine, mauvaise haleine, sueurs froides, douleur musculaire, rhumatisme, bronchite, catarrhe et diminution de la résistance aux infections).

Au cours des 50 dernières années, on a pu observer une augmentation des cas de cardiopathies, cancers et maladies auto-immunes ou dégénératives. Ces maladies sans causes mécaniques, bactériennes ou virales sont liés directement ou non aux méthodes de fabrication et de conservation des aliments et à une consommation excessive de produits raffinés. L'utilisation d'hormones, engrais chimiques, antibiotiques, insecticides et agents antifongiques a aussi contribué à l'accumulation de toxines dans la chaîne alimentaire.

Un régime de détoxication peut faciliter et accélérer l'élimination des toxines tout en améliorant la santé. La cure proposée ici convient à la plupart des adultes, mais pas aux enfants, aux personnes âgées et aux femmes enceintes ou qui allaitent. Si vous prenez régulièrement des médicaments (ex.: hormonothérapie substitutive, hypertension, thyroïde), vous devez continuer à les prendre tout au long de la cure (consulter un médecin si vous doutez de la pertinence d'une telle cure dans votre cas). Sachez que certains effets secondaires peuvent survenir pendant ce régime (maux de tête, sautes d'humeur, baisse d'énergie, etc.). S'ils ne diminuent pas après la première semaine ou si vous avez des symptômes persistants ou pénibles, consultez un médecin.

Même si cette cure exige une bonne planification et quelques changements à votre routine, elle devrait être plutôt facile à mettre en pratique. La plupart des gens commencent à ressentir les bienfaits de la détoxication après une dizaine de jours de cure.

1re semaine

QUOI FAIRE

Éliminez tous les produits laitiers et produits à base de blé (ex.: pain, pâtes, biscuits). Remplacez le blé par du riz, du sarrasin ou du quinoa. La boisson (jus) de soja est un bon substitut pour le lait. Réduisez votre consommation de sel et évitez viande, gras animal, thé, café, sucre blancs, sucreries, alcool et tabac. De plus:

- Buvez chaque jour 1 à 2 litres (4 à 8 verres) d'eau minérale à faible teneur en minéraux (p. 146).
- Si vous souffrez de flatulence et de ballonnements, prenez 2 capsules de charbon végétal activé trois fois par jour après les repas.
- Mangez des bleuets (myrtilles) frais ou séchés chaque jour.
- Avant et après les repas: infusion de fenouil, gingembre ou camomille.
- Cuisinez avec des herbes: thym, basilic, romarin, ail, échalotes, etc.

CLÉS DU SUCCÈS

- Achetez fruits et légumes frais, poisson, riz, légumineuses, millet, farine de sarrasin, herbes fraîches et infusions (gingembre, menthe, camomille, fenouil).
- Lisez des livres de cuisine santé: cuisine méditerranéenne, provençale, etc.
- Prenez des protéines le matin (ex.: champignons) et un bon repas le midi afin de ne pas manquer d'énergie. Mangez léger le soir.
- Évitez: goûters sucrés, thé, café et alcool.

EFFETS SECONDAIRES POSSIBLES

Au cours des 48 premières heures: mal de tête léger, alternance d'énergie et de fatigue, douleurs musculaires, faim soudaine, irritabilité, envie d'aliments sucrés, gaz, ballonnements, régurgitations. Varient selon les personnes.

BIENFAITS

Vers la fin de la 1re semaine, amélioration de l'appétit, de l'énergie et du sommeil.

2e semaine

QUOI FAIRE

Même chose que pour la 1re semaine en veillant à ce que 70% des repas soient composés de fruits et légumes crus. Évitez de manger après 19 heures.

- Buvez 160 ml (⅔ de tasse) d'Infusion de pissenlit (p. 125) 3 fois par jour ou 60 ml (¼ de tasse) de Vin d'artichaut (p. 130) midi et soir.
- Prenez des tablettes de propolis pour la flore intestinale en respectant le dosage prescrit.

CLÉS DU SUCCÈS

- Infusions à volonté après 19 heures.
- Couchez-vous plus tôt que d'habitude.
- Suivez toujours les clés du succès de la 1re semaine.

EFFETS SECONDAIRES POSSIBLES

Rages d'aliments sucrés ou de glucides. Fatigue ou sensation de froid après les repas; perte de poids.

BIENFAITS

Vers la fin de la 2e semaine, vous aurez plus d'énergie physique et mentale. Digestion, respiration et sommeil améliorés; soulagement de troubles chroniques: peau en mauvaise santé, eczéma, rhumatisme, arthrite.

3e semaine

QUOI FAIRE

Continuez la cure de la 2e semaine et faites de l'exercice léger pendant 45 minutes 2 fois par jour: marche rapide, vélo, natation.

Prenez un verre de jus de fruits ou de légumes 2 fois par jour: mûre, bleuet, cerise ou abricot; mélange de brocoli, haricot vert et jus de citron ou de carotte, chou et poivron. Avant le petit-déjeuner, buvez le jus de ½ citron mélangé avec la même quantité d'huile d'olive pressée à froid pour faciliter la sécrétion biliaire. Autres mesures importantes:

- Mangez plus de: riz, légumes-racines, légumineuses germées, pommes crues, figues et noix du Brésil.
- Mangez du poisson 2 fois par semaine.
- Buvez 1 à 2 litres (4 à 8 tasses) d'eau minérale par jour; teneur en minéraux moyenne de préférence (p. 146).

CLÉS DU SUCCÈS

- Eau ou infusion avant l'exercice; pas d'exercice si l'estomac est rempli.
- Prenez un léger goûter après l'exercice.
- Suivez toujours les clés du succès des 1re et 2e semaines.

EFFETS SECONDAIRES POSSIBLES

La perte de poids se poursuit grâce à l'exercice. Prenez des comprimés homéopatiques d'arnica de 30 ou 200 K au besoin pour les douleurs musculaires. Consultez un médecin en cas de serrement à la poitrine ou de douleurs vives dans les articulations portantes ou le bas du dos.

BIENFAITS

Vous continuerez d'éprouver les bienfaits décrits pour la 2e semaine. Digestion, respiration et sommeil améliorés; plus d'énergie.

4e semaine

QUOI FAIRE

Continuez la cure sans blé ni produits laitiers; fruits et légumes crus représent 50 % de l'alimentation quotidienne. Commencez à manger légèrement après 19 heures. Poursuivez l'exercice et prenez jus de citron et huile d'olive avant le repas du matin. Jus de fruits ou légumes 2 fois par jour et au moins 1,5 litre (6 tasses) d'eau minérale à teneur moyenne en minéraux.

CLÉS DU SUCCÈS

- Prenez un supplément d'huile de poisson chaque jour au cours des prochaines semaines.
- Suivez toujours les clés du succès des 1re, 2e et 3e semaines.

EFFETS SECONDAIRES POSSIBLES

Aucun effet secondaire particulier.

BIENFAITS

Énergie élevée constante, bon sommeil, disparition des troubles digestifs mineurs et de certains troubles chroniques (eczéma, rhumatisme). Système immunitaire plus fort; meilleure résistance au rhume et à la grippe.

après la cure

Après vos 4 semaines de cure, continuez de suivre les conseils de la 4e semaine pendant deux autres semaines. Si vous préférez reprendre votre régime normal, réintroduisez le blé dès la 1re semaine. Si vous avez des symptômes, éliminez le blé pour de bon. Mangez des produits laitiers dès la 2e semaine, mais renoncez-y si vous êtes intolérant ou allergique.

Adoptez à long terme les grands principes de la cure:

- Buvez beaucoup d'eau. Prenez aussi de l'eau minérale à faible teneur en minéraux (p. 146), sauf avis médical contraire.
- Viande, vin, café et thé avec modération.
- Continuez à faire de l'exercice.
- Faites la cure complète chaque année et répétez les 1re et 2e semaines au printemps et à l'automne.

vitamines, minéraux et autres nutriments

VOUS TROUVEREZ À CÔTÉ DES VITAMINES, MINÉRAUX ET NUTRIMENTS LA LISTE DE LEURS BIENFAITS AINSI QUE QUELQUES ALIMENTS QUI EN CONTIENNENT.

VITAMINES	BIENFAITS	SOURCES
VITAMINE A (rétinol et carotène)	Préserve la santé de la peau. Prévient les infections fréquentes des voies respiratoires supérieures; améliore la vision nocturne. Les végétaux contiennent du carotène; les produits animaux, du rétinol	● carotte (p. 20-21) ● cresson (p. 24) ● chou (p. 26-27) ● mangue (p. 38) ● melon (p. 41)
VITAMINE B1 (thiamine)	Améliore la concentration. Détruite facilement par la cuisson ou les rayons ultraviolets. Une carence peut causer dépression et irritabilité.	● cresson (p. 24) ● chou (p. 26-27) ● courgette (p. 25)
VITAMINE B2 (riboflavine)	Essentielle au métabolisme des gras, des sucres et des protéines.	● cresson (p. 24) ● chou (p. 26-27) ● asperge (p. 31) ● lait (p. 63)
VITAMINE B3 (niacine)	Renforce la protection naturelle de la peau contre les rayons du soleil. Une carence peut causer dépression, fatigue, mauvaise concentration et dermite.	● chou (p. 26-27) ● courgette (p. 25)
VITAMINE B5 (acide pantothénique)	Aussi appelée «vitamine antistress». Renforce le système immunitaire; aide l'organisme à extraire l'énergie des aliments.	● cresson (p. 24) ● chou (p. 26-27) ● céleri (p. 25) ● avocat (p. 31) ● fraise (p. 40)

VITAMINES	BIENFAITS	SOURCES
VITAMINE B6 (pyridoxine)	Nécessaire à la santé du sang et à la métabolisation des protéines.	• oignon (p. 18) • cresson (p. 24) • chou (p. 26-27) • banane (p. 38)
VITAMINE B12	Nécessaire à la santé des nerfs et à la production des globules rouges. Une carence peut causer fatigue et peau sèche.	• lait et fromage (p. 63) • œuf (p. 63)
BIOTINE	Joue un rôle important dans le métabolisme des glucides et des lipides.	• chou (p. 26-27) • cerise (p. 40) • pamplemousse (p. 45) • lait (p. 63) • œuf (p. 63)
ACIDE FOLIQUE (vitamine B9)	Nécessaire à la formation du matériel génétique et des globules rouges. Une dose de 400 mcg est recommandée pendant la grossesse.	• brocoli (p. 24) • chou-fleur (p. 24)
VITAMINE C	Antioxydant facilitant la réparation des tissus et la guérison des blessures. Contribue à la santé du système immunitaire. Joue un rôle majeur dans l'absorption du fer et la formation d'anticorps et de collagène.	• brocoli (p. 24) • chou (p. 26-27) • poivron (p. 28) • citron (p. 46-47)
VITAMINE D (calciférol)	Essentielle à la santé des os et de la peau. Principale source: lumière solaire. Bonnes sources: poisson gras et produits laitiers riches en gras. Certains aliments du commerce sont enrichis de vitamine D.	• fromage (p. 63) • œuf (p. 63) • huile de poisson (p. 64)
VITAMINE E (tocophérol)	Puissant antioxydant; garde la peau en bonne santé. Prévient maladies cardiovasculaires; dégénérescence des nerfs et des muscles.	• blé (p. 33) • arachide (p. 49)

MINÉRAUX	BIENFAITS	SOURCES
CALCIUM	Constituant principal des os et des dents. Bon pour transmission nerveuse, coagulation sanguine, fonction musculaire, équilibre acidobasique, santé de la peau. Régularise le rythme cardiaque.	● brocoli (p. 24) ● algue (p. 31) ● amande (p. 49) ● lait, fromage, beurre, yogourt (p. 63)
CUIVRE	Élément trace essentiel à la formation du tissu conjonctif et à la croissance des os. Facilite l'absorption du fer. Présent dans plusieurs enzymes antioxydantes.	● figue (p. 38) ● graine de tournesol (p. 59)
FLUORURE	Protège contre la carie dentaire.	● asperge (p. 31)
IODE	Aide la thyroïde à produire les hormones thyroïdiennes, essentielles au développement physique et mental: croissance, reproduction et plusieurs fonctions vitales.	● algue (p. 31) ● orge (p. 35) ● fruits de mer (p. 63) ● œuf (p. 63) ● lait (p. 63)
FER	Essentiel à la production d'hémoglobine, responsable du transport de l'oxygène vers les cellules. Énergétique, prévient l'anémie, augmente la résistance aux maladies.	● haricot (p. 32) ● lentille (p. 32) ● pruneau (p. 41) ● noix (p. 49) ● persil (p. 53)
MAGNÉSIUM	Constitulant important des os et des dents. Important pour la contraction musculaire. Calme le système nerveux et régularise le rythme cardiaque; favorise la fixation du calcium sur les os.	● noisette (p. 49) ● amande (p. 49) ● pignon (p. 49) ● noix (p. 49)

MINÉRAUX	BIENFAITS	SOURCES
PHOSPHORE	Régularise l'activité des protéines; essentiel à l'énergie des cellules. Formation et santé des os et des dents. Nécessaire à l'absorption de plusieurs nutriments.	● la plupart des aliments
POTASSIUM	Régularise pression artérielle, rythme cardiaque et liquides organiques; corrige fonctions cellulaires et transmission des impulsions nerveuses.	● chou-fleu (p. 24) ● chou (p. 26-27) ● céleri (p. 25) ● champignon (p. 31)
SÉLÉNIUM	Antioxydant; santé de la peau et des cheveux. Protège des cardiopathies, du vieillissement prématuré et de certains cancers. Essentiel à la croissance, à la fertilité, aux fonctions thyroïdienne et hépatique.	● champignon (p. 31) ● sarrasin (p. 35) ● noix (p. 49) ● fruits de mer (p. 63) ● œuf (p. 63)
SILICE	Essentiel à la croissance des os; améliore la santé de la peau et du tissu conjonctif.	● poireau (p. 19) ● haricot vert (p. 24) ● ortie (p. 24) ● pois chiche (p. 33) ● fraise (p. 40)
SODIUM	Régularise l'équilibre des liquides organiques et le taux d'électrolytes dans le plasma sanguin. Essentiel aux muscles et aux nerfs. La plupart des Occidentaux consomment trop de sel.	● algue (p. 31) ● avoine (p. 33) ● raisin frais et sec (p. 41)
SOUFRE	Présent dans chaque cellule. Agent antifongique et antibactérien utilisé dans les crèmes pour traiter les problèmes de peau (acné). Aide à la formation des protéines.	● radis (p. 19) ● mangue (p. 38) ● raifort (p. 59) ● ail (p. 56-57) ● œuf (p. 63)
ZINC	Bon pour systèmes reproducteur et immunitaire, croissance normale, fertilité, peau, guérison des blessures. Améliore goût et vision nocturne	● lentille (p. 32) ● noix (p. 49) ● viande rouge (p. 63) ● fruits de mer (p. 63) ● œuf (p. 63) ● germe de blé (p. 202)

AUTRES NUTRIMENTS	BIENFAITS	SOURCES
COMPOSÉS DES ALLIUM	Soutiennent les systèmes immunitaire et cardiovasculaire.	● oignon et échalote (p. 18) ● poireau (p. 19) ● ciboulette (p. 52) ● ail (p. 56-57)
ACIDE ALPHA-LINOLÉIQUE	Oméga-3: acide gras essentiel. Anti-inflammatoire pour arthrite rhumatoïde. Protège contre hypertension, cholestérol, crise cardiaque, caillots sanguins. Préserve la membrane cellulaire; transporte les gras dans l'organisme.	● noix (p. 49) ● huile de poisson (p. 64-65) ● graine de lin (p. 198)
ANTHOCYANES	Antioxydants entravant plusieurs bactéries dangereuses, dont *E.coli.*	● bleuet (myrtille) (p. 42-43)
BIOFLAVONOÏDES	Antioxydants facilitant l'absorption de la vitamine C. Renforcent les capillaires; améliore la circulation; aident à prévenir les maladies cardiovasculaires.	● bleuet (myrtille) (p. 42-43) ● mandarine et tangerine (p. 41) ● pamplemousse (p. 45)
CAPSAÏCINE	Antioxydant; anti-inflammatoire, soulage la douleur, tue certaines bactéries nuisibles. Aide à réduire le cholestérol et le risque de caillots sanguins. Prévient les dommages à l'ADN.	● piment (p. 58)
CAROTÉNOÏDES (carotène)	Antioxydants, précurseurs de la vitamine A. Préviennent: dommages cellulaires dus aux radicaux libres. Réduisent: risque de cancer et de maladies cardiovasculaires.	● carotte (p. 20-21) ● épinard (p. 24) ● citrouille (p. 22-23) ● mangue (p. 38)

AUTRES NUTRIMENTS	BIENFAITS	SOURCES
CHLOROPHYLLE	Santé du sang; guérison des blessures; lutte antibactérienne. Procure une certaine protection contre le cancer et certaines formes de radiations.	• haricot vert (p. 24) • pissenlit (p. 25) • mâche (p. 28) • roquette (p. 28) • oseille (p. 53)
ACIDE ELLAGIQUE	Flavonoïde présent dans les fruits. Protège les gènes contre les agents cancérogènes.	• cerise (p. 40)
ACIDE GAMMA-LINOLÉIQUE	Améliore la fluidité du sang; prévient les caillots et les obstructions. Réduit l'inflammation; soulage la douleur; améliore les fonctions des systèmes nerveux et immunitaire.	• huile de bourrache (p. 51)
ACIDE LINOLÉIQUE	Oméga-6: acide gras essentiel. Peut aider à réduire le cholestérol.	• olive (p. 36-37) • noix (p. 49) • graine de tournesol (p. 59)
ACIDE MALIQUE	Aide le corps à transformer les sucres et les gras en énergie.	• pomme (p. 45)
ACIDE OLÉIQUE	Un taux élevé peut réduire le cholestérol.	• olive (p. 36-37)
PECTINE	Diminue pression artérielle, cholestérol. Ramollit les selles; prévient hémorroïdes et réduit le risque de cancer du côlon.	• orange (p. 45) • pomme (p. 45) • poire (p. 45) • kaki (p. 45) • coing (p. 45)
PHYTOESTROGÈNE	Peut atténuer les symptômes de la ménopause et diminuer le risque de cancer du sein. Imite l'activité de l'œstrogène.	• haricot de soja (p. 33)

eaux minérales et huiles alimentaires

eaux

L'eau de notre corps étant éliminée par la sueur, l'urine, les selles et la vapeur d'eau, il faut boire de 1 à 2 litres (4 à 8 tasses) d'eau par jour. Dans les grandes villes, la qualité de l'eau du robinet est souvent pauvre et contient des traces d'hormones, de métaux et de nitrates. L'eau minérale contient plus de minéraux (calcium, magnésium, manganèse, sélénium et bore). Une fois ouverte, la bouteille doit être gardée au froid et bue rapidement afin d'éviter la prolifération bactérienne. Certaines eaux minérales ne conviennent pas à un usage quotidien à cause de leur teneur élevée en minéraux.

- Eaux minérales à faible teneur en minéraux: peuvent être bues chaque jour; conviennent aux enfants.
- Celles qui ont une teneur moyenne en minéraux peuvent être bues chaque jour pendant une courte période. On recommande celles qui sont riches en calcium pour les reins et en magnésium pour le foie.
- Les eaux minérales riches en minéraux ont une plus grande action thérapeutique. Il faut en prendre de temps à autre ou dans le cadre d'une cure de détoxication. Elles sont diurétiques, aident à éliminer les toxines, renforcent les os et les dents, améliorent les fonctions rénale et hépatique. Bon pour déficit immunitaire, rhumatisme, arthrite, circulation, hypertension, troubles rénaux, digestifs et métaboliques.

huiles alimentaires

Puisqu'elles sont obtenues par un procédé mécanique simple, les huiles pressées à froid conservent leurs propriétés nutritives et thérapeutiques. Bien qu'elles aient une durée de conservation plus longue, les huiles extraites de manière industrielles, à cause des techniques utilisées, sont plus nocives. Quant aux acides gras manipulés industriellement, ils peuvent nuire à la santé.

- Huile d'olive: la plus nutritive et thérapeutique (p. 36).
- Huile de tournesol: riche en vitamine E, en acides oléique et linoléique. Usages: cuisson, salades. Se conserve plus longtemps une fois mélangée avec de l'huile de noix, riche en acide alpha-linoléique.
- Huile de maïs: riche en gras polyinsaturés (voir Maïs, p. 33).
- Huile de noix: goût prononcé, riche en minéraux. Meilleure mélangée avec de l'huile de maïs ou de tournesol. En ajouter 1 c. à soupe dans les jus de légumes pour améliorer leur goût et leur valeur thérapeutique.
- Huile de noisette: très nutritive; meilleure en salade. Bon pour croissance, troubles digestifs légers, parasites intestinaux.
- Huile d'arachide: supporte les températures très élevées (friture). Peu de valeur nutritive ou thérapeutique. Huile bio difficile à trouver.
- Huile de sésame: valeurs nutritives et thérapeutiques comparables à celles de l'huile d'olive.

2e partie: prévenir et combattre

kirsten hartvig

introduction

la deuxième partie de ce livre

Intitulée «Prévenir et combattre», cette deuxième partie vous aidera à optimiser votre potentiel d'autoguérison et d'immunisation et à mieux comprendre la santé et la maladie. Elle est divisée en quatre chapitres:

- Le chapitre 5, «Le système immunitaire», explique les composants du système immunitaire ainsi que leur synergie pour préserver la santé et combattre la maladie.
- Le chapitre 6, «Les aliments pour le système immunitaire», traite en détail de 150 aliments bénéfiques au système immunitaire.
- Le chapitre 7, «Maladies auto-immunes, infectieuses et autres», met en valeur certains aliments courants et explique comment utiliser les superaliments du chapitre 6.
- Le chapitre 8, «Recettes pour le système immunitaire», présente 180 recettes permettant d'intégrer dans son quotidien les meilleurs aliments et offre quelques plans diététiques.

Gardez ce livre de référence dans votre cuisine et utilisez-le même si vous ne l'avez pas lu complètement. Pour faire les recettes, prenez des aliments bios de préférence puisque les substances chimiques utilisées dans l'agriculture nuisent au système immunitaire. Vous éviterez ainsi de consommer des aliments génétiquement modifiés, dont les effets à long terme sont encore inconnus.

des aliments pour la vie

Au cours des 30 dernières années, des études scientifiques ont confirmé qu'une mauvaise alimentation affaiblissait la réponse immunitaire et qu'un régime fondé sur un apport en produits végétaux et évitant les produits traités était le meilleur moyen d'augmenter l'immunité et de protéger contre le cancer. Des centaines d'études fiables prouvent que fruits et légumes frais, noix, céréales et légumineuses regorgent de phytochimiques qui renforcent le système immunitaire.

Depuis le début des années 1960, la science insiste sur le fait qu'un régime riche en fibres protégerait contre plusieurs maladies graves. Une grande consommation de gras saturés (viande, produits laitiers, aliments prêts-à-servir) joue un rôle sur la maladie coronarienne, et l'efficacité du système immunitaire est améliorée par une diminution de l'apport total en gras.

Plusieurs poissons renferment des métaux lourds, hydrocarbures et contaminants radioactifs toxiques. Quant au poisson d'élevage, il est souvent rempli d'antibiotiques et de colorants. Le poisson gras contient des acides gras insaturés qui pourraient protéger contre la thrombose coronaire, mais il est inutile pour le cœur de prendre davantage d'huile de poisson si l'on ne réduit pas aussi sa consommation en gras saturés. Les huiles de poisson prises sous forme concentrée pourraient aussi causer une production excessive de radicaux libres. Contrairement à ceux-ci, les acides gras polyinsaturés d'origine végétale sont riches en antioxydants naturels, réputés pour combattre les radicaux libres.

Même s'il est un aliment de base, le lait de vache peut nuire à l'immunité. Certaines personnes (surtout les enfants) ont une allergie aux protéines du lait pouvant causer eczéma, rhume des foins ou asthme. On a vu des problèmes de catarrhe et d'allergie disparaître grâce à une exclusion du lait. Riche en cholestérol, le lait est aussi associé à l'augmentation du risque de problèmes cardiaques.

Le sucre du lait (lactose) est digéré dans l'estomac par une enzyme (lactase) que l'on cesse habituellement de produire vers l'âge de cinq ans. La contamination des produits laitiers (hormones, antibiotiques et résidus chimiques) peut aussi causer des réactions négatives imprévisibles.

C'est en se fondant sur tous ces faits bien établis que nous vous présentons une approche d'inspiration végétarienne convenant à tous les modes d'alimentation, que vous soyez carnivore, piscivore, végétarien ou végétalien. Elle vous aidera à choisir vos aliments en tenant compte de leurs bienfaits sur le système immunitaire tout en diminuant votre consommation d'aliments moins recommandables.

à faire ou à éviter

Cette partie peut être utilisée par la plupart des gens, mais il est préférable de consulter un médecin en cas de maladie grave ou si l'on est âgé de moins de 18 ans. Pendant la grossesse et l'allaitement, les régimes rigoureux sont déconseillés, mais il est bon d'adopter une alimentation variée (fruits et légumes frais, noix, graines et céréales) bénéfique à la fois à la mère et l'enfant.

Les conseils de santé proposés dans cet ouvrage peuvent enrichir les recommandations de votre médecin sans toutefois les remplacer. En augmentant votre apport en certains aliments, vous pourriez réagir différemment à votre médication. Il est alors indispensable de demander un avis médical avant de procéder à des changements diététiques majeurs. Si vous êtes traité pour le diabète, continuez de suivre votre traitement rigoureusement et demandez à votre médecin si une modification de vos habitudes alimentaires pourrait représenter un risque quelconque.

effets secondaires

Il est peu probable que les menus diététiques de cette deuxième partie créent des réactions négatives. Un sevrage en caféine, en alcool ou en tabac pourrait toutefois causer maux de tête, sautes d'humeur, anxiété et fatigue pendant quelques jours. Une plus grande consommation de fruits et légumes pourrait modifier vos selles tandis que leur haute teneur en fibres pourrait créer des flatulences. Ces symptômes passagers ne sont pas inquiétants.

Si vous avez des doutes ou des préoccupations à propos des conseils prodigués, n'hésitez pas à en parler avec un professionnel de la santé. Dans certains cas, un diététiste ou un naturopathe pourrait aussi vous aider.

Mangez santé… et toujours dans la joie!

Kirsten Hartvig

chapitre 5

le système immunitaire

Un bon système immunitaire est absolument essentiel à la santé puisqu'il aide à prévenir et à combattre la maladie. Chez certaines personnes, la réponse immunitaire faillit à la tâche et on assiste alors à l'apparition de maladies, comme l'infection ou le cancer. Dans d'autres cas, le système immunitaire se retourne contre l'organisme pour causer des maladies auto-immunes (ex.: allergies, arthrite rhumatoïde). Ce chapitre explique en détail le fonctionnement du système immunitaire et renseigne sur les diverses façons de le renforcer et de maintenir son fonctionnement optimal.

DÉFENSES NATURELLES

Le système immunitaire est notre allié le plus précieux pour maintenir une bonne santé. En aidant notre corps à résister à l'infection et à éviter le cancer, il nous protège contre les maladies les plus répandues et les plus mortelles. Mais pourquoi nos connaissances à propos de ce système complexe ne nous permettent-elles pas d'améliorer davantage nos mécanismes de défense innés? Force est de constater que tandis que nous cherchions à développer de nouvelles méthodes pour attaquer et détruire les microorganismes et les cellules cancéreuses, nous avons malheureusement négligé de renforcer nos propres défenses naturelles.

Au début des années 1950, des chercheurs se sont efforcés de trouver des solutions à plusieurs maux: vaccins, antibiotiques, chirurgie, radiothérapie et chimiothérapie pour le cancer, etc. Pourtant, plus d'un demi-siècle plus tard, nous craignons la résurgence de la malaria et de la tuberculose, certains vaccins nuisent plus qu'ils ne protègent, l'incidence de cancer continue de croître, de nouveaux problèmes d'immunodéficience et des épidémies de grippe font leur apparition. Bref, nous avons tenté d'usurper le pouvoir de la nature au lieu de travailler en synergie avec elle.

Didier Béchamp, Louis Pasteur et Claude Bernard, des pionniers de la microbiologie, considéraient que les microorganismes étaient les agents plutôt que les causes de la maladie. Au fil des années, nous avons trop porté notre attention sur des facteurs externes au lieu de prendre le temps d'observer l'interaction existant entre les plans physique, mental, émotionnel et spirituel de notre être. En ne cherchant pas à mieux comprendre cette subtile interrelation, nous avons inventé une panoplie d'armes médicales parfois dangereuses.

Notre société est plus encline à consacrer des sommes colossales au commerce des armes et des médicaments qu'à investir pour améliorer la qualité de l'eau, des aliments et de l'hygiène publique. Nous n'accordons même pas foi à ce que nous savons depuis longtemps: *l'immunité est profondément compromise par la malnutrition; la pauvreté et la surpopulation créent un environnement idéal pour la propagation de la maladie; le régime et le mode de vie typiques des Occidentaux mènent au cancer et à la maladie cardiaque; en affaiblissant le système immunitaire, la peur et le stress créent un environnement propice à la maladie.*

Cette section traite de l'importance de porter une attention réelle au corps, au mental et à l'esprit. La réponse immunitaire est le processus physique fondamental menant à la guérison. Une bonne alimentation peut favoriser et améliorer la santé et la remise sur pied. Les pages suivantes pourront vous servir de référence lorsque vous déciderez d'explorer les autres chapitres de ce livre. Vous aurez ainsi une meilleure compréhension du corps humain, qui possède tout ce qu'il faut pour se protéger et se guérir par lui-même.

IMMUNITÉ

Au début du XVIIIe siècle, Mary Pierrepont, une noble anglaise vivant à Constantinople, s'est intéressée à la technique ottomane de l'inoculation contre la variole. Peu efficace, cette technique a toutefois stimulé des scientifiques britanniques de l'époque à chercher un remède contre cette terrible maladie.

Quelques années plus tard, le Dr Edward Jenner a observé que les laitiers souffrant de la vaccine, une maladie mineure causant des taches sur les mains, résistaient bien à la variole. En 1796, il a inoculé un jeune garçon avec le contenu des vésicules de vaccine prélevées sur la main d'une trayeuse. À son grand étonnement, aucune maladie ne s'est déclarée. Plusieurs visiteurs lui ont demandé d'être vaccinés pour prévenir la variole et c'est ainsi qu'il a ouvert la voie à la recherche mondiale sur la vaccination.

Depuis la Rome antique, les médecins ont toujours tenté de comprendre pourquoi des épidémies décimaient périodiquement les populations. Ce n'est qu'au milieu du XIXe siècle qu'Agostino Bassi a démontré qu'une maladie attaquant le ver à soie était causée par des microorganismes. Ses recherches ont servi d'inspiration aux maîtres de la microbiologie qui ont par la suite révolutionné la biomédecine: Louis Pasteur, Robert Koch, Joseph Lister et Paul Ehrlich.

La recherche contemporaine consacrée aux maladies infectieuses emprunte deux voies parallèles. La première investigue la forme, la nature et le mode de vie des microorganismes pathogènes en cherchant les substances chimiques pouvant les détruire; la seconde s'intéresse aux aptitudes naturelles du corps humain à résister à l'infection et aux différentes façons de les stimuler.

Même si la recherche nous a éclairés sur plusieurs aspects de la maladie et a permis l'invention de nouveaux traitements, nous continuons de croire que les germes sont des ennemis microscopiques cherchant à nous assaillir constamment et que le meilleur moyen de nous défendre est de les détruire. Voilà une mauvaise compréhension de ce que les pionniers de la microbiologie nous ont enseigné en nous rappelant que l'effet des microbes sur notre organisme dépendait largement de la nature du «terrain» qu'ils rencontraient. Bref, l'état de nos systèmes de défenses naturels joue un rôle crucial pour le maintien de notre santé.

rôle du système immunitaire

Le système immunitaire est notre première ligne de défense contre les «envahisseurs». Il nous protège aussi contre le cancer en détruisant les cellules anormales. Toutefois, nos réactions immunitaires ne sont pas toujours bienvenues. Par exemple, si notre système réagit trop fortement en présence de substances inoffensives, il favorise l'apparition d'allergies. S'il est affaibli ou s'il faillit à sa tâche, notre corps souffre alors d'une immunodéficience. Et lorsqu'il commence à s'attaquer à ses propres cellules comme si elles lui étaient étrangères, il ouvre la porte aux maladies auto-immunes (ex.: lupus, arthrite rhumatoïde).

Ainsi, selon la nature et la puissance de ses réactions, le système immunitaire peut aider l'organisme ou lui nuire. Son rôle peut être positif de deux manières selon qu'il nous accorde une immunité active ou passive. Il peut aussi avoir des effets négatifs en étant hyperactif ou sous-actif.

- L'immunité active implique les cellules et les substances chimiques défensives agissant contre les bactéries, virus, champignons, parasites, tumeurs et groupes sanguins étrangers. Certains vaccins stimulent ce type d'immunité.
- L'immunité passive implique les anticorps dont le fœtus hérite de la mère. Elle réfère aussi aux vaccins fabriqués avec des anticorps prélevés chez des personnes ou des animaux.
- L'hyperactivité du système immunitaire concerne l'allergie et l'hypersensibilité aux substances extérieures, à l'auto-immunité et à l'incompatibilité rhésus.
- La sous-activité concerne l'immunodéficience naturelle et acquise (ex.: VIH, drogues, radiations, toxines environnementales).

composants

Ce système complexe et interactif est composé de cellules, de substances chimiques et de tissus distribués dans tout le corps. Lorsque ceux-ci entrent en contact avec des cellules ou substances contre lesquelles ils ont été programmés (ex.: bactéries, virus, pollen), on peut observer des réactions visant à détruire ou à affaiblir les «envahisseurs étrangers». Les cellules et substances entraînant ces réactions naturelles ou adaptatives sont des antigènes. Parmi les composants les plus importants de ce système, on compte les globules blancs (ex.: leucocytes), des substances chimiques (ex.: cytokines, anticorps) et des tissus (nœuds lymphoïdes), qui détruisent et éliminent les antigènes nuisibles (bactéries, virus, cellules tumorales).

cellules

Les principales cellules du système immunitaire sont: lymphocytes T et B, cellules présentatrices de l'antigène, neutrophiles et mastocytes, qui ont tous des rôles spécifiques.

- Les lymphocytes T sont des globules blancs présents dans le sang, la moelle et les nœuds lymphoïdes. Ils aident les lymphocytes B à produire des anticorps et à détruire directement les microorganismes porteurs d'antigènes. Selon leur fonction, on les qualifie d'auxiliaires, de cytotoxiques ou de régulateurs.
- Les lymphocytes B sont aussi des globules blancs du sang, de la moelle et des nœuds lymphoïdes. Au contact d'un antigène, ils sécrètent des anticorps, qui améliorent la réponse de l'organisme face à la maladie. Après une infection, certains d'entre eux restent dans la circulation en tant que «cellules à mémoire» aptes à reconnaître la maladie qu'ils

devront éventuellement combattre de nouveau (voir p. 163).

- Les cellules présentatrices de l'antigène sont un groupe de cellules de la peau et des tissus lymphoïdes. Elles font en sorte que les lymphocytes T reconnaissent la présence de cellules étrangères le plus efficacement possible. Les macrophages sont les broyeurs à déchets de ce système. Ils phagocytent les débris et le matériel étranger résultant de l'activité immunitaire.
- Les neutrophiles sont les globules blancs les plus communs. Comme les macrophages, ils engouffrent bactéries et autres organismes «étrangers».
- Les mastocytes sont présents dans tout le corps. Activés par les anticorps au cours d'une action immunitaire, ils libèrent des substances chimiques, comme l'histamine, provoquant ainsi une inflammation.

substances chimiques

Les anticorps, aussi appelés immunoglobulines (Ig), sont des protéines sécrétées par des lymphocytes B activant les enzymes et incitant le sang et les cellules des tissus à détruire les agents pathogènes. Il existe quatre classes principales d'anticorps:

- IgG est la plus abondante. On la trouve dans le sang et les tissus. Elle active le système complémentaire (voir ci-contre) et incite neutrophiles et macrophages à détruire les antigènes.
- IgM, présente dans le sang, active aussi le système complémentaire et aide surtout à combattre les bactéries.
- IgA est présente dans le lait maternel, les larmes, la salive et les sécrétions muqueuses. Elle joue un rôle dans la première ligne de défense contre les microorganismes envahissants, à résister aux infections gastro-intestinales et à préserver l'équilibre de la flore intestinale.
- IgE, présente dans les tissus, peut provoquer des réactions allergiques en incitant les mastocytes à libérer de l'histamine.

Les molécules CD4 et CD8 augmentent l'habilité des lymphocytes T à provoquer des réponses immunitaires et à faire la distinction entre les antigènes et les cellules saines.

Les cytokines sont sécrétées par les globules blancs et aident les cellules du système immunitaire à communiquer entre elles, améliorant ainsi l'efficacité de celui-ci. Les trois plus importantes sont:

- L'interleukine-2, sécrétée par les lymphocytes T cytotoxiques en présence d'antigènes, augmente le taux de production de ces derniers.
- Le facteur onconécrosant attaque et détruit les cellules tumorales et peut tuer les cellules infectées par un virus. Il joue un rôle dans l'activation de la réponse immunitaire et peut être à l'origine de certains symptômes (fièvre, perte de poids, malaise général).
- L'interféron gamma est produit par les lymphocytes T auxiliaires et autres globules blancs. Il stimule l'activité des macrophages et offre une puissante action antivirale. Il collabore avec le facteur onconécrosant pour détruire les cellules tumorales et est aussi responsable de certains symptômes des maladies aiguës.

Le système complémentaire est un groupe de protéines du sérum fabriquées dans le foie. En cas de réaction immune, les anticorps s'attachent aux antigènes, ce qui incite les enzymes à provoquer une réaction en chaîne amplifiant la réponse immune et donnant lieu aux symptômes classiques de l'inflammation: enflure, rougeur et douleur. Le système du complément améliore la fonction des phagocytes, attaque la membrane des cellules ennemies et informe les autres cellules de la présence des «envahisseurs».

- Les molécules HLA ont été découvertes à la fin du XXe siècle par des chercheurs spécialisés dans le rejet de greffes. Ils ont trouvé un groupe de gènes sur le chromosome 6 qu'ils ont nommé «complexe majeur d'histocompatibilité». Ces gènes sont responsables de la présence de marqueurs sur les cellules, lesquels permettent au système immunitaire de faire la distinction entre ses propres cellules et celles qui lui sont étrangères (ex.: bactéries).

tissus

Les tissus lymphoïdes (nœud lymphoïde, tissu lymphoïde) associés aux muqueuses (TLAM, rate, moelle osseuse, thymus) jouent eux aussi un rôle important pour notre immunité.

- Le nœud lymphoïde est composé de cellules présentes dans tout le corps – dont le cou, les aisselles et l'aine – et reliées par les vaisseaux lymphatiques. Il s'agit du site principal d'emmagasinage, d'activation et de production des lymphocytes. La lymphe est un liquide pâle, semblable au plasma sanguin. Elle renferme lymphocytes, protéines, gras et sels. Elle circule dans les vaisseaux lymphatiques et agit comme agent de transport et de communication pour les cellules immunitaires.
- Le TLAM regroupe des tissus lymphoïdes dans plusieurs parties du corps: parois des amygdales, seins, poumons, appendice et tractus gastro-intestinal. Il contient lymphocytes T et B et mastocytes.
- La rate renferme aussi lymphocytes T et B et mastocytes. Elle produit des globules rouges chez le fœtus.
- La moelle osseuse est le principal site de production des globules rouges et blancs. Ce réservoir de cellules immunitaires «primitives» se renouvelle sans cesse. Le thymus est quant à lui essentiel au développement des cellules T et au fonctionnement général du système immunitaire.

un système complexe

Nous avons tous une habilité génétiquement déterminée à produire une réponse immunitaire non spécifique aux antigènes causant la maladie. Les macrophages, neutrophiles, lymphocytes T auxiliaires et système du complément s'allient pour assurer une défense de base contre les agents pathogènes communs. Toutefois, le nombre d'organismes pathogènes est tellement vaste que notre système immunitaire a dû se complexifier davantage. La réponse immunitaire adaptative implique une interaction entre les cellules présentatrices de l'antigène et les lymphocytes T auxiliaires, ce qui crée la production d'anticorps, cytokines et lymphocytes T cytotoxiques destinés à affronter directement les agents pathogènes menaçants.

La première fois que le système immunitaire est exposé à de nouveaux antigènes, la réponse adaptative prend environ 10 jours avant d'atteindre sa pleine intensité, ce qui nous laisse le temps de résister ou de tomber malade. Toutefois, la prochaine fois que le système affrontera le même agent pathogène, sa réponse sera plus puissante et plus immédiate afin que nous puissions mieux résister à la maladie.

reconnaissance et défense

La réponse immunitaire naturelle ou adaptative s'opère en deux temps. D'abord, il faut reconnaître qu'un antigène étranger potentiellement dangereux est entré dans le corps ou tente de le faire. Puis, il faut se défendre contre cette invasion en s'assurant de bien faire la distinction entre nos propres cellules inoffensives et celles qui sont pathogènes. Le corps possède aussi des mécanismes protecteurs non spécifiques qui amplifient les effets immunitaires. On peut les regrouper sous le terme général d'«inflammation».

inflammation

Il s'agit de la réponse initiale du corps aux cellules ou aux tissus endommagés (internes et externes). Le traitement médical conventionnel supprime l'inflammation, ce qui est à la fois rationnel et humain. Toutefois, c'est l'inflammation qui permet au système immunitaire de s'activer rapidement et efficacement. En naturopathie, on la considère plutôt comme le premier signe d'autoguérison du corps.

Au cours de ce processus, la cellule ou le tissu est blessé ou attaqué par des agents pathogènes. Des substances chimiques sont libérées pour transporter plus de sang dans la région affectée. Les vaisseaux environnants permettent alors la libre circulation des cellules et fluides immunitaires dans les tissus. Les globules blancs franchissent la paroi des vaisseaux sanguins pour venir défendre l'organisme. L'enflure causée par les fluides localise l'atteinte, ce qui permet aux autres composants du système immunitaire de jouer leur rôle en neutralisant les antigènes. Les débris sont ensuite phagocytés par les macrophages et les neutrophiles.

réactions immunitaires

Muni d'un arsenal aussi puissant, le système immunitaire doit s'imposer des garde-fous afin de ne pas commencer à attaquer les cellules saines du corps. L'intensité de la réponse variant selon la quantité d'antigènes en présence, elle s'amenuise naturellement aussitôt que le système commence à détruire les antigènes. De plus, lorsque les lymphocytes T auxiliaires sont stimulés à répétition lors d'une réaction immune, certains d'entre eux se transforment en cellules «régulatrices» qui désactivent le système en produisant des cytokines inhibitrices. Une activation répétitive des cellules T conduit ultimement à leur mort, laissant place à de nouvelles cellules T qui nous protégeront lors des infections futures. (Si la fonction des cellules T est déficiente, cette fonction suppressive est perdue, ce qui augmente les réactions allergiques et auto-immunes; voir p. 166-167.)

mémoire immunitaire, tolérance et vaccination

L'un des aspects les plus importants du système immunitaire est sa capacité de mémoire immunologique. Lorsqu'une réponse immune est provoquée, une partie des lymphocytes T et B forme une «population mémoire» qui sera capable de se multiplier rapidement dès que le corps sera de nouveau exposé au même antigène. Cette réponse est parfois si efficace que les symptômes de la maladie sont plus légers que la première fois. S'il n'y a aucun symptôme, cela signifie que la personne est immunisée contre cette maladie. Toutefois, un individu immunisé contre un agent pathogène ne l'est pas nécessairement contre les autres organismes nuisibles. Cette capacité de mémoire immunologique est à la base de la vaccination passive et active. Dans la vaccination active, l'immunité est induite artificiellement, habituellement par injection, en exposant le corps à de petites quantités de microorganismes morts ou inactivés. La réponse protectrice ainsi générée peut durer plusieurs années. Toutefois, pour certaines maladies, il est impossible de produire un vaccin actif et sûr. On peut alors avoir recours à la vaccination passive comme mesure d'urgence en injectant directement des anticorps au patient.

Le débat entourant l'efficacité et la sécurité des vaccins se poursuit. D'un côté, on souligne l'importance du contrôle de maladies épidémiques comme la tuberculose, la varicelle, la polio et la diphtérie. De l'autre, on prétend que les vaccins pourraient causer des dommages au cerveau et de l'autisme, et que l'incidence plus élevée d'allergies et de maladies auto-immunes coïnciderait avec l'usage intensif de la vaccination.

Quoi qu'il en soit, il faut savoir que les vaccins contiennent des antigènes ayant été modifiés par rapport à leur état originel et que nous ne comprenons pas encore parfaitement comment le corps y réagit.

Grâce aux marqueurs des cellules, notre système immunitaire peut faire la différence entre ses propres cellules et celles qui lui sont étrangères. Au moment où ces marqueurs de surface se développent dans le fœtus, le système immunitaire s'en «imprègne» puisque les seules cellules pouvant traverser les tissus lymphoïdes du bébé en gestation lui appartiennent. Si un nouveau-né – dont le système immunitaire est immature – est exposé à du matériel antigénique, il développera probablement une tolérance aux antigènes au lieu d'organiser une réponse immunitaire contre eux. Il en va de même chez certaines personnes âgées dont le système immunitaire perd progressivement de son efficacité. Cela signifie qu'il est inutile de vacciner de très jeunes bébés puisqu'à ce stade de leur vie leur capacité de développer une tolérance aux antigènes ne pourrait aucunement leur garantir une protection, et ce, malgré la vaccination.

IMMUNITÉ ET MALADIE

On a longtemps cru que les symptômes et signes de maladies infectieuses étaient induits par des agents pathogènes et que le système immunitaire était un simple bouclier protecteur détruisant les microbes et éliminant les toxines dangereuses. Même si la seconde partie de cet énoncé semble encore vraie de nos jours, nous savons aussi que plusieurs des effets néfastes de l'infection sont directement causés par la réponse immunitaire elle-même et que la protection que nous confère notre système immunitaire a un coût.

Lorsqu'on souffre d'une maladie infectieuse, nous sommes prêts à payer le prix d'un inconfort passager à condition de pouvoir guérir. Mais lorsque le système immunitaire commence à réagir à des subtances environnementales qui ne créent généralement aucun problème de santé – ou, pire encore, s'il s'attaque à nos propres tissus sans raison apparente –, il y a lieu de s'inquiéter. C'est ainsi que le système immunitaire peut causer la maladie.

Maladies importantes causées par l'activité du système immunitaire:

- Cœur – cardite rhumatismale, cardiomyopathie, syndrome post-infarctus
- Poumons – alvéolite, asthme
- Hépatique et gastro-intestinal – maladie cœliaque, colite ulcéreuse, certaines formes d'hépatite
- Peau – dermite de contact, pemphigus, pemphigoïde, dermatite herpétiforme
- Endocrinien – maladie d'Addison, thyroïdite, diabète de type 1 (précoce)
- Nez, oreilles, gorge – rhume des foins, otite moyenne
- Yeux – uvéite, conjonctivite allergique, kératoconjonctivite sèche
- Enfants – eczéma atopique, allergie au lait, allergies alimentaires, arthrite chronique juvénile, purpura de Henoch-Schölein
- Sang – anémie pernicieuse, anémie hémolytique auto-immune, thrombopénie, réactions aux transfusions sanguines
- Reproducteur – maladie hémolytique du nouveau-né, infertilité
- Reins – glomérulonéphrite
- Articulations – arthrite rhumatoïde, lupus, dermatomyosite
- Nerfs – sclérose en plaques, myasthénie grave, polyneuropathie, polymyosite, encéphalite post-infectieuse ou post-vaccinale
- Infections – l'activité immune est responsable de quelques syndromes associés à: tuberculose, malaria, lèpre, maladie de Chagas
- Général – anaphylaxie, rejet de greffe, maladie sérique.

maladie immunitaire

Les réactions anaphylactiques sont dues à la libération d'histamine et autres composés chimiques des mastocytes causant inflammation, œdème ou contraction des muscles lisses. L'anaphylaxie nous protège contre les parasites et entraîne une réaction immédiate aux antigènes étrangers, mais elle cause aussi: asthme allergique, rhume des foins, eczéma atopique, hypotension, etc. Une anaphylaxie aiguë non traitée peut être fatale.

Les maladies des complexes immuns sont causées par des anticorps se liant à des antigènes solubles (ex.: toxines bactériennes) dans le corps ou les fluides organiques. Ces complexes immuns se déposent dans les tissus, bouchent de petits vaisseaux sanguins et provoquent l'inflammation (démangeaisons, alvéolite, maladie séreuse, arthrite rhumatoïde, lupus érythémateux systémique, etc.).

Les réponses immunitaires cellulaires induites par les lymphocytes T et les macrophages protègent contre l'infection parasitaire. Elles sont aussi responsables des particularités cliniques de certaines maladies: tuberculose, lèpre, anémie pernicieuse, dermite de contact, diabète de type 1, rejet de greffe et «sensibilisation» à des substances courantes (ex.: latex, produits ménagers).

prédisposition à la maladie immunitaire

Pourquoi certaines personnes sont-elles plus sujettes aux maladies immunitaires? Au moins 5 % de la population a une tendance innée à produire un taux élevé d'IgE, lesquelles réagissent à des substances comme le pollen et les additifs alimentaires et causent des réactions allergiques (ex.: éternuements, démangeaisons). Une théorie non prouvée soutient que les enfants qui vivent dans des milieux trop aseptisés et qui mangent des aliments «non naturels» y sont plus sujets. Leur système immunitaire dirige une trop grande partie de son efficacité contre des antigènes environnementaux inoffensifs, ce qui le rend plus vulnérable aux organismes nuisibles.

Une recherche a démontré que les porteurs de gènes de type HLA étaient plus sujets aux maladies immunitaires telles que lupus, arthrite rhumatoïde, anémie pernicieuse, spondylite ankylosante et maladie de Graves.

Une recherche menée en Afrique de l'Ouest a démontré un lien entre le type HLA et la capacité de résister à la malaria. La cause de cette association est toutefois inconnue à ce jour.

allergie, auto-immunité et immunodéficience

L'allergie est une réaction désagréable à des antigènes environnementaux «inoffensifs» non microbiens. L'auto-immunité est une réponse immunitaire contre nos propres tissus; elle est responsable de plusieurs maladies, et ce, principalement en Occident.

allergie

Il existe deux types de réactions allergiques: l'anaphylactique (réaginique), c'est-à-dire une réponse allergique rapide causée par l'histamine libérée par les mastocytes; et la réaction à médiation cellulaire, une réponse plus lente aux antigènes environnementaux impliquant les lymphocytes T et les macrophages. Une grande partie de la population a une tendance atopique aux réactions allergiques anaphylactiques des poumons, yeux, nez, peau et tube digestif causant eczéma, conjonctivite, asthme, rhume des foins et allergie alimentaire.

La maladie cœliaque, la dermite herpétiforme et l'alvéolite allergique sont des maladies importantes causées par une allergie aux antigènes environnementaux. L'asthme allergique est souvent causé par de fines particules d'éléments allergènes. La rhinite allergique et le rhume des foins sont provoqués par de plus grosses particules. Les antigènes environnementaux les plus courants sont: pollen, poussière, mites, piqûres d'insecte, poils et plumes d'animaux, moisissures, protéines alimentaires, vaccins, médicaments, produits chimiques domestiques ou industriels, latex et métaux lourds (chrome, cobalt, nickel).

Le mot «allergie» est souvent associé erronément à une réaction désagréable à un aliment ou à un médicament. Le favisme est une anémie hémolytique causée par un déficit enzymatique en glucose-6-phosphate déshydrogénase, essentiel à la santé des globules rouges. Si la personne atteinte mange des fèves, respire le pollen des fèves ou prend certains médicaments (ex.: antibiotiques sulphonamides, médicaments anti-malaria), ses globules rouges sont rapidement détruits, ce qui cause fièvre, douleur abdominale et, dans les pires cas, le coma ou la mort. La sensibilité de certains asthmatiques à des médicaments comme l'aspirine est davantage un problème chimique qu'immunologique.

Le traitement conventionnel de l'allergie se fait en deux étapes. On réduit d'abord, si possible, l'exposition à l'allergène responsable, puis on utilise des médicaments, dont:

- Les vaporisateurs et inhalateurs nasaux (ex.: antihistaminiques, acide cromoglycique), qui entravent la libération de l'histamine présente dans les mastocytes;
- Les bronchodilatateurs, pour réduire les contractions musculaires dans les poumons et ouvrir les voies respiratoires;
- Les corticostéroïdes, pour contrer l'inflammation.

auto-immunité

Le système immunitaire fait normalement une nette distinction entre «ce qui est lui» et «ce qui n'est pas lui». Pendant leur «activation» dans le thymus, les mastocytes en développement susceptibles de réagir aux propres tissus du corps sont détruites. Pour des raisons encore inconnues, ce mécanisme de défense flanche parfois, ce qui donne lieu aux maladies auto-immunes. Celles-ci sont habituellement chroniques et causent des dommages lents et progressifs aux tissus et organes. Elles affectent un organe en particulier ou touchent plusieurs systèmes en produisant des symptômes complexes.

Les maladies auto-immunes touchant spécifiquement un organe sont:

- Thyroïde – thyroïdite chronique de Hashimoto et maladie de Graves
- Glande surrénale – maladie d'Addison
- Pancréas – diabète de type 1 (précoce)
- Nerfs et muscles – sclérose en plaques et myasthénie grave
- Peau – pemphigus, pemphigoïde, vitiligo
- Rein – syndrome de Goodpasture
- Foie – cirrhose biliaire primitive
- Estomac – anémie pernicieuse
- Cheveux – alopécie
- Ovaires – dysfonctionnement ovarien prématuré
- Organes reproducteurs – endométriose.

On croit que certaines infections (surtout des virus), vaccins et facteurs environnementaux peuvent créer des modifications subtiles de la fonction lymphocyte qui font en sorte que le système immunitaire n'arrive plus à se reconnaître. Plusieurs personnes souffrant de maladie auto-immune ont hérité d'une instabilité immunologique affectant leur habileté à contrôler les réponses immunitaires.

Immunodéficience

Afin d'affronter l'immense diversité des microorganismes (et autres antigènes) potentiellement nuisibles auxquels nous sommes exposés, le système immunitaire s'est complexifié avec le temps. Un dommage ou une déficience de n'importe quelle partie de ce vaste système peut être à l'origine d'une maladie.

L'immunodéficience est maintenant une cause de maladie dans le monde entier. Les personnes atteintes ont tendance à souffrir d'infections plus souvent et plus sérieusement que la normale et elles sont souvent affaiblies par des microorganismes habituellement inoffensifs.

L'immunodéficience peut être innée (un élément de la défense immunitaire ne fonctionne pas correctement), découler directement d'une autre maladie ou être causée par une exposition aux drogues, aux substances chimiques ou à un rayonnement ionisant. L'immunodéficience primaire est généralement diagnostiquée tôt dans la vie, souvent chez les enfants souffrant d'infections fréquentes de l'oreille, du nez, de la gorge et de la poitrine et, dans certains cas, chez d'autres atteints d'un déficit immunitaire avec défaut d'expression des molécules HLA pouvant causer la mort. Si l'immunodéficience primaire est due à un manque de lymphocytes B, des injections d'immunoglobulines seront nécessaires tout au long de la vie pour préserver la santé. Une carence en protéines complémentaires peut aussi être comblée par des médicaments et des injections d'enzymes.

L'immunodéficience secondaire est plus commune que la primaire et revêt des causes multiples telles que leucémie, myélome, lymphome hodgkinien, brûlures, maladies rénale grave, syndrome de Down, inflammation ou infection chronique, rubéole congénitale, chirurgie ou radiation des tissus lymphoïdes, thérapie médicamenteuse (surtout les corticostéroïdes et médicaments contre le cancer) et pauvreté. Celle-ci est probablement la cause la plus fréquente d'immunodéficience dans le monde entier. La malnutrition et le manque de protéines affaiblissent l'immunité, atrophient le nœud lymphoïde et réduisent le nombre de lymphocytes T.

HIV et sida

Le sida a fait plus de 25 millions de morts depuis 1981. Chaque année, cette maladie est probablement plus mortelle que la malaria en plus de jouer un rôle de premier plan dans la réémergence de la tuberculose. Les personnes atteintes deviennent plus vulnérables aux infections causées par les virus, bactéries, champignons et parasites. Le développement de tumeurs (cancer des tissus lymphoïdes) et du sarcome de Kaposi est aussi très éprouvant.

Les infections les plus souvent associées au sida sont: herpès, zona, cytomégalovirus, tuberculose, salmonelle, toxoplasmose, cryptosporidium, giardia, histoplasma, candida et strongyloïdes.

Le sida est causé par une infection au virus VIH-1 de la famille des rétrovirus, qui aurait son origine chez les primates. Il affecte les lymphocytes T auxiliaires, les macrophages, les cellules dentritiques ainsi que les mécanismes de libération de la cytokine.

Le VIH peut fusionner avec les cellules du système immunitaire et régir leur mode de fonctionnement interne en contournant l'immunité naturelle de l'organisme. Cette «prise de contrôle» rend les traitements très difficiles.

La trithérapie antirétrovirale est le principal traitement pour le sida et le VIH. Sans être curative, elle aide à diminuer la quantité de VIH dans l'organisme, à contrer l'affaiblissement du système immunitaire et à recouvrer plus rapidement des dommages antécédents causés par le virus. Les médicaments antibactériens et antifongiques sont aussi utiles pour traiter les infections. Les programmes d'éducation destinés à prévenir la maladie sont extrêmement importants ainsi que la recherche visant à trouver un vaccin efficace.

L'alimentation et l'immunité étant étroitement liées, il va de soi que le régime et le traitement du VIH sont aussi interreliés. Une saine alimentation améliore les effets des médicaments de même que les chances de survie à long terme. Une alimentation de qualité optimale joue évidemment un rôle-clé dans l'amélioration de la qualité de vie des personnes malades (voir p. 240-241).

IMMUNITÉ ET ALIMENTATION

Le tractus gastro-intestinal est un «lieu de confluence» important grâce auquel notre corps communique avec le monde extérieur. Tout ce que nous consommons passe à travers lui avant d'être absorbé et transformé pour la nutrition. Il est richement recouvert de tissus lymphoïdes (plaques de Peyer).

Le défi du système immunitaire consiste à être tolérant à l'endroit des protéines «étrangères» que nous consommons tout en étant capable de reconnaître et de détruire les microorganismes potentiellement dangereux pouvant contaminer notre eau et nos aliments.

Lorsque le système immunitaire lutte contre une infection, le tissu lymphoïde gastro-intestinal peut se prendre au jeu en commençant à attaquer des antigènes alimentaires inoffensifs, créant ainsi inflammation et dommages à la paroi du tractus gastro-intestinal. Une malnutrition grave peut nuire à la paroi et perturber le mode de fonctionnement des réponses immunitaires.

allergie ou intolérance?

Il arrive que le système immunitaire réagisse contre certains aliments. En plus de provoquer des symptômes allergiques généraux, il cause une inflammation de la paroi intestinale et augmente la contraction du muscle de l'intestin. Une carence en vitamines, minéraux et autres nutriments peut, en retour, affecter le système immunitaire. Par exemple:

- Une carence en acides gras essentiels cause une atrophie des tissus lymphoïdes et réduit la production d'anticorps.
- Une carence en vitamines A et E affecte les défenses immunitaires de la peau et des muqueuses, nuisant ainsi à l'activité des lymphocytes T et à la production d'anticorps.
- Une carence en vitamine B6, en acide folique et en pantothénate diminue l'activité des lymphocytes T et B.
- Une carence ou un excès en fer augmente le risque d'infection.
- Une carence en zinc atrophie les tissus lymphoïdes, entrave la réponse des lymphocytes T et B et nuit au développement du système immunitaire chez le fœtus.

Il convient de faire la distinction entre l'intolérance alimentaire, l'allergie alimentaire et l'intolérance psychologique.

L'intolérance alimentaire regroupe toutes les réactions négatives aux aliments, y compris celles produites par les carences enzymatiques, les médicaments et les irritations chimiques (ex.: piment fort).

L'allergie alimentaire indique qu'un aliment particulier cause une réponse immunitaire spécifique. Plus fréquente chez les enfants, elle revêt plusieurs formes (eczéma, asthme, urticaire, réactions anaphylactiques graves, épilepsie, diarrhée, saignements, etc.). Le lien entre l'hyperactivité et l'allergie alimentaire n'a pas encore été clairement établi.

Chez les adultes, cette allergie cause urticaire, asthme, migraine, syndrome du côlon irritable, etc. L'arthrite et la dépression pourraient aussi être liées à certaines allergies. Il faut du temps pour passer les nombreux tests et recevoir un diagnostic précis. Malheureusement, on ne peut pas toujours se fier aux résultats obtenus.

L'intolérance psychologique est une réaction à des aliments causant des symptômes désagréables lorsqu'on peut les reconnaître dans l'assiette et qui ne causent pourtant plus aucune réaction lorsqu'on les rend méconnaissables en les mélangeant avec d'autres aliments.

allergie au lait de vache

Le lait de vache cause souvent des allergies chez les enfants (eczéma, asthme, diarrhée, vomissements et malabsorption des nutriments ralentissant la croissance). L'allergène responsable est la bêta-lactoglobuline, une protéine du lactosérum. La plupart des enfants et plusieurs adultes ont des anticorps contre les protéines du lait. Même si la plupart des enfants développent une «tolérance» au lait de vache avant l'âge de un an, leur paroi intestinale continue de présenter des anomalies. On peut régler ce problème en éliminant simplement ce type de lait de leur régime.

L'allergie au lait de vache diffère de l'intolérance au lactose. Les bébés et les jeunes enfants produisent de la lactase, une enzyme pouvant digérer le lactose (sucre du lait). La production de lactase chute peu après le sevrage et elle est pratiquement inexistante chez les adultes, sauf chez les Caucasiens de l'Ouest. Si un individu ayant une «carence» en lactase boit du lait de vache, le lactose ne sera pas digéré et traversera le côlon en causant diarrhée, flatulences et inconfort. Ce phénomène est souvent à l'origine des douleurs abdominales «inexpliquées» des enfants.

maladie cœliaque

Chez les personnes atteintes, la consommation de gluten cause une inflammation et endommage la paroi de l'intestin grêle, ce qui engendre divers problèmes de santé (perte de poids, diarrhée, œdème, anémie, etc.). La nature exacte d'une telle réaction est incertaine, mais on soupçonne une susceptibilité héréditaire. Potentiellement dangereuse, cette maladie bénéficie toutefois d'un régime sans gluten excluant le blé, l'orge, le seigle, et parfois l'avoine. Riz, maïs et soja ne présentent aucun danger.

AMÉLIORER L'IMMUNITÉ

La bonne et la mauvaise immunité étant régies par les mêmes mécanismes de base, il est bon d'identifier les facteurs nutritionnels et environnementaux qui influent sur notre santé. Les chapitres suivants vous apprendront à mieux choisir les aliments aptes à améliorer votre fonction immunitaire de façon optimale. Mais traitons d'abord des autres facteurs qui jouent un rôle de premier plan sur notre immunité.

stress

Le stress chronique incite les surrénales à sécréter davantage de corticostéroïdes, lesquels affaiblissent la fonction immune. Dans les réactions au stress aigu, les taux élevés d'adrénaline font chuter l'activité des lymphocytes T auxiliaires, augmentent celle des lymphocytes T suppresseurs et mènent à la dégénérescence du tissu lymphoïde. Les changements d'humeur altèrent la quantité d'immunoglobine A présente dans les sécrétions de la muqueuse tandis que la dépression interfère avec la fonction des lymphocytes T et B. Ainsi, le stress chronique est un facteur de risque sérieux pouvant causer plusieurs maladies, dont le cancer et la cardiopathie. L'une des meilleures stratégie santé consiste donc à modifier son mode de vie.

pollution

Il existe trois catégories de polluants environnementaux:

- Radiations – micro-ondes, émetteurs radio et télé, téléphones mobiles, écrans de télé et d'ordinateur, câbles de haute tension, installations nucléaires et usines de retraitement.
- Chimiques – pesticides, herbicides, aérosols, déchets industriels, émissions de gaz, fumée, peintures, fongicides, produits domestiques.
- Biologiques – poussière, acariens, pellicules animales, moisissures.

Restreignez l'usage de produits chimiques domestiques, achetez bio, changer les tapis pour de la tuile, évitez la fumée, aérez bien la maison, éliminez l'humidité et les moisissures, passez moins de temps devant votre écran.

alcool, drogues et cigarettes

L'alcool affaiblit la réponse immunitaire et est associé à ces maladies: cardiopathies, ulcères peptiques, gastrite, pancréatite, attaque cérébrale, hypertension, détérioration de la fonction mentale. La consommation de drogues dures est cause de malnutrition, ce qui gêne la fonction immunitaire. Le tabac renferme des concentrations élevées en substances chimiques dangereuses (benzène, monoxyde de carbone, cadmium). Quant au cannabis, il inhibe l'activité des lymphocytes T et des macrophages. Ces substances récréatives ne sont pas compatibles avec la santé du système immunitaire.

médicaments

Les médicaments utilisés pour soulager les symptômes d'allergie (antihistaminiques, bronchodilatateurs, décongestionnants, corticostéroïdes, acide cromoglycique) amenuisent l'activité du système immunitaire, mais plusieurs autres médicaments (anti-inflammatoires, hormonothérapie substitutive, antibiotiques, etc.) peuvent causer une suppression involontaire de la réponse immunitaire normale. La radiologie thérapeutique et diagnostique ainsi que d'autres rayonnements ionisants risquent aussi de nuire au système immunitaire. Faites bon usage des médicaments et évitez les traitements non indispensables.

contrôle du poids

L'obésité est une épidémie liée à l'augmentation des cas de diabète de type 2 et à l'incidence de maladies du cœur. C'est aussi un facteur de risque pour le cancer (sein, utérus, col, ovaire chez la femme; prostate chez l'homme; côlon et rectum dans les deux cas). Maintenez un poids santé afin de renforcer votre santé immunitaire à long terme en tenant compte du fait que les personnes obèses meurent souvent plus jeunes que les non obèses.

exercice

L'exercice modéré améliore la fonction immunitaire et protège contre le cancer, la cardiopathie et l'ostéoporose en plus de réduire le stress. Faites au moins trois séances d'exercice de 30 minutes par semaine (marche rapide, jogging, vélo, natation), mais sans exagération.

groupes vulnérables

Le système immunitaire est moins performant chez les enfants et les personnes âgées, qui devraient accorder une attention particulière aux conseils précédents. Pour assurer un développement sain du système immunitaire des enfants, on recommande l'allaitement maternel (bannir le lait de vache). On doit aussi éviter de les exposer inutilement aux antigènes environnementaux et, s'ils ont un problème de santé mineur, il est préférable, dans la mesure du possible, de ne pas supprimer leurs symptômes à l'aide de médicaments afin que la maladie puisse se résorber d'elle-même.

chapitre 6

les aliments pour le système immunitaire

La valeur médicinale de certains aliments est reconnue depuis des milliers d'années. Plus récemment, la recherche scientifique a permis d'identifier des centaines de nutriments bénéfiques présents dans les aliments, ce qui nous permet de renforcer notre système immunitaire et de nous protéger contre

plusieurs maladies. Voici 150 aliments regorgeant de nutriments, incluant les onze superaliments, dont la betterave et le shiitake, particulièrement efficaces pour renforcer nos défenses naturelles. Sauf indication contraire, les recettes sont pour 4 personnes.

fruits et légumes

RACINES ET BULBES

CAROTTE

★ VITAMINE A; CAROTÉNOÏDES; FIBRES; DAUCARINE

● ANTIVIEILLISSEMENT, ANTICANCER, ANTIOXYDANT, BON POUR LA PEAU ET LES YEUX

! UNE GRANDE CONSOMMATION PEUT CAUSER UN JAUNISSEMENT DE LA PEAU, SANS DANGER, QUI DISPARAÎTRA

Bon pour glycémie, système immunitaire, circulation, guérison des blessures, peau, diarrhée (enfant), infections virales chroniques. Prévention: formation des cellules cancéreuses, cardiopathies, arthrite.

RECETTES *Soupe santé (p. 261), Salade de carotte et betterave (p. 275), Jus de carotte, citron et ail (p. 280)*

IGNAME

★ VITAMINES A, B1; CAROTÉNOÏDES (VARIÉTÉ JAUNE); SUCRES COMPLEXES, FIBRES, PROTÉINES

● ANTIOXYDANT, ANTIVIRAL (VARIÉTÉ JAUNE), ÉNERGÉTIQUE

Inhibe la croissance du cancer. Bon pour système immunitaire, santé du cœur, nerfs, muscles, métabolisme.

RECETTES *utiliser comme la patate douce (voir ci-après)*

OIGNON

★ VITAMINES B1, B6; COMPOSÉS SOUFRÉS

● ANTI-ASTHMATIQUE, ANTIBACTÉRIEN, ANTICANCER, ANTISEPTIQUE, DIURÉTIQUE, RÉDUIT LE GRAS ET LE CHOLESTÉROL

! PEUT CAUSER UNE INDIGESTION EN CAS DE MALADIE GASTRO-INTESTINALE

Bon pour cholestérol, lipides sanguins, glycémie. Inhibe l'activité de l'*helicobacter pylori* (gastrite, ulcères d'estomac) et pourrait protéger contre le cancer de l'estomac. Le sirop d'oignon est bon contre le rhume et la toux (préparer comme le Mellite d'ail, p. 285).

RECETTES *Baluchons aux oignons (p. 264), Salade de tofu (p. 264), Tarte à l'oignon (p. 271)*

PATATE DOUCE

★ VITAMINES A, B3, C, E; CAROTÉNOÏDES (VARIÉTÉ JAUNE); SUCRES COMPLEXES, FIBRES, SUCRES

● ANTIOXYDANT, ANTIVIRAL (VARIÉTÉ JAUNE), ÉNERGÉTIQUE

Bon pour systèmes immunitaire et nerveux, résistance aux infections, convalescence, énergie, muscles, peau et muqueuse.

RECETTES *Purée de patates aux orties (p. 187), Brochettes de légumes (p. 264), Patates douces au cari (p. 272)*

POMME DE TERRE

★ VITAMINES C, COMPLEXE B; POTASSIUM; FER; ALCALOÏDE SOLANIDINE; FIBRES; SUCRES COMPLEXES, PROTÉINES

● ANTIOXYDANT, ÉNERGÉTIQUE, NUTRITIF

! UN EXCÈS DE POMMES DE TERRE VERTES ET ABÎMÉES PEUT ÊTRE TOXIQUE (TAUX ÉLEVÉ EN ALCALOÏDE)

Manger avec la pelure. Bon pour énergie, immunité, oxygénation des tissus, système nerveux, guérison des blessures, ulcères d'estomac, troubles digestifs ou de malabsorption. Goutte et arthrite: eau de pomme de terre chaude et jus de pomme de terre crue.

RECETTES *Soupe aux poireaux et pommes de terre (p. 262), Pâté chinois (p. 272), Pommes de terre au sésame (p. 273)*

FRUITS-LÉGUMES

CITROUILLE

★ VITAMINES A, E; CAROTÉNOÏDES

● ANTIOXYDANT, ANTICANCER

Prévient la formation des cellules cancréreuses; bon pour la peau.

RECETTE *Soupe à la citrouille (p. 261)*

COURGE MUSQUÉE

★ VITAMINES A, E; MAGNÉSIUM; CAROTÉNOÏDES

● ANTICANCER, ANTIOXYDANT

Protège contre cardiopathie, cancer, troubles mentaux. Bon pour peau, muscles, nerfs, cellules sanguines.

RECETTE *Courge et poivron rouge aux tomates (p. 269)*

GOMBO (OKRA)

★ VITAMINE C, ACIDE FOLIQUE; CALCIUM, MAGNÉSIUM, ZINC; FER; FIBRES

● ANTIDÉPRESSEUR, IMMUNOSTIMULANT

Bon pour cœur, cancer du côlon, diverticulite, troubles liés à un faible apport en fibres, système immunitaire, développement et maintien du système nerveux.

RECETTE *Gombos à l'aigre-doux (p. 272)*

POIVRON ROUGE

★ VITAMINES A, C, B6, ACIDE FOLIQUE; CAROTÉNOÏDES; FIBRES; BIOFLAVONOÏDES

● ANTIOXYDANT, ANTICANCER, BON POUR LES NERFS

! EFFETS INDÉSIRABLES POSSIBLES EN CAS D'ARTHRITE OU D'ALLERGIES ALIMENTAIRES

Très riche en vitamine C et en antioxydants. Bon pour lipides sanguins, production d'hémoglobine. Prévention: dégénérescence maculaire liée à l'âge, maladies dégénératives, cancer.

RECETTES *Poivrons grillés (p. 263), Brochettes de légumes (p. 264), Paella (p. 268), Salade de brocoli et avocat (p. 275)*

TOMATE

★ VITAMINES A, C, E; LYCOPÈNE; FIBRES

● ANTICANCER, ANTIOXYDANT, ANTIVIRAL

! EFFETS INDÉSIRABLES POSSIBLES EN CAS D'ARTHRITE OU D'ALLERGIES ALIMENTAIRES

Améliore la réponse immunitaire; maintient l'énergie. Bon pour prostate et cardiopathie, maladies infectieuses, guérison des blessures, peau, muqueuse.

RECETTES *Pain grillé aux tomates (p. 258), Pain grillé aux tomates et doliques (p. 258), Soupe froide aux tomates (p. 260), Canapés de tomate et concombre (p. 266), Ketchup (p. 267), Salsa de tomates (p. 274), Cocktail de tomate (p. 283)*

betterave

RICHE EN MINÉRAUX ET EN PHOTOCHIMIQUES, LA BETTERAVE AIDE À COMBATTRE L'INFECTION, À AMÉLIORER L'APPORT EN OXYGÈNE ET À TRAITER LES MALADIES DU SANG, DU FOIE ET DU SYSTÈME IMMUNITAIRE.

Origines

Beta vulgaris rubra est cultivée dans le monde entier. Dérivée de la bette maritime qui pousse à l'état sauvage autour de la Méditerranée, elle est plus sucrée si on la mange crue. Ses feuilles, dont le goût est semblable à celui des épinards, peuvent être consommées crues ou cuites. Ce légume est tenu en haute estime par les adeptes de la médecine douce, qui reconnaissent ses nombreuses vertus thérapeutiques.

Dans la Grèce antique, on la présentait aux dieux en guise d'offrande et on dit qu'Aphrodite en consommait pour préserver sa beauté. En Angleterre, on la considérait jadis comme un important remède pour les maladies du sang. De nos jours, on l'utilise aussi pour soutenir le système immunitaire.

Propriétés immunitaires

La betterave stimule le système immunitaire en améliorant l'oxygénation des tissus. Elle augmente la respiration cellulaire en gardant cœur, muscles et nerfs en bonne condition. Elle favorise la production de nouveaux globules rouges (érythropoïèse). Sa consommation régulière tuerait les cellules cancéreuses ou les ferait régresser en altérant le taux de la respiration cellulaire. Sans guérir la maladie, elle prolonge la durée et la qualité de vie des patients en plus d'aider à stabiliser le pH (équilibre acide-alcalin). On l'utilise pour le traitement du cancer (surtout la leucémie), les problèmes de peau, les infections chroniques, la fonction et les maladies du foie, l'affection abdominale inflammatoire, le métabolisme des gras, la prévention et le traitement de la cardiopathie et de l'arthrite rhumatoïde.

Comment l'utiliser

Aucun effet indésirable; elle est tolérée par la plupart des gens. En cas de maladie chronique, il faut en consommer pendant une longue période avant d'observer une amélioration. Prendre une betterave moyenne par jour: cuite, crue ou en jus. Pour purifier le sang, prendre chaque jour et pendant 3 semaines 1 à 2 verres de jus composé à parts égales de betterave, carotte, céleri, tomate et citron.

PROFIL IMMUNITAIRE

★ ACIDE FOLIQUE; MANGANÈSE, POTASSIUM; FER; BÉTANINE; ACIDE MALONIQUE, PHYTOSTÉROL, SAPONINE; FIBRES, PROTÉINES, SUCRES

● ANTICANCER, ANTI-INFLAMMATOIRE, ANTIOXYDANT, DÉTOXIFIANT, IMMUNOSTIMULANT, RENFORCE L'OXYGÉNATION CELLULAIRE, RAJEUNISSANT

! SANS DANGER: LA BÉTANINE EST UN PIGMENT POUVANT DONNER TEMPORAIREMENT UNE COULEUR ROUGE À L'URINE ET AUX SELLES

✗ LES FEUILLES CONTIENNENT DE L'ACIDE OXALIQUE: À ÉVITER EN CAS DE CALCULS RÉNAUX OU D'ARTHRITE

salade de betteraves cuites *(photo)*

2 betteraves, lavées et non pelées
1 oignon vert, haché finement
1 botte de cresson, hachée finement
2 c. à soupe d'huile de carthame
1 c. à soupe de vinaigre balsamique

Frotter les betteraves avec de l'huile. Cuire au four préchauffé à 350 °C/180 °F/gaz 4 environ 1 heure. Rincer à l'eau froide, peler et couper en bâtonnets. Mélanger avec les autres ingrédients.

salade de betteraves au raifort

180 ml (¾ de tasse) de yogourt de soja nature
1 à 2 c. à soupe de raifort frais, râpé
Sel
3 betteraves, râpées
4 c. à soupe de menthe fraîche, hachée finement

Mélanger le yogourt, le raifort et le sel. Incorporer les betteraves et garnir de menthe.

burgers aux betteraves

360 g (2 tasses) de riz blanc, bien cuit
125 g (4 oz) de tofu ferme, râpé
2 betteraves, râpées
2 c. à soupe de chapelure
1 c. à soupe de vinaigre balsamique
1 c. à soupe d'huile d'olive
1 c. à soupe de marjolaine
Sel et poivre du moulin
Farine
Huile (pour la friture)

Dans un bol, mélanger le riz, le tofu, les betteraves, la chapelure, le vinaigre, l'huile et la marjolaine. Assaisonner et façonner des galettes. Enrober de farine et cuire à feu vif 2 minutes de chaque côté. Baisser le feu et cuire environ 5 minutes de chaque côté. Servir dans des pains à hamburgers avec laitue, tomate, concombre, oignon, moutarde et ketchup (p. 267).

FEUILLES ET FLEURS

AMARANTE QUEUE DE RENARD (FEUILLE) (*AMARANTHUS CANDATUS*)

★ VITAMINES A, C, B2, ACIDE FOLIQUE; CALCIUM, MAGNÉSIUM, MANGANÈSE, PHOSPHORE, POTASSIUM; FER; FIBRES, PROTÉINES

● ANTIALLERGIQUE, ANTICANCER, ANTIOXYDANT, ÉNERGÉTIQUE

! RICHE EN PROTÉINES, PEUT ÊTRE DIFFICILE À DIGÉRER PAR LES ENFANTS

Bonne source d'énergie, facilite la fonction hépatique, la digestion et la guérison des blessures. Régularise le cholestérol; protège contre cardiopathies, cancer et arthrite rhumatoïde. Manger en salade ou cuite à la vapeur. Infusion pour bronchite et syndrome du côlon irritable.

RECETTE *Feuilletés au tofu (p. 268)*

ARTICHAUT

★ VITAMINES B3, B5, BIOTINE, ACIDE FOLIQUE; PRINCIPE AMER; PROTÉINES

● ANTIALLERGIQUE, ANTISTRESS

Stimule appétit, fonction hépatique et sécrétion biliaire. Réduit cholestérol, lipides sanguins, mal de tête.

RECETTES *Artichauts, gourganes et shiitake (p. 268), Paella (p. 268), Salade d'artichauts (p. 275)*

ASPERGE

★ VITAMINES B1, B3, E, ACIDE FOLIQUE; POTASSIUM; ZINC; ASPARAGINE, PURINES, RUTINE, SAPONINE, TANNIN; FIBRES, PROTÉINES

● ANTISPASMODIQUE, DIURÉTIQUE, LAXATIF LÉGER, SOULAGE LES INFECTIONS URINAIRES, GUÉRIT LES BLESSURES

Soulage la rétention, la constipation et l'arthrite. Préserve la santé de la peau, de la muqueuse et des vaisseaux sanguins. Régularise le cholestérol, entrave la croissance des cellules cancéreuses.

RECETTES *Tofu brouillé (p. 258), Asperges à la ravigote (p. 262), Asperges soja-érable (p. 269), Salade de brocoli et avocat (p. 275), Salade de pâtes (p. 276)*

BETTE À CARDE

★ VITAMINES A, C, ACIDE FOLIQUE; MAGNÉSIUM, MANGANÈSE, POTASSIUM; FER

● ANTICANCER, ANTIOXYDANT

Augmente la résistance naturelle; aide au transport de l'oxygène du sang vers les nerfs, les muscles et le foie; régularise le cholestérol.

RECETTE *Bettes à carde au genièvre (p. 274)*

BROCOLI (VERT ET POURPRÉ)

★ VITAMINES A, C, E, B3, B5, ACIDE FOLIQUE; CALCIUM, PHOSPHORE, POTASSIUM; FER, ZINC; GLUCOSINOLATES; CAROTÉNOÏDES; PROTÉINES

● ANTICANCER, ANTIOXYDANT, ANTISTRESS, ÉNERGÉTIQUE

✔ *VOIR* GLUCOSINOLATES DANS LE GLOSSAIRE

Riche en vitamine C, il aide à la détoxication. Bon pour cœur, peau (acné), nerfs, muscles, anémie, fatigue. Aide à prévenir cancer du côlon, anomalies congénitales et dommages génétiques.

RECETTE *Patates douces au cari (p. 272)*

CAPUCINE

★ VITAMINE C; GLUCOSINOLATES, HUILE VOLATILE

● ANTIBACTÉRIEN, ANTIMICROBIEN, ANTIOXYDANT, ANTISEPTIQUE, ANTIVIRAL

✔ *VOIR* GLUCOSINOLATES DANS LE GLOSSAIRE

Les feuilles et les fleurs sont de puissants antibiotiques naturels libérant le mucus et soulageant les infections respiratoires (ex.: bronchite).

RECETTES *Salade verte (p. 183), Salade de tempeh (p. 264), Salade ensoleillée (p. 277)*

CHOU DE BRUXELLES

★ VITAMINE C, B1, B5, B6, E; PHOSPHORE, POTASSIUM; GLUCOSINOLATES; FIBRES, PROTÉINES, SUCRES

● ANTIALLERGIQUE, ANTIOXYDANT, ANTISTRESS

✔ *VOIR* GLUCOSINOLATES DANS LE GLOSSAIRE

Renforce: système immunitaire, peau, nerfs et muqueuse. Régularise l'énergie et le cholestérol. Protège contre asthme, migraine, dépression, cancer.

RECETTE *grillé ou cuit vapeur en accompagnement*

CHOU DE SAVOIE

★ VITAMINES A, C, B3, ACIDE FOLIQUE; CALCIUM, POTASSIUM; FER; GLUCOSINOLATES; FIBRES, PROTÉINES

● ANTICANCER, ANTIOXYDANT, STIMULE L'ÉNERGIE

✔ *VOIR* GLUCOSINOLATES DANS LE GLOSSAIRE

Détoxifie le foie, améliore le transport de l'oxygène vers le sang et les tissus. La B3 augmente force et énergie; bonne pour: cœur, muscles, peau, muqueuse, nerfs.

RECETTE *Chou de Savoie à l'ail (p. 215).*

CHOU-FLEUR

★ VITAMINES C, B3, B5, B6; PHOSPHORE, POTASSIUM; ZINC; GLUCOSINOLATES; FIBRES, PROTÉINES

● ANTIALLERGIQUE, ANTICANCER, ANTIOXYDANT, ANTISTRESS

✔ *VOIR* GLUCOSINOLATES DANS LE GLOSSAIRE

Favorise la production d'hémoglobine et d'anticorps; protège contre allergies, asthme, migraine et dépression. Améliore la santé de la peau et de la muqueuse. Régularise l'énergie et le cholestérol.

RECETTES *Potage au chou-fleur (p. 261), Salade de lentilles (p. 276)*

CHOUX

★ VITAMINES A, C, K, B2, B3, B5, ACIDE FOLIQUE; CALCIUM, PHOSPHORE, POTASSIUM; FER, ZINC; GLUCOSINOLATES; PROTÉINES, FIBRES

● ANTIALLERGIQUE, ANTICANCER, ANTIOXYDANT, ANTISTRESS, DÉTOXIFIANT, AUGMENTE L'ÉNERGIE, GUÉRIT LES BLESSURES

✔ *VOIR* GLUCOSINOLATES DANS LE GLOSSAIRE

Très riches en vitamines A et C et en caroténoïdes; bons pour la vue. Nettoient le foie, augmentent l'énergie et l'immunité, surtout contre la dégénérescence des cellules cancéreuses.

RECETTE *Légumes verts aux noix de macadam (p. 274)*

CRESSON

★ VITAMINES A, C, E, K, B1, B2, B3, B6; CALCIUM, MANGANÈSE; FER; GLUCOSINOLATES, HUILE VOLATILE; PROTÉINES, FIBRES

● ANTICANCER, ANTIOXYDANT, ANTISCORBUTIQUE, EXPECTORANT. UN EXCÈS PEUT CAUSER DES TROUBLES RÉNAUX; À ÉVITER EN CAS DE MALADIE RÉNALE

✔ *VOIR* GLUCOSINOLATES DANS LE GLOSSAIRE

Principal usage médicinal: soulage arthrite et congestion des voies respiratoires supérieures. Stimule systèmes lymphatique et immunitaire.

RECETTES *Salade de betteraves cuites (p. 179), Salade de cresson et mange-tout (p. 276)*

ENDIVE

★ ACIDE FOLIQUE; FER; PHOSPHORE; PROTÉINES; PRINCIPE AMER; FIBRES

● ANTIALLERGIQUE, ANTICANCER, ANTIOXYDANT, ANTISTRESS, DIGESTIF

Stimule le foie et la digestion. Régularise et maintient l'énergie. Préserve la santé de la peau et de la muqueuse.

RECETTES *Salade de pamplemousse (p. 191), Salade d'endives grillées aux noix (p. 201)*

chou vert frisé

LE CHOU VERT FRISÉ REGORGE DE VITAMINES, MINÉRAUX ET PHOTOCHIMIQUES QUI PROTÈGENT CONTRE LES INFECTIONS VIRALES ET BACTÉRIENNES, LE CANCER ET LES CARDIOPATHIES.

Origines

Dérivé du chou sauvage poussant sur les falaises maritimes du sud-ouest de l'Europe et de la région méditerranéenne, il s'est développé sous forme de nombreuses variétés comestibles. Contrairement aux autres choux «pommés», il a conservé sa forme ancestrale (feuilles bleu-vert frisées et plissées). On le cultive maintenant dans le monde entier.

Cette crucifère bisannuelle retient beaucoup d'eau dans ses feuilles et emmagasine plusieurs nutriments. Ce chou offre ses qualités nutritives optimales uniquement si on le cueille au cours de la première année. La deuxième année, la plante utilise ses nutriments pour produire fleurs et graines.

Propriétés immunitaires

Très riche en vitamines A, C, K et en minéraux, il est bon pour le cœur, les nerfs et les muscles et protège contre l'hypertension, la maladie vasculaire et l'arthrite rhumatoïde. Ses photochimiques facilitent le transport de l'oxygène vers les tissus, soutiennent le système immunitaire et le foie, contribuent au contrôle du taux de lipides sanguins et aident l'organisme à libérer et à utiliser l'énergie provenant des aliments.

Bon pour la peau, ce chou favorise la guérison des blessures et la santé des membranes cellulaires. Il pourrait protéger contre les cancers liés à l'œstrogène (ex.: cancer, ovaire), migraine, dépression et asthme en plus de soutenir le système nerveux. Il aide à réguler le métabolisme des gras et des protéines et à normaliser la coagulation. Il améliore l'absorption du fer et facilite la production d'hémoglobine et de globules rouges.

Une mine d'or

Le chou vert frisé renferme trois groupes importants de phytochimiques: glucosinolates (indoles, dithiolethiones, sulphoraphane et isothiocyanates), bioflavonoïdes et stérols (phénylpropanoïdes). Les indoles, en particulier, protègent contre divers carcinogènes et aident à diminuer l'activité de l'œstrogène, ce qui lui confère un double rôle protecteur contre les cancers liés à l'œstrogène. Les bioflavonoïdes stimulent le système immunitaire et se lient aux métaux pour rendre les plaquettes sanguines moins collantes, ce qui protège contre la coagulation anormale et prévient la cardiopathie. Les stérols influent sur le cholestérol et son métabolisme ainsi que sur les stéroïdes hormonaux.

PROFIL IMMUNITAIRE

★ VITAMINES A, C, B2, B6, ACIDE FOLIQUE; CALCIUM, MAGNÉSIUM, POTASSIUM, MANGANÈSE; CUIVRE, FER; BIOFLAVONOÏDES, GLUCOSINOLATES, KAEMPFÉROL, STÉROLS; FIBRES, PROTÉINES

● ANTIALLERGIQUE, ANTICANCER, ANTIOXYDANT, DÉTOXIFIANT, IMMUNOSTIMULANT

✔ *VOIR* GLUCOSINOLATES DANS LE GLOSSAIRE

baluchons au chou vert frisé *(photo)*

2 c. à soupe d'huile d'olive
500 g (1 lb) de chou vert frisé, haché
250 g (8 oz) de tempeh, en cubes
1 c. à soupe de sauce soja
2 gousses d'ail, hachées
1 oignon, haché
1 c. à thé (à café) de curcuma
1 c. à thé (à café) de cumin
1 pincée de cayenne
Sel et poivre du moulin
1 paquet de pâte phyllo

Faire sauter le chou dans l'huile 2 minutes. Ajouter les 8 ingrédients suivants en remuant après chaque addition. Ajouter un peu d'eau et laisser mijoter 5 minutes à feu doux. Badigeonner la pâte d'huile et répartir la garniture au centre. Refermer pour faire des baluchons et huiler le dessus. Cuire et dorer au four préchauffé à 425 °C/220 °F/gaz 7.

chou, tomates et gourganes

1 oignon rouge, haché
3 c. à soupe d'huile d'olive
1 kg (2 lb) de gourganes fraîches, écossées
500 g (1 lb) de chou vert frisé, haché
500 g (1 lb) de tomates, en quartiers
4 gousses d'ail, hachées
Sel et poivre du moulin
2 c. à soupe de jus de citron
2 oignons verts, hachés

Dans une grande casserole, faire sauter l'oignon 2 minutes dans l'huile puis les gourganes 5 minutes. Ajouter le chou et les tomates et cuire 2 minutes. Incorporer ail, sel et poivre. Verser de l'eau à hauteur, porter à ébullition et laisser mijoter 30 minutes. Ajouter le jus de citron, garnir d'oignons et servir avec du couscous.

salade verte

Chou vert frisé, haché
Laitue Iceberg, en filaments
Mâche
Brins de persil, hachés
Menthe, hachée
Pétales de souci et de capucine (facultatif)
Vinaigrette tahini-citron (p. 267)

Mélanger les laitues et les herbes, ajouter les fleurs et remuer avec la vinaigrette. Servir avec du pain ou du boulgour.

ÉPINARD

★ VITAMINES A, C, E, B2, B6, K, ACIDE FOLIQUE; CALCIUM, MAGNÉSIUM, MANGANÈSE, POTASSIUM; FER; CAROTÉNOÏDES, ACIDE OXALIQUE; FIBRES, PROTÉINES

● ANTICANCER, ANTIOXYDANT, ANTIVIRAL, IMMUNOSTIMULANT

! ÉVITER LES ALIMENTS CONTENANT DE L'ACIDE OXALIQUE EN CAS DE CALCULS RÉNAUX OU DE LA VESSIE OU D'ARTHRITE RHUMATOÏDE

Très riche en acide folique; bon avant et pendant la grossesse. Vitamines A, C et K stimulent le système immunitaire et protègent la peau et la muqueuse. Protège contre le cancer (poumon, sein, col utérin) et la dégénérescence maculaire liée à l'âge. Énergétique, régularise la glycémie, protège le cœur, aide le foie.

RECETTES *Bouillabaisse d'épinards (p. 271), Patates douces au cari (p. 272), Cocktail de tomate (p. 283)*

FENOUIL

★ POTASSIUM; ZINC; HUILES VOLATILES. PRINCIPES AMERS; FIBRES

● ANTI-INFLAMMATOIRE, CARMINATIF, DIURÉTIQUE, DIGESTIF

Soulage colique, gaz et ballonnements. Régularise le cholestérol.

RECETTES *Soupe aux doliques (p. 261), Salade de fenouil (p. 276)*

LAITUE BEURRE (BOSTON)

★ VITAMINE A, ACIDE FOLIQUE; CALCIUM, POTASSIUM; FER; ZINC; FIBRES

● ANTICANCER, ANTIOXYDANT, PEU DE CALORIES

Améliore: transport de l'oxygène, fonction hépatique et guérison des blessures. Régularise le cholestérol. Bon pour cœur, nerfs, muscles et digestion.

RECETTE *Mesclun provençal (p. 275)*

MOUTARDE SAUVAGE

★ VITAMINES A, C, B3, ACIDE FOLIQUE; CALCIUM; FER; PROTÉINES; GLUCOSINOLATES, SOUFRE, HUILE VOLATILE; FIBRES

● ANTIBACTÉRIEN, ANTICANCER, ANTICATARRHAL, ANTIOXYDANT, STIMULE LA CIRCULATION

✔ *VOIR* GLUCOSINOLATES DANS LE GLOSSAIRE

Améliore: absoption du fer, transport de l'oxygène et guérison des blessures. Régularise le cholestérol. Son huile est bonne pour: rhume, sinusite, catarrhe nasal; elle stimule la circulation locale.

RECETTE *Mesclun provençal (p. 275)*

PISSENLIT (FEUILLE)

★ VITAMINES A, C, K; CALCIUM, MAGNÉSIUM, MANGANÈSE; FER; CAROTÉNOÏDES; CHOLINE; GLUCOSIDES; PRINCIPE AMER

● ANTIRHUMATISMAL, DÉTOXIFIANT, DIGESTIF, DIURÉTIQUE, LAXATIF, TONIQUE POUR LE FOIE

Puissant diurétique, mais ne cause pas de perte de potassium. Stimule la sécrétion biliaire et soutien la fonction hépatique

RECETTE *cru en salade*

RADICCHIO

★ VITAMINES B2, B3; POTASSIUM; ANTHOCYANE, PRINCIPES AMERS; FIBRES

● ANTICANCER, ANTI-INFLAMMATOIRE, ANTIOXYDANT, DIGESTIF, LAXATIF LÉGER

Diminue la glycémie et le cholestérol; empêche la formation de caillots. Soulage indigestion, coup de soleil et reflux.

RECETTE *Salade de mangue et orange (p. 276)*

ROQUETTE

★ VITAMINES A, C; PRINCIPE AMER, HUILE VOLATILE; FIBRES

● ANTICANCER, ANTISCORBUTIQUE, ANTIOXYDANT, STIMULE LA CIRCULATION, DIGESTIF

Contient de l'huile de moutarde, ce qui stimule la circulation. Fonctions digestive et hépatique. Bon pour immunité, blessures.

RECETTES *Salade de shiitake (p. 221), Salade de roquette (p. 275), Salade de maïs et tomates séchées (p. 276), Cocktail de légumes (p. 283)*

STÉVIA

★ GLUCOSIDES (STÉVIOSIDES)

● HYPOGLYCÉMIQUE, HYPOTENSEUR, ÉDULCORANT SANS CALORIES

Substitut 300 fois plus sucré que le sucre utile pour: diabète, obésité, hypertension. Peut diminuer la glycémie et augmenter la tolérance au glucose.

RECETTES *remplacer 240 g (1 tasse) de sucre par 1 c. à thé (à café) de stévia; 1 c. à soupe de sucre par ¼ de c. à thé (à café) de stévia; 1 c. à thé de sucre par une pincée de stévia.*

ortie

LES NOMBREUX NUTRIMENTS DE L'ORTIE RENFORCENT NOTRE SYSTÈME IMMUNITAIRE, NOUS PROTÉGEANT CONTRE LA MALADIE. CETTE PLANTE À USAGES MULTIPLES ENRICHIT ET PURIFIE LE SANG ET ATTÉNUE LES TROUBLES CIRCULATOIRES.

Origines

L'ortie est l'une des mauvaises herbes les plus communes au monde. Elle colonise en un rien de temps les terres fertiles et bien irriguées (champs, potagers, bois et terrains vagues des zones tempérées). Elle emmagasine de grandes quantités de nutriments bons pour la santé et réapprovisionne nos différents systèmes et nos tissus les plus faibles. C'est un excellent fortifiant.

Propriétés immunitaires

En cas d'immunodéficience, de cancer et de maladies dégénératives chroniques, l'ortie aide à guérir et à mieux faire face aux périodes difficiles. Légèrement diurétique, elle est fort efficace pour les problèmes de cœur et de circulation en éliminant l'excès de liquide et en tonifiant la paroi des vaisseaux sanguins. Bénéfique pour les reins, elle augmente l'élimination de l'acide urique et soulage la goutte. Détoxifiante, elle aide à traiter les problèmes de peau chroniques (ex.: eczéma, psoriasis). Riche en fer, elle est recommandée en cas d'anémie.

Comment l'utiliser

Le thé d'ortie est réputé pour purifier le sang (tonique printanier) et aider les convalescents. Stimulant circulatoire et diurétique, il est bénéfique en cas d'arthrite et de troubles des voies urinaires. En usage externe, le thé d'ortie glacé soulage brûlures et blessures mineures. Cueillez les jeunes pousses le matin, après la disparition de la rosée, et faites-les sécher. Les jeunes parties aériennes sont nutritives et curatives. Lavez-les et faites-les bouillir 10 minutes dans un peu d'eau et utilisez le liquide comme médicament.

Hachées finement, elles sont délicieuses dans les soupes, plats mijotés et sauces pour les pâtes. L'ortie précuite peut aussi être sautée avec poireaux, ail, sel et poivre ou remplacer les épinards (en les cuisant plus longtemps). Mélangez-la aussi avec la viande dans une lasagne.

PROFIL IMMUNITAIRE

★ VITAMINES A, C, K, B1, B2, B3, B5; CALCIUM, MAGNÉSIUM, PHOSPHATE, PHOSPHORE, POTASSIUM; BORE, BROME, BROMINE, CUIVRE, FER, SÉLÉNIUM, SILICE, ZINC; ACÉTYLCHOLINE, CHLOROPHYLLE, ACIDE FORMIQUE, LYCOPÈNE, GLUCOQUINONE, HISTAMINE, SÉROTONINE, TANNIN; FIBRES, OMÉGA-3, OMÉGA-6, ACIDES GRAS OLÉIQUES

● ANTICANCER, ANTI-INFLAMMATOIRE, ANTIOXYDANT, ASTRINGENT, SIMULE LA CIRCULATION, DÉTOXIFIANT, DIURÉTIQUE, DIMINUE LA GLYCÉMIE, TONIQUE

! PORTER DES GANTS POUR MANIPULER LA PLANTE FRAÎCHE; CUISSON OBLIGATOIRE

purée de patates aux orties *(photo)*

500 g (3 tasses) de patates douces, pelées et hachées
250 g (½ lb) de jeunes feuilles d'ortie fraîches
3 c. à soupe d'huile d'olive
1 oignon rouge, en tranches
200 g (1 ¼ tasse) de petits pois
Sel et poivre du moulin

Cuire les patates douces dans l'eau salée et réduire en purée. Cuire les orties dans un peu d'eau, égoutter et hacher. Chauffer l'huile dans une poêle et faire sauter l'oignon. Ajouter les pois, les orties et les patates. Remuer et assaisonner.

soupe épicée aux orties

250 g (½ lb) de jeunes feuilles d'ortie fraîches
2 c. à soupe d'huile d'olive
½ c. à thé (à café) de cayenne
1 c. à thé (à café) de curcuma
1 feuille de laurier
1 gousse d'ail, hachée
1 poireau, haché
2 pommes de terre, en cubes
1 carotte, hachée
1 racine de persil ou de panais, hachée
2 c. à soupe de farine
1,5 litre (6 tasses) de Bouillon de légumes (p. 260), dilué
Sel et poivre du moulin

Cuire les orties à la vapeur dans un peu d'eau, hacher et réserver. Chauffer l'huile dans une grande poêle. Ajouter les épices, remuer et ajouter les légumes. Faire sauter quelques minutes sans dorer. Fariner à feu doux, remuer et verser le bouillon. Porter à ébullition, laisser mijoter 10 à 15 minutes; ajouter les orties et l'eau de cuisson. Laisser mijoter 5 minutes et assaisonner.

infusion d'ortie à la lime

2 feuilles d'ortie fraîches ou 1 c. à thé (à café) d'ortie séchée
250 ml (1 tasse) d'eau bouillante
1 tranche épaisse de lime (citron vert)

Avec des gants, mettre l'ortie dans une tasse. Ajouter l'eau et la lime. Couvrir et laisser infuser 5 min.

FRUITS SUCRÉS

ABRICOT (FRAIS ET SÉCHÉ)

★ VITAMINES A, C, E, B2, B3, B5; C, K, CALCIUM, MAGNÉSIUM, POTASSIUM; CUIVRE, FER, ZINC; FIBRES, SUCRES

● ANTIOXYDANT, DÉTOXIFIANT, IMMUNOSTIMULANT

! ÉVITER LES ABRICOTS SÉCHÉS LUISANTS TRAITÉS AU DIOXYDE DE SOUFRE

Détoxifiant, favorise élimination des déchets, transformation des aliments en énergie, transport de l'oxygène dans le sang et production d'anticorps. Stabilise la glycémie; aide au bon fonctionnement des muscles, nerfs, enzymes et hormones.

RECETTES *Musli (p. 259), Crêpes aux fruits (p. 259), Abricot et gingembre (p. 280), Nirvana (p. 282), Tutti frutti (p. 283)*

ANANAS

★ VITAMINES C, B1, B6; MANGANÈSE, POTASSIUM; CUIVRE, FER, ZINC; BROMÉLINE, ACIDE CITRIQUE; FIBRES, SUCRES

● ANTICANCER, ANTI-INFLAMMATOIRE

Modifie la réponse inflammatoire; accélère la guérison des tissus. Bon pour digestion, athérosclérose, angine, rétention, pression artérielle. Prévient la formation de caillots.

RECETTES *Piña colada (p. 283), Ananas rose (p. 283)*

BANANE

★ VITAMINES C, B3, B5, B6, BIOTINE; MAGNÉSIUM, MANGANÈSE, POTASSIUM; FIBRES, SUCRES

● ANTISTRESS, STIMULE L'ÉNERGIE ET LA DIGESTION

Aide à la prévention de: cancer, arthrite rhumatoïde, maladies du cœur, hypertension artérielle. Augmente le métabolisme des protéines, des glucides et des lipides; stabilise la glycémie.

Bon pour peau, cheveux, nerfs et moelle osseuse. Facile à digérer, aide à soulager les troubles gastro-intestinaux.

RECETTES *Pommes au four (p. 278), Crème de mûres (p. 280), Frappé aux fruits (p. 280), Mangue veloutée (p. 280)*

CANTALOUP

★ VITAMINES A, C, B3, B6, ACIDE FOLIQUE; CAROTÉNOÏDES; POTASSIUM; SUCRES

● ANTIOXYDANT, STIMULE L'ÉNERGIE

Pourrait inhiber les cellules cancéreuses (vitamines A et C, caroténoïdes). Bon pour guérison des blessures, santé des tissus, transformation des autres aliments en énergie.

RECETTES *Salade de fruits rose (p. 258), Soupe au melon à la menthe (p. 261), Melon et orange (p. 282)*

FRUIT DE LA PASSION

★ VITAMINES A, C, B2, B3, B6, ACIDE FOLIQUE; MAGNÉSIUM, PHOSPHORE, POTASSIUM; CUIVRE, FER; ACIDE CITRIQUE; FIBRES, SUCRES

● ANTIALLERGIQUE, ANTICANCER, ANTIOXYDANT

Bon pour nerfs, peau, muqueuse, énergie, crampes musculaires; atténue l'insomnie et la dépression.

RECETTES *Sorbet aux fruits de la passion (p. 278), Jus passion (p. 282), Passion et lime (p. 283)*

GOYAVE

★ VITAMINES A, C, B2, B3, B5, B6, ACIDE FOLIQUE; MAGNÉSIUM, MANGANÈSE, POTASSIUM; CUIVRE; FIBRES; SUCRES

● ANTIOXYDANT, DÉTOXIFIANT, IMMUNOSTIMULANT

Très riche en vitamine C, antioxydant naturel; élimine les radicaux libres. Rôle de premier plan pour contrer maladies immunodéficitaires graves, maladies du cœur et cancer; réduit la sévérité des maladies auto-immunes.

RECETTES *Crêpes aux fruits (p. 259), Goyave et pomme (p. 280)*

KIWI

★ VITAMINES C, B6, E, K, ACIDE FOLIQUE; MAGNÉSIUM, MANGANÈSE, POTASSIUM; CUIVRE; FIBRES; SUCRES

● ANTIOXYDANT

Conserve longtemps sa valeur nutritive; après 6 mois d'entreposage, 90 % de sa vitamine C est encore intacte. Bon pour santé et réparation des tissus, transformation des aliments en énergie.

RECETTES *Salade de fruits (p. 258), Salade de fruits tropicale (p. 279)*

MANGUE

★ VITAMINES A, C, E, K, B6; ACIDE CITRIQUE, PAPAÏNE; FIBRES, SUCRES

● ANTIALLERGIQUE, ANTIBACTÉRIEN, ANTICANCER, ANTIOXYDANT, DÉTOXIFIANT, STIMULE L'ÉNERGIE, IMMUNOSTIMULANT

! PEUT CAUSER UNE DERMITE DANS DE RARES CAS

Stimule le système immunitaire, protège la muqueuse contre les

éléments pathogènes. La papaïne, une enzyme qui aide à fragmenter les protéines, peut aider dans les cas d'allergie au blé ou d'intolérance au gluten.

RECETTES *Mangue veloutée (p. 280), Mangue et lime (p. 282)*

PAPAYE

★ **VITAMINES A, C, ACIDE FOLIQUE; CAROTÉNOÏDES, PAPAÏNE; POTASSIUM; FIBRES, SUCRES**

● **ANTIALLERGIQUE, ANTIBACTÉRIEN, ANTIOXYDANT, DÉTOXIFIANT**

Bon pour problèmes de peau, ulcères gastriques, troubles pancréatiques, cancer et problèmes liés au malfonctionnement du système immunitaire. La papaïne est une enzyme digestive et détoxifiante.

RECETTES *Salade de fruits (p. 258), Papaye citron (p. 283)*

POMME

★ **VITAMINE C; POTASSIUM; ACIDE MALIQUE, TANNIN, HUILE VOLATILE; FIBRES, PECTINE, SUCRES**

● **DÉTOXIFIANT, RÉDUIT LE CHOLESTÉROL**

Protège contre les effets de certaines toxines environnementales. Stimule la sécrétion des sucs digestifs et aide la digestion des protéines. La pectine se lie au cholestérol et aux acides biliaires pour faciliter leur excrétion de l'organisme; aide à soigner la diarrhée.

RECETTES *Yogourt aux fruits (p. 259), Pommes au four (p. 278), Betterave et pomme (p. 280), Goyave et pomme (p. 280)*

RAISIN

★ **VITAMINES C, K, B1, B2, B6, BIOTINE; MAGNÉSIUM, MANGANÈSE, PHOSPHORE; CUIVRE, FER; ANTHOCYANES, ACIDE TARTRIQUE; SUCRES**

● **ANTI-INFLAMMATOIRE, ANTIOXYDANT, DÉTOXIFIANT**

Frais ou sec, il est un «modificateur de la réponse biologique»; inhibe l'action des allergènes, virus et carcinogènes. Désactive les radicaux libres; détoxifiant. (**VOIR** Cure de raisin, p. 289.)

RECETTES *Salade de fruits (p. 258), Quinoa aux fruits séchés (p. 258), Frappé aux raisins (p. 283)*

pamplemousse

LE PAMPLEMOUSSE EST UN PUISSANT DÉTOXIFIANT QUI AIDE L'ORGANISME À SE DÉBARRASSER DES MICROBES NÉFASTES ET À RENFORCER LE SYSTÈME IMMUNITAIRE CONTRE DIVERS ENNEMIS. IL AIDERAIT À RÉPARER LES TISSUS ET À CONTRER LA CROISSANCE DES TUMEURS.

Origines

Probablement originaire de la Jamaïque, il est une mutation du pomélo ou un hybride entre le pomélo et l'orange douce. Apprécié dans toutes les Antilles en 1750, il s'est répandu rapidement à travers le monde. Choisissez des fruits à la peau ferme et luisante qui semblent lourds pour leur grosseur. Évitez ceux qui sont mous et trop pâles. La valeur nutritive varie selon la variété et la couleur. La pulpe rose ou rubis renferme plus de vitamine A que la jaune.

Propriétés immunitaires

Détoxifiant, il agit sur le système digestif et le foie. Il aide à lutter contre bactéries, champignons, parasites et virus et est bénéfique au système immunitaire (rhume, grippe). Sa teneur en phytochimiques renforce l'immunité, guérit les blessures et pourrait inhiber la croissance tumorale. Même s'il est préférable d'éviter les agrumes en cas de maladie auto-immune, le pamplemousse soulage les maladies inflammatoires dans certains cas.

Efficace pour contrer le stress, il favorise la guérison en renforçant vaisseaux sanguins, os et autres tissus. Ses fibres solubles aident à réduire le cholestérol et autres lipides sanguins en se liant à l'excès de cholestérol et aux acides biliaires pour les expulser de l'organisme (bon pour prévenir et traiter maladies du cœur, maladie artérielle et calculs biliaires). Il aide la digestion, soulage la constipation et inhibe la formation des calculs rénaux.

Le pamplemousse stimule le métabolisme. Une portion moyenne contient moins de 100 calories et satisfait l'appétit grâce à sa haute teneur en fibres. Ses principes amers aident la digestion et permettent aux personnes au régime de retirer une valeur optimale de leurs repas tout en contrôlant leur appétit.

Le Citricidal, un extrait de pépins de pamplemousse, est un agent antimicrobien naturel contre streptocoques, staphylocoques, salmonelle, mycobactéries et autres pathogènes. L'huile de pamplemousse est astringente et antiseptique pour les problèmes de peau mineurs.

PROFIL IMMUNITAIRE

★ VITAMINES A, C, ACIDE FOLIQUE; POTASSIUM; PRINCIPE AMER, BIOFLAVONOÏDES, ACIDES CITRIQUE ET PHÉNOLIQUE, LYCOPÈNE; FIBRES, PECTINE, SUCRES

● ANTIALLERGIQUE, ANTICANCER, ANTIMICROBIEN, ANTIOXYDANT, DÉTOXIFIANT, DIGESTIF, IMMUNOSTIMULANT. DIMINUE LA PRESSION ARTÉRIELLE ET LE CHOLESTÉROL

! LE JUS PEUT INTERAGIR AVEC CERTAINS MÉDICAMENTS; DEMANDER L'AVIS DU MÉDECIN

pamplemousses farcis *(photo)*

2 pamplemousses, coupés en deux (retirer et hacher la pulpe)
1 avocat, en cubes
1 morceau de gingembre de 2,5 cm (1 po), haché
1 poire, en cubes
1 petit poivron vert, haché
2 olives noires, dénoyautées
2 c. à soupe de mélisse, hachée

Mélanger pamplemousses, avocat, gingembre, poire et poivron. Répartir dans les écorces. Garnir d'olives et de mélisse.

boisson au pamplemousse et à la menthe

500 ml (2 tasses) d'eau bouillante
1 botte de menthe
2 c. à soupe de sirop d'érable
2 pamplemousses à pulpe rouge
1 lime (citron vert)

Dans une théière, verser l'eau bouillante sur la menthe et laisser infuser 5 minutes. Ajouter le sirop et laisser refroidir. Presser le jus des pamplemousses et de la lime; verser dans 4 verres. Ajouter l'infusion refroidie et servir sur des glaçons.

salade de pamplemousse

1 pamplemousse, en segments
1 avocat, en tranches
1 endive, en fines tranches
2 tiges de céleri, en fines tranches
100 g (1 tasse) de germes de haricot
Vinaigrette à la lime (p. 267)
1 botte de cresson

Dans un bol, mélanger pamplemousse, avocat, endive, céleri et germes de haricot. Arroser de vinaigrette et garnir de cresson.

AGRUMES

CITRON

★ **VITAMINE C; ACIDE CITRIQUE; FIBRES**

● **ANTIALLERGIQUE, ANTIBACTÉRIEN, ANTIOXYDANT**

Riche en vitamine C. Bon pour résistance à l'infection, absorption du fer, guérison des blessures, renforcement des membranes cellulaires, hypertension, santé du cœur, des nerfs et du tissu musculaire.

RECETTES *Guacamole (p. 266), Vinaigrette tahini-citron (p. 267), Jus de carotte, citron et ail (p. 280), Repousse-froid (p. 284)*

LIME (CITRON VERT)

★ **VITAMINE C, ACIDE CITRIQUE; FIBRES**

● **ANTIALLERGIQUE, ANTIBACTÉRIEN, ANTIOXYDANT**

Améliore santé des tissus, efficacité du système immunitaire, absorption du fer. Accélère la guérison des blessures. Aide à prévenir et à traiter le cancer.

RECETTES *Infusion d'ortie à la lime (p. 187), Brochettes de tempeh (p. 209), Vinaigrette à la lime (p. 267), Mangue et lime (p. 282), Piña colada (p. 283), Passion et lime (p. 283)*

ORANGE

★ **VITAMINES C, B1, ACIDE FOLIQUE; POTASSIUM; BÊTA-SITOSTÉROL; FIBRES, SUCRES**

● **ANTIOXYDANT, ANTISTRESS, RÉDUIT LE CHOLESTÉROL**

! **PEUT PARFOIS CAUSER LA MIGRAINE**

✘ **À ÉVITER EN CAS D'ARTHRITE RHUMATOÏDE**

Bon pour énergie, résistance aux infections, maintien de la santé des cellules sanguines, diminution du cholestérol, absorption du fer, guérison des blessures, protection contre le cancer, santé de la peau et de la muqueuse, production d'anticorps, hypertension, allergie.

RECETTES *Salade de tempeh au maïs (p. 209), Salade de mangue et orange (p. 276), Melon et orange (p. 282), Ananas rose (p. 283), Lever de soleil (p. 283)*

PETITS FRUITS

AUBÉPINE

★ **VITAMINES C, E, K, B2; ANTHOCYANES, GLUCOSIDES, SAPONINES, TANNIN**

● **ANTI-INFLAMMATOIRE, ANTIOXYDANT, TONIQUE; DIMINUE LA PRESSION ARTÉRIELLE**

Baie bonne pour: système cardiovasculaire (soutient le cœur en cas d'insuffisance cardiaque), angine, hypertension, artériosclérose. Réduit l'agrégation plaquettaire, prévient les thromboses. Inhiberait la croissance de certains cancers (poumon, peau et œsophage).

RECETTE *Infusion pour la circulation (p. 284)*

BLEUET ET MYRTILLE

★ **VITAMINES C, E, K, B2, ACIDE FOLIQUE; MANGANÈSE; TANNIN, ANTHOCYANES; FIBRES, SUCRES**

● **ANTIBACTÉRIEN, ANTI-INFLAMMATOIRE, ANTIOXYDANT, ANTISEPTIQUE, TONIQUE**

Bon pour arthrite rhumatoïde, microcirculation, capillaires sanguins, système cardiovasculaire, vision nocturne. Prévient la formation de caillots. Soulage diarrhée, infections de la gorge, cataractes.

RECETTES *remplace mûres, framboises et canneberges*

CANNEBERGE (AIRELLE)

★ **VITAMINES C, E, K; MANGANÈSE; ANTHOCYANES, ACIDES CITRIQUE, QUINIQUE ET BENZOÏQUE, TANNIN; FIBRES, SUCRES**

● **ANTICANCER, ANTIOXYDANT**

Le jus est un puissant antioxydant; soulage les infections urinaires et aiderait à réduire les calculs rénaux.

RECETTE *Canneberge pétillante (p. 280)*

CERISE DOUCE (SAUVAGE)

★ **VITAMINE C; POTASSIUM; ANTHOCYANES; ACIDE MALIQUE; FIBRES, SUCRES**

● **ANTI-INFLAMMATOIRE, ANTIOXYDANT, DÉTOXIFIANT, RÉGÉNÉRESCENT**

✔ **L'INFUSION DE QUEUES DE CERISE SOULAGE LA CYSTITE**

Bon pour énergie, arthrite rhumatoïde, arthrose, cœur, muscles et nerfs. Diminue l'acide urique, combat la goutte, réduit l'agrégation plaquettaire, prévient les caillots.

RECETTE *Salade de fruits rose (p. 258)*

ÉGLANTIER (FRUIT D')

★ **VITAMINE C; CAROTÉNOÏDES, TANNIN; PECTINE**

● **ANTIALLERGIQUE, ANTIOXYDANT, CURATIF, LAXATIF DOUX**

Très riche en vitamine C; protège contre les infections (rhume). Bon pour énergie, muqueuse, guérison des blessures, prévention des cardiopathies et de la formation des cellules cancéreuses.

RECETTES *Cordial (p. 286), Sirop d'églantier (p. 286), Thé pour mal d'oreille (p. 287)*

FRAISE

★ **VITAMINES C, K, ACIDE FOLIQUE; MAGNÉSIUM, MANGANÈSE; POTASSIUM; ANTHOCYANES; TANNINS; ACIDE CITRIQUE; FIBRES, SUCRES**

● **ANTI-INFLAMMATOIRE, ANTIOXYDANT, ASTRINGENT, DIURÉTIQUE, LAXATIF**

Bon pour fièvre, arthrite rhumatoïde, peau, muqueuse, guérison des blessures, absorption du fer, cholestérol, hypertension, athérosclérose, allergie, acné, perte de vision due au vieillissement

RECETTE *Crêpes aux fruits (p. 259)*

FRAMBOISE

★ **VITAMINES C, E, K, B3, B5, BIOTINE, ACIDE FOLIQUE; MAGNÉSIUM, POTASSIUM; FER; TANNINS, ACIDES CITRIQUE ET SALICYLIQUE; FIBRES, SUCRES**

● **ANTIOXYDANT, DÉTOXIFIANT, LAXATIF, TONIQUE**

✔ **LES FEUILLES SONT RECOMMANDÉES AUX FEMMES ENCEINTES**

Puissant antioxydant. Bon pour cheveux, peau, glandes sudoripares, nerfs, foie, moelle osseuse, muqueuse, guérison des plaies. Aide l'organisme à s'autonettoyer.

RECETTES *Crêpes aux fruits (p. 259), Gâteau aux framboises (p. 278), Sorbet aux framboises (p. 279)*

MÛRE NOIRE

★ **VITAMINES C, E, K, B2, B3, B6, ACIDE FOLIQUE; MANGANÈSE, POTASSIUM; FER; ANTHOCYANES, ACIDE CITRIQUE; FIBRES, SUCRES**

● **ANTIOXYDANT**

! **S'IL N'EST PAS ASSEZ MÛR, LE FRUIT PEUT ÊTRE TOXIQUE**

Bon pour énergie, force, nerfs, cœur, foie, muscle, moelle osseuse, membranes cellulaires, absorption du fer, transport de l'oxygène vers les tissus, cholestérol, métabolisme des gras et des protéines. Pourrait protéger contre cardiopathies, cancer, arthrite rhumatoïde.

RECETTES *Utiliser dans les recettes de petits fruits*

RONCE À FEUILLES D'ORME

★ **VITAMINES C, E, K, B3, ACIDE FOLIQUE; MANGANÈSE; CUIVRE; ACIDE CITRIQUE; FIBRES, SUCRES**

● **ANTIOXYDANT, TONIQUE**

Bon pour absorption du fer, transformation des aliments en énergie, transport de l'oxygène, foie, métabolisme des protéines et des gras, hypertension, guérison des blessures. Aide à protéger contre le cancer et les maladies du cœur.

RECETTES *Yogourt aux fruits (p. 259), Crumble aux mûres (p. 279), Crème de mûres (p. 280)*

SUREAU

★ **VITAMINES A, C, B1, B2, B3, B6, BIOTINE; CALCIUM, FER; PHOSPHORE, POTASSIUM; ANTHOCYANES, TANNIN; SUCRES**

● **ANTIALLERGIQUE, ANTICANCER, ANTIOXYDANT, ASTRINGENT, DIURÉTIQUE, LAXATIF; ACTIVE LA SUDATION**

Bon pour énergie, troubles des voies respiratoires supérieures (rhume, grippe, catarrhe), inflammations (dont les douleurs rhumatismales), absorption du fer, production d'hémoglobine, cholestérol, métabolisme des lipides, fonction hépatique.

RECETTE *Cordial au sureau (p. 284)*

framboise

LES FEUILLES ET LES FRUITS DU FRAMBOISIER SONT UTILISÉS COMME MÉDICAMENTS DEPUIS DES SIÈCLES. LES FRUITS SONT ISSUS DE LA TRANSFORMATION DES CARPELLES EN DRUPÉOLES SEMI-SOUDÉES.

Origines

Nord, de l'Europe et de l'Asie septentrionale. Les variétés vendues dans le commerce sont souvent des hybrides du framboisier américain (Rubus strigosus) et du framboisier européen (Rubus idaeus). Le mot idaeus fait référence au mont Ida, près de Troie, où les Grecs anciens cueillaient la framboise à la fois comme aliment et médicament. Ce sont toutefois les Romains qui l'ont cultivée dans toute l'Europe. Dans les anciennes pharmacopées, on désigne souvent la framboise comme «le fruit qui renforce le cœur». En Europe, pendant l'épidémie de choléra du XIXe siècle, on mélangeait les feuilles à d'autres plantes pour remplacer le potassium et traiter la diarrhée en combattant la perte de liquide.

Cure de framboise

La framboise contient des polyphénols aux effets anti-inflammatoires et antibiotiques qui diminuent la prolifération des cellules cancéreuses. Elle aide aussi à soulager les symptômes de la toux, du rhume, de la grippe et de l'arthrite. Elle contribue au traitement des allergies, du cancer et du diabète. Les tannins astringents des feuilles servent à traiter diarrhée, ulcères de la bouche, gencives saignantes, herpès labial et mal de gorge (gargarisme). Le thé de feuilles peut servir de collyre dans les cas de conjonctivite légère. Il facilite aussi l'accouchement naturel. Bu chaque jour au cours des deux derniers mois de grossesse, il aide l'utérus à reprendre sa forme après l'accouchement. On le recommande aussi pour soulager les règles abondantes ou douloureuses et – combiné aux feuilles de sauge – pour atténuer les symptômes de la ménopause.

Les extraits d'huile provenant des graines de framboise servent à faire un onguent hydratant bon pour la peau et riche en vitamines C et E et en acides gras oméga-3 et -6. Le vinaigre de framboise est un remède réputé contre la fièvre, l'angine et les douleurs thoraciques (recette p. 195). En prendre 1 à 2 c. à soupe, deux ou trois fois par jour, dans un verre d'eau plate ou pétillante.

PROFIL IMMUNITAIRE

★ FRUIT: VITAMINES A, B2, B3, C, K, THIAMINE; FER, CALCIUM, POTASSIUM, MANGANÈSE; PROTÉINES, FIBRES; GLUCOSE, FRUCTOSE, XYLITOL; ACIDES CITRIQUE ET MALIQUE, PECTINE, POLYPHÉNOL. FEUILLES: TANNINS, POLYPEPTIDES, FLAVONOÏDES

● ASTRINGENT, TONIQUE, ANTISPASMODIQUE, RAFRAÎCHISSANT, ANTI-INFLAMMATOIRE

✔ LES FRUITS SE CONSERVENT QUELQUES JOURS AU FROID; LES LAVER SEULEMENT SI NÉCESSAIRE

purée de framboises minute *(photo)*

250 g (1 ½ tasse) de framboises
120 g (½ tasse) de sucre
1 c. à thé (à café) de jus de citron

Réduire le tout en purée. Servir avec crêpes ou crème glacée ou sur du pain grillé pour remplacer la confiture.

vinaigre de framboise

330 ml (1 ⅓ tasse) de vinaigre blanc
250 g (1 ½ tasse) de framboises
120 g (½ tasse) de sucre de canne

Dans une casserole, cuire le tout à feu doux sans laisser bouillir jusqu'à dissolution complète du sucre. Filtrer, embouteiller et garder au froid.

frappé aux pêches et framboises

125 g (¾ de tasse) de framboises + quelques-unes pour garnir
1 pêche
1 banane
1 bâton de vanille de 2 cm (¾ de po)
7 c. à soupe de yogourt de soja nature
1 trait de jus d'orange
1 c. à thé (à café) de sirop d'érable (facultatif)
2 fines tranches de lime (citron vert)

Au robot culinaire, mélanger les fruits, puis ajouter le yogourt, le jus d'orange et le sirop. Mixer jusqu'à consistance lisse. Verser dans un verre et garnir de lime et de framboises.

avocat

L'AVOCAT RENFERME DES PHYTOCHIMIQUES PROTÉGEANT CONTRE LE CANCER, L'ATTAQUE CÉRÉBRALE ET LES CARDIOPATHIES. ANTI-INFLAMMATOIRE ET ANTIFONGIQUE, IL STABILISE LA GLYCÉMIE ET LES LIPIDES SANGUINS ET AIDE À MAINTENIR UNE PRESSION ARTÉRIELLE NORMALE.

Origines

L'avocat était l'un des aliments de base des Aztèques. Même si les conquistadors le connaissaient déjà au XVIe siècle, ce n'est qu'au début du XXe siècle qu'il a gagné en popularité dans le monde entier. L'avocatier a un feuillage persistant et de petites feuilles d'un beau jaune verdâtre. Il produit des fruits dès l'âge de trois ans et pendant des centaines d'années. Seules 100 à 400 fleurs sur un million donnent des fruits que l'on cueille avant leur pleine maturité. Il faut environ une semaine pour faire mûrir un avocat à température ambiante. Pour accélérer le mûrissement, placez le fruit dans un sac de papier avec une pomme. La chair noircissant rapidement au contact de l'air, il faut l'arroser de jus de citron.

Propriétés immunitaires

Très nutritif, l'avocat est riche en vitamines et minéraux et renferme plus de potassium que la banane. Ses nombreux antioxydants aident à éliminer les radicaux libres et à prévenir le cancer (bouche, gorge, prostate, sein).

Ses photochimiques anti-inflammatoires et antifongiques freinent la germination des spores fongiques dans le traitement des infections à levures. L'avocat stimule le système immunitaire, augmente la production d'anticorps et agit comme vasodilatateur léger. Il détend les muscles entourant les vaisseaux sanguins, diminue la pression artérielle et le risque d'attaque cérébrale. Il protège la peau contre le vieillissement et préserve la santé des cheveux, glandes sudoripares, nerfs, muscles, muqueuse et moelle osseuse. Il améliorerait aussi la qualité du sperme.

Un aliment énergétique

Renfermant 75 % de gras (mono-insaturés, acide oléique), il diminue le mauvais cholestérol, a un bon effet sur les lipides sanguins et aide à stabiliser la glycémie. En mûrissant, sa faible quantité de gras saturés se transforme en gras polyinsaturés. Les bêta-sitostérols réduisent l'absorption de cholestérol alimentaire et sont largement utilisés dans la composition de médicaments anticholestérolémiants.

PROFIL IMMUNITAIRE

★ VITAMINES C, E, K, B1, B2, B3, B5, B6, BIOTINE, ACIDE FOLIQUE; MAGNÉSIUM, MANGANÈSE, POTASSIUM; ZINC; BÊTA-SITOSTÉROLS, CAROTÉNOÏDES, GLUTATHION; FIBRES, ACIDE OLÉIQUE, ACIDES GRAS OMÉGA-3 ET -6

● ANTICANCER, ANTIFONGIQUE, ANTI-INFLAMMATOIRE, ANTIOXYDANT

✔ 50 % DES PERSONNES ALLERGIQUES AU LATEX SONT AUSSI ALLERGIQUES À L'AVOCAT

avocats farcis *(photo)*

- 2 tomates, hachées
- ½ concombre, haché
- 1 botte de ciboulette, hachée
- 2 avocats, dénoyautés
- 4 c. à soupe d'huile de tournesol
- 1 c. à soupe de vinaigre de vin ou d'estragon
- 1 gousse d'ail, broyée
- ½ c. à thé (à café) de sauce soja
- ½ c. à thé (à café) de tabasco

Mélanger les tomates, le concombre et la ciboulette. Farcir les avocats. Mélanger le reste des ingrédients et verser sur les légumes. Servir avec du pain croûté.

frappé à l'avocat

Par portion:

- 1 avocat, pelé et haché
- 1 poire, pelée et hachée
- ½ pamplemousse, pressé
- 1 c. à thé (à café) de gingembre frais, haché
- 80 ml (⅓ de tasse) de boisson (jus) de soja
- 4 c. à soupe de yogourt de soja nature

Passer le tout au mélangeur et servir aussitôt.

salade d'avocat et de cresson

- 2 c. à thé (à café) de graines de cumin
- 1 botte de cresson, hachée
- 3 gros avocats, en fines tranches
- Vinaigrette tahini-citron (p. 267)

Griller le cumin dans une poêle sèche et broyer. Déposer le cresson dans une assiette et ajouter l'avocat. Arroser de vinaigrette et saupoudrer de cumin.

noix et graines

AMANDE

★ VITAMINES E, B2, B3, BIOTINE, ACIDE FOLIQUE; CALCIUM, MAGNÉSIUM, MANGANÈSE, PHOSPHORE, POTASSIUM; BORE, CUIVRE, FER, ZINC; STÉROLS; FIBRES, PROTÉINES, GRAS MONO-INSATURÉS, OMÉGA-6

● ANTIOXYDANT, RÉDUIT LE CHOLESTÉROL, TRÈS NUTRITIF

! LES AMANDES AMÈRES PEUVENT ÊTRE TOXIQUES

Maintient taux de glycémie et de lipides sanguins; renforce le cœur. Bon pour pression artérielle, membrane cellulaire.

RECETTES *Musli (p. 259), Noix et graines grillées (p. 266)*

CHÂTAIGNE

★ VITAMINES B3, B5, B6; MAGNÉSIUM, MANGANÈSE, PHOSPHORE, POTASSIUM; CUIVRE, ZINC; SUCRES COMPLEXES, FIBRES, SUCRES, PROTÉINES

● ÉNERGISANT, IMMUNOSTIMULANT, NUTRITIF

Son énergie est absorbée lentement; stabilise la glycémie, augmente force et énergie.

RECETTE *Marrons et kumquats (p. 273)*

GRAINE DE CITROUILLE

★ VITAMINES B1, B2, B3; MAGNÉSIUM, PHOSPHORE, POTASSIUM; CUIVRE, FER, SÉLÉNIUM, ZINC; FIBRES, OMÉGA-3, PROTÉINES, GRAS INSATURÉS

● ANTI-INFLAMMATOIRE, ANTIOXYDANT, DÉTOXIFIANT, IMMUNOSTIMULANT

Très nutritive. Prévient et traite troubles auto-immuns, immunodéficitaires, cardiovasculaires. Bon pour prostate.

RECETTE *Salade de carotte et betterave (p. 275)*

GRAINE DE LIN

★ VITAMINES B1, B2, B3, B5, B6; CALCIUM, MAGNÉSIUM, PHOSPHORE, POTASSIUM; FER, ZINC; GLUCOSIDES; FIBRES; MUCILAGE, OMÉGA-3 ET -6

● ANTITUSSIF, RÉDUIT LE CHOLESTÉROL, IMMUNOSTIMULANT, LAXATIF

Bon pour toux, bronchite, constipation, psoriasis. Diminue la glycémie et le cholestérol; protège contre certains cancers.

RECETTE *Musli (p. 259)*

GRAINE DE PASTÈQUE

★ VITAMINES B2, B3, ACIDE FOLIQUE; CALCIUM, MAGNÉSIUM, MANGANÈSE, POTASSIUM; CUIVRE, FER, ZINC; PROTÉINES, GRAS INSATURÉS

● ANTIOXYDANT, RÉDUIT LE CHOLESTÉROL, BON POUR LA PEAU

Soutient les systèmes immunitaire et cardiovasculaire; régularise les lipides sanguins. Bon pour guérir les blessures, peau, ongles, cheveux.

RECETTE *Noix et graines grillées (p. 266)*

GRAINE DE SÉSAME/TAHINI

★ VITAMINES E, B1, B2, B3, B6, ACIDE FOLIQUE; CALCIUM, MAGNÉSIUM, MANGANÈSE, PHOSPHORE; CUIVRE, FER, ZINC; AMIDON, FIBRES, PROTÉINES, GRAS POLY ET MONO-INSATURÉS, OMÉGA-6, STÉROLS, PHYTOESTROGÈNES

● ANTICANCER, ANTIOXYDANT, RÉDUIT LE CHOLESTÉROL, NUTRITIF

Aide à réparer les tissus, combat le stress.

RECETTES *Salade de tempeh au maïs (p. 209), Vinaigrette tahini-citron (p. 267), Salade de lentilles (p. 276)*

GRAINE DE TOURNESOL

★ VITAMINES E, B1, B2, B3, B5, B6, ACIDE FOLIQUE; CALCIUM, MAGNÉSIUM, MANGANÈSE, PHOSPHORE, POTASSIUM; CUIVRE, FER, SÉLÉNIUM, ZINC; FIBRES, PROTÉINES, GRAS POLY ET MONO-INSATURÉS, STÉROLS, OMÉGA-6

● ANTICANCER, ANTIOXYDANT, RÉDUIT LE CHOLESTÉROL, NUTRITIF

Régularise le taux de lipides sanguins, améliore la peau et répare les tissus, aide en cas d'eczéma.

RECETTES *Musli (p. 259), Noix et graines grillées (p. 266)*

NOISETTE

★ VITAMINES E, C, K, B1, B6, BIOTINE, ACIDE FOLIQUE; CALCIUM, MAGNÉSIUM, MANGANÈSE, PHOSPHORE, POTASSIUM; BORE, CUIVRE, FER, ZINC; FIBRES, PROTÉINES, STÉROLS, ACIDE OLÉIQUE, OMÉGA-3 ET -6

● ANTIOXYDANT, RÉDUIT LE CHOLESTÉROL ET LES LDL, ANTICANCER

✘ À ÉVITER EN CAS D'ALLERGIE

Régularise le taux de lipides sanguins; répare les cellules; protège contre les radicaux libres. Bon pour peau, cheveux, ongles, glandes, nerfs, moelle osseuse, muqueuse.

RECETTE *Noix et graines grillées (p. 266)*

NOIX

★ VITAMINES E, B1, B2, B3, B5, B6, BIOTINE, ACIDE FOLIQUE; CALCIUM, MAGNÉSIUM, MANGANÈSE, PHOSPHORE, POTASSIUM; CUIVRE, FER, SÉLÉNIUM, ZINC; FIBRES, PROTÉINES, OMÉGA-3 ET -6, STÉROLS

● ANTIOXYDANT, ANTI-INFLAMMATOIRE, RÉDUIT LE CHOLESTÉROL

Réduit le risque de cardiopathie et de cancer. Bon pour cellules sanguines, muscles, système nerveux, fonctions cérébrales, énergie, force, stress.

RECETTES *Salade de roquette (p. 275), Salade de fenouil (p. 276)*

NOIX DE CAJOU

★ VITAMINES K, B1, B5, B6, BIOTINE; MAGNÉSIUM, MANGANÈSE, PHOSPHORE, POTASSIUM; BORE, CUIVRE, FER, SÉLÉNIUM, ZINC; FIBRES, PROTÉINES, ACIDE OLÉIQUE, OMÉGA-3 ET -6

● ANTIOXYDANT, RÉDUIT LE CHOLESTÉROL ET LES LDL

Bon pour pression artérielle, taux de lipides sanguins, production d'hémoglobine, métabolisme des gras, stress, peau, cheveux, glandes, nerfs, cellules sanguines, muqueuse, moelle osseuse.

RECETTES *Noix et graines grillées (p. 266), Paella (p. 268)*

NOIX DE MACADAM

★ VITAMINES B1, B3, B5, B6, BIOTINE; MAGNÉSIUM, MANGANÈSE, PHOSPHORE; CUIVRE, FER, ZINC; FIBRES, PROTÉINES, GRAS INSATURÉS

● ANTIOXYDANT, RÉDUIT LE CHOLESTÉROL, BON POUR LA PEAU

Réduit le stress oxydatif; bon pour le cœur, entre dans la fabrication de produits pour la peau.

RECETTE *Légumes verts aux noix de macadam (p. 274)*

PACANE

★ VITAMINES E, B1, B2, B6; CALCIUM, MAGNÉSIUM, MANGANÈSE, PHOSPHORE, POTASSIUM; CUIVRE, FER, ZINC; PROTÉINES, STÉROLS, ACIDE OLÉIQUE, OMÉGA-3 ET -6

● ANTIOXYDANT, RÉDUIT LE CHOLESTÉROL, ANTICANCER

✘ À ÉVITER EN CAS D'ALLERGIE

Prévient cardiopathie, cancer (sein, prostate). Réduit cholestérol, lipides sanguins, élargissement bénin de la prostate.

RECETTE *Musli (p. 259)*

PIGNON

★ VITAMINES E, K, B1, B2, B3, ACIDE FOLIQUE; MAGNÉSIUM, MANGANÈSE, POTASSIUM; CUIVRE, FER, ZINC; FIBRES, PROTÉINES, GRAS INSATURÉS, STÉROLS, OMÉGA-6

● ANTI-INFLAMMATOIRE, ANTIOXYDANT

Protège contre cardiopathie, arthrite rhumatoïde, diabète, épilepsie et certains cancers. Bon pour métabolisme, os.

RECETTE *Pâtes au pesto et aux shiitake (p. 221)*

PISTACHE

★ VITAMINES E, B1, B2, B3, ACIDE FOLIQUE; CALCIUM, MAGNÉSIUM, PHOSPHORE, POTASSIUM; CUIVRE, FER, SÉLÉNIUM, ZINC; FIBRES, PROTÉINES, STÉROLS, GRAS POLY ET MONO-INSATURÉS, OMÉGA-6

● ANTIOXYDANT, RÉDUIT LE CHOLESTÉROL

Bon pour foie, énergie, métabolisme, santé neurologique, fonction cellulaire, nerfs, muqueuse, peau. Prévient certains cancers et cardiopathies.

RECETTES *Musli (p. 259), Noix et graines grillées (p. 266)*

noix du Brésil

LA NOIX DU BRÉSIL EST L'UNE DES MEILLEURES SOURCES DE SÉLÉNIUM ET DE VITAMINE E, DEUX ANTIOXYDANTS PROTÉGEANT CONTRE PLUSIEURS MALADIES, DONT LE CANCER ET LA CARDIOPATHIE.

Origines

Aussi appelée noix de Para, elle pousse dans les arbres sauvages de la forêt tropicale amazonienne. Les coques renferment de 8 à 24 noix que l'on fait sécher au soleil avant de les exporter.

Propriétés immunitaires

Elle est très riche en protéines, gras insaturés, sélénium, zinc et autres minéraux et elle contient aussi des vitamines E et B1. La synergie entre la vitamine E et le sélénium lui confère de grandes propriétés immunitaires. Les antioxydants éliminent les radicaux libres et préviennent les réactions chimiques pouvant endommager l'ADN. Une certaine oxydation est essentielle à la santé (le système immunitaire utilise les réactions oxydatives pour détruire les microorganismes), mais si elle surpasse les aptitudes défensives du corps, l'excès de radicaux libres peut endommager les cellules.

L'accumulation de dommages causés par les radicaux libres joue un grand rôle sur la maladie et le vieillissement. Il est reconnu que les antioxydants préviennent et traitent plusieurs maladies (asthme, cardiopathie, cancer, troubles d'immunodéficience).

Le sélénium renforce l'immunité en activant le glutathion peroxydase, une enzyme inhibant la formation des radicaux libres et la croissance des tumeurs. L'infection prive le corps de sélénium, ce qui gêne le système immunitaire. Même une faible augmentation de l'apport en sélénium permet à l'organisme de mieux lutter contre l'infection et aide à réduire le risque de cancer, de cardiopathie et d'infections fongiques. Pris en excès, le sélénium peut toutefois être toxique et causer fatigue, perte de cheveux, étourdissements et problèmes de peau. Heureusement, les noix du Brésil satisfont notre appétit bien avant que la quantité de sélénium absorbée puisse devenir toxique. Plusieurs autres aliments d'origine végétale renferment aussi du sélénium. Malheureusement, dans certaines parties du monde, les pratiques de l'agriculture moderne privent le sol de ce minéral, d'où l'importance de sauvegarder la forêt amazonienne.

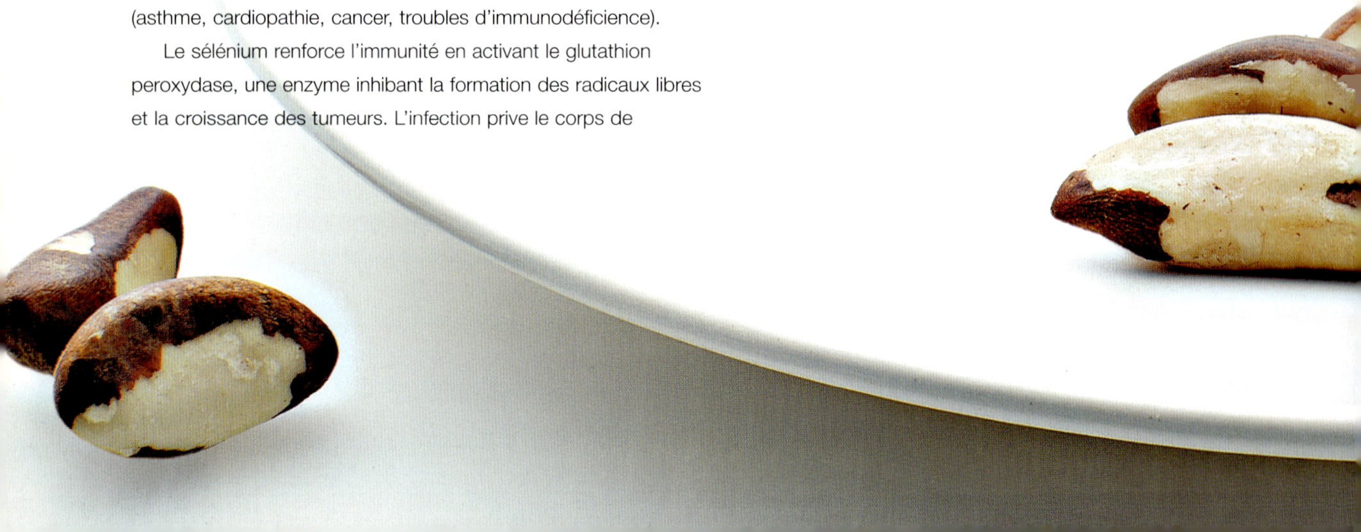

PROFIL IMMUNITAIRE

★ VITAMINES E, B1, BIOTINE; CALCIUM, MAGNÉSIUM, MANGANÈSE, PHOSPHORE, POTASSIUM; CUIVRE, SÉLÉNIUM, ZINC; FIBRES, GRAS POLY ET MONO-INSATURÉS, OMÉGA-6

● ANTICANCER, ANTIOXYDANT, IMMUNOSTIMULANT, RÉDUIT LE CHOLESTÉROL

! ON PEUT ÊTRE ALLERGIQUE AUX NOIX DU BRÉSIL

! LES HARICOTS DE SOJA GÉNÉTIQUEMENT MODIFIÉS PEUVENT CONTENIR DES GÈNES DE NOIX DU BRÉSIL: ATTENTION AUX ALLERGIES

haricots aux noix et aux tomates séchées *(photo)*

500 g (1 lb) de haricots verts
200 g (1 ¼ tasse) de noix du Brésil, hachées
100 g (2 tasses) de tomates séchées, en tranches
1 c. à soupe d'huile d'olive
Sel et poivre du moulin

Cuire les haricots à la vapeur et mélanger aussitôt avec le reste des ingrédients.

salade d'endives grillées aux noix

4 endives, coupées en deux sur la longueur
3 c. à soupe d'huile d'olive
50 g (⅓ de tasse) de noix du Brésil
Sel et poivre du moulin

Badigeonner les endives d'huile et griller au four quelques minutes de chaque côté. Disposer dans une assiette, garnir de noix et assaisonner. Napper d'une vinaigrette au choix.

pâté épicé aux noix

50 g (⅓ de tasse) de noix du Brésil, hachées
Sauce soja
500 g (1 lb) de champignons, hachés
200 g (7 oz) de tofu, émietté
3 c. à soupe d'huile d'olive
2 gousses d'ail, hachées
1 c. à thé (à café) de thym
1 c. à thé (à café) de garam masala
1 pincée de cayenne
Sel et poivre du moulin
2 c. à thé (à café) de persil frais

Rôtir les noix dans une poêle sèche, ajouter un peu de sauce soja, remuer et réserver dans un bol. Faire sauter les champignons et le tofu dans l'huile avec l'ail, le thym et les épices. Mélanger avec les noix, assaisonner et garnir de persil.

céréales

AVOINE

★ VITAMINES E, B1, B2, B3, B5; MAGNÉSIUM, MANGANÈSE, PHOSPHORE, POTASSIUM; FER, SÉLÉNIUM, ZINC; SUCRES COMPLEXES, FIBRES, PROTÉINES; OMÉGA-6

● ANTICANCER, ANTISTRESS, ÉNERGISANT, RÉDUIT LE CHOLESTÉROL

Riche en protéines, fer et fibres solubles. Réduit le cholestérol et le stress, soulage la fatigue nerveuse.

RECETTES *Quinoa aux fruits séchés (p. 258), Musli (p. 259), Crumble aux mûres (p. 279), Cordial (p. 286)*

BOULGOUR

★ VITAMINES B1, B2, B3, B5, B6; MAGNÉSIUM, MANGANÈSE, PHOSPHORE, POTASSIUM; CUIVRE, FER, ZINC; SUCRES COMPLEXES, PROTÉINES

● FACILE À DIGÉRER, ÉNERGISANT, PEU DE GRAS, FAIBLE IG

✘ À ÉVITER EN CAS D'ALLERGIE AU GLUTEN

Blé dur séché et concassé. Couvrir d'eau bouillante et laisser reposer quelques minutes. Servir en salade ou comme du riz.

RECETTE *Salade de boulgour (p. 275)*

GERME DE BLÉ

★ VITAMINES E, B1, B2, B3, B5, B6, BIOTINE, ACIDE FOLIQUE; MAGNÉSIUM, MANGANÈSE, PHOSPHORE, POTASSIUM; CUIVRE, FER, SÉLÉNIUM, ZINC; SUCRES COMPLEXES, FIBRES, PROTÉINES, SUCRES

● ANTIOXYDANT, ANTISTRESS, RICHE EN NUTRIMENTS

✘ À ÉVITER EN CAS D'ALLERGIE OU D'INTOLÉRANCE AU GLUTEN

Couche intérieure du grain de blé; source naturelle de minéraux, vitamines B et E. Énergétique, stimule le métabolisme des gras. Protège contre maladies du cœur, troubles d'immunodéficience, certains cancers.

RECETTES *Musli (p. 259), sur les salades et desserts*

HERBE DE BLÉ

★ VITAMINES A, E; ZINC; CHLOROPHYLLE, ACIDES GRAS ESSENTIELS, FIBRES, PROTÉINES

● ANTIOXYDANT, DÉTOXIFIANT

Provient de la germination de jeunes grains de blé. Source très concentrée de nutriments; détoxifie le foie, stimule la production d'hémoglobine, réduit le cholestérol, régularise les lipides sanguins.

RECETTES *fraîche (sandwichs, salades), poudre (mixée aux jus), jus en vente dans le commerce*

MAÏS

★ VITAMINES C, B1, B3, B5, ACIDE FOLIQUE; MAGNÉSIUM, PHOSPHORE, POTASSIUM, MANGANÈSE; FIBRES, PROTÉINES

● ANTISTRESS, DIGESTIF

✔ BARBE DE MAÏS (FILAMENTS SUR LES ÉPIS FRAIS) EN INFUSION POUR SOULAGER IRRITATION DE LA VESSIE ET DE L'URÈTRE

Aide à guérir les blessures, combattre le stress, renforcer le système immunitaire, protéger peau et muqueuse. Régularise glycémie et lipides sanguins.

RECETTES *Brochettes de tempeh (p. 209), Pâtes au pesto et aux shiitake (p. 221), Patates douces au cari (p. 272)*

MUSLI SUISSE (SANS SUCRE)

★ VITAMINES E, B1, B2, B3, B5, B6, BIOTINE, ACIDE FOLIQUE; CALCIUM, MAGNÉSIUM, PHOSPHORE, POTASSIUM, SÉLÉNIUM; FER, ZINC; SUCRES COMPLEXES, FIBRES, PROTÉINES, SUCRES

● ANTICANCER, ANTIOXYDANT, ANTISTRESS, RÉDUIT LE CHOLESTÉROL

Mélange d'aliments très nutritifs et énergisants.

RECETTE *Musli (p. 259)*

PÂTES DE BLÉ DUR

★ VITAMINES B1, B2, B3, ACIDE FOLIQUE; MAGNÉSIUM, MANGANÈSE, PHOSPHORE, POTASSIUM; FER, SÉLÉNIUM, ZINC; SUCRES COMPLEXES, FIBRES, PROTÉINES

● ÉNERGISANT

✘ À ÉVITER EN CAS D'ALLERGIE AU GLUTEN

Le blé dur est riche en protéines.

RECETTE *Pâtes au pesto et aux shiitake (p. 221)*

QUINOA

★ VITAMINES E, B1, B2, B3, B5, B6, ACIDE FOLIQUE; CALCIUM, MAGNÉSIUM, MANGANÈSE; PHOSPHORE, POTASSIUM; CUIVRE, FER, SÉLÉNIUM, ZINC; SAPONINES; SUCRES COMPLEXES, FIBRES, PROTÉINES, OMÉGA-6

● ANTICANCER, ANTIOXYDANT, BON POUR ALLAITEMENT, PERTE DE POIDS, CŒUR ET CIRCULATION, ÉNERGISANT, PROTÉINES COMPLÈTES, RÉDUIT LE CHOLESTÉROL

✔ NE CONTIENT PAS DE GLUTEN

Riche en protéines et en minéraux, le quinoa est le grain le plus nutritif. Servir comme du riz ou pour rehausser céréales, pains et biscuits.

RECETTES *Quinoa aux fruits séchés (p. 258), Soupe aux légumes et quinoa (p. 205), Taboulé de quinoa (p. 205)*

RIZ

★ VITAMINES B1, B3, B5, B6; MAGNÉSIUM, MANGANÈSE, PHOSPHORE; CUIVRE, FER, SÉLÉNIUM, ZINC; SUCRES COMPLEXES, FIBRES

● ÉNERGISANT, RÉDUIT LE CHOLESTÉROL

✔ NE CONTIENT PAS DE GLUTEN

Le riz brun procure énergie, fibres, protéines, vitamines B. Protège système cardiovasculaire, nerfs, digestion, muscles, muqueuse, peau, cheveux, glandes, moelle osseuse. Syndrome du côlon irritable: boisson de riz.

RECETTES *riz: Paella (p. 268), Riz et lentilles (p. 273), boisson de riz: Musli (p. 259), Chai pour le cœur (p. 285)*

RIZ SAUVAGE

★ VITAMINES B1, B2, B3, B5, B6, ACIDE FOLIQUE; MAGNÉSIUM, MANGANÈSE, PHOSPHORE, POTASSIUM; CUIVRE, ZINC; SUCRES COMPLEXES, FIBRES

● ÉNERGISANT, RÉDUIT LE CHOLESTÉROL

✔ ORIGINE DIFFÉRENTE DES AUTRES RIZ, MAIS TRÈS NUTRITIF

Améliore métabolisme, énergie, nerfs, muscles, peau, muqueuse. Prévient les cardiopathies.

RECETTES *Haricots à la provençale (p. 271), Marrons et kumquats (p. 273), Salade de riz sauvage (p. 277)*

SON DE BLÉ

★ VITAMINES B1, B2, B3, B5, B6, ACIDE FOLIQUE; MAGNÉSIUM, MANGANÈSE, PHOSPHORE, POTASSIUM; CUIVRE, FER, SÉLÉNIUM, ZINC; FIBRES

● ANTIOXYDANT, DÉTOXIFIANT, LAXATIF

✔ LES PHYTATES DU SON GÊNENT L'ABSORPTION DE NUTRIMENTS (FER, CALCIUM, ZINC), MAIS COMME LE SON RENFERME UNE GRANDE QUANTITÉ DE CES MINÉRAUX, IL EST BON D'EN MANGER EN PETITE QUANTITÉ

! BOIRE BEAUCOUP DE LIQUIDE AVEC LE SON

Couche extérieure du grain de blé; source idéale de fibres insolubles. Absorbe le liquide, combat la constipation, prévient cancer du côlon et diverticulite. Régularise lipides sanguins et glycémie.

RECETTE *Musli (p. 259)*

quinoa

FACILE À CUIRE ET À APPRÊTER, LE QUINOA RESSEMBLE AU COUSCOUS, MAIS SA VALEUR NUTRITIVE EST BEAUCOUP PLUS INTÉRESSANTE.

Origines

Le quinoa n'est pas une graminée; c'est une «pseudocéréale» originaire des Andes cultivée pour ses graines. Proche parent de l'épinard et de la betterave, ses feuilles sont comestibles. On le cultivait déjà en Bolivie il y a au moins 9000 ans dans la région du lac Titicaca. Cette «graine mère» des Incas était considérée comme un cadeau des dieux.

Les colons espagnols du XVIe siècle ont éradiqué sa culture, ce qui a contribué à l'effondrement de l'empire inca. Heureusement, on a «redécouvert» le quinoa dans les années 1970 alors qu'un chef spirituel bolivien a invité deux de ses disciples à en manger pour affiner leurs qualités spirituelles. Sa popularité ne cesse de croître depuis ce temps.

Propriétés thérapeutiques

Le quinoa est sans doute le grain le plus nutritif grâce à sa haute teneur en protéines (18 %) et en acides aminés (lysine, méthionine, cystine) lui conférant la même valeur protéinique que le lait de vache. Riche en gras polyinsaturés, il contient moins de glucides que les céréales. Sans gluten, il est une bonne source de fibres, de vitamines E, B1, B2, B6, d'acide folique, phosphore, calcium, magnésium, sélénium, zinc, fer et antioxydants.

Les Incas étaient réputés pour leur endurance physique. Le quinoa est l'aliment d'endurance par excellence (protéines, sucres complexes, vitamines, minéraux). Il est bon pour les femmes enceintes ou qui allaitent et ses nutriments réduisent les risques de cardiopathies, de diabète, de cancer du sein et du côlon.

Comment l'utiliser

Le quinoa est digestible et convient à ceux qui ne peuvent manger de blé ou de céréales contenant du gluten. Riche en calcium, il aide à la guérison des os. Les Incas faisaient un «plâtre» avec la bouillie de quinoa pour soigner les os cassés. On peut aussi mettre du quinoa cuit dans une étamine pour en faire une compresse (ecchymoses, coupures et éraflures).

Le quinoa aide aussi à lutter contre problèmes hépatiques, infections des voies urinaires, tuberculose, mal des transports et vertige.

PROFIL IMMUNITAIRE

★ VITAMINES E, B1, B2, B6, ACIDE FOLIQUE; CALCIUM, FER, MAGNÉSIUM, PHOSPHATE, SÉLÉNIUM, ZINC; SUCRES COMPLEXES, CYSTINE, FIBRES, LYSINE, MÉTHIONINE, PROTÉINES, ACIDES GRAS POLYINSATURÉS; ANTIOXYDANTS

● BON POUR FEMMES ENCEINTES OU QUI ALLAITENT, DIABÈTE, CANCER, GUÉRISON DES OS, TROPHORESTORATIF CARDIOVASCULAIRE, MAL DES TRANSPORTS ET DES HAUTEURS. DÉSINFECTANT URINAIRE; AIDE À LA PERTE DE POIDS.

✓ NE CONTIENT PAS DE GLUTEN; ALIMENT D'ENDURANCE IDÉAL

! FAIRE TREMPER 15 MIN AVANT LA CUISSON POUR ÉLIMINER LES SAPONINES AMÈRES ET RINCER À L'EAU FROIDE

! LES FEUILLES SE MANGENT COMME DES ÉPINARDS ET RENFERMENT DE L'ACIDE OXALIQUE. MANGER EN PETITE QUANTITÉ EN CAS D'ARTHRITE RHUMATOÏDE OU DE CALCULS RÉNAUX

soupe aux légumes et quinoa *(photo)*

1 oignon, haché
1 c. à soupe d'huile d'olive
2 carottes, en cubes
2 poivrons rouges, hachés
Quelques haricots verts, hachés
4 c. à soupe de purée de cari
200 g (1 tasse) de quinoa, trempé 15 minutes dans l'eau froide
410 ml (1 2/3 tasse) de lait de coco
Sel et poivre du moulin

Dans une casserole, faire sauter l'oignon dans l'huile. Ajouter les légumes un à un. Incorporer le cari et un peu d'eau. Porter à ébullition, baisser le feu et laisser mijoter à découvert 5 minutes en remuant de temps à autre. Ajouter le quinoa, le lait de coco et 625 ml (2 ½ tasses) d'eau chaude. Porter à ébullition, baisser le feu et laisser mijoter 10 minutes. Assaisonner au goût et servir avec pain naan, chapatis ou tortillas.

taboulé de quinoa

200 g (1 tasse) de quinoa, trempé 15 minutes dans l'eau froide
1 petite laitue (feuilles entières)
4 tomates, hachées
½ concombre, haché
1 poivron rouge, haché
2 oignons verts, en fines tranches
2 c. à soupe de menthe, hachée
1 petite botte de persil plat, hachée
4 c. à soupe d'olives noires
Jus de 1 citron
2 c. à soupe d'huile d'olive vierge extra
2 c. à soupe de tamari
2 gousses d'ail, broyées

Dans une casserole, déposer le quinoa égoutté et ajouter 2 fois son volume d'eau. Porter à ébullition et laisser mijoter 10 minutes à feu doux. Laisser reposer dans un bol. Faire un lit de laitue dans un grand saladier. Dans un autre bol, mélanger le quinoa avec le reste des ingrédients. Servir sur la laitue.

légumineuses

AZUKI

★ VITAMINES B1, B2, B3, B5, B6, ACIDE FOLIQUE; MAGNÉSIUM, MANGANÈSE, PHOSPHORE, POTASSIUM; CUIVRE, FER, ZINC; SUCRES COMPLEXES, FIBRES, PROTÉINES

● ÉNERGÉTIQUE, CURATIF

Ce petit haricot rouge aide à transformer les aliments en énergie; bon pour la peau et la muqueuse.

RECETTES *dans les plats mijotés et les salades*

DOLIQUE À ŒIL NOIR

★ VITAMINES B1, B2, B3, B5, B6, BIOTINE, ACIDE FOLIQUE; CALCIUM, MAGNÉSIUM, MANGANÈSE, PHOSPHORE, POTASSIUM; CUIVRE, FER, SÉLÉNIUM, ZINC; SUCRES COMPLEXES, FIBRES, PROTÉINES

● ÉNERGÉTIQUE, IMMUNOSTIMULANT, RÉDUIT LE CHOLESTÉROL

Riche en micronutriments, il contribue à la production des acides aminés et de l'ADN.

RECETTES *Pain grillé aux tomates et doliques (p. 258), Soupe aux doliques (p. 261)*

GOURGANE

★ VITAMINES C, K, B1, B2, B3, B5, B6, BIOTINE, ACIDE FOLIQUE; CALCIUM, MAGNÉSIUM, MANGANÈSE, POTASSIUM, PHOSPHORE; CUIVRE, FER, SÉLÉNIUM, ZINC; SUCRES COMPLEXES, FIBRES, PROTÉINES

● ANTISTRESS, RÉDUIT LE CHOLESTÉROL, DÉTOXIFIANT

Acide folique et B5 aident à combattre le stress.

RECETTE *Artichauts, gourganes et shiitake (p. 268)*

HARICOT BLANC

★ VITAMINES B3, B5, ACIDE FOLIQUE; POTASSIUM, PHOSPHORE, MAGNÉSIUM, MANGANÈSE; FER, ZINC; SUCRES COMPLEXES, FIBRES, PROTÉINES

● ANTISTRESS, RÉDUIT LE CHOLESTÉROL

Bon pour systèmes nerveux et immunitaire, peau, glandes, cheveux et moelle osseuse.

RECETTE *Soupe aux gourganes (p. 261)*

HARICOT MUNGO

★ VITAMINES C, K, B2, ACIDE FOLIQUE; PHOSPHORE; FER; FIBRES, PROTÉINES, STÉROLS

● ANTISTRESS, RÉDUIT LE CHOLESTÉROL

Préserve l'énergie en période de stress; fonction hépatique, production d'anticorps.

RECETTES *Salade de pamplemousse (p. 191), Salade de tempeh au maïs (p. 209), Asperges soja-érable (p. 269), Salade de carotte et betterave (p. 275), Salade de cresson et mange-tout (p. 276)*

HARICOT PINTO

★ VITAMINES K, B1, B2, B3, B5, B6, ACIDE FOLIQUE; CALCIUM, MAGNÉSIUM, MANGANÈSE, PHOSPHORE, POTASSIUM; CUIVRE, FER, SÉLÉNIUM, ZINC; SUCRES COMPLEXES, FIBRES, PROTÉINES

● ANTIOXYDANT, ÉNERGÉTIQUE, RÉDUIT LE CHOLESTÉROL

Bon pour peau, muqueuse, muscles (dont le cœur), système nerveux. Maintient une énergie optimale.

RECETTE *Soupe épicée aux légumes (p. 262)*

HARICOT VERT

★ VITAMINES A, C, K, B1, B2, ACIDE FOLIQUE; MAGNÉSIUM, MANGANÈSE, POTASSIUM; FER; FIBRES

● ANTICANCER, ANTIOXYDANT, RÉDUIT LE CHOLESTÉROL

Oxygénation et bonne condition des cellules, énergie, système nerveux, fonction hépatique

RECETTES *Pain grillé aux tomates et doliques (p. 258), Gombos à l'aigre-doux (p. 272), Salade niçoise (p. 275)*

LENTILLE

★ VITAMINES B1, B2, B3, B5, B6, ACIDE FOLIQUE; MAGNÉSIUM, MANGANÈSE, PHOSPHORE, POTASSIUM; CUIVRE, FER, SÉLÉNIUM, ZINC; SUCRES COMPLEXES, FIBRES, PROTÉINES

● ANTIOXYDANT, ÉNERGÉTIQUE, RÉDUIT LE CHOLESTÉROL

Améliore l'intégrité des membranes cellulaires et la fonction des globules rouges. Protège contre les cardiopathies et le cancer. Régularise les lipides sanguins.

RECETTES *Soupe épicée aux légumes (p. 262), Casserole de lentilles (p. 268), Pâté chinois (p. 272), Casserole d'hiver (p. 272), Riz et lentilles (p. 273), Salade de lentilles (p. 276)*

MANGE-TOUT

★ VITAMINES A, C, K, B1, B2, B3, B5, B6, BIOTINE; CALCIUM, MAGNÉSIUM, MANGANÈSE, PHOSPHORE, POTASSIUM, ZINC; FER; FIBRES, ACIDE FOLIQUE, PROTÉINES

● ANTICANCER, ANTIOXYDANT

Bon pour peau, cheveux, glandes, nerfs et muscles; métabolisme, énergie, fonction hépatique, production d'anticorps.

RECETTE *Salade de cresson et mange-tout (p. 276)*

POIS CHICHE

★ VITAMINES K, E, B1, B2, B3, B5, B6, ACIDE FOLIQUE; CALCIUM, MAGNÉSIUM, MANGANÈSE, PHOSPHORE, POTASSIUM; FER, SÉLÉNIUM, ZINC; SUCRES COMPLEXES, FIBRES, PROTÉINES, OMÉGA-6

● ANTICANCER, ANTIOXYDANT, ANTISTRESS, RÉDUIT LE CHOLESTÉROL

Supporte les fonctions nerveuses, musculaires, enzymatiques et hormonales. Protège contre radicaux libres, cardiopathies, cancer.

RECETTES *Soupe épicée aux légumes (p. 262), Pitas chauds, hoummos et crudités (p. 263), Casserole d'hiver (p. 272)*

SOJA

★ VITAMINES K, B1, B2, B3, B5, B6, BIOTINE, ACIDE FOLIQUE; CALCIUM, MAGNÉSIUM, MANGANÈSE, PHOSPHORE, POTASSIUM; CUIVRE, FER, SÉLÉNIUM, ZINC; ISOFLAVONES, INHIBITEURS DE PROTÉASE, SAPONINES; SUCRES COMPLEXES, FIBRES, OMÉGA-3 ET -6, PROTÉINES

● ANTICANCER, ANTIOXYDANT, ÉNERGÉTIQUE, RÉDUIT LE CHOLESTÉROL, RICHES EN NUTRIMENTS

! ON PEUT ÊTRE ALLERGIQUE AU SOJA

! ACHETER DU SOJA BIO, LA PLUPART DES RÉCOLTES MONDIALES AYANT ÉTÉ GÉNÉTIQUEMENT MODIFIÉES

! UNE PARTIE DU SOJA GÉNÉTIQUEMENT MODIFIÉ CONTIENT DES GÈNES DE NOIX DU BRÉSIL POUVANT CAUSER UNE ALLERGIE

Nombreux photonutriments, dont certains peuvent interrompre la croissance des cellules tumorales hormonodépendantes. Réduit le risque de cancer du sein et de la prostate; prévient et traite les maladies cardiovasculaires.

RECETTES *voir Tofu (ci-après) et Tempeh (p. 208)*

TOFU

★ ACIDE FOLIQUE; CALCIUM, MAGNÉSIUM, MANGANÈSE, PHOSPHORE, POTASSIUM; CUIVRE, FER, SÉLÉNIUM, ZINC; ISOFLAVONES, SAPONINES; OMÉGA-6, PROTÉINES

● ANTICANCER, RÉDUIT LE CHOLESTÉROL, RICHES EN CALCIUM

✔ *VOIR* SOJA

Facile à digérer, sans gras saturés, riche en protéines. Son goût neutre absorbe bien celui des autres aliments. Ferme ou soyeux, sert à faire des plats salés ou sucrés.

RECETTES *Tofu brouillé (p. 258), Salade de tofu (p. 264), Boulettes de tofu (p. 266), Feuilletés au tofu (p. 268), Burgers au tofu épicé (p. 273)*

YOGOURT (YAOURT) DE SOJA

★ COMME LE SOJA; CONTIENT DES LACTOBACILLES

● ANTICANCER, ANTIOXYDANT, IMMUNOSTIMULANT, RÉDUIT LE CHOLESTÉROL

✔ *VOIR* SOJA

Infections urinaires, gastroentérite, infections dues à l'*helicobacter pylori* (ulcères d'estomac), traitement du cancer du côlon et affection abdominale inflammatoire. Prévient la colonisation de l'intestin par des microorganismes néfastes.

RECETTES *Frappé à l'avocat (p. 197), Yogourt aux fruits (p. 259), Salade de pommes de terre (p. 276), Gâteau aux framboises (p. 278), Crème de mûres (p. 280), Passion et lime (p. 283)*

tempeh

NUTRITIF ET RICHE EN PHYTOCHIMIQUES, LE TEMPEH EST UN PRODUIT DÉRIVÉ DU SOJA RÉPUTÉ POUR RENFORCER LE SYSTÈME IMMUNITAIRE ET PRÉVENIR CANCER, CARDIOPATHIE ET PROBLÈMES HORMONAUX.

Origines

D'origine indonésienne, il est fait de haricots de soja fermentés et est une excellente source de protéines en plus de contenir de la vitamine B_{12}.

On le prépare en mixant des haricots de soja décortiqués, cassés et précuits avec de la levure. Le soja est tassé dans des contenants de plastique perforés, puis moulé en saucisses ou en galettes. On le met à fermenter au four à 15-38 °C/59-100 °F/ gaz 1, ce qui en fait un produit très digestible causant peu de flatulence. Son goût noisetté est vraiment délicieux. On le mange frit (tranches) ou incorporé à divers mets (cubes).

Propriétés immunitaires

Riche en bons glucides, en fibres et en protéines, il contient plusieurs minéraux, vitamines B, phytoestrogènes (isoflavonoïdes), inhibiteurs de protéase et saponines anticancer et antimicrobiens. Les phytoestrogènes luttent contre les virus, inhibent la croissance du cancer, freinent les cellules malignes des tissus environnants et réduisent les risques de cancer du sein et de la prostate. Ils protègent aussi contre certains problèmes liés aux hormones (ostéoporose, fibrome, etc.).

On croit que les inhibiteurs de protéase préservent l'ADN et empêchent les agents cancérigènes de pénétrer les cellules. Les saponines soutiennent le système immunitaire, réduisent la croissance de certaines cellules cancéreuses et contrôlent le cholestérol.

Protecteur du cœur

Les cardiopathies font moins de ravages dans les régions où l'on consomme plus de protéines du soja que de protéines animales. Le tempeh contient une protéine qui freine l'absorption du cholestérol par l'intestin. Le tempeh renferme des antioxydants utiles à la prévention des problèmes cardiovasculaires comme l'athérosclérose. Ses nutriments soutiennent l'énergie, la production d'hémoglobine, la fonction hépatique et les systèmes nerveux et immunitaire. Ils sont recommandés pour cheveux, glandes, globules sanguins, os, moelle osseuse, peau et muqueuse. Ils servent à former les protéines, glucides et lipides. Ils pourraient aussi protéger contre dépression, hypertension, allergie, asthme, migraine et problèmes de la prostate.

PROFIL IMMUNITAIRE

★ VITAMINES B2, B3, B6, B12, BIOTINE; CALCIUM, MAGNÉSIUM, MANGANÈSE, PHOSPHORE, POTASSIUM; CUIVRE, FER, ZINC; ISOFLAVONES, INHIBITEURS DE PROTÉASE, SAPONINES; SUCRES COMPLEXES, FIBRES, PROTÉINES

● ANTICANCER, ANTISTRESS, ANTIVIRAL, ÉNERGÉTIQUE, IMMUNOSTIMULANT, RÉDUIT LE CHOLESTÉROL

✗ À ÉVITER EN CAS D'ALLERGIE AUX PRODUITS DÉRIVÉS DU SOJA

! ACHETER DU TEMPEH BIO, LA PLUPART DES RÉCOLTES MONDIALES EN SOJA AYANT ÉTÉ GÉNÉTIQUEMENT MODIFIÉES

salade de tempeh au maïs

1 morceau de gingembre de 2,5 cm (1 po), haché
1 gousse d'ail, hachée
1 bâton de citronnelle de 10 cm (4 po), haché
4 c. à soupe de jus de citron
1 c. à soupe de vinaigre balsamique
1 c. à soupe de sirop d'érable
6 c. à soupe de jus d'orange
4 c. à soupe de sauce soja
8 tranches de tempeh, en morceaux
1 c. à soupe d'huile de sésame
1 botte d'oignons verts, en fines tranches
8 épis de maïs miniatures, cuits à la vapeur
250 ml (1 tasse) de germes de haricot
6 feuilles de chou chinois, en lamelles
Sel et poivre du moulin
2 c. à soupe de gomasio (sel de sésame)

Mélanger les 8 premiers ingrédients dans un bol. Ajouter le tempeh; laisser mariner 1 heure. Égoutter, frire dans l'huile et saler. Dans un bol, mélanger les oignons verts, le maïs, les germes de haricot et le chou. Ajouter la marinade et le tempeh. Assaisonner avec sel, poivre et gomasio.

brochettes de tempeh *(photo)*

200 g (7 oz) de tempeh
1 courgette, en tranches
1 lime (citron vert), en quartiers
8 gousses d'ail
2 épis de maïs, en morceaux
16 tomates cerises
1 aubergine, en dés
500 g (1 lb) de pommes de terre nouvelles, cuites

Pour la marinade:
2 c. à soupe de jus de citron
2 c. à soupe de xérès
2 c. à soupe d'huile d'olive
1 c. à soupe de sauce soja
2 gousses d'ail, broyées
4 c. à soupe de ketchup (p. 267)

Dans un bol, mélanger les ingrédients des brochettes avec la marinade et laisser mariner au moins 2 heures en remuant de temps à autre. Répartir les ingrédients sur 8 brochettes et badigeonner du reste de la marinade. Cuire sur le barbecue environ 10 minutes en retournant de temps à autre.

herbes et épices

HERBES

ACHILLÉE MILLEFEUILLE

★ BIOFLAVONOÏDES, AMERS, RÉSINE, SALICYLATES, TANNINS, HUILES VOLATILES (DONT CINÉOL, AZULÈNE ET CAMPHRE)

● ANTI-INFLAMMATOIRE, ANTISEPTIQUE, ASTRINGENT, DIMINUE LA PRESSION ARTÉRIELLE, DIAPHORÉTIQUE, TONIQUE DIGESTIF, VASODILATATEUR PÉRIPHÉRIQUE

! UN EXCÈS PEUT CAUSER DES MAUX DE TÊTE

Nombreux bienfaits. Bon pour grippe, rhume, catarrhe, bronchite, cystite, inflammation gastro-intestinale, infections. Usage externe: arrêt du sang et guérison des blessures.

RECETTES *Repousse-froid (p. 284), Infusion pour la circulation (p. 284), Anticystite (p. 284), Thé pour mal d'oreille (p. 287)*

BOURRACHE

★ VITAMINES A, C, B3; CALCIUM, MAGNÉSIUM, PHOSPHORE, POTASSIUM; ZINC; MUCILAGE, SAPONINES, TANNIN, OMÉGA-6 (AGL), HUILE VOLATILE; FIBRES

● ANTI-INFLAMMATOIRE, ANTIOXYDANT, DIAPHORÉTIQUE, EXPECTORANT

Feuilles: inflammation, fièvre, toux, stress. Elles ont un goût de concombre; délicieuses hachées pour salades.

RECETTES *Antitoux (p. 284), Immuni-thé (p. 285), Antistress (p. 286), Thé pour la fièvre (p. 287), Thé pour les glandes (p. 287)*

CAMOMILLE

★ COUMARINES, MUCILAGE, RUTINE, ACIDE SALICYLIQUE, TANNIN, ACIDE VALÉRIQUE, HUILE VOLATILE

● ANTIALLERGIQUE, ANTI-INFLAMMATOIRE, ANTISEPTIQUE, ANTISPASMODIQUE, SÉDATIF

Fleurs: agitation, tension, mal de tête, anxiété, insomnie, troubles digestifs. Conviennent bien aux enfants.

RECETTES *Thé calmant (p. 284), Tonique à la camomille (p. 284), Thé pour rhume des foins (p. 285), Thé de Morphée (p. 286), Thé pour la fièvre (p. 287)*

CATAIRE

★ CALCIUM, MAGNÉSIUM, PHOSPHORE, POTASSIUM; ZINC; PRINCIPE AMER, TANNIN, HUILES VOLATILES

● ANTISPASMODIQUE, ASTRINGENT, FÉBRIFUGE, DIAPHORÉTIQUE; STIMULANT DIGESTIF ET CIRCULATOIRE

Feuille et sommité fleurie: fièvre (enfant), infections des voies respiratoires, diarrhée, problèmes d'estomac

RECETTES *Thé de Morphée (p. 286), Thé pour la fièvre (p. 287)*

ÉCHINACÉE

★ ÉCHINACÉINE, GLUCOSIDE (ÉCHINACOSIDE), RÉSINE, HUILE VOLATILE

● ANTIALLERGIQUE, ANTICANCER, ANTI-INFLAMMATOIRE, ANTIMICROBIEN, ANTISEPTIQUE, IMMUNOSTIMULANT

Stimule le système immunitaire, accroît la résistance naturelle aux infections. Bon pour grippe, rhume et autres maladies infectieuses (dont le VIH) et le cancer.

RECETTES *Thé pour rhume des foins (p. 285), Immuni-thé (p. 285), Thé pour infections fongiques (p. 287), Thé pour les glandes (p. 287)*

FLEUR DE SUREAU

★ CHOLINE, BIOFLAVONOÏDES, CYANOGLUCOSIDE; MUCILAGE, OMÉGA-3 ET -6, PECTINE, TANNIN, HUILE VOLATILE

● ANTICATARRHAL, ANTI-INFLAMMATOIRE, STIMULE LES SYSTÈMES CIRCULATOIRE ET IMMUNITAIRE, DIAPHORÉTIQUE, EXPECTORANT

Accroît la résistance naturelle à la maladie et la sudation. Bon pour grippe, température élevée, symptômes d'allergie, catarrhe.

RECETTES *Repousse-froid (p. 284), Cordial au sureau (p. 284), Thé pour rhume des foins (p. 285), Thé pour les poumons (p. 286), Thé pour mal d'oreille (p. 287)*

GAILLET

★ BIOFLAVONOÏDES, ACIDE CITRIQUE, COUMARINES, GLUCOSIDES, TANNIN

● ANTICANCER, ANTI-INFLAMMATOIRE, DÉTOXIFIANT

Bon pour système lymphatique, ganglions enflés, eczéma, psoriasis, problèmes d'articulations, œdème, ulcères, tumeurs, infections urinaires, calculs urinaires.

RECETTES *Immuni-thé (p. 285), Thé pour mal d'oreille (p. 287), Thé pour les glandes (p. 287), Thé pour la peau (p. 287)*

GRANDE CAMOMILLE

★ AMERS, HUILE VOLATILE

● ANTI-INFLAMMATOIRE, DIGESTIF, VASODILATATEUR, ANALGÉSIQUE

! MÂCHER LES FEUILLES FRAÎCHES PEUT CAUSER DES ULCÈRES BUCCAUX

✗ À ÉVITER PENDANT LA GROSSESSE (STIMULE L'UTÉRUS)

Feuilles fraîches: arthrite rhumatoïde, mal de tête, prévention de la migraine

RECETTE *Thé pour mal de tête (p. 287)*

LAVANDE

★ TANNIN, HUILE VOLATILE

● ANTIDÉPRESSEUR, ANTISPASMODIQUE, RELAXANT, SÉDATIF

Bon pour mal de tête, fatigue nerveuse, dépression, irritations de la peau. Apaisant, il soutient la guérison en rétablissant l'équilibre du corps et de l'esprit.

RECETTES *Thé calmant (p. 284), Cordial (p. 286), Thé de Morphée (p. 286), Antistress (p. 286)*

MÉLISSE

★ AMERS, ACIDE ROMARINIQUE, TANNIN, HUILE VOLATILE

● ANTIDÉPRESSEUR, ANTIVIRAL, DIMINUE LA PRESSION ARTÉRIELLE, DOUX SÉDATIF, RELAXANT

Bon pour maux dus au rhume, problèmes cardiaques, diminuer la croissance des tumeurs de la rate, calmer la digestion et les nerfs.

RECETTES *Thé calmant (p. 284), Immuni-thé (p. 285), Cordial (p. 286), Antistress (p. 286)*

MENTHE

★ VITAMINES A, C, E, B2, B3, ACIDE FOLIQUE; CALCIUM, MAGNÉSIUM, MANGANÈSE, POTASSIUM; CUIVRE, FER; AMERS, PECTINE, RUTINE, STÉROLS, TANNIN, HUILES VOLATILES (DONT LE MENTHOL)

● ANTICANCER, ANTIMICROBIEN, ANTIOXYDANT, ANTISEPTIQUE, ANTISPASMODIQUE, CARMINATIF, RAFRAÎCHISSANT, DIGESTIF

Bon pour rhume, grippe, respiration, sécrétion des sucs digestifs, indigestion, colite ulcéreuse, maladie de Crohn.

RECETTES *Boisson au pamplemousse et à la menthe (p. 191), Soupe au melon à la menthe (p. 261), Nectarine surprise (p. 279), Thé vert à la menthe (p. 285), Thé pour les poumons (p. 286)*

MILLEPERTUIS COMMUN

★ VITAMINE C; BIOFLAVONOÏDES, CAROTÉNOÏDES, GLUCOSIDES, PECTINE, RÉSINE, TANNIN

● ANTIDÉPRESSEUR, ANTISEPTIQUE, ASTRINGENT, ANTI-INFLAMMATOIRE, ANTIOXYDANT, EXPECTORANT, CURATIF, ANALGÉSIQUE

! PEUT INTERAGIR AVEC CERTAINS MÉDICAMENTS; DEMANDER L'AVIS DU MÉDECIN

Bon pour maladies post-virales, dépression légère, analgésique doux.

RECETTES *Thé calmant (p. 284), Thé antidouleur (p. 286), Thé pour les articulations (p. 287)*

ORIGAN

★ VITAMINES A, C, K; CALCIUM, MAGNÉSIUM, MANGANÈSE, PHOSPHORE, POTASSIUM; CUIVRE, FER, ZINC; BIOFLAVONOÏDES, AMERS, STÉROLS, TANNINS, HUILES VOLATILES; OMÉGA-3 ET -6, ACIDES OLÉIQUES

● ANTIMICROBIEN, ANTIOXYDANT, DIAPHORÉTIQUE, EXPECTORANT, STIMULANT, RÉCHAUFFANT

Bon pour toux (dont la coqueluche), rhume et grippe, mal de tête, indigestion.

RECETTES *Burgers aux betteraves (p. 179), Soupe aux doliques (p. 261), Repousse-froid (p. 284), Antitoux (p. 284), Thé pour mal de tête (p. 287)*

ROMARIN

★ VITAMINES A, C, ACIDE FOLIQUE; CALCIUM, MAGNÉSIUM, MANGANÈSE; FER; BIOFLAVONOÏDES, AMERS, SAPONINES, STÉROLS, HUILES VOLATILES (DONT LE CAMPHRE)

● ANTIMICROBIEN, ANTIOXYDANT, ANTISPASMODIQUE, ASTRINGENT, CARMINATIF, TONIQUE, STIMULANT DIGESTIF ET CIRCULATOIRE

Stimule la circulation et le système nerveux; tonifie le cœur; calme la digestion; élimine la tension due au mal de tête.

RECETTES *Tofu brouillé (p. 258), Cordial (p. 286), Thé antidouleur (p. 286), Thé pour mal de tête (p. 287)*

SAUGE

★ VITAMINE A; CALCIUM, MAGNÉSIUM, MANGANÈSE, POTASSIUM; ZINC; BIOFLAVONOÏDES, GLUCOSIDES, PHYTOESTROGÈNES, SAPONINES, TANNIN, HUILE VOLATILE

● ANTIMICROBIEN, ANTIOXYDANT, DIGESTIF, ASSÉCHANT, VASODILATATEUR PÉRIPHÉRIQUE

✘ À ÉVITER PENDANT LA GROSSESSE

Herbe antiseptique; améliore la muqueuse, réduit la sudation.

RECETTES *Champignons farcis aux fines herbes (p. 272), Sauge pour mal de gorge (p. 286)*

SOUCI (CALENDULA)

★ VITAMINE C; AMERS, CAROTÉNOÏDES, LUTÉINE, LYCOPÈNE, QUERCÉTINE, MUCILAGE, RÉSINE, RUTINE, ACIDE SALICYLIQUE, SAPONINES, ACIDE VANILLIQUE

● ANTIMICROBIEN, ANTI-INFLAMMATOIRE, ANTIOXYDANT, ANTIFONGIQUE, GUÉRIT LES BLESSURES,

Bon pour vésicule biliaire, traitement antiviral et antifongique contre infections de la peau et de la bouche; inflammations et ulcères. Pourrait aider en cas de cancer.

RECETTES *Salade verte (p. 183), Thé pour mal d'oreille (p. 287), Thé pour infections fongiques (p. 287), Thé pour les glandes (p. 287), Thé pour la peau (p. 287)*

THYM

★ VITAMINES C, B2, B6; CALCIUM, MAGNÉSIUM, MANGANÈSE; CUIVRE, FER; AMERS, BIOFLAVONOÏDES, RÉSINE, HUILE VOLATILE (DONT THYMOL ET CAMPHRE); OMÉGA-3 ET -6

● ANTIMICROBIEN, ANTIOXYDANT, ANTISEPTIQUE, ANTISPASMODIQUE, ASTRINGENT, CARMINATIF, EXPECTORANT

L'huile volatile de thymol est un puissant antiseptique aux vertus antibiotiques naturelles des plus efficaces pour les infections respiratoires et les symptômes liés à l'asthme. Le thym aide au traitement des troubles gastro-intestinaux.

RECETTES *Pain grillé aux tomates et doliques (p. 258), Soupe aux gourganes (p. 261), Olives marinées (p. 264), Champignons farcis aux fines herbes (p. 272), Salade de brocoli et avocat (p. 275), Antitoux (p. 284), Eucalyptus (p. 285)*

VIOLETTE ODORANTE

★ ALCALOÏDE, SALICYLATE DE MÉTHYLE, RUTINE, SAPONINES, HUILE VOLATILE

● ANTICANCER, ANTI-INFLAMMATOIRE, EXPECTORANT

Les feuilles et les fleurs aident à traiter les tumeurs malignes et pourraient inhiber la propagation du cancer. Bon pour bronchite chronique, catarrhe nasal chronique, peau, arthrite.

RECETTES *Yogourt aux fruits (p. 259), Antitoux (p. 284), Thé pour les poumons (p. 286), Thé pour la peau (p. 287)*

ail

L'AIL PROTÈGE CONTRE PLUSIEURS INFECTIONS BACTÉRIENNES, FONGIQUES ET VIRALES. IL RENFORCE LE CŒUR ET LES VAISSEAUX SANGUINS ET AIDE À PRÉVENIR LE CANCER.

Origines

Allium sativum est une plante si ancienne qu'on ignore son origine. On pense qu'elle est dérivée de l'espèce asiatique (*Allium longicuspis*), que l'on cultivait en Égypte et en Mésopotamie 2000 ans av. J.-C. Selon Pline, l'ail revêtait un statut semi-divin dans l'Antiquité puisqu'on l'utilisait pour prêter serment.

Propriétés immunitaires

L'ail chasse les microbes en stimulant la production de globules blancs et protège contre plusieurs bactéries, virus et parasites. Malgré l'importance des antibiotiques, il est toujours considéré comme un allié de premier plan pour traiter les maladies infectieuses et gastro-intestinales et les infestations (thyphoïde, dysenterie, etc.). Son huile volatile est excellente pour les maladies respiratoires (bronchite, catarrhe, grippe, coqueluche). Elle agit aussi contre l'asthme et la tuberculose. L'ail combat les infections fongiques et le candida en favorisant la croissance de bactéries bénéfiques et en inhibant les pathogènes. Il réduit aussi la virulence du VIH.

De nos jours, l'ail est utilisé pour traiter la cardiopathie. Il agit sur le système circulatoire, réduit les lipides sanguins et le cholestérol et diminue la tendance à faire des caillots.

Avec le temps, il peut aider à abaisser la pression artérielle. Il prévient la formation d'athéromes (dépôts de gras sur les parois artérielles) et le durcissement des artères (artériosclérose) dû au vieillissement. Ces changements sont accélérés par le tabagisme et un régime riche en gras saturés et en sucres.

L'allicine est un ingrédient actif apte à supprimer la formation des cellules cancéreuses et à freiner la propagation des tumeurs malignes. Le cancer serait moins présent dans les régions où l'on consomme beaucoup d'ail.

PROFIL IMMUNITAIRE

★ VITAMINES C, B1, B6; CALCIUM, MANGANÈSE, PHOSPHORE, POTASSIUM; CUIVRE, FER, SÉLÉNIUM, ZINC; BIOFLAVONOÏDES, GLUCOKININE, MUCILAGE, PHYTOHORMONES, HUILES VOLATILES (DONT L'ALLICINE)

● ANTIBACTÉRIEN, ANTICOAGULANT, ANTICATARRHAL, ANTIOXYDANT, ANTISEPTIQUE, DÉTOXIFIANT, EXPECTORANT, DIMINUE LA PRESSION ARTÉRIELLE ET LE CHOLESTÉROL

! LES COMPOSÉS SOUFRÉS PEUVENT IRRITER LES ULCÈRES

! UN EXCÈS PEUT ACCROÎTRE LES EFFETS DES MÉDICAMENTS ANTICOAGULANTS ET HYPOTENSEURS

✔ MAUVAISE HALEINE: MANGER AIL ET PERSIL

salade de tomates à l'ail *(photo)*

- 1 kg (2 lb) de tomates, en tranches
- 4 c. à soupe d'origan, haché
- 2 gousses d'ail, hachées finement
- 6 c. à soupe d'huile d'olive
- 6 c. à soupe de vinaigre balsamique
- Sel et poivre du moulin

Déposer les tomates dans une assiette et ajouter le reste des ingrédients.

chou de Savoie à l'ail

- 3 c. à soupe d'huile d'olive
- 1 c. à thé (à café) de cari
- 1 c. à soupe de graines de moutarde noire
- 1 chou de Savoie moyen, haché
- 3 gousses d'ail, hachées
- 2 c. à soupe de noix de coco séchée
- 1 c. à soupe de sirop d'érable
- 2 c. à soupe de jus de citron
- Sel et poivre du moulin

Chauffer l'huile dans une poêle ou un wok. Griller les épices jusqu'à ce que les graines de moutarde éclatent. Ajouter le chou et l'ail et attendrir. Ajouter la noix de coco et cuire 1 minute. Ajouter sirop, jus de citron, sel et poivre. Bien mélanger et servir chaud.

vinaigrette à l'ail

- 4 c. à soupe de vinaigre balsamique
- 1 c. à soupe de sirop d'érable
- 1 c. à soupe de moutarde de Dijon
- 2 gousses d'ail, broyées
- Sel et poivre du moulin
- 160 ml (2/3 de tasse) d'huile d'olive

À l'aide d'un fouet, mélanger tous les ingrédients, sauf l'huile. Verser l'huile en mince filet et remuer. Rectifier l'assaisonnement.

ÉPICES

CARVI

★ VITAMINES C, B1, B2, B3, B6; CALCIUM, MAGNÉSIUM, MANGANÈSE, PHOSPHORE, POTASSIUM; CUIVRE, FER, ZINC; BIOFLAVONOÏDES, STÉROLS, HUILE VOLATILE; OMÉGA-3

● ANTIBACTÉRIEN, ANTISPASMODIQUE, CARMINATIF, EXPECTORANT

Bon pour troubles des voies respiratoires supérieures; gargarisme pour laryngite. Graine: troubles gastro-intestinaux (mastiquer).

RECETTES *Soupe santé (p. 261), Soupe épicée aux légumes (p. 262), Pain poêlé (p. 274), Chai épicé (p. 286)*

CAYENNE

★ VITAMINES A, C, E, K, B2, B3; CALCIUM, MAGNÉSIUM, PHOSPHORE, POTASSIUM; FER, ZINC; BIOFLAVONOÏDES, STÉROLS, HUILE VOLATILE; OMÉGA-6

● ANTIBACTÉRIEN, ANTICANCER, ANTI-INFLAMMATOIRE, DIAPHORÉTIQUE, STIMULANT, TONIQUE

✗ IRRITE LES MUQUEUSES: MANIPULER AVEC SOIN OU ÉVITER EN CAS D'ULCÈRE DE L'ESTOMAC OU DE GASTRITE

Procure une sensation de chaleur en stimulant puissamment le système circulatoire. Prévient le rhume et aide les convalescents.

RECETTES *Soupe épicée aux légumes (p. 262), Repousse-froid (p. 284), Chai pour le cœur (p. 285), Thé pour la fièvre (p. 287)*

CÉLERI (GRAINE)

★ VITAMINE B6; CALCIUM, MAGNÉSIUM, PHOSPHORE; CUIVRE, FER, ZINC; BIOFLAVONOÏDES, HUILE VOLATILE

● ANTIOXYDANT, DÉTOXIFIANT, TONIQUE DIGESTIF, ANTISEPTIQUE URINAIRE

✗ À ÉVITER PENDANT LA GROSSESSE

Bon pour élimination de l'acide urique (arthrite, goutte), traitement de la lithiase et des infections urinaires.

RECETTE *Thé pour les articulations (p. 287)*

CURCUMA

★ VITAMINES C, B3, B6; MAGNÉSIUM, MANGANÈSE, POTASSIUM; CUIVRE, FER, ZINC; CURCUMINOÏDES, STÉROLS, HUILE VOLATILE; OMÉGA-6

● ANTIBACTÉRIEN, ANTI-INFLAMMATOIRE, ANTIOXYDANT

Améliore la santé du foie; élimine les radicaux libres; aide à lutter contre les maladies dégénératives.

RECETTES *Casserole de lentilles (p. 268), Paella (p. 268)*

EUCALYPTUS

★ BIOFLAVONOÏDES, HUILE VOLATILE

● ANTIBACTÉRIEN, ANTIFONGIQUE, ANTIOXYDANT, ANTISEPTIQUE, ANTISPASMODIQUE, EXPECTORANT, FÉBRIFUGE, STIMULANT

Utilisé dans les remèdes contre la toux; plusieurs propriétés antibactériennes. Bon pour traitement des voies respiratoires supérieures, infections urinaires.

RECETTES *Eucalyptus (p. 285), Thé pour les poumons (p. 286)*

GENIÈVRE

★ PRINCIPES AMERS, GLUCOSIDES, TANNIN, HUILE VOLATILE

● ANTIBACTÉRIEN, ANTICATARRHAL, ANTIFONGIQUE, CARMINATIF, DIURÉTIQUE, ANTISEPTIQUE URINAIRE

✗ À ÉVITER PENDANT LA GROSSESSE ET EN CAS DE MALADIE RÉNALE

Digestif, détoxifiant. Soulage troubles urinaires, goutte, arthrite.

RECETTE *Bettes à cardes au genièvre (p. 274)*

GINGEMBRE

★ MAGNÉSIUM, POTASSIUM; CUIVRE; MUCILAGE, PHÉNOLS, RÉSINE, HUILES VOLATILES

● ANTISEPTIQUE, ANTISPASMODIQUE, CARMINATIF, DÉTOXIFIANT, DIAPHORÉTIQUE, EXPECTORANT, VASODILATATEUR

Bon pour rhume et refroidissements, détoxification. Stimule la circulation périphérique.

RECETTES *Salade de chou épicée (p. 263), Abricot et gingembre (p. 280)*

MOUTARDE NOIRE (GRAINE)

★ VITAMINES B1, B2, B3; CALCIUM, MAGNÉSIUM, PHOSPHORE, POTASSIUM; FER, ZINC; MUCILAGE, SINIGRINE, HUILE VOLATILE

● CARMINATIF, DIAPHORÉTIQUE, DIURÉTIQUE, STIMULANT, TONIQUE

! UTILISER AVEC MODÉRATION; PEUT CAUSER DE L'IRRITATION

Bon pour circulation, rhume, grippe, bronchite, fièvre

RECETTES *Patates douces au cari (p. 272), Thé pour les articulations (p. 287)*

NIGELLE

★ VITAMINES A, B1, B2, B3; CALCIUM, MAGNÉSIUM, MANGANÈSE, PHOSPHORE, POTASSIUM; CUIVRE, FER, ZINC; OMÉGA-3 ET -6

● ANTIALLERGIQUE, ANTI-INFLAMMATOIRE, ANTIMICROBIEN, ANTIOXYDANT

Bon pour troubles des voies respiratoires supérieures, eczéma, allergie, prévention des troubles immunodéficitaires.

RECETTES *Pain grillé aux tomates et doliques (p. 258), Soupe épicée aux légumes (p. 262), Purée d'aubergine (p. 264), Mellite d'ail (p. 285), Chai pour le cœur (p. 285)*

RAIFORT

★ VITAMINE C, ACIDE FOLIQUE; ASPARAGINE, RÉSINE, HUILE VOLATILE DE MOUTARDE

● ANTIALLERGIQUE, ANTISPASMODIQUE, CARMINATIF, DÉTOXIFIANT, DIAPHORÉTIQUE, EXPECTORANT, TONIQUE

✘ À ÉVITER EN CAS D'HYPOTHYROÏDIE

Stimule la circulation. Bon pour rhumatisme chronique, infections urinaires, troubles des voies respiratoires supérieures, digestion.

RECETTE *Salade de betteraves au raifort (p. 179)*

RÉGLISSE (RACINE)

★ BIOFLAVONOÏDES, TANNIN, PRINCIPES AMERS, COUMARINES, GLUCOSIDES, GLYCYRRHIZINE, PHYTOESTROGÈNES, HUILES VOLATILES

● ANTI-INFLAMMATOIRE, ANTIOXYDANT, ANTISPASMODIQUE, ANTISTRESS, EXPECTORANT, LAXATIF DOUX, IMMUNOSTIMULANT

! PEUT CAUSER PERTE DE POTASSIUM ET ÉLÉVATION DE LA PRESSION ARTÉRIELLE

Bon pour stress, catarrhe, toux, ulcère gastro-intestinal. Inhibe la croissance des tumeurs.

RECETTES *Antitoux (p. 284), Immuni-thé (p. 285), Réglisse et cannelle (p. 286), Thé pour les poumons (p. 286)*

boissons et aliments divers

ALGUE (HIJIKI)

★ VITAMINES B2, B12, ACIDE FOLIQUE; CALCIUM, MAGNÉSIUM, MANGANÈSE, SODIUM; CUIVRE, IODE, FER

● ANTIOXYDANT, IMMUNOSTIMULANT

✔ L'IODE CONTENU DANS LES ALIMENTS PROTÈGE CONTRE L'IODE RADIOCTIF DE L'ENVIRONNEMENT

Les sources les plus fiables proviennent de la mer et les algues figurent parmi les meilleures.

RECETTE *Shiitake aux algues (p. 221)*

EXTRAIT DE LEVURE

★ VITAMINES B1, B2, B3, B6, B12, ACIDE FOLIQUE; CALCIUM, MAGNÉSIUM, PHOSPHORE, POTASSIUM; IODE, FER, SODIUM, ZINC

! CERTAINS EXTRAITS CONTIENNENT BEAUCOUP DE SEL

Source concentrée de vitamines et minéraux (surtout vitamines B). Bon pour sang, moelle osseuse, système nerveux, cœur, peau, muscles, muqueuse. Manger sur du pain, en soupes ou plats mijotés.

RECETTE *Soupe aux gourganes (p. 261)*

HUILE DE GERME DE BLÉ

★ VITAMINE E; PHYTOSTÉROLS; OMÉGA-3 ET -6

● ANTIOXYDANT, CURATIF, RÉDUIT LE CHOLESTÉROL

Améliore la réponse immunitaire; renforce le système immunitaire contre les allergènes. Bon pour membranes cellulaires; peau, arthrite rhumatoïde. Protège contre le cancer et la cardiopathie.

RECETTES *remplace beurre et margarine sur les légumes; en vinaigrette*

HUILE D'ONAGRE

★ VITAMINE E; OMÉGA-6 (AGL), STÉROLS

● ANTI-INFLAMMATOIRE, CURATIF, IMMUNOSTIMULANT, LÉGER ANTICOAGULANT, RÉDUIT LE CHOLESTÉROL

! PEUT CAUSER UN MAL DE TÊTE ET INTERAGIR AVEC LES MÉDICAMENTS

L'huile améliore la santé cellulaire. Bon pour réparation des nerfs et tissus; acné, eczéma, psoriasis, maladies auto-immunes, prostaglandines. Bon pour prévention du cancer du sein, incidence des kystes mammaires, cardiopathie, syndrome prémenstruel.

RECETTES *vinaigrettes et marinades; sur divers aliments*

HUILES DE CARTHAME ET DE TOURNESOL

★ VITAMINE E; STÉROLS, OMÉGA-6

● ANTIOXYDANT, CURATIF, IMMUNOSTIMULANT

Bon pour réparation des tissus, peau, membrane cellulaire, pression artérielle. Normalise la coagulation, réduit le cholestérol.

RECETTES *Carthame: Salade de betteraves cuites (p. 179), Salade ensoleillée (p. 277). Tournesol: Avocats farcis (p. 197), Baluchons aux oignons (p. 264), Pommes de terre au sésame (p. 273), Salade de carotte et betterave (p. 275), Gâteau aux framboises (p. 278)*

MARGARINE VÉGÉTALE

★ VITAMINE E; PHYTOSTÉROLS; ACIDES GRAS ESSENTIELS

● ANTIOXYDANT, DIMINUE PRESSION ARTÉRIELLE ET CHOLESTÉROL

! CHOISIR UNE MARGARINE NON SATURÉE ET NON HYDROGÉNÉE

Comme les huiles, elle préserve la santé des membranes cellulaires

RECETTES *Tofu brouillé (p. 258), Soupe aux poireaux et pommes de terre (p. 262), Tarte à l'oignon (p. 271), Tarte aux poires (p. 279)*

MISO

★ VITAMINES B2, B3, ACIQUE FOLIQUE; CALCIUM, MAGNÉSIUM, PHOSPHORE; CUIVRE, FER, ZINC

● ANTIOXYDANT, CURATIF, DIMINUE LES LIPIDES SANGUINS

Pâte de haricots de soja fermentés: base pour soupes, marinade, sauces et plats mijotés. Bon pour cœur, nerfs, muscles, foie, globules rouges; régularise les lipides sanguins.

RECETTE *Soupe aux shiitake (p. 262)*

PLEUROTE

★ VITAMINES B1, B2, B5; PHOSPHORE, POTASSIUM; CUIVRE, FER

● ANTIOXYDANT, ANTI-INFLAMMATOIRE

Permet une pleine utilisation de l'énergie emmagasinée dans les tisus. Bon pour globules rouges, foie, cardiopathie, cancer, rhumatismes.

RECETTES *remplace shiitake et champignon de Paris*

POLENTA

★ VITAMINES B1, B3; MAGNÉSIUM, PHOSPHORE; FER, ZINC; SUCRES COMPLEXES, FIBRES, OMÉGA-6, PROTÉINES

● ANTIOXYDANT, ÉNERGÉTIQUE

Mélanger de la polenta précuite avec eau bouillante, herbes de Provence, sel marin et poivre pour obtenir une pâte ferme. Couper en rondelles et faire dorer à l'huile d'olive. Stimule les capacités de guérison naturelles du corps.

RECETTES *remplace riz et pomme de terre*

THÉ VERT

★ BIOFLAVONOÏDES, CATÉCHINES, THÉOPHYLLINE

● ANTIALLERGIQUE, ANTIASTHMATIQUE, ANTIOXYDANT, DIMINUE LES LIPIDES SANGUINS ET LA PRESSION ARTÉRIELLE, PRÉVIENT LES CAILLOTS

! CONTIENT DE LA CAFÉINE

Non fermenté, il ne contient pas de tannins ni de composés polyphénoliques inhibant l'absorption des micronutriments (ex.: fer).

RECETTES *Thé vert à la menthe (p. 285), Chai pour le cœur (p. 285)*

TOMATE SÉCHÉE

★ VITAMINES A, E; POTASSIUM; CUIVRE, IODE, FER, ZINC; LYCOPÈNE; ACIDES GRAS ESSENTIELS, PROTÉINES, SUCRES

● ANTICANCER, ANTIOXYDANT

Bon pour santé des cellules (nerfs, muscles, peau, muqueuse), prévention de la formation des cellules cancéreuses et de la cardiopathie.

RECETTES *Haricots aux noix et aux tomates séchées (p. 201), Salade de maïs et tomates séchées (p. 276)*

shiitake

CONSIDÉRÉ PAR LES ORIENTAUX COMME L'«EMPEREUR DES ALIMENTS», LE SHIITAKE EST UNE ARME REDOUTABLE CONTRE LES INFECTIONS ET LES MALADIES DU CŒUR.

Origines

En Orient, on l'utilise depuis longtemps pour prévenir et traiter les maladies infectieuses et gastro-intestinales, améliorer la circulation et accroître la vitalité. En Chine, on le réservait jadis à l'empereur et à sa famille. De nos jours, il est l'un des champignons comestibles les plus appréciés au monde.

Propriétés immunitaires

Excellente source de vitamines, minéraux, acides aminés et enzymes, il est particulièrement riche en B5, la «vitamine du stress». Des études ont confirmé ses vertus contre l'athérosclérose et le cancer. Il stimule la résistance immunitaire et augmente la réponse immunitaire en libérant de l'interféron. Il favorise la phagocytose et augmente l'activité et le nombre de lymphocytes. (Lymphocytes et macrophages sont deux cellules sanguines très importantes pour l'immunité; voir p. 157-158.) Cette synergie fait en sorte que le shiitake renforce l'organisme contre l'infection en encourageant les cellules sanguines à détruire les organismes nuisibles et en partageant l'information les concernant avec le reste du système immunitaire afin d'éliminer les déchets cellulaires. Il est très efficace contre l'infection virale.

En stimulant puissamment la réponse immunitaire, il est un espoir en cas de sida puisqu'il augmente la résistance au VIH en bloquant les premiers stages de l'infection. Il est aussi efficace contre l'encéphalite.

Le lentinane (polysaccharide) du shiitake diminue la pression artérielle et le cholestérol en plus de soutenir le système cardiovasculaire, ce qui en fait un précieux remède pour prévenir et traiter la cardiopathie. Il inhibe efficacement la croissance des cellules tumorales et prévient les métastases secondaires. Au lieu d'attaquer directement les tumeurs, il travaille de concert avec le système immunitaire et renforce l'habilité de l'organisme à désactiver et à éliminer les cellules malignes.

On achète le shiitake frais, séché ou mariné. On prépare les frais et les marinés comme les champignons de Paris. On doit rincer les shiitake séchés et les faire tremper 30 minutes avant usage. Retirer le pied avant la cuisson.

PROFIL IMMUNITAIRE

★ VITAMINES B2, B3, B5, B6; CUIVRE, MANGANÈSE, SÉLÉNIUM; FER; ENZYMES BIOACTIVES, LENTINANE (POLYSACCHARIDE), PROTÉINES

● ANTIBACTÉRIEN, ANTICANCER, ANTIVIRAL, ANTISTRESS, IMMUNOSTIMULANT, RÉDUIT LE CHOLESTÉROL

! UN EXCÈS PEUT CAUSER LA DIARRHÉE

shiitake aux algues *(photo)*

150 g (5 oz) d'algues hijiki
250 g (½ lb) de shiitake frais, en lamelles
125 g (½ lb) d'asperges
4 carottes, en julienne
1 botte d'oignons verts, hachés
3 c. à soupe d'huile d'olive
180 ml (¾ de tasse) de bouillon de légumes
1 c. à soupe de xérès sec
2 c. à soupe de sauce soja
Sel et poivre du moulin
2 c. à soupe de graines de sésame

Faire tremper les algues dans l'eau 30 minutes et rincer. Faire sauter les algues et les légumes dans l'huile quelques minutes. Ajouter bouillon, xérès et sauce soja. Laisser mijoter 10 minutes à feu doux, assaisonner et saupoudrer de sésame.

salade de shiitake

250 g (½ lb) de tofu fumé, en cubes
3 c. à soupe d'huile d'olive
250 g (½ lb) de shiitake frais
2 c. à soupe d'estragon, haché finement
1 c. à soupe de jus de lime (citron vert)
Sel et poivre du moulin
1 petite laitue
Roquette et feuilles d'oseille

Faire sauter le tofu dans l'huile. Ajouter les shiitake et attendrir. Ajouter l'estragon et le jus de lime. Assaisonner et servir sur la verdure.

pâtes au pesto et aux shiitake

400 g (14 oz) de pâtes (spirales)
4 carottes, hachées
2 épis de maïs, égrenés
4 c. à soupe de petits pois
300 g (10 oz) de shiitake frais, coupés en 2
1 c. à thé (à café) de sauce soja
4 c. à soupe de jus de citron
Poivre du moulin

Pour le pesto:

4 c. à soupe de pignons, moulus
2 gousses d'ail, broyées
1 botte de basilic frais, hachée
1 c. à thé (à café) de sel marin
4 c. à soupe d'huile d'olive

Mélanger les ingrédients du pesto. Cuire les pâtes dans l'eau bouillante salée. Après 5 minutes, ajouter carottes, maïs et pois et cuire 2 minutes. Égoutter et mélanger avec le pesto. Faire dorer à la poêle les shiitake et ajouter la sauce soja. Mélanger avec les pâtes. Arroser de jus de citron et poivrer.

chapitre 7

les maladies auto-immunes, infectieuses et autres

Des choix alimentaires judicieux permettent de maintenir notre système immunitaire en bonne condition et de guérir les maladies qui y sont reliées. Vous découvrirez dans ce chapitre les problèmes qui risquent de nous atteindre lorsque notre système immunitaire ne performe pas de manière optimale. Optez pour les superaliments, les recettes et les conseils qui vous permettront d'affronter les aléas de la vie moderne.

rhume et grippe

SUPERALIMENTS RECOMMANDÉS: ACHILLÉE MILLEFEUILLE, AIL, BOURRACHE, CAMOMILLE, CAPUCINE, CASSIS, CATAIRE, CAYENNE, CITRON, ÉCHINACÉE, ÉGLANTIER, FRAMBOISE, GINGEMBRE, GOYAVE, MENTHE POIVRÉE, ORANGE, ORIGAN, RAIFORT, SUREAU (BAIE ET FLEUR)

Le rhume et la grippe sont des infections virales pouvant causer écoulement nasal, maux de gorge, maux de tête, fièvre et malaise général. Les symptômes du rhume sont généralement légers et se développent plutôt lentement tandis que ceux de la grippe commencent abruptement et créent des douleurs aux jointures et aux membres, une fièvre élevée, des frissons, un gros mal de tête et, souvent, une toux sèche et persistante. La plupart des symptômes de la grippe ne durent que quelques jours, mais la toux peut persister. La dépression, la fatigue et la léthargie lui succèdent parfois pendant plusieurs jours. La grippe peut être accompagnée d'infections bactériennes secondaires, comme la bronchite ou la pneumonie.

Épidémies de grippe

Le virus de la grippe est très contagieux. Il affecte autant les animaux et les oiseaux que les humains. Trois grandes pandémies ont sévi au cours des 300 dernières années. La grippe espagnole de 1918-1919 a tué plus de 100 millions de personnes. Elle a été causée par l'influenzavirus de type A (H1N1). Plusieurs sont morts quelques jours seulement après avoir été contaminés. La grippe s'attaque normalement aux plus vulnérables, mais la grippe espagnole a aussi décimé les plus forts puisque qu'environ la moitié de victimes étaient des jeunes adultes en bonne santé.

La grippe asiatique de 1957-1958 a tué environ 2 millions de personnes à travers le monde. La grippe porcine (H1N1/09) de 2009 a aussi laissé de mauvais souvenirs. Les vaccins ne pouvaient offrir aucune protection et les enfants n'étaient pas immunisés. Seuls les adultes de plus de 60 ans ont semblé plus résistants. Le H1N1/09 est plus contagieux que la grippe saisonnière. Les personnes infectées restent contagieuses plusieurs jours après que la fièvre soit retombée. Même si les symptômes sont souvent plus légers que ceux de la grippe saisonnière, le virus de la grippe porcine infecte les poumons plus profondément en détruisant les alvéoles et en créant de graves symptômes respiratoires chez certains. Ultimement, le syndrome de détresse respiratoire aigu peut être fatal. La grippe aviaire (H5N1) a aussi fait l'objet de nombreuses craintes. Heureusement, la transmission de l'oiseau à l'homme est très rare et seules quelques personnes ont été contaminées. Ce virus est toutefois très virulent et il a tué 60 % des personnes infectées.

Prévention

Il semble évident que la vaccination contre la grippe offre des effets positifs à long terme aux groupes à risques. Mais n'oublions pas que de nouvelles souches virales en mutation peuvent avoir des effets imprévisibles et que les vaccins ne sont efficaces que pour les souches déjà existantes. De plus, une réaction indésirable aux vaccins est chose commune. La prévention est donc essentielle et plus importante que le traitement. Il est prioritaire d'avoir un système immunitaire résistant grâce une alimentation et à un mode de vie sains.

Solutions

Laissez l'infection suivre son cours plutôt que de tenter d'enrayer les symptômes. Au cours de la phase aiguë, le meilleur traitement consiste à dormir et à se reposer, à manger peu et à boire beaucoup de liquide (eau, infusions légères et soupes).

Une bonne hydratation crée un environnement moins favorable au virus et renforce la fonction immunitaire. À cause de leur teneur en sucre, les jus de fruits et boissons sucrées ne sont pas recommandés lorsque la maladie est déjà installée, mais les jus de fruits sont excellents comme mesures préventives grâce à leurs nombreux antioxydants. On doit toutefois éviter les produits laitiers, qui favorisent la formation du mucus.

SUGGESTIONS DE RECETTES

Vinaigre de framboise (p. 195), Soupe froide aux tomates (p. 260), Soupe au melon à la menthe (p. 261), Soupe épicée aux légumes (p. 262), Fruits d'automne (p. 280), Lever de soleil (p. 283; photo), Repousse-froid (p. 284), Antitoux (p. 284), Cordial au sureau (p. 284), Eucalyptus (p. 285), Immuni-thé (p. 285), Thé pour les poumons (p. 286), Sauge pour mal de gorge (p. 286), Boisson aux fruits (p. 286), Thé pour les articulations (p. 287), Thé pour la fièvre (p. 287), Thé pour mal de tête (p. 287).

Thé pour le rhume: infuser 1 c. à thé (à café) de fleurs de sureau et 1 c. à thé (à café) de fleurs de camomille 10 minutes dans 310 ml (1 ¼ tasse) d'eau bouillante.

infections de l'oreille, du nez et de la gorge

SUPERALIMENTS RECOMMANDÉS: AIL, AIRELLE NOIRE, BETTERAVE, CAROTTE, CERISE, CHOU VERT FRISÉ, CITRON, CITROUILLE, ÉCHINACÉE, FRAISE, FRAMBOISE, GAILLET, GOYAVE, MANGUE, MENTHE POIVRÉE, MOUTARDE NOIRE (GRAINE), MÛRE, OIGNON, ORTIE, PAMPLEMOUSSE, POIREAU, RAISIN, SAUGE, SHIITAKE, SOUCI, SUREAU (FLEUR)

Les oreilles, le nez et la gorge sont étroitement liés par un labyrinthe de tubes et de passages, ce qui permet à l'infection de se répandre rapidement. Les problèmes les plus communs comprennent l'otite moyenne, les infections de la gorge (dont l'amygdalite) et la sinusite.

L'otite moyenne, fréquente chez les enfants, est souvent précédée d'un rhume, d'une grippe, d'une amygdalite ou d'une fièvre. Une accumulation de liquide exerce parfois une pression sur la membrane du tympan, occasionnant ainsi un sévère mal d'oreille. Le tympan peut parfois se perforer pour relâcher la pression et la douleur. Une infection récurrente de l'oreille moyenne peut causer une otite muqueuse à tympan, un problème chronique responsable de troubles de l'apprentissage et d'une hypoacousie de transmission.

La sinusite est une inflammation des cavités entourant les fosses nasales. Elle cause maux de tête, douleurs faciales et congestion nasale. Il peut s'agir d'une complication du rhume ou de la grippe ou elle peut surgir à la suite d'une allergie, une blessure, une infection dentaire ou un mauvais drainage des sinus.

L'infection de la gorge est virale ou bactérienne. Elle cause fièvre, malaise, douleur et difficulté d'avaler associés à une inflammation des amygdales et des adénoïdes.

Prévention

Il est important de renforcer le système immunitaire en mangeant beaucoup de fruits et légumes, surtout ceux qui sont riches en vitamines A et C, bioflavonoïdes et zinc. Évitez les allergènes communs: produits laitiers, œufs, fruits de mer, blé et beurre d'arachide. Lisez la p. 224 pour éviter les infections des voies respiratoires. Si vous avez un rhume ou une grippe, continuez de vous reposer même si les symptômes ont disparu.

Solutions

Consultez un médecin pour les infections de l'oreille moyenne ou si problème de nez ou de gorge crée des difficultés respiratoires. Buve beaucoup de liquide (eau, infusions, jus et soupes aux légumes). Reposez-vous et gardez le lit au besoin. Évitez les allergènes suspects et les aliments riches en sucre (miel, fruits séchés, sirop, ju concentrés). Un massage facial peut soulager la sinusite tandis que les gargarismes à base d'herbes apaisent les infections de la gorge.

SUGGESTIONS DE RECETTES

Oreilles: Salade verte (p. 183), Soupe aux shiitake (p. 262), Betterave et pomme (p. 280), Repousse-froid (p. 284), Thé pour mal d'oreille (p. 287).

Gorge: Soupe au melon à la menthe (p. 261), Soupe à la citrouille (p. 261), Soupe aux poireaux et pommes de terre (p. 262), Concombre frais (p. 280), Mellite d'ail (p. 285), Sauge pour mal de gorge (p. 286), Boisson aux fruits (p. 286), Thé pour les glandes (p. 287).

Sinus: Salade de betteraves au raifort (p. 179), Soupe épicée aux orties (p. 187), Carotte, citron et ail (p. 280), Panaché au sureau (p. 284), Eucalyptus (p. 285).

Cataplasme pour sinusite: Râper du raifort frais dans un bol de gruau, envelopper dans un linge et poser sur le nez, les joues et le front en évitant de toucher aux yeux.

fièvres infantiles

SUPERALIMENTS RECOMMANDÉS: ACHILLÉE MILLEFEUILLE, AIL, BOURRACHE, CAROTTE, CATAIRE, CITRON, GAILLET, GOYAVE, ÉCHINACÉE, ÉGLANTIER, FRAISE, GINGEMBRE, MENTHE POIVRÉE, OIGNON, ORANGE, ORIGAN, PAMPLEMOUSSE, PATATE DOUCE, SUREAU (FLEUR ET BAIE)

C'est un problème fréquent, surtout en cas de rhume ou d'infection respiratoire. La fièvre s'inscrivant dans le développement naturel du système immunitaire, mieut vaut prendre soin de l'enfant plutôt que de tenter d'enrayer sa fièvre, qui se résorbera rapidement la plupart du temps. Il faut toutefois s'assurer qu'il ne s'agit pas d'une méningite; obtenez un avis médical en cas de doute ou si la température est élevée.

Les causes les plus fréquentes sont la varicelle (écoulement nasal, mal de gorge, renflement des ganglions, démangeaisons et, parfois, douleur articulaire), la rubéole (contractée pendant la grossesse, elle peut causer des malformations chez le bébé), la rougeole (douleur aux yeux, écoulement nasal, toux sèche, taches blanches dans la bouche et démangeaisons. Elle peut se compliquer en cas d'otite moyenne, bronchite, pneumonie ou convulsions fébriles), les oreillons (mal de gorge et gonflement des glandes salivaires) et coqueluche (quintes de toux pénibles).

Prévention

Un régime sain aide au développement et au fonctionnement du système immunitaire. Encouragez votre enfant à manger fruits frais et séchés, bâtonnets de carotte et de concombre, raisins, tomates, céréales, noix et graines. Limitez son accès aux aliments vides, boissons gazeuses et sucreries. Offrez-lui des aliments bios de préférence.

Solutions

Pendant la phase aiguë de la fièvre: repos complet, liquides (eau, infusions légères) et beaucoup d'amour. La cataire aide à contrôler la fièvre. Lorsque l'appétit revient: jus frais dilués. Convalescence: salades de fruits, soupes, pâtes et crêpes. Évitez: sucre, produits laitiers, aliments vides et allergènes communs (blé, œuf, beurre d'arachide, additif).

SUGGESTIONS DE RECETTES

Burgers aux betteraves (p. 179), Vinaigre de framboise (p. 122), Salade de fruits (p. 258), Crêpes aux fruits (p. 259), Yogourt aux fruits (p. 259), Soupe au melon à la menthe (p. 261), Soupe aux doliques (p. 261), Soupe aux gourganes (p. 261), Soupe aux dumplings (p. 262), Gâteau aux framboises (p. 278), Salade de fruits tropicale (p. 279), Abricot et gingembre (p. 280), Crème de mûres (p. 280), Frappé aux fruits (p. 280), Mangue veloutée (p. 280), Nirvana (p. 282), Tutti frutti (p. 283), Antitoux (p. 284), Cordial au sureau (p. 284), Thé de Morphée (p. 286), Boisson aux fruits (p. 286; photo), Thé pour la fièvre (p. 287).

bronchite et pneumonie

SUPERALIMENTS RECOMMANDÉS: ACHILLÉE MILLEFEUILLE, AIL, BOURRACHE, CAMOMILLE, CAPUCINE, CAROTTE, CARVI, CASSIS, CERISE, CHOU VERT FRISÉ, CITRON, CRESSON, ÉCHINACÉE, EUCALYPTUS, GAILLET, GOYAVE, MENTHE POIVRÉE, MOUTARDE NOIRE (GRAINE), MÛRE, OIGNON, ORIGAN, ORTIE, PATATE DOUCE, POIREAU, RAIFORT, RAISIN, RÉGLISSE (RACINE), SUREAU, THYM, VIOLETTE ODORANTE

BRONCHITE

Il s'agit d'une inflammation de la muqueuse des bronches. La forme aiguë est habituellement virale ou bactérienne et souvent précédée d'un rhume ou d'une grippe. Les symptômes sont: toux (d'abord sévère et sèche, puis expectorations), essoufflement et fièvre. Une complication dégénère parfois en pneumonie, particulièrement dangereuse pour les personnes âgées. La forme chronique cause une toux persistante ou récurrente et des difficultés respiratoires. Elle touche surtout ceux dont le système immunitaire est affaibli, principalement les fumeurs, les usagers d'alcool, de drogue ou d'immunodépresseurs ou qui souffrent d'une immunodéficience ou d'un cancer. La bronchite chronique est souvent caractérisée par des dommages structurels aux poumons (emphysème), qui réduisent la surface de tissu pulmonaire disponible pour absorber l'oxygène et éliminer le dioxyde de carbone et autre déchets.

Prévention

Pour éviter la bronchite chronique, il est impératif de cesser de fumer… ou de ne jamais commencer! Maintenez un poids santé et mangez des aliments riches en vitamines A et C, bioflavonoïdes et zinc. Évitez si possible les produits laitiers, qui créent un excès de mucus, les émanations toxiques et les immunodépresseurs. Prenez de l'air frais chaque jour.

Solutions

Buvez beaucoup de liquide (eau, infusions, jus riches en vitamine C, soupes). Le système immunitaire a besoin d'une grande quantité de bons nutriments. Ail, oignon et poireau ont des vertus antibactériennes et aident à éviter les complications. Limitez votre consommation de sucre (boissons gazeuses, jus concentrés, sucre ajouté, sucreries) et de produits laitiers. Les expectorants à base d'herbes facilitent l'élimination du mucus. Un cataplasme chaud (p. 229) posé sur la poitrine facilite la respiration. Reposez-vous en utilisant plusieurs oreillers puisque la position horizontale exacerbe la toux et gêne la respiration.

PNEUMONIE

Cette maladie, qui affecte tous les groupes d'âge, est souvent responsable de la mort de très jeunes enfants et de personnes âgées. Parmi les causes: bactéries, virus, parasites et dommages pulmonaires (inhalation accidentelle d'un liquide ou d'une substance chimique), mais son origine reste souvent mystérieuse. Symptômes: toux, douleur thoracique, difficulté respiratoire. La pneumonie survient surtout pendant l'hiver, alors que les maladies infectieuses se répandent et que notre résistance est moins grande. Des maladies sous-jacentes (rhume, emphysème, alcoolisme, immunodéficience) accroissent les risques, de même qu'une carence en vitamine D.

Cette maladie peut être très grave et il est urgent de consulter un médecin puisque de 20 à 40 % des personnes atteintes nécessitent une hospitalisation. Parmi celles-ci, de 5 à 10 % en mourront.

Prévention

Toute personne ayant un problème respiratoire ou une maladie chronique est susceptible de contracter une pneumonie. La vulnérabilité augmente si l'on a déjà été victime de cette maladie dans le passé.

Prenez le temps de vous rétablir complètement si vous avez un rhume, une grippe ou une maladie respiratoire. Une bonne alimentation, une glycémie stable et une saine gestion du stress sont d'excellents moyens de prévention. On peut aussi être vacciné contre la pneumonie virale et bactérienne.

Solutions

Les traitements varient selon la cause. Les antibiotiques ne sont efficaces qu'en cas de pneumonie bactérienne. Consultez un médecin dans tous les cas. Afin de mieux récupérer:

- Buvez beaucoup de liquide (eau, jus de fruits dilués, infusions, bouillons).
- Évitez les produits laitiers, qui créent un excès de mucus.
- Chaque jour, pendant 30 minutes, placez une bouteille d'eau chaude sur votre poitrine et dans votre dos. Quelques gouttes d'huile d'eucalyptus versées sur un linge que vous placerez sous la bouteille en augmentera l'efficacité.
- Renforcez votre système immunitaire avec l'échinacée.

SUGGESTIONS DE RECETTES

Salade verte (p. 183), Purée de patates aux orties (p. 187), Yogourt aux fruits (p. 259), Bouillon de légumes (p. 260), Salade ensoleillée (p. 277), Crème de mûres (p. 280), Carotte, citron et ail (p. 280), Repousse-froid (p. 284), Antitoux (p. 284), Mellite d'ail (p. 285), Thé pour les poumons (p. 286), Chai épicé (p. 286), Boisson aux fruits (p. 286), Thé pour la fièvre (p. 287).

Toux: infuser 2 à 3 c. à thé (à café) de graines de lin de 10 à 15 minutes dans 250 ml (1 tasse) d'eau bouillante.

Inhalation: Infuser 1 c. à soupe de chacun: camomille, eucalyptus et origan 5 minutes dans 625 ml (2 ½ tasses) d'eau bouillante. Enveloppez-vous dans une couverture et placez une grande serviette sur votre tête. Inhalez doucement la vapeur de l'infusion 10 minutes. Aspergez votre visage d'eau froide.

Cataplasme: Mélanger 5 c. à thé (à café) de graines de moutarde noire broyées dans un grand bol de gruau d'avoine. Enveloppez le tout dans un linge que vous placerez sur votre poitrine (20 minutes). Assurez-vous que la moutarde n'irrite pas votre peau et que le cataplasme n'est pas trop chaud.

cystite

SUPERALIMENTS RECOMMANDÉS: ACHILLÉE MILLEFEUILLE, AIL, ASPERGE, BETTERAVE, CANNEBERGE (AIRELLE), CAROTTE, CASSIS, CÉLERI (GRAINE), CERISE, CHOU VERT FRISÉ, EUCALYPTUS, GAILLET, GENIÈVRE, GOYAVE, MANGUE, QUINOA, RAIFORT, RAISIN, RIZ, SOUCI, THYM, YOGOURT DE SOJA

Cette inflammation de la vessie, souvent causée par une infection, présente divers symptômes (douleur abdominale, miction fréquente et douloureuse, etc.). Elle est plus fréquente chez les femmes et souvent associée à la grossesse, aux relations sexuelles, à une sensibilité au froid ou à une plaie (ex.: sondage cathétérisme).

La cystite typique est due à une infection bactérienne, mais divers organismes, comme la chlamydia, en sont souvent responsables. Toutefois, on peut souffrir de symptômes récurrents sans cause infectieuse évidente. On parle alors de syndrome uréthral, qui s'explique par une allergie ou une sensibilité à divers produits (ex.: nylon, détergents, savons, bains moussants). Dans les cas de cystite bactérienne, des complications sérieuses peuvent survenir si l'infection s'étend aux reins, dont la glomulonéphrite aiguë et les affections rénales chroniques.

Prévention

Mangez beaucoup d'aliments frais, surtout d'origine végétale. Évitez les excès de sucre, d'alcool et de café. Consommez peu de viande et de produits laitiers et renoncez aux aliments vides et aux additifs. Recherchez les vitamines A et C, les bioflavonoïdes et le zinc. L'ail offre des vertus antibactériennes de choix. Dans les cas sévères, essayez la cure de la p. 288.

Il est essentiel d'éviter la désydratation et de bien se reposer. Prenez des infusions et de l'eau au lieu du thé et du café. Évitez les aliments et boissons acides, y compris les agrumes. Pour votre hygiène personnelle, assurez-vous d'utiliser des savons et produits auxquels vous n'êtes pas allergique. Les douches et déodorants vaginaux nuisent à la flore bactérienne et permettent aux microorganismes nuisibles de proliférer. Il est recommandé de vider sa vessie et se laver ses organes génitaux avant et après les relations sexuelles.

Solutions

Le jus de canneberge (airelle) est très recommandé. Le traitement conventionnel comprend des antibiotiques, de grandes quantités de liquide, une vidange régulière de la vessie et une hygiène impeccable. Malgré toutes ces précautions, il est possible d'avoir des cystites à répétition. Un usage fréquent d'antibiotiques peut aussi générer d'autres problèmes (candidose, perturbation de la flore intestinale). Il est important de renforcer le système immunitaire après avoir pris ce genre de médicaments. Le yogourt aide à la santé intestinale et les antioxydants soutiennent la restauration de la fonction immunitaire.

SUGGESTIONS DE RECETTES

Salade de betteraves au raifort (p. 179), Purée de patates aux orties (p. 187), Frappé à l'avocat (p. 197), Soupe aux légumes et quinoa (p. 205), Pâtes au pesto et aux shiitake (p. 221), Salade de fruits rose (p. 258), Yogourt aux fruits (p. 259), Asperges à la ravigote (p. 262), Salade de chou épicée (p. 263), Tzaziki (p. 267), Asperges soja-érable (p. 269), Champignons farcis aux fines herbes (p. 272), Bettes à carde au genièvre (p. 274), Canneberge pétillante (p. 280), Anticystite (p. 284), Immuni-thé (p. 285).

infections fongiques

SUPERALIMENTS RECOMMANDÉS: AIL, AVOCAT, BETTE À CARDE, BETTERAVE, CAMOMILLE, CANNELLE, CAROTTE, CHOU, CITROUILLE, ÉPINARD, EUCALYPTUS, FRAMBOISE, GINGEMBRE, LENTILLE, MÉLISSE, NOIX DU BRÉSIL, PAMPLEMOUSSE, PAPAYE, POIREAU, PSYLLIUM, RIZ, SOUCI, THYM, YOGOURT DE SOJA

Les plus communes sont la candidose ou muguet (causée par le *Candida albicans*), le pied d'athlète et la teigne. Le muguet oral produit de fines plaques blanches et humides dans la bouche; il affecte surtout les bébés malades et les personnes âgées ou affaiblies. Le muguet vaginal donne lieu à des écoulements anormaux, de l'irritation et de la douleur. Il est important de traiter également le partenaire sexuel afin d'éviter une réinfection. Le candida est une levure présente dans la flore intestinale. Les médicaments (surtout antibiotiques et stéroïdes), le stress et la mauvaise alimentation peuvent causer une prolifération démesurée de l'infection, ce qui affectera l'absoption des nutriments et la santé générale et pourrait causer de graves maladies si le reste du corps est aussi atteint.

Quant à la teigne, elle forme des ronds sur la peau, qui devient rougeâtre. Si elle s'attaque au cuir chevelu, on peut observer une calvitie localisée temporaire. Le pied d'athlète se développe souvent entre le 4e et le 5e orteils; la peau est pâle, humide, écailleuse et irritée.

Prévention et solutions

Les facteurs réduisant l'immunité peuvent accroître le risque d'infections fongiques: régime riche en sucre et en gras saturés, médicaments (antibiotiques, stéroïdes, chimiothérapie, contraceptifs oraux, remèdes anti-ulcères), susbstances chimiques environnementales, alcool et stress. L'enzyme de la papaye peut freiner la prolifération de la levure. Coupez les produits laitiers et, si vous prenez des antibiotiques, prenez du yogourt pour restorer l'équilibre de votre flore intestinale. Reposez-vous et évitez allergènes alimentaires, alcool et aliments riches en sucre (fructose, sucrose, sirop, jus de fruits, miel, fruits séchés). Prenez 1 c. à thé (à café) de psyllium dans un verre d'eau après les repas.

SUGGESTIONS DE RECETTES

Salade de betteraves au raifort (p. 179), Salade verte (p. 183), Pamplemousses farcis (p. 191), Frappé à l'avocat (p. 197), Pâté épicé aux noix (p. 201), Tofu brouillé (p. 258), Salade de chou épicée (p. 263), Guacamole (p. 266), Tzaziki (p. 267), Riz et lentilles (p. 273), Salade de cresson et mange-tout (p. 276), Abricot et gingembre (p. 280), Jus de carotte, citron et ail (p. 280; photo), Thé calmant (p. 284), Eucalyptus (p. 285), Chai épicé (p. 286), Thé antidouleur (p. 286), Thé pour infections fongiques (p. 287).

herpès

SUPERALIMENTS RECOMMANDÉS: AIL, AVOCAT, AZUKI, BETTERAVE, CAROTTE, CITROUILLE (GRAINE), ÉPINARD, GERME DE BLÉ, IGNAME, LENTILLE, MÉLISSE, MILLEPERTUIS, MUSLI, NOISETTE, NOIX, PIGNON, POIS CHICHE, RÉGLISSE (RACINE), SHIITAKE, SOUCI, TEMPEH, TOFU, TOMATE SÉCHÉE

L'herpès est un virus causant des cloques sur la peau et la membrane muqueuse (herpès labial). Des éruptions vésiculaires apparaissent sur le visage, les doigts, la bouche, les lèvres et les organes génitaux. Elles sont accompagnées de fatigue, démangeaisons, enflure des ganglions, fièvre et douleur. Le virus est transmis par contact direct avec l'herpès actif (salive, fluides sexuels). Après l'infection initiale, le virus peut rester latent pendant une longue période, jusqu'à ce que les résistances de l'organisme soient affaiblies par un rhume ou d'autres infections, le stress, les règles, un traumatisme ou une exposition au soleil. L'herpès surgit alors sur ou près du site d'infection primaire et dure de 1 à 2 semaines. Les hommes sont plus à risque que les femmes.

Il est important de s'assurer que les ulcères génitaux observés ne sont pas causés par un lymphome ou la syphilis. L'herpès labial est associé à un risque accru de dysplasie du col utérin pouvant précéder un cancer. Le virus de l'herpès n'est toutefois pas une cause directe du cancer utérin, qui est plutôt causé par le virus du papillome humain.

Prévention

Il est de mise d'éviter tout contact avec l'herpès labial. La résistance à l'infection dépend de la force de notre système immunitaire. Une bonne alimentation, le repos, l'air frais et l'exercice dont de bonnes mesures hygiéniques. Les personnes ayant un syndrome d'immunodéficience ou dont l'immunité est affaiblie sont plus à risque. Celles qui souffrent d'eczéma sont aussi plus vulnérables.

Solutions

Vitamines A et C, bioflavonoïdes et caroténoïdes augmentent notre résistance. Les aliments riches en zinc et en vitamine E accélèrent la guérison, et celle-ci aide aussi à réduire la douleur. On recommande les aliments aux vertus antivirales (ex.: ail, épinard, mélisse, millepertuis, patate douce, shiitake, souci, tempeh, tomate). La cure de la p. 288 peut aider à prévenir une récidive. Un saine gestion du stress, un faible apport en sucres raffinés et un évitement des allergènes sont aussi conseillés.

Carotte, betterave, mélisse et racine de réglisse sont de bons protecteurs. La réglisse réduit les dommages cellulaires causés par l'infection. Prise 3 ou 4 fois par jour dès les premiers symptômes, une infusion de réglisse ou de mélisse peut diminuer la sévérité et la durée de la maladie. Toutefois, la réglisse accélérant l'élimination du potassium, il est bon de manger aussi beaucoup d'aliments contenant ce minéral (abricot séché, avocat, banane, haricot, légumes feuillus verts, patate douce, petit pois).

SUGGESTIONS DE RECETTES

Salade verte (p. 183), Salade de tempeh au maïs (p. 209), Salade de shiitake (p. 221), Quinoa aux fruits séchés (p. 258), Musli (p. 259), Salade de tofu (p. 264), Pain à l'ail (p. 267), Patates douces au cari (p. 272), Salade de carotte et betterave (p. 275), Crumble aux mûres (p. 279), Thé calmant (p. 284), Cordial (p. 286), Thé pour les glandes (p. 287).

eczéma

SUPERALIMENTS RECOMMANDÉS: AIRELLE NOIRE, ASPERGE, AUBÉPINE, BETTE À CARDE, CAMOMILLE, CAROTTE, CHOU VERT FRISÉ, CITROUILLE (GRAINE), COURGE MUSQUÉE, ÉCHINACÉE, ÉPINARD, GAILLET, HARICOT, HUILE DE NOIX ET D'ONAGRE, LIN (GRAINE), LENTILLE, MANGUE, ORTIE, PAMPLEMOUSSE, PATATE DOUCE, PETIT POIS, PIGNON, POIVRON ROUGE, RAISIN, SUREAU, TEMPEH, TOFU, TOURNESOL (HUILE ET GRAINE), VIOLETTE

Problème de peau caractérisé par des plaques rougeâtres et irritantes sujettes à l'infection et pouvant se transformer en asthme ou en rhume des foins. À force de se gratter, la peau durcit et se fragilise. Deux tiers des personnes atteintes ont un membre de leur famille souffrant du même mal. La dermite de contact se développe après une deuxième exposition à un allergène (lanoline, pommades antibiotiques, additifs des produits pour la peau, nickel des bijoux ou des boutons). Les démangeaisons peuvent s'étaler sur tout le corps.

Prévention

L'allergie alimentaire est une cause fréquente; les produits laitiers sont les principaux responsables. Le stress et la tension peuvent causer des démangeaisons. Identifiez et éliminez les allergènes et évitez le stress.

Solutions

Il faut manger moins de gras animal et de produits laitiers jusqu'à l'apaisement des symptômes. Une carence en acides gras essentiels peut être un facteur de risque. Mangez plus d'huile polyinsaturées, surtout de l'huile de noix (anti-inflammatoire et antiallergique). Huile d'onagre, huile et graines de tournesol et graines de lin soulagent aussi l'inflammation. Les aliments riches en bioflavonoïdes aident à contrôler l'inflammation et les réactions allergiques en plus de renforcer les effets de la vitamine C. La vitamine A et le zinc servent à réparer et à soigner la peau.

SUGGESTIONS DE RECETTES ET DE REMÈDES

Salade de pamplemousse (p. 191), Thé calmant (p. 284), Salade de fruits (p. 258), Soupe épicée aux légumes (p. 262), Noix et graines grillées (p. 263), Canapés de tomate et concombre (p. 266), Boulettes de tofu (p. 266), Asperges soja-érable (p. 269), Bouillabaisse d'épinards (p. 271), Légumes verts aux noix de macadam (p. 274), Salade de roquette (p. 275), Salade de mangue et orange (p. 276), Beauté naturelle (p. 282), Réglisse et cannelle (p. 286), Thé pour la peau (p. 287).

Pris pendant une longue période, les stéroïdes peuvent causer des effets secondaires. Pour réduire l'inflammation, achetez une pommade au souci ou faites une compresse en infusant 3 c. à soupe de fleurs de souci dans 625 ml (2 ½ tasses) d'eau bouillante. Laissez refroidir, filtrez et placez sur la région affectée pendant 1 heure.

Camomille, échinacée, gaillet, ortie et violette nettoient le système digestif. Les pommades à base d'huile peuvent créer un inconfort. Crèmes protectrices et gants peuvent prévenir le contact avec les allergènes.

psoriasis

SUPERALIMENTS RECOMMANDÉS: ANANAS, ARTICHAUT, AVOCAT, BANANE, BETTERAVE, BROCOLI, CAMOMILLE, CAROTTE, CHAMPIGNON, CHOU VERT FRISÉ, CITROUILLE, COURGE, ENDIVE, ÉPINARD, FRUITS SÉCHÉS, GAILLET, GOMBO, HARICOT, JUS D'HERBE DE BLÉ, LÉGUMES FEUILLUS VERTS, LENTILLE, MELON, NOIX (DU BRÉSIL), ORTIE, PANAIS, PAPAYE, PATATE DOUCE, PETIT POIS, PETITS FRUITS, POMME, RAISIN, RÉGLISSE (RACINE), TOMATE

Cette maladie de la peau est en partie génétique. Elle est causée par un renouvellement trop rapide des cellules de la peau, qui se recouvre de squames rougeâtres irritantes. Certaines personnes atteintes souffrent aussi d'arthrite. Elle est souvent associée aux problèmes de digestion des protéines, excès d'alcool, trauma psychologique, affaiblissement de la fonction hépatique et consommation de gras animal.

Prévention et solutions

La lumière du soleil et l'eau de mer sont bénéfiques. On peut faciliter l'absorption des protéines en mangeant des aliments riches en enzymes digestives et en vitamine A (papaye, ananas). Mangez beaucoup de fruits et légumes et des aliments stimulant la fonction hépatique (betterave, artichaut, endive, curcuma, jus d'herbe de blé) et riches en vitamines A, E, acide folique et sélénium. Le chrome régule la glycémie et le zinc est nécessaire à la réparation de la peau. Les acides gras essentiels des graines de lin, noix, huile de noix, poisson gras et huile de poisson entravent la production des leucotriènes, qui causent une inflammation de la peau. Évitez le gras animal de la viande et des produits laitiers, l'alcool et les aliments très protéinés. Réduisez le sucre et essayez d'exclure le gluten.

L'exercice est bon pour la circulation et aide à détoxifier le corps. Un cataplasme chaud de graines de lin peut aussi aider. Mélangez une portion de graines broyées avec de l'eau chaude pour faire une bouillie. Étalez-la sur une mince flanelle, refermez-la bien et placez-la sur la zone affectée. Couvrez de pellicule plastique pour préserver l'humidité.

SUGGESTIONS DE RECETTES

Purée de patates aux orties (p. 187), Salade d'endives grillées aux noix (p. 201), Soupe épicée aux légumes (p. 262), Canapés de tomate et concombre (p. 266), Casserole de lentilles (p. 268), Courge et poivron rouge aux tomates (p. 269), Gombos à l'aigre-doux (p. 272), Salade de roquette (p. 275), Betterave et pomme (p. 280; photo), Papaye citron (p. 283), Ananas rose (p. 283), Thé calmant (p. 284), Immuni-thé (p. 285), Thé pour la peau (p. 287).

Remède: matin et soir, infuser 2 à 3 c. à thé (à café) de graines de lin 10 minutes dans une tasse d'eau bouillante.

rhume des foins

SUPERALIMENTS RECOMMANDÉS: ALGUES, ARTICHAUT, AVOCAT, BETTE À CARDE, BETTERAVE, BROCOLI, CAROTTE, CHOU-FLEUR, COURGE MUSQUÉE, CRESSON MOUTARDE, EXTRAIT DE LEVURE, GOYAVE, HARICOT, HUILE DE GERME DE BLÉ, HUILE VÉGÉTALE, LENTILLE, MAÏS, PAPAYE, PATATE DOUCE, PETITS FRUITS, POIVRON ROUGE, RAIFORT, SHIITAKE, SOUCI, TEMPEH, THÉ VERT, TOMATE SÉCHÉE

Causé par une allergie, souvent saisonnier, le rhume des foins cause une inflammation de la muqueuse nasale. L'allergie aux acariens et aux pellicules animales semble pire en hiver lorsqu'on garde les fenêtres fermées. Lorsque les antigènes inhalés entrent en contact avec la muqueuse respiratoire, le système immunitaire libère de l'histamine et d'autres substances chimiques causant plusieurs symptômes désagréables: écoulement nasal, éternuements, irritation des yeux, léthargie.

Les réactions allergiques sont plus fréquentes si l'on est épuisé ou stressé, si le système immunitaire est affaibli ou s'il l'on se remet d'une infection. Les allergènes alimentaires les plus connus (ex.: produits laitiers) peuvent diminuer notre seuil de résistance.

Prévention

Renforcez et détoxifiez votre système immunitaire et ne vous exposez pas aux allergènes. Si possible, évitez les additifs et allergènes communs (œuf, poisson, fruits de mer, noix et arachides, produits laitiers, chocolat, blé, agrumes). Mangez chaque jour quelques-uns des aliments énumérés en haut de page en commençant au moins un mois avant le début de la saison où vos symptômes apparaissent habituellement.

Solutions

Mangez des aliments riches en vitamines B5, B6, B12 et E, oligoéléments (sélénium, magnésium), bioflavonoïdes et caroténoïdes. Faites une cure d'exclusion (p. 288) pour identifier les aliments aggravant vos allergies. Évitez produits laitiers, café, thé, chocolat et sucres raffinés. Mangez moins de pommes de terre et d'agrumes, puis essayez d'éliminer le blé pendant la saison du rhume des foins.

Éliminez bien la poussière dans toute la maison et remplacez les tapis par des tuiles. Ne laissez pas entrer d'animal dans la chambre et lavez souvent la literie avec un détergent non parfumé. Ouvrez les fenêtres au moins une fois par jour en hiver.

SUGGESTIONS DE RECETTES

Salade de betteraves au raifort (p. 179), Artichauts, gourganes et shiitake (p. 268), Gombos à l'aigre-doux (p. 272), Mesclun provençal (p. 275), Salade de lentilles (p. 276), Salade ensoleillée (p. 277), Jus passion (p. 282), Cordial au sureau (p. 284), Panaché au sureau (p. 284; photo), Sirop d'oignon (voir Mellite d'ail, p. 285), Thé vert à la menthe (p. 285), Thé pour hume des foins (p. 285), Immunité-thé (p. 285), Cordial (p. 286).

asthme

SUPERALIMENTS RECOMMANDÉS: ACHILLÉE MILLEFEUILLE, AIL, ALGUES, AVOCAT, BETTERAVE, BROCOLI, CAROTTE, CARVI, CAYENNE, CHOU-FLEUR, CHOU VERT FRISÉ, COURGE MUSQUÉE, EUCALYPTUS, FRUITS SÉCHÉS, GOMBO, GOYAVE, HARICOT, LENTILLE, MAÏS, NIGELLE, OIGNON, ORTIE, OSEILLE, PATATE DOUCE, PAPAYE, PETITS FRUITS, POIVRON ROUGE, POMME DE TERRE, RAIFORT, RÉGLISSE (RACINE), SHIITAKE, TEMPEH, THÉ VERT, THYM

Ce problème respiratoire provoque une toux sèche et une respiration sifflante. Il est causé par un rétrécissement des voies respiratoires induit par un spasme des bronches et un excès de mucus. L'asthme infantile disparaît souvent avec le temps, mais l'autre type d'asthme commence à un âge plus avancé et est souvent précédé par une infection. Cette forme a tendance à devenir chronique. Les crises peuvent être provoquées par une réaction allergique aux aliments, médicaments (bêtabloquants), bactéries, pollen, poussière ou d'autres facteurs (tension, épuisement, excitation, anxiété, exercice, air froid, rhume ou grippe). Dans les cas légers, la personne n'a habituellement pas de problèmes respiratoires. Toutefois, ceux qui ont des crises graves souffrent parfois d'une difficulté respiratoire constante.

Les crises graves et prolongées peuvent être fatales si elles ne sont pas traitées à l'aide de bronchodilatateurs, de stéroïdes ou d'oxygène et, au besoin, par la respiration artificielle. Dans un tel cas, il est recommandé d'éviter la position allongée.

SUGGESTIONS DE RECETTES

Salade de betteraves au raifort (p. 179), Baluchons au chou vert frisé (p. 183, Chou, tomates et gourganes (p. 183), Purée de patates aux orties (p. 187), Avocats farcis (p. 197), Shiitake aux algues (p. 221), Soupe aux gourganes (p. 261), Casserole de lentilles (p. 268), Courge et poivron rouge aux tomates (p. 269), Salade de pommes de terre (p. 276), Salade de tempeh à l'oseille (p. 277), Eucalyptus (p. 285; photo), Thé pour les poumons (p. 286).

Prévention

Identifiez et évitez les causes responsables. Faites un régime d'exclusion pour identifier les allergènes potentiels: œuf, poisson, fruits de mer, noix, arachides, lait, chocolat, blé, agrumes, pommes, additifs et colorants. Éliminez bien la poussière dans toute la maison et lavez souvent la literie avec un détergent non parfumé.

Solutions

Pour réduire les risques de crise, éliminez viande, poisson, œuf et produits laitiers. Attention aux médicaments anti-inflammatoires non stéroïdiens, aspirine, eau chlorée, thé, café, sucre raffiné et sel ajouté. Réduisez votre consommation de céréales et mangez des aliments riches en vitamines B5, B6, B12, C, E, magnésium, oligoéléments et caroténoïdes.

migraine

SUPERALIMENTS RECOMMANDÉS: AIL, AVOINE, AZUKI, BETTE À CARDE, CAMOMILLE, CAYENNE, CHAMPIGNON, GOMBO, GOURGANE, GRANDE CAMOMILLE, LAVANDE, MAÏS, MUSLI, NOIX ET HUILE DE NOIX, NOIX DU BRÉSIL, OIGNON, ORIGAN, PASSIFLORE, PASTÈQUE (GRAINE), PETIT POIS, RIZ, ROMARIN, SOUCI (FLEUR), TAHINI, TEMPEH

Ce mal de tête intense et récidivant est souvent accompagné de perturbations visuelles et gastro-intestinales. Les symptômes apparaissent lorsque des changements soudains de la sérotonine affectent les autres neurotransmetteurs agissant dans le cerveau. La douleur commence d'un seul côté de la tête et la crise débute parfois par un «halo visuel». La dilatation subséquente provoque un mal de tête lancinant souvent accompagné de nausée, vomissements et sensibilité à la lumière. Plus fréquente chez les femmes, la migraine peut avoir plusieurs causes, dont l'allergie alimentaire. Le stress chronique perturbe aussi le système nerveux et favorise les crises. Les changements hormonaux liés aux règles et à la ménopause ainsi que les troubles musculosquelettiques peuvent aussi jouer un rôle.

Prévention

Prenez note des facteurs qui semblent causer vos crises et identifiez les allergènes probables. Parmi les principaux coupables, on trouve: viande (surtout le porc), produits laitiers, blé, chocolat, œufs, fromage, alcool (surtout vin rouge, xérès et porto), café, thé fort, tomates, oranges, sucre blanc, fruits de mer, additifs (nitrates, acide benzoïque, tartrazine, glutamate de sodium).

Mâcher une feuille de grande camomille chaque jour peut réduire la fréquence ou l'intensité des crises. Si les principes amers de cette plante causent des cloques dans votre bouche, prenez-la plutôt en infusion. Les fleurs de souci contiennent de la quercétine protégeant contre les effets des allergènes alimentaires. Les aliments riches en niacine (B3) aident aussi à prévenir les crises (azukis, champignons, gourganes, maïs, musli, produits du soja).

Solutions

Un changement de régime, une réduction des produits d'origine animale et une plus grande consommation de fruits et légumes frais sont conseillés. Éliminez alcool, caféine, chocolat, fromage, oranges et fruits de mer. Huiles végétales (surtout celle de noix), cayenne, ail et oignons sont bénéfiques. Les aliments riches en magnésium aident aussi à traiter ce problème de santé.

SUGGESTIONS DE RECETTES

Salade verte (p. 183), Purée de patates aux orties (p. 187), Pâté épicé aux noix (p. 201), Musli (p. 259), Riz et lentilles (p. 273), Salade de fenouil (p. 276), Thé antidouleur (p. 286), Thé pour mal de tête (p. 287).

La cure de la p. 288 peut aider à identifier et à éviter certaines causes des crises de migraine. Après la cure, éviter pendant 6 mois: alcool, fromage, oranges et fruits de mer jusqu'à la disparition des symptômes. Manger moins d'aliments riches en gras animal et plus d'huiles végétales, oignons et ail.

arthrite rhumatoïde

SUPERALIMENTS RECOMMANDÉS: AIL, ALGUES, ANANAS, ASPERGE, AUBÉPINE, AZUKI, BETTE À CARDE, BETTERAVE, CAROTTE, CÉLERI, CHOU VERT FRISÉ, ENDIVE, FENOUIL, GAILLET, GENIÈVRE, HARICOT, LENTILLE, LUZERNE, MANGUE, NOIX, OIGNON, ORTIE, PAPAYE, PETIT POIS, PETITS FRUITS, RAISIN, RÉGLISSE (RACINE), RIZ, TAHINI, TEMPEH, TOURNESOL (GRAINE ET HUILE), VIOLETTE

Cette maladie inflammatoire chronique et auto-immune s'attaque aux membranes entourant les tendons et les articulations, ce qui cause douleur, enflure, rigidité et perte de mouvement. Elle affecte surtout les adultes, mais aussi certains enfants. Elle commence souvent par un état de malaise général, une fièvre légère, de la douleur et de la rigidité. L'inflammation peut toucher toutes les articulations et, dans certains cas, provoquer une difformité. Les malades souffrent parfois d'anémie et de carence en vitamine C.

L'origine de la maladie est obscure, mais on l'associe souvent à des facteurs génétiques, à l'alimentation et au mode de vie. Une digestion et une élimination inadéquates peuvent causer une accumulation de toxines antigéniques dans le corps.

Prévention et solutions

Cette maladie est rare chez les populations dont l'alimentation est composée principalement de fruits, légumes, noix et céréales. Elle est plus fréquente dans les communautés dont le régime est riche en viande, produits laitiers, gras saturés et sucres raffinés. Les gras affectent l'inflammation de diverses façons: l'acide arachidonique (viande, produits laitiers) l'augmente tandis que les bons gras l'amenuisent.

Pour éliminer les toxines, prenez des diurétiques naturels (graine de céleri, ortie, gaillet) et soutenez votre foie avec des aliments riches en principes amers (artichaut, endive, chicorée). Le psyllium aide à nettoyer l'intestin et la cure de raisin (p. 289) favorise une détoxication générale. Éliminez les allergènes alimentaires reconnus pour aggraver la maladie ainsi que les fraises, feuilles de betterave, épinards et rhubarbe.

SUGGESTIONS DE RECETTES

Baluchons au chou vert frisé (p. 183), Purée de patates aux orties (p. 187), Salade d'endives grillées aux noix (p. 201), Chou de Savoie à l'ail (p. 215), Yogourt aux fruits (p. 259), Salade de tempeh (p. 264), Noix et graines grillées (p. 266), Artichauts, gourganes et shiitake (p. 268), Asperges soja-érable (p. 269), Légumes verts aux noix de macadam (p. 274), Bettes à carde au genièvre (p. 274), Salade de fenouil (p. 276), Salade ensoleillée (p. 277), Réchauffe-cœur (p. 282), Thé vert à la menthe (p. 285), Immuni-thé (p. 285), Réglisse et cannelle (p. 286), Thé pour les articulations (p. 287).

affection abdominale inflammatoire

SUPERALIMENTS RECOMMANDÉS: AIRELLE NOIRE, ANANAS, AVOCAT, AVOINE, BANANE, BOURRACHE, CAMOMILLE, CAROTTE, CARVI, COURGE MUSQUÉE, FENOUIL, GOMBO, LAVANDE, LENTILLE, LIN (GRAINE), MANGUE, MÉLISSE, MENTHE POIVRÉE, MUSLI, PAMPLEMOUSSE, PAPAYE, PATATE DOUCE, PETIT POIS, POMME, POMME DE TERRE, RÉGLISSE (RACINE), RIZ, ROMARIN, TAHINI, YOGOURT DE SOJA

Affection abdominale inflammatoire est un terme général pour deux maladies digestives importantes: la colite ulcéreuse et la maladie de Crohn. La première est une inflammation récurrente du gros intestin causant diarrhée sanguinolente, fièvre, douleur abdominale, déshydratation et perte de poids. La perforation intestinale peut être dangereuse. La maladie de Crohn est une inflammation localisée et chronique de l'intestin: diarrhée (sans sang) et fièvre, abcès, malabsorption des nutriments, obstruction et perforation intestinale. Son incidence augmente sans cesse, probablement à cause du mode de vie occidental. Hérédité, troubles auto-immuns, régime, allergie, infection et désordres émotifs ou psychologiques pourraient y jouer un rôle important.

Prévention et solutions

Le régime doit inclure des aliments riches en calcium, magnésium, potassium, oligoéléments (zinc, fer), acide folique et vitamine B_{12}. Les bioflavonoïdes et les vitamines A, C et E atténuent l'inflammation. Il est conseillé de manger moins de gras animal et plus d'oméga-3 (huile de noix, de lin et de poisson). Le yogourt et les sucres complexes aident à rétablir la flore intestinale, mais mieux vaut éviter son de blé, sucres raffinés et allergènes (blé, maïs, produits laitiers).

SUGGESTIONS DE RECETTES

Frappé à l'avocat (p. 197), Quinoa aux fruits séchés (p. 258), Musli (p. 259), Yogourt aux fruits (p. 259), Soupe à la citrouille (p. 261), Tzaziki (p. 267), Casserole d'hiver (p. 272), Riz et lentilles (p. 273), Riz au citron (p. 273), Salade de carotte et betterave (p. 275), Salade de fenouil (p. 276), Salade de lentilles (p. 276), Salade de riz sauvage (p. 277), Pommes au four (p. 278), Salade de fruits tropicale (p. 279), Frappé aux fruits (p. 280), Mangue veloutée (p. 280), Papaye citron (p. 283), Thé calmant (p. 284), Thé vert à la menthe (p. 285), Chai épicé (p. 286; photo), Réglisse et cannelle (p. 286), Cordial (p. 286), Antistress (p. 286), légumes vapeur ou au four.

VIH et sida

SUPERALIMENTS RECOMMANDÉS: AGRUMES, BETTERAVE, BEURRE D'ARACHIDE, BOURRACHE, BROCOLI, CAROTTE, CATÉCHINES, CHOU VERT FRISÉ, CITROUILLE (GRAINE), COURGE MUSQUÉE, ÉCHINACÉE, ÉPINARD, FRAISE, GOMBO, GOYAVE, HARICOT, HUILE DE CARTHAME, D'ONAGRE ET DE TOURNESOL, IGNAME, LÉGUMES FEUILLUS VERTS, LENTILLE, MANGUE, MUSLI, NIGELLE, NOIX, ORTIE, PAMPLEMOUSSE, PAPAYE, PATATE DOUCE, PÂTES, POIS CHICHE, POIVRON ROUGE, RÉGLISSE (RACINE), SHIITAKE, SOUCI, TEMPEH, THÉ VERT, TOFU, TOMATE

Le syndrome d'immunodéficience acquise (sida) regroupe des troubles associés à une infection préalable par le virus de l'immunodéficience humaine (VIH). Sang, fluide vaginal, sperme et lait maternel infectés par le VIH contiennent assez de virus pour infecter d'autres personnes. L'incubation dure de 1 à 6 mois et la progression de la maladie est encore mal comprise. L'évolution se divise en 4 stades:

- infection primaire par le VIH;
- phase asymptomatique;
- syndrome de lymphadénopathie;
- pleine éclosion du sida (infections pulmonaires opportunistes, sarcome de Kaposi, cancer lymphatique).

Prévention

Adoptez des pratiques sexuelles sécuritaires en tout temps et, si cela vous concerne, ne partagez jamais de seringues avec quiconque. Votre régime doit être riche en aliments qui aident à prévenir les infections (ail, échinacée, noix du Brésil) et à renforcer l'immunité (betterave, shiitake).

Solutions

Des modifications apportées au régime et au mode de vie rendent les choses plus faciles aux personnes atteintes. Infection au VIH, état nutritionnel et fonction immunitaire sont interreliés. Le traitement médical semble moins efficace chez ceux qui ont une alimentation carencée. En cas de grande perte de poids, on peut avoir recours à des mesures alimentaires intensives afin de regagner les kilos perdus. Consultez votre médecin pour avoir un avis éclairé.

Alimentation En cas de perte d'appétit (parfois causée par la dépression), il faut compenser par des aliments de grande qualité riches en bons nutriments. L'élargissement du foie ou de la rate donne parfois la fausse impression que l'on a assez mangé.

Absorption L'infection au VIH et la diarrhée peuvent nuire à une bonne absorption des nutriments. Les antibiotiques détruisent les bonnes bactéries intestinales. Évitez les produits laitiers; prenez plus de pommes, pamplemousses, pois chiche, feuilles d'amarante, pommes de terre, artichauts, endives, soucis, fenouil, menthe, thym et cataire.

Métabolisme Le VIH altère le métabolisme. On observe une fonte musculaire et une diminution de la masse maigre. Le régime doit être riche en sucres complexes, protéines végétales et fibres, mais aussi pauvre en gras. Tous les produits devraient être frais, naturels et bios. Ceux qui renferment zinc, bioflavonoïdes et vitamines A et C reinent l'activité des virus et bactéries. La racine de réglisse et 'échinacée renforcent l'immunité et inhibent l'infection virale. Pamplemousse, graines de citrouille, noix du Brésil, ortie, nigelle, ourrache, patate douce, igname, tomates et shiitake agissent spécifiquement contre l'immunodéficience. Figurent parmi les neilleurs immunostimulants: algues, betterave, beurre d'arachide, chou vert frisé, épinard, gombo, goyave, huiles (onagre, carthame, ournesol) et soucis.

Stress

Le stress émotionnel et psychologique succédant au diagnostic peut nuire à la guérison puisque les émotions négatives entravent le système immunitaire. En revanche, les émotions positives augmentent la réponse immunitaire. N'oubliez pas de vous amuser, de rester créatif et de passer plus de temps avec ceux que vous aimez.

SUGGESTIONS DE RECETTES

Purée de patates aux orties (p. 187), Infusion d'ortie à la lime (p. 187), Boisson au pamplemousse et à la menthe (p. 191), Salade de pamplemousse (p. 191), Frappé à l'avocat (p. 197), Salade d'avocat et de cresson (p. 197), Haricots aux noix et aux tomates séchées (p. 201), Salade d'endives grillées aux noix (p. 201), Salade de shiitake (p. 221), Soupe santé (p. 261), Boulettes de tofu (p. 266), Artichauts, gourganes et shiitake (p. 268), Gombos à l'aigre-doux (p. 272), Pâté chinois (p. 272), Salade de carotte et betterave (p. 275), Salade ensoleillée (p. 277), Salade de riz sauvage (p. 277), Réchauffe-cœur (p. 282), Cocktail de légumes (p. 283; photo), Immuni-thé (p. 285), Antistress (p. 286).

stress et syndrome de fatigue chronique

SUPERALIMENTS RECOMMANDÉS: STRESS: AVOINE, BOURRACHE, BROCOLI, CAROTTE, CHOU, FRAISE, HARICOT, LAVANDE, LÉGUMES FEUILLUS VERTS, LENTILLE, MANGUE, MÉLISSE, MUSLI, NOIX, ORANGE, PAMPLEMOUSSE, PAPAYE, RÉGLISSE (RACINE), RIZ, TEMPEH, TOFU. SYNDROME DE FATIGUE CHRONIQUE (SFC): AVOCAT, BANANE, BETTERAVE, BOURRACHE, HARICOT, CAMOMILLE, CASSIS, ÉCHINACÉE, GAILLET, GOMBO, JUS D'HERBE DE BLÉ, LÉGUMES FEUILLUS VERTS, MUSLI, NOIX, PAMPLEMOUSSE, PAPAYE, PETIT POIS, POIVRON ROUGE, RÉGLISSE (RACINE), RIZ, TEMPEH, TOFU, YOGOURT DE SOJA

STRESS

La relation entre le stress et la maladie est bien documentée. Les hormones du stress, comme l'adrénaline et le cortisol, nous aident à faire face aux situations difficiles, mais si elles sont libérées en excès ou pendant une longue durée, elles gênent la réponse immunitaire. En période de stress chronique, une exposition aux agents pathogènes est plus susceptible de causer la maladie.

Prévention et solutions

Repos, relaxation et bonne alimentation renforcent le système immunitaire. Les aliments riches en vitamines A et C, zinc et sélénium sont conseillés.

SYNDROME DE FATIGUE CHRONIQUE

Ce syndrome mal compris ne semble pas lié à une infection virale spécifique et peut durer des mois, voire des années. Parmi les symptômes: grande fatigue après un effort minimal, douleurs diffuses, dépression, enflure des ganglions, maux de gorge récurrents, maux de tête, fièvre légère, troubles gastro-intestinaux. On observe parfois des symptômes neurologiques inexplicables.

Prévention et solutions

Faites une détoxication suivie d'un régime riche en aliments qui augmentent la résistance à la maladie et soutiennent le système immunitaire. Prenez beaucoup d'eau pure, de fruits et de légumes. Recherchez les aliments riches en vitamines B5 et C, acides gras essentiels, calcium, magnésium et zinc.

SUGGESTIONS DE RECETTES

Stress: Soupe épicée aux orties (p. 187), Salade d'endives grillées aux noix (p. 201), Tofu brouillé (p. 258), Musli (p. 259), Potage au chou-fleur (p. 261), Baluchons aux oignons (p. 264), Noix et graines grillées (p. 266), Feuilletés au tofu (p. 268), Artichauts, gourganes et shiitake (p. 268), Haricots à la provençale (p. 271), Crème de mûres (p. 280), Mangue veloutée (p. 280), Antistress (p. 286).

SFC: Salade de pamplemousse (p. 191), Shiitake aux algues (p. 221), Marrons et kumquats (p. 273), Salade de carotte et betterave (p. 275), Cocktail de tomate (p. 283), Immuni-thé (p. 285), Thé de Morphée (p. 286).

dépression et anxiété

ALIMENTS RECOMMANDÉS: DÉPRESSION: AVOCAT, BANANE, BOURRACHE, ENDIVE, EXTRAIT DE LEVURE, HARICOT, LÉGUMES FEUILLUS VERTS, MANGUE, MUSLI, PETIT POIS, RÉGLISSE (RACINE), TAHINI. ANXIÉTÉ: ABRICOT, ARTICHAUT, AVOINE, CAMOMILLE, CHOU-FLEUR, COURGE MUSQUÉE, EXTRAIT DE LEVURE, GOMBO, HARICOT, LAVANDE, LÉGUMES FEUILLUS VERTS, MÉLISSE, MILLEPERTUIS, NOIX, PAMPLEMOUSSE, PASSIFLORE, PATATE DOUCE, POMME DE TERRE, POIVRON ROUGE, TEMPEH, TOFU

DÉPRESSION

Il existe deux formes de dépression: psychotique et réactive. Ceux qui souffrent de troubles bipolaires vivent aussi des épisodes de dépression. La dépression psychotique est une perturbation émotionnelle grave. Les personnes sont agitées ou, au contraire, introverties et léthargiques. Il y a perte d'appétit et de sommeil et un risque réel de suicide. La dépression réactive est une réaction à des événements éprouvants (ex.: deuil). Certains facteurs pourraient être en cause: problème physique (ex.: hypothyroïdie), régime, allergie, tabac, médicaments, mode de vie.

Prévention et solutions

Mesures éprouvées: exercice régulier, abandon du tabac, de l'alcool et des boissons caféinées. Évitez les contraceptifs oraux, éliminez allergènes et additifs (aspartame) et stabilisez votre glycémie en mangeant beaucoup de fruits et légumes. Mangez des aliments riches en vitamines B et C, magnésium et tryptophane. Millepertuis, bourrache et racine de réglisse sont des alliés.

ANXIÉTÉ

Pouls élevé, sueurs, papillons dans l'estomac, étourdissements, appréhensions et peurs accompagnent l'anxiété. Le système immunitaire est affaibli par l'anxiété chronique; cela peut être lié à une cause hormonale, à l'hyperthyroïdie, au syndrome prémenstruel ou à un choc traumatique. Parfois, il s'agit d'un symptôme d'une maladie mentale (ex.: dépression, démence).

Prévention et solutions

Après avoir rétabli l'équilibre hormonal, il est bon d'opter pour des aliments qui renforcent le système nerveux (voir liste, p. 242). Camomille, mélisse, romarin, lavande et passiflore aident à calmer les nerfs.

SUGGESTIONS DE RECETTES

Dépression: Pâtes au pesto et aux shiitake (p. 221), Soupe aux gourganes (p. 261), Pitas chauds, hoummos et crudités (p. 263), Purée d'aubergine (p. 264), Paella (p. 268), Salade de cresson et mange-tout (p. 276), Pommes au four (p. 278), Thé calmant (p. 284), Réglisse et cannelle (p. 286), Cordial (p. 286), Antistress (p. 286).

Anxiété: Baluchons au chou vert frisé (p. 183), Salade de fruits rose (p. 258), Quinoa aux fruits séchés (p. 258), Potage au chou-fleur (p. 261), Soupe épicée aux légumes (p. 262), Salade de roquette (p. 275), Abricot et gingembre (p. 280), Tonique à la camomille (p. 284), Thé de Morphée (p. 286).

trouble déficitaire de l'attention avec hyperactivité

SUPERALIMENTS RECOMMANDÉS: ANANAS, AVOCAT, AVOINE, BANANE, BETTERAVE, BOURRACHE, CAMOMILLE, CANNEBERGE (AIRELLE), CITROUILLE, ÉPINARD, FENOUIL, HARICOT, LAVANDE, LÉGUMES FEUILLUS VERTS, LENTILLE, MENTHE, MILLEPERTUIS, NOIX, PAPAYE, POIS CHICHE, POIVRON ROUGE, POMME DE TERRE, QUINOA, ROMARIN, SÉSAME (GRAINE), TEMPEH

Ce trouble du développement affecte environ 10 % des garçons et 4 % des filles, principalement en Amérique du Nord et en Europe. La moitié des enfants atteints continuent d'avoir les mêmes symptômes à l'âge adulte.

Les causes sont incertaines, mais on sait que le TDAH affecte des zones spécifiques du cerveau. Les symptômes commencent souvent avant l'âge de 7 ans: grande inattention, hyperactivité et impulsivité. Ces enfants ont souvent des problèmes d'apprentissage (malgré leur grande intelligence) et un comportement autodestructeur. Le fait de bouger sans cesse les aiderait à mieux se concentrer. Il est important d'identifier les raisons sociales (ex.: deuil, divorce des parents) pouvant être en cause. De plus, certains problèmes d'ordre physique (infection chronique de l'oreille, épilepsie, anxiété, dépression, alcool ou drogue) pourraient aussi jouer un rôle.

S'il n'est pas diagnostiqué, le TDAH peut mener à une vie adulte chaotique (drogue, alcool) et à la maladie mentale (dépression, anxiété, troubles bipolaires).

Facteurs de risque

Parmi les causes possibles: alcool et drogue pendant la grossesse, naissance prématurée, infections. On croit aussi que certains problèmes génétiques entraveraient la production de la dopamine et de la sérotonine, ce qui pourrait favoriser le développement du TDAH. Les allergies aux aliments et à des additifs spécifiques ainsi que la dépendance au sucre (glycémie instable) augmenteraient le niveau d'hyperactivité chez certains. Une surexposition aux ordinateurs, télévisions et écrans divers semblerait exacerber les symptômes. L'exposition aux fréquences Wi-Fi pourrait aussi provoquer hyperactivité et déficit d'attention.

Solutions

À long terme, les médicaments ne seraient pas plus efficaces que les autres formes de thérapie. Ensemble, les médicaments, la modification du comportement et du style de vie ainsi que l'aide professionnelle doivent faire partie du traitement. Il ne faut pas non plus négliger les approches naturelles. Les additifs artificiels présents dans les biscuits, sucreries, boissons et autres aliments nuisent au comportement. L'allergie alimentaire (arachide, fruits de mer, lait de vache, chocolat, orange, blé, maïs, levure, soja et œufs) pourrait aussi jouer un rôle dans le TDAH. Il est bon d'exclure les boissons, aliments et produits renfermant des salicylates naturels (amande, pomme, abricot, mûre, cerise, raisins sec et frais, groseille, cassis, framboise, fraise, nectarine, pêche, prune, pruneau, orange, concombre, tomate et ketchup, aspirine).

L'enfant devrait manger beaucoup de fruits, légumes et céréales complètes bios. Donnez-lui des aliments riches en oméga-3 (poisson gras, noix, graines). Évitez de lui donner du sucre, des gras saturés, trans et hydrogénés ainsi que des aliments à indice glycémique (IG) élevé (p. 253). Lisez les étiquettes et tenez compte de ses intolérances alimentaires (blé, produits laitiers).

SUGGESTIONS DE RECETTES

Quinoa aux fruits séchés (p. 258), Pain grillé aux tomates et doliques (p. 258), Yogourt aux fruits (p. 259), Soupe santé (p. 261), Soupe à la citrouille (p. 261), Soupe aux shiitake (p. 262), Soupe aux poireaux et pommes de terre (p. 262), Pitas chauds, hoummos et crudités (p. 263), Poivrons grillés (p. 263), Purée d'aubergine (p. 264), Salade de tempeh (p. 264), Olives marinées (p. 264), Artichauts, gourganes et shiitake (p. 268), Asperges soja-érable (p. 269), Bouillabaisse d'épinards (p. 271), Casserole d'hiver (p. 272), Riz et lentilles (p. 273), Riz au citron (p. 273), Pommes de terre au sésame (p. 273), Légumes verts aux noix de macadam (p. 274), Bettes à carde au genièvre (p. 274), Salade de carotte et betterave (p. 275), Mesclun provençal (p. 275), Salade de brocoli et avocat (p. 275), Salade de cresson et mange-tout (p. 276), Salade de fenouil (p. 276), Salade de lentilles (p. 276), Salade de tempeh à l'oseille (p. 276), Salade ensoleillée (p. 277), Sorbet aux fruits de la passion (p. 278), Nectarine surprise (p. 279), Salade de fruits tropicale (p. 279), Frappé aux fruits (p. 280), Jus de carotte, citron et ail (p. 280), Canneberge pétillante (p. 280), Réchauffe-cœur (p. 282), Jus passion (p. 282), Papaye citron (p. 283), Piña colada (p. 283), Thé calmant (p. 284), Thé vert à la menthe (p. 285), Cordial (p. 286), Antistress (p. 286).)

cancer

SUPERALIMENTS RECOMMANDÉS: AIL, AVOCAT, BETTERAVE, BROCOLI, CAROTTE, CHOU, CITRON, COURGE MUSQUÉE, ÉCHINACÉE, ÉPICES, GAILLET, GERME DE HARICOT MUNGO, GOYAVE, GRAINES, HARICOT, HUILES VÉGÉTALES, LÉGUMES FEUILLUS VERTS, LÉGUMINEUSES, LENTILLE, MANGUE, NOIX, OLIVE, ORANGE, ORTIE, PAIN COMPLET, PAMPLEMOUSSE, PAPAYE, PATATE DOUCE, PÂTES, PÉPIN DE RAISIN, PETITS FRUITS, POIS CHICHE, POIVRON ROUGE, POMME DE TERRE, RAISIN, RIZ, RIZ SAUVAGE, SEL DE CÉLERI, SHIITAKE, SOUCI, TEMPEH, TOFU, TOMATE SÉCHÉE, VIOLETTE

Même si l'on a identifié les principaux agents cancérigènes, on ne sait toujours pas exactement pourquoi certaines cellules saines se transforment en cellules cancéreuses. Il semble toutefois évident que l'alimentation et des facteurs environnementaux, psychologiques et sociaux sont les principaux responsables.

Dans les pays en développement, on observe plus de cancers du tube digestif supérieur, du foie et du col utérin tandis que les cancers du côlon, du rectum et ceux associés aux hormones sont plus fréquents dans les pays industrialisés. Il est possible que le stress combiné à une exposition aux produits cancérigènes pourrait modifier la réponse de l'organisme. Des facteurs génétiques jouent un rôle dans certains cancers et des cancérigènes (ex.: radicaux libres) peuvent prendre leurs sources dans le corps. Certaines tumeurs sont bénignes (non invasives), mais les tumeurs malignes envahissent les tissus environnants et forment des métastases par le biais du sang et de la lymphe. On commence à mieux comprendre le rôle des virus dans la formation du cancer. Chez les autres mammifères, on sait que plusieurs tumeurs sont causées par des virus, mais il est plus difficile de comprendre ce phénomène chez les humains (ex.: cancer du foie et du col de l'utérus, lymphome, leucémie).

Il existe plusieurs types de cancer, mais dans tous les cas cette maladie perturbe les fonctions normales du corps: saignement ou écoulement inhabituel, changement au niveau de l'intestin ou de la vessie, maux qui ne guérissent pas, toux persistante ou crachats teintés de sang, perte d'appétit, perte de poids, etc.

Prévention

On estime qu'aux États-Unis, 30 % de tous les décès dus au cancer sont liés à des causes alimentaires. On croit aussi qu'on pourrait prévenir de 30 à 40 % des cas dans le reste du monde grâce à de simples changements apportés aux habitudes de vie et à l'alimentation. Le meilleur mode de prévention consiste à arrêter de fumer, manger beaucoup de fruits et légumes frais et éviter de s'exposer aux agents cancérigènes (additifs, colorants, goudron de houille, polluants chimiques, émanations et radiations). Ceux-ci affaiblissent le système immunitaire et il est essentiel de renforcer ce dernier en adoptant un mode de vie sain et une alimentation riche en bons nutriments.

Optez pour une alimentation à base de produits végétaux et de féculents le moins transformés possible. Chaque jour, mangez au moins 5 portions de fruits et légumes bios et 5 portions de céréales, légumineuses, tubercules et racines. Utilisez les huiles végétales, le sel de table, les aliments marinés et le sucre raffiné en petite quantité et évitez le gras animal. Maintenez un poids santé et faites une heure d'exercice par jour.

Les aliments énumérés plus haut sont tous des alliés de choix. Prisez les aliments riches en vitamines A, C et E, zinc, sélénium, caroténoïdes et bioflavonoïdes. Les acides gras des noix sont aussi excellents.

Solutions

Au cours des premiers stades du cancer, il est très bon de détoxifier l'organisme (p. 288). Par la suite, les jus de fruits frais, boissons frappées et infusions sont particulièrement utiles à cause de leur concentration élevée en nutriments, antioxydants et stimulants du système immunitaire. La moitié du régime devrait être composée de fruits frais, surtout de raisins, riches en anthocyanes. On doit aussi consommer des sucres complexes (pomme de terre, patate, riz) et des acides gras essentiels (ex.: noix). Les légumineuses, germes de haricot mungo, champignons (surtout le shiitake), tofu et tempeh sont de bonnes sources de protéines.

SUGGESTIONS DE RECETTES

Salade verte (p. 183), Soupe épicée aux orties (p. 187), Infusion d'ortie à la lime (p. 187), Salade de pamplemousse (p. 191), Frappé à l'avocat (p. 197), Salade de tempeh au maïs (p. 209), Pain grillé aux tomates (p. 258), Soupe aux doliques (p. 261), Soupe aux shiitake (p. 262), Canapés de tomate et concombre (p. 266), Guacamole (p. 266), Boulettes de tofu (p. 266), Casserole de lentilles (p. 268), Artichauts, gourganes et shiitake (p. 268), Casserole de tofu aux légumes (p. 271), Salade de carotte et betterave (p. 275), Salade de roquette (p. 275), Salade de riz sauvage (p. 277), Salade de fruits tropicale (p. 279), Frappé aux fruits (p. 280), Goyave et pomme (p. 280; photo), Thé pour les glandes (p. 287), Thé pour la peau (p. 287).

cardiopathie ischémique

SUPERALIMENTS RECOMMANDÉS: ABRICOT, AIL, AMANDE, ANANAS, AUBÉPINE (BAIE), BETTE À CARDE, BROCOLI, CANTALOUP, CITRON, CITROUILLE (GRAINE), DOLIQUE À ŒIL NOIR, GINGEMBRE, GOMBO, GOYAVE, IGNAME, LÉGUMES FEUILLUS VERTS, LÉGUMINEUSES, LENTILLE, LUZERNE, MANGE-TOUT, MANGUE, MELON, MUSLI, NOISETTE, NOIX DU BRÉSIL ET DE MACADAM, OIGNON, ORANGE, PAPAYE, PIGNON, POIS CHICHE, POIVRON ROUGE, RIZ, SÉSAME (GRAINE), SOJA (HARICOT), TOURNESOL (GRAINE), TAHINI, TEMPEH, TOFU

Le blocage partiel des artères coronaires est dû à l'athérosclérose et à la thrombose, ce qui crée un apport insuffisant de sang au cœur. C'est l'une des grandes causes de décès en Occident. Le principal symptôme est l'angine et l'issue la plus grave est l'infarctus du myocarde.

Les facteurs de risques sont: tabac, hypertension, cholestérol élevé, régime riche en gras saturés et en sel et pauvre en fibres, obésité, diabète, goutte, stress, manque d'exercice, contraceptifs oraux, solitude, prédisposition génétique, âge.

Prévention

Renoncez pour de bon au tabac, à l'alcool et au café. Faites un peu d'exercice chaque jour. Évitez le stress et faites de la relaxation. Le cholestérol élevé crée des dépôts graisseux dans les vaisseaux et peut bloquer les artères. Les gras saturés et trans doivent être bannis; optez plutôt pour les gras mono- et polyinsaturés. Obésité, alcool et sucres raffinés élèvent le taux de lipides sanguins.

Évitez: viande rouge, œufs, lait et fromage et diminuez votre apport total en gras visibles et invisibles. Mangez beaucoup de sucres complexes, de fibres, de fruits et de légumes frais.

Le risque de crise cardiaque est réduit par des taux élevés en glutathion, un antioxydant jouant un rôle majeur dans le métabolisme des gras, la régulation de la pression artérielle et le contrôle de l'inflammation. Sources de cystéine, précurseur de glutathion: poivron rouge, ail, oignon, brocoli, chou de Bruxelles, avoine, germe de blé et la plupart des gras animaux.

Solutions

L'angine et l'infarctus requièrent des soins médicaux. En plus de l'exercice et d'un mode de vie calme, on recommande des médicaments (dérivés nitrés, bêtabloquants, nifédipine). Les personnes à haut risque doivent parfois subir un pontage. L'objectif thérapeutique est d'améliorer l'apport sanguin et nutritif du muscle cardiaque. Une alimentation saine est essentielle. La broméline de l'ananas, l'ail, l'oignon et le gingembre préviennent la formation de caillots et aident à décomposer les plaques graisseuses des artères. Une carence en magnésium peut causer un spasme de l'artère coronaire et des battements irréguliers. On peut combler ce manque en mangeant noix du Brésil, gombos, melon, graines de tournesol, tahini, bette à carde, riz brun, musli, tempeh, tofu et dérivés du soja.

La carnitine est un composé synthétisé par le foie, les reins et le cerveau renforçant le métabolisme des acides gras saturés et du cholestérol. Le cœur en emmagasine plus que nécessaire mais, pendant une crise, le manque d'oxygène appauvrit ses réserves. Les aliments riches en lysine et en fer aident à refaire le plein de carnitine.

L'alimentation des personnes atteintes de cardiopathie est souvent carencée en coenzymes à cause des besoins élevés de leurs tissus. Les coenzymes CoA et Q10 sont très bonnes pour le cœur puisqu'elles contribuent au transport des acides gras en partance vers les cellules ainsi qu'à la transformation du gras en énergie. Comme plusieurs de leurs structures ne sont pas synthétisées dans l'organisme, il faut prendre des suppléments. Les vitamines du complexe B sont très importantes à cet égard: musli, extrait de levure, légumineuses, tahini, soja, légumes feuillus verts, etc.

Les baies et les sommités fleuries de l'aubépine renforcent le muscle cardiaque et diminuent la pression et le taux de cholestérol. Elles renferment des anthocyanes, qui relaxent les muscles lisses des parois artérielles et améliorent l'apport en sang et en oxygène. L'ail purifie et clarifie le sang et, à long terme, prévient la formation de dépôts graisseux dans les vaisseaux. Il permet aussi de réguler le cholestérol sanguin.

SUGGESTIONS DE RECETTES

Salade de betteraves (p. 179), Haricots aux noix et aux tomates séchées (p. 201), Salade de tempeh au maïs (p. 209), Quinoa aux fruits séchés (p. 258), Musli (p. 259), Soupe aux gourganes (p. 261), Soupe aux shiitake (p. 262), Soupe épicée aux légumes (p. 262), Paella (p. 268), Tarte à l'oignon (p. 271), Gombos à l'aigre-doux (p. 272), Mesclun provençal (p. 275), Salade de brocoli et avocat (p. 275), Salade de mangue et orange (p. 276), Pommes au four (p. 278), Salade de fruits tropicale (p. 279), Mangue et lime (p. 282), Papaye citron (p. 283), Cocktail de légumes (p. 283), Infusion pour la circulation (p. 284), Thé vert à la menthe (p. 285; photo), Chai pour le cœur (p. 285), Boisson aux fruits (p. 286).

obésité

SUPERALIMENTS RECOMMANDÉS: ABRICOT, AIL, AMARANTE (FEUILLE), ANANAS, ASPERGE, AVOCAT, BANANE, BETTERAVE, CAMOMILLE, CAROTTE, CARVI, CÉLERI (GRAINE), CHOU-FLEUR, CHOU VERT FRISÉ, CONCOMBRE, COURGE MUSQUÉE, CRESSON, ENDIVE, ÉPINARD, EXTRAIT DE LEVURE, FENOUIL, GINGEMBRE, HARICOT, KIWI, LAITUE, LENTILLE, MANGUE, MELON, MENTHE POIVRÉE, MUSLI, OIGNON, ORTIE, PAMPLEMOUSSE, PAPAYE, PETITS FRUITS, POIVRON ROUGE, QUINOA, RAISIN, RIZ SAUVAGE, ROQUETTE, THÉ VERT, TOMATE

Selon l'Organisation mondiale de la Santé, on compte plus d'un milliard d'adultes obèses dans le monde. Autre phénomène inquiétant, l'obésité infantile ne cesse de croître. L'OMS classifie l'obésité clinique en trois catégories correspondant à l'indice de masse corporelle, une mesure tenant compte à la fois du poids et de la taille. Pour déterminer l'IMC, on divise le poids (en kg) par le carré de la taille. Par exemple, un individu pesant 75 kg et mesurant 1,75 m a un IMC de 24,5, soit: 75/(1,75 x 1,75). Un IMC supérieur à 30 indique un état d'obésité. Un indice de 30 à 34,9 = classe 1 d'obésité; 35 à 39,9 = classe 2 et plus de 40 = classe 3.

Ce problème complexe est induit par une surconsommation d'aliments peu nourrissants et très caloriques (riches en gras saturés et en sucres) ainsi qu'à un manque d'exercice. Les nombreux changements sociaux observés dans notre société depuis quelques décennies auraient contribué à aggraver cette épidémie.

Prévention chez l'enfant

Prenez le temps d'expliquer à votre enfant les principes de base d'une saine alimentation. S'il vous aide à préparer les repas de temps à autre, il adoptera vite de bonnes habitudes. Invitez-le à faire de l'exercice afin de créer des liens sociaux et développer un sentiment de bien-être. Sa bonne forme physique l'encouragera à mieux apprécier les aliments santé.

Maigrir en douceur

Pour maintenir une perte de poids, il est indispensable de modifier ses habitudes et comportements alimentaires. Commencez par apporter quelques changements à votre régime. Regardez la qualité plutôt que la quantité de ce que vous mangez. Consommez davantage d'aliments nutritifs d'origine végétale riches en fibres et énergisants. En détoxifiant progressivement votre organisme, vous digérerez mieux, ce qui facilitera votre perte de poids. Prenez six petits repas par jour plutôt que trois gros repas entrecoupés de goûters (voir p. 251).

Optez pour des fruits, légumes, noix et grains entiers frais et naturels. Mangez moins de gras et de sucre: gâteaux, céréales, chips, pain blanc, etc. Consommez de moins en moins de sucre chaque jour jusqu'à ce que vous soyez capable de ne plus du tout en ajouter à vos aliments. Évitez les aliments riches en gras animal saturé et achetez des huiles végétales insaturées. Contentez-vous de deux œufs par semaine et ne prenez pas d'alcool jusqu'à ce que vous ayez atteint le poids voulu.

Une fois par semaine, lors d'une occasion spéciale, permettez-vous un aliment interdit, car vous serez incapable de respecter votre régime si vous avez l'impression de devoir vous priver de tous les plaisirs, Pour maintenir votre glycémie stable, mangez surtout des aliments à IG faible (p. 253-255) et prenez six petits repas réguliers. Au début du régime, si vous avez des rages d'aliments, mangez carottes crues et fruits frais, galettes de riz ou d'avoine.

MENUS POUR L'OBÉSITÉ

Ces menus sont efficaces pour aider à perdre du poids et à maintenir un poids santé. Mangez plus souvent, mais prenez de plus petits repas. Évitez les collations.

AU RÉVEIL

1 verre d'eau.

MATIN

1 verre de jus de pamplemousse frais; 1 portion de musli sans sucre et yogourt probiotique (lait ou soja); 1 banane; 1 grosse portion de petits fruits frais ou surgelés; 1 boisson chaude (thé, café, infusion de gingembre au citron).

MATINÉE

1 verre d'eau, 1 petite tasse de thé au fenouil suivie d'une tasse de thé ou café; 2 fruits, 1 poignée de noix et graines, 1 pain grillé suédois avec margarine, végépâté ou miel; 1 carré de chocolat noir.

MIDI

1 verre d'eau; 1 pamplemousse; 1 grosse salade ou légumes vapeur; 1 tranche de pain complet ou riz; 1 petite portion de poisson, volaille ou tofu; 2 ou 3 fruits; café, thé ou infusion (ortie-citron).

APRÈS-MIDI

1 verre d'eau; 1 petite tasse de thé au fenouil suivie d'une tasse de thé ou café; 1 fruit; 3 morceaux de crudités, quelques noix ou graines; pain grillé suédois, galettes d'avoine ou biscuits sans sucre avec ou sans margarine, miel.

APERITIF

1 verre d'eau; 1 verre de jus ou frappé (p. 280-283); galette de riz ou d'avoine.

SOIR

1 verre d'eau; 1 grande soupe aux légumes (p. 260), 1 grosse portion de légumes vapeur ou grillés avec un peu de viande, de poisson ou d'un substitut végé, grillé ou vapeur; 1 carré de chocolat noir.

AVANT LE COUCHER

1 tasse de camomille; 1 ou 2 galettes d'avoine.

diabète

SUPERALIMENTS RECOMMANDÉS: ACHILLÉE MILLEFEUILLE, AUBÉPINE, AVOCAT, AVOINE, BLEUET (MYRTILLE), BROCOLI, CITROUILLE, ÉGLANTIER, FRAMBOISE, GERME ET SON DE BLÉ, GRAINS ENTIERS, JUS D'HERBE DE BLÉ, LÉGUMES-RACINES, LÉGUMES VERTS, LÉGUMINEUSES, MENTHE, MISO, NOIX ET GRAINES, OIGNON, POIVRON ROUGE, QUINOA, SHIITAKE, TEMPEH

Le diabète sucré est un problème métabolique. Le corps ne produit pas suffisamment d'insuline (type 1) ou les cellules ne répondent pas à l'insuline produite par l'organisme (type 2). L'insuline permet aux cellules d'avoir assez de glucose sanguin (des glucides) pour produire de l'énergie. Si elles n'en absorbent pas assez, celui-ci s'accumule dans le sang, ce qui crée de l'hyperglycémie et divers problèmes de santé. (Le diabète gestationnel affectent certaines femmes enceintes ne souffrant habituellement pas de diabète.)

Environ 85 % des diabétiques ont un diabète de type 2. Parmi eux, environ 90 % sont obèses ou ont un surplus de poids. L'obésité crée une insensibilité à l'insuline; les cellules adipeuses de ces personnes semblent avoir moins de récepteurs insuliniques que celles des individus ayant un poids normal.

Les diabètes de types 1 et 2 empêchent de contrôler efficacement le métabolisme des glucides. Une glycémie élevée donne lieu à une soif accrue et à une haleine fruitée en plus d'accroître la vulnérabilité à des problèmes de santé chroniques (problèmes cardiaques et circulatoires, symptômes neuromusculaires, maladies des yeux ou des reins) et les risques d'infections virales, bactériennes et fongiques.

Prévention

Habituellement présent dès l'enfance, le diabète de type 1 est un trouble auto-immun pouvant résulter d'une prédisposition génétique associée aux effets d'une infection virale non spécifique, ce qui amène le système immunitaire à attaquer et à détruire les cellules productrices d'insuline. L'allaitement serait un bon moyen de prévenir le diabète de type 1; celui de type 2 pourrait être évité avec une bonne alimentation et de l'exercice régulier.

Solutions

Le diabète nécessite une supervision médicale. Une perte de poids et des modifications du mode de vie peuvent renverser le diabète de type 2 aux premiers stades et divers médicaments peuvent rétablir la glycémie.

Un régime à IG faible est recommandé (voir p. 253) pour stabiliser la glycémie. Les aliments naturels et crus sont conseillés puisque leur membrane cellulaire n'a pas été détruite par la cuisson ou la transformation. Il faut aussi privilégier les aliments riches en fibres (surtout solubles), antioxidants, zinc et magnésium. Ne prenez pas plus de 6 g de sel par jour et restreignez votre apport en gras saturés et en alcool. Prenez trois repas équilibrés et trois goûters santé par jour.

SUGGESTIONS DE RECETTES

Musli (p. 243), Soupe aux shiitake (p. 262), Salade de chou épicée (p. 263), Casserole de lentilles (p. 268), Légumes verts aux noix de macadam (p. 274), Salade de carotte et betterave (p. 275), Salade de boulgour (p. 275), Mesclun provençal (p. 275), Salade de lentilles (p. 276), Concombre frais (p. 280), Réchauffe-cœur (p. 282), Coquetel de tomate (p. 283), Lever de soleil (p. 283), Coquetel de légumes (p. 283), Infusion pour la circulation (p. 284), Thé vert à la menthe (p. 285), Chai pour le cœur (p. 285), Cordial (p. 286).

l'indice glycémique

INVENTÉ PAR LE DR DAVID J. JENKINS À TORONTO EN 1981, L'INDICE GLYCÉMIQUE CLASSIFIE LES ALIMENTS SELON LEURS EFFETS SUR LA GLYCÉMIE.

L'indice glycémique classifie les aliments renfermant des glucides sur une échelle de 0 à 100 selon leurs effets sur la glycémie (taux de glucose sanguin 2 heures après l'ingestion). Plus l'indice est élevé, plus l'organisme digère et absorbe rapidement l'aliment, ce qui cause des variations plus importantes de la glycémie. Les aliments à indice glycémique peu élevé aident à réguler la glycémie et le taux d'insuline, ce qui aide au contrôle du diabète, à la prévention des maladies du cœur et à la perte de poids progressive. Ils permettent de maintenir une énergie stable et de jouir d'une meilleure endurance physique.

Même si certains aliments gras ont un IG peu élevé, ils peuvent toutefois avoir des effets néfastes sur le cœur et la circulation. En revanche, certains aliments à IG élevé (ex.: pain, pomme de terre) sont bons pour la santé. En cas de diabète, il est habituellement possible de maintenir une glycémie

ALIMENTS À INDICE GLYCÉMIQUE ÉLEVÉ: > 70

Repas-minute, goûters et sucreries

	IG		IG		IG		IG		IG
Scone, nature	92	Sucre (saccharose)	84	Bonbon à la gelée (*jelly bean*)	80	Gaufrette à la vanille	77	Chips de maïs nature, salée	72
Barre aux fruits	90	Barre énergétique chocolat	83	Réglisse, molle	78	Beignet	76	Pain, cannelle et fruits	71
Maïs soufflé	89	Pizza, fromage et tomate	80	Muffin anglais	77	Gaufre	76	Biscotte Melba	70
Bretzel	84					Petit gâteau, glacé	73		

Pain, céréales, graines, riz, nouilles et pâtes

	IG		IG		IG		IG		IG
Crêpe, sarrasin	102	Amaranthe	97	Baguette, blanch	78	Riz au cacao (céréales)	77	Flocons de maïs	74
Musli	86	Blé filamenté	83	Pain, épeautre	74	Flocons de son	74	Tapioca, bouilli	93
Crêpe, blé	80	Craquelin à l'eau	78	Pain blanc	71	Pain grillé suédois	71	Gruau	76
Céréales biscuits de blé	75	Céréales blé et orge	75	Pita	97	Bagel	95	Riz blanc, bouilli	72
Anneaux d'avoine	74	Pain de blé entier	72	Nouilles au blé (fraîches)	82	Riz soufflé	82		

Fruits et légumes

	IG		IG		IG		IG		IG
Pomme de terre, sans peau, au four	98	Pomme de terre ovale (Charlotte), bouillie	92	Navet blanc, bouilli	72	Citrouille, bouillie	75	Pomme de terre, rouge, bouillie	89
		Pomme de terre, purée	83	Pomme de terre, micro-ondes	82	Pastèque	72	Gourgane, bouillie	79
		Patate douce, bouillie	77			Pomme de terre, bouillie	96	Igname, bouillie	74

Produits laitiers et dérivés

	IG		IG
Crème glacée (vanille/chocolat)	80	Boisson de riz	79

Boissons

	IG		IG
Soda sucré	95	Soda diète	89

satisfaisante à condition que les glucides fournissent moins de 50 % des calories totales quotidiennes et proviennent de sources «complexes» (ex.: grains entiers), lesquelles sont de bonnes sources de fibres solubles et d'amidon résistant. Ces fibres sont particulièrement bénéfiques au métabolisme des sucres et des gras et réduisent les taux de glycémie à jeun. Le fait de manger beaucoup de légumes crus permet d'en absorber tout en évitant de consommer un excès de glucides.

Afin de délaisser les glucides à IG élevé en faveur d'aliments à IG moindre, il faut choisir: des céréales pour petit-déjeuner à base d'avoine, d'orge et de son plutôt qu'à base de riz ou de maïs; remplacer le riz étuvé par du riz brun ou basmati, les pâtes et nouilles blanches par des produits de blé entier ou du quinoa. Les salades réduisent l'IG puisque la plupart des légumes (sauf les féculents; voir tableau) ont un IG nul. Il en va de même des œufs, du poisson et de la viande puisqu'ils ne contiennent pas de glucides.

Les tableaux des pages 253 à 255 présentent les aliments les plus populaires par ordre d'IG décroissant. Il s'agit d'aliments crus ou non cuits, sauf indication contraire. Pour une liste plus complète, consultez le site de l'Université de Sydney: www.glycemicindex.com

ALIMENTS À INDICE GLYCÉMIQUE MOYEN: 56-59

Repas-minute, goûters et sucreries

	IG		IG		IG		IG		IG
Craquelin complet	69	Burger filet de poisson	66	Barre de grains entiers	62	Galette de riz	61	Biscuit digestif	59
Tablette chocolat ou caramel	68	Burger au poulet	66	Pain hamburger, blanc	61	Chips	60	Pain aux fruits	57
Hamburger	66	Craquelin de blé	65	Barre aux fruits	61	Végéburger	59		
		Mélasse claire	63	Barre musli	61	Muffin aux bleuets	59		

Pain, céréales, graines, riz, nouilles et pâtes

	IG		IG		IG		IG		IG
Riz arborio, bouilli	69	Croissant	67	Pâtes blanches	61	Pouding au riz	59	Pain pumpernickel	56
Gnocchis	68	Orge	66	Nouilles de riz	61	Nouilles de sarrasin	59	Pâte feuilletée	56
Pita	68	Couscous, réhydraté	65	Céréales fruits et fibres	61	Pain de seigle	57	Riz blanc, grain long, bouilli	56
Pain, farine de pois chiche	67	Musli	64	Chapati	60	Flocons d'avoine	57		
		Sarrasin	63	Farine de maïs	59	Riz basmati, bouilli	57		

Fruits et légumes

	IG		IG		IG		IG		IG
Ananas	66	Abricot au sirop	64	Papaye	60	Haricot, cuits à l'autocuiseur	59	Abricot, frais	57
Citrouille	66	Cerise	63	Maïs	60	Pêche au sirop	58	Litchi	57
Cantaloup	65	Banane	62	Mangue	60	Kiwi	58		
Raisin, sec	64	Figue, séchée	61						

Produits laitiers et dérivés

	IG		IG
Yogourt aux fruits	64	Crème glacée	57

Soupes et plats principaux

	IG
Soupe poulet et champignons	69
Soupe aux lentilles	57

Boissons

	IG		IG
Orange pétillante	68	Limonade	58
Bière	66	Jus de canneberge	56
Cola	63		

Repas-minute, goûters et sucreries

	IG		IG		IG		IG		IG
Biscuit à l'avoine	55	Confiture de fraise	51	Gâteau éponge	46	Barre amandes-abricots	34	Chocolat noir	23
Biscuit à thé	55	Danoise	50	Barre de céréales	42	Tartinade chocolat et noix	30	Barre granola	21
Sirop d'érable	54	Chocolat nature	49	Bar noisettes-abricots	42	Lanières abricot et pomme	29	Raisins secs et noix	21
Frites	54	Marmelade d'oranges	48	Fruits séchés tropicaux	41	Saucisse	28	Arachide	7
Muffin aux grains de chocolat	53	Gâteau aux bananes	47	Tortilla	38	Tartinade aux framboises	26	Hoummos	6
Miel	52	Pouding au chocolat	47	Bâtonnet de poisson	38	Noix de cajou	25		
		Biscuit au chocolat	46	Gâteau aux carottes	36				

Pain, céréales, graines, riz, nouilles et pâtes

	IG		IG		IG		IG		IG
Céréales de son	55	Flocons de blé grillés	54	Pain au sarrasin	47	Spaghettis, blé entier, bouillis	32	Cannellonis, épinards et ricotta	15
Lasagnes (pâtes), bouillies	55	Quinoa, cuit	53	Nouilles soba	46	Fettucines, œuf, bouilli	32		
Flocons de maïs sucrés	55	Pain d'orge	53	Boulgour	46	Grains de blé	30		
Pain, épeautre	54	Pain complet	52	Raviolis à la viande	46				
		Riz brun, vapeur	50	Orge perlé	37				

Fruits et légumes

	IG		IG		IG		IG		IG
Petit pois	54	Ananas au sirop	43	Poire	33	Germe de haricot	25	Haricots de soja, bouillis	15
Bleuet sauvage	53	Orange	40	Haricots pinto, vapeur	33	Pois jaunes cassés, bouillis	25	Haricots secs, bouillis	14
Panais, bouilli	51	Fèves au lard	40	Carotte, bouillie	22	Pamplemousse	25	Pois chiches, bouillis	10
Courge musquée, bouillie	51	Fraise	40	Abricot, séché	30	Prune	24		
Raisin	49	Doliques à œil noir	37	Pruneau	29	Cerise acide	22		
Pomme de terre nouvelle	47	Haricots secs, bouillis	37	Pomme, séchée	29	Haricots noirs, cuits	20		
Pêches en conserve	46	Gourganes	36	Pêche	28	Carotte 16			
Datte	45	Lentilles, vapeur	35	Pomme	28				

Produits laitiers et dérivés

	IG		IG
Yogourt de soja	50	Lait, semi-écrémé bio	34
Yogourt, probiotiques	45	Lait, entier bio	34
Boissons (jus) de soja	43	Fromage frais	20
Yogourt nature	35		

Soupes et plats principaux

	IG
Soupe aux tomates	52
Soupe au poulet	43
Soupe aux légumes	20

Boissons

	IG		IG
Jus d'orange	53	Jus de carotte	43
Jus de fruits sans sucre	45	Frappé aux bananes	30
Jus de pomme sans sucre	44	Jus de tomate	23

chapitre 8

recettes pour le système immunitaire

L'alimentation est le chemin le plus important et le plus agréable vers une bonne santé. Les végétaux les plus nourrissants sont toujours savoureux. Voici de magnifiques recettes remplies de vitamines, de minéraux et de nutriments essentiels au corps humain. Choisissez des aliments biologiques de préférence.

petit-déjeuner

pain grillé aux tomates

4 grosses tomates
100 g (1 ¼ tasse) de champignons, hachés
2 gousses d'ail, broyées
1 botte de basilic, hachée
Sel marin et poivre du moulin
Chapelure
Huile d'olive
4 tranches épaisses de pain, grillées

Préchauffer le four à 350 °C/180 °F/gaz 4. Couper le dessus des tomates et retirer la chair. Mélanger avec les champignons, l'ail, le basilic, le sel, le poivre et assez de chapelure pour que le tout se tienne bien. Farcir les tomates, arroser d'huile et cuire au four environ 20 minutes. Huiler le pain grillé et déposer une tomate sur chacune.

tofu brouillé

250 g (½ lb) de tofu mariné, émietté
4 c. à soupe de boisson (jus) de soja
Sel marin et poivre du moulin
2 c. à soupe de margarine végétale
4 tranches de pain de blé entier
Romarin frais

Mélanger le tofu et la boisson de soja; assaisonner au goût. Dans une casserole, à feu doux, faire revenir le tofu dans la margarine jusqu'à consistance épaisse et crémeuse. Griller le pain, couvrir de tofu et garnir de romarin.

salade de fruits rose

(photo p. 259)

2 cantaloups, épépinés et coupés en cubes
1 pamplemousse rose, en segments
12 cerises, dénoyautées
1 morceau de gingembre de 2,5 cm (1 po), haché
Sirop d'érable (facultatif)

Répartir les melon et le pamplemousse dans les bols. Garnir de cerises, de gingembre et de sirop d'érable.

pain grillé aux tomates et doliques

400 g (2 tasses) de doliques à œil noir, cuits
1 oignon rouge, en tranches
1 gousse d'ail, en tranches
½ c. à thé (à café) de fenouil, haché finement
2 c. à soupe d'huile d'olive
1 c. à thé (à café) de curcuma
1 c. à thé (à café) de cumin moulu ou en graines
½ c. à thé (à café) de cayenne
2 c. à thé (à café) de thym et un peu plus pour garnir
Sel marin et poivre du moulin
8 tranches de tomates épaisses
4 tranches de pain

Écraser les doliques en purée. Faire sauter l'oignon, l'ail et le fenouil dans l'huile 1 minute. Ajouter les épices et le thym. Mélanger avec les doliques, réchauffer et assaisonner. Faire griller le pain et garnir de tomates, de thym et de poivre. Servir chaud.

salade de fruits

2 pêches ou nectarines
1 banane
1 kiwi ou 2 fruits de la passion
1 papaye
Quelques raisins
Petits fruits de saison
180 ml (¾ de tasse) de jus de fruits non sucré

Peler et trancher les fruits; mélanger avec le jus.

quinoa aux fruits séchés

150 g (1 ½ tasse) de flocons d'avoine
4 c. à soupe de quinoa
150 g (½ tasse) d'abricots séchés sans soufre
150 g (1 tasse) de raisins secs
150 g (5 oz) de chacun: mangue, pomme et ananas séchés
125 ml (½ tasse) de yogourt de soja nature

Faire tremper l'avoine et le quinoa dans une casserole de 1,5 litre (6 tasses) d'eau froide et les fruits dans une autre casserole d'eau pendant toute la nuit. Le lendemain, porter les casseroles à ébullition (remuer l'avoine constamment), couvrir et laisser mijoter 15 minutes à feu doux. Répartir dans les bols et garnir de yogourt.

musli

125 g (1 ¼ tasse) de flocons d'avoine
2 c. à soupe de chacun: dattes, abricots, raisins séchés, hachés
1 c. à soupe de pacanes, hachées
1 c. à soupe d'amandes, hachées
1 c. à soupe de graines de tournesol
1 c. à soupe de graines de lin
2 c. à soupe de germe de blé
1 c. à soupe de son de blé
Boisson (jus) de soja, de riz ou d'amande
4 c. à soupe de yogourt de soja nature
4 c. à soupe de fruits de saison

Mélanger les ingrédients secs et servir avec la boisson choisie. Garnir de yogourt et de fruits.

crêpes aux fruits

200 g (1 ½ tasse) de farine de blé
3 c. à soupe de farine de pois chiche
2 c. à thé (à café) de levure chimique (poudre à pâte)
½ c. à thé (à café) de sel (facultatif)
310 ml (1 ¼ tasse) de boisson (jus) de soja
310 ml (1 ¼ tasse) d'eau
3 c. à soupe d'huile d'olive
150 g (½ tasse) d'abricots séchés, trempés dans 180 ml (¾ de tasse) de boisson (jus) de soja pendant la nuit
10 fraises, hachées
100 g (2/3 de tasse) de framboises
1 ou 2 goyaves ou pêches, pelées et tranchées
1 banane, hachée
Cannelle moulue (facultatif)
Sirop d'érable (facultatif)
Huile de pépins de raisin (pour la cuisson)

Tamiser les farines avec la levure chimique et le sel. Ajouter la boisson de soja et l'eau en filet en remuant au fouet. Verser l'huile d'olive peu à peu en remuant et réserver au froid 15 minutes. Mélanger les fruits dans un bol. Cuire les crêpes dans l'huile de pépins de raisin. Garnir de fruits, de cannelle et de sirop.

yogourt aux fruits

500 ml (2 tasses) de yogourt de soja nature
1 pomme, évidée et hachée finement
1 mangue, dénoyautée, pelée et hachée finement
4 c. à soupe de mûres (ou autres petits fruits)
1 banane, hachée
Violettes confites (facultatif)

Répartir le yogourt dans les bols, ajouter les fruits et garnir de violettes.

soupes, entrées, goûters et sauces

SOUPES

soupe ou bouillon aux légumes

1 oignon, haché
3 gousses d'ail, broyées
2 carottes, hachées
1 panais ou racine de persil, haché
1 morceau de céleri-rave de 1 cm (½ po), haché
Quelques feuilles de chou, hachées
1 poireau, en tranches
2 c. à soupe d'huile d'olive
1,5 litre (6 tasses) d'eau
400 g (2 tasses) de tomates, hachées
1 c. à thé (à café) de thym, haché
1 c. à soupe de livèche, hachée
1 feuille de laurier
1 c. à soupe de persil, haché
Sel marin et poivre du moulin

Faire sauter les légumes dans l'huile. Ajouter l'eau et les tomates. Porter à ébullition, ajouter les herbes, le sel et le poivre. Laisser mijoter 30 minutes et servir. Filtrer pour utiliser comme bouillon.

soupe froide aux tomates *(photo)*

1 kg (2 lb) de tomates mûres, en quartiers
2 oignons verts, hachés finement
4 c. à soupe de basilic frais, haché finement
Sel marin et poivre du moulin

Mélanger les tomates et réchauffer à feu doux. Ajouter le reste des ingrédients. Servir bien froid.

soupe santé

1,5 litre (6 tasses) d'eau
750 g (5 tasses) de pommes de terre, hachées
500 g (4 tasses) de carottes, hachées
1 c. à soupe de livèche, hachée
1 c. à soupe de miso
1 c. à thé (à café) de graines de carvi
1 c. à thé (à café) d'herbes de Provence
Sel marin et poivre du moulin

Porter l'eau à ébullition. Ajouter les légumes, la livèche, le miso et le carvi. Laisser mijoter doucement 20 minutes. Assaisonner et servir avec du Pain poêlé (p. 274).

soupe au melon à la menthe

2 cantaloups, pelés et hachés
1 concombre, pelé et haché
1 c. à thé (à café) de sirop d'érable
1 c. à soupe de sirop d'érable
1 c. à soupe de zeste de citron, râpé
250 ml (1 tasse) d'eau
3 c. à soupe de menthe, hachée finement
Sel marin et poivre du moulin
Jus de 1 citron
Quartiers de citron (pour servir)

Faire mijoter les cantaloups, le concombre, le sirop, le zeste et l'eau 10 minutes en remuant de temps à autre. Ajouter le reste des ingrédients. Réfrigérer 2 heures avant de servir avec les quartiers de citron.

soupe aux doliques

2 échalotes, hachées
1 gousse d'ail, broyée
1 c. à thé (à café) de graines de fenouil
2 c. à thé (à café) de graines de coriandre
1 petit fenouil, haché
1 petite courgette, hachée
2 c. à soupe d'huile d'olive
400 g (2 tasses) de doliques à œil noir, cuits
500 g (1 lb) de tomates, pelées et concassées
1 litre (4 tasses) de Bouillon de légumes (p. 260), dilué
2 c. à soupe de pâte de tomates
3 c. à soupe d'origan frais, haché
Sel et poivre du moulin

Faire sauter les 6 premiers ingrédients dans l'huile. Ajouter les doliques et les tomates. Chauffer et ajouter le bouillon et la pâte de tomates. Couvrir et laisser mijoter 20 minutes. Ajouter origan, sel et poivre.

potage au chou-fleur

1 chou-fleur
2 c. à soupe d'huile d'olive
2 pommes de terre, hachées
2 échalotes, hachées
1 petite carotte, hachée
1 litre (4 tasses) de Bouillon de légumes (p. 260), dilué
180 ml (¾ de tasse) de boisson (jus) de soja
Sel marin et poivre du moulin
1 botte de persil, hachée finement

Cuire les bouquets de chou-fleur à la vapeur. Hacher le reste du chou-fleur et faire sauter dans l'huile avec les autres légumes. Verser le bouillon et faire mijoter 30 minutes. Passer au mélangeur, ajouter la boisson de soja et les bouquets de chou-fleur. Assaisonner et réchauffer sans faire bouillir.

soupe aux gourganes

1 oignon rouge, haché finement
2 gousses d'ail, hachées finement
4 tiges de céleri, hachées
4 c. à soupe d'huile d'olive
400 g (2 tasses) de gourganes, cuites
1 litre (4 tasses) de Bouillon de légumes (p. 260), dilué
500 g (1 lb) de tomates, pelées et hachées
1 c. à soupe de thym frais
1 c. à thé (à café) d'extrait de levure
Sel marin et poivre du moulin

Faire sauter l'oignon, l'ail et le céleri dans l'huile. Au mélangeur, mixer la moitié des gourganes, la moitié du bouillon et les tomates. Mélanger avec le reste des gourganes et du bouillon. Remuer et ajouter le reste des ingrédients. Porter à ébullition, laisser mijoter 20 minutes et rectifier l'assaisonnement.

soupe à la citrouille

1 oignon rouge, haché
1 gousse d'ail, hachée
1 kg (8 tasses) de citrouille, épépinée et hachée
3 c. à soupe d'huile d'olive
3 c. à soupe de marjolaine hachée et un peu plus pour garnir
750 ml (3 tasses) de Bouillon de légumes (p. 260), dilué
410 ml (1 2/3 tasse) de lait de coco
Sel marin et poivre du moulin

Faire sauter l'oignon, l'ail et la citrouille dans l'huile 5 minutes. Ajouter la marjolaine, le bouillon et le lait de coco. Couvrir, et cuire 15 minutes. Saler, poivrer et garnir de marjolaine.

soupe aux shiitake

100 g (3 ½ oz) de shiitake séchés (ou 300 g/10 oz frais)
2 oignons verts, hachés finement
1 gousse d'ail, hachée finement
1 carotte, hachée finement
1 morceau de gingembre de 2,5 cm (1 po), haché
2 c. à soupe d'huile d'olive
1 c. à soupe de sauce soja
1 c. à thé (à café) de sirop d'érable
1,5 litre (6 tasses) d'eau mélangée à 1 c. à thé (à café) de miso
Sel marin et poivre du moulin

Faire tremper les shiitake 20 minutes dans l'eau et jeter les pieds. Faire revenir oignons, ail, carotte et gingembre 2 minutes dans l'huile puis les shiitake 5 minutes. Ajouter la sauce soja, le sirop et le miso. Porter à ébullition, couvrir et laisser mijoter 30 minutes. Assaisonner au goût.

soupe épicée aux légumes

50 g (¼ de tasse) de pois chiches, trempés 12 h
50 g (¼ de tasse) de haricots pinto ou autres, trempés 12 h
100 g (½ tasse) de lentilles vertes, rincées
1 gousse d'ail, hachée finement
1 oignon, haché
3 c. à soupe d'huile d'olive
1 c. à thé (à café) de cumin moulu ou en graines
1 c. à thé (à café) de coriandre moulue
1 c. à thé (à café) de graines de carvi
½ c. à thé (à café) de cayenne
1 c. à soupe de curcuma
2 carottes, hachées
2 pommes de terre, hachées
3 tiges de céleri, hachées finement
1 morceau de gingembre de 2,5 cm (1 po), haché
500 g (1 lb) de tomates, concassées
1 litre (4 tasses) de Bouillon de légumes (p. 260), dilué
Sel marin et poivre du moulin
2 c. à soupe de jus de citron

Cuire les légumineuses rincées avec les lentilles 30 minutes dans beaucoup d'eau. Dans une casserole, faire revenir l'ail et l'oignon dans l'huile. Ajouter épices, carottes, pommes de terre et gingembre; cuire 5 minutes. Ajouter les tomates et laisser mijoter. Ajouter les légumineuses égouttées et le bouillon. Porter à ébullition et laisser mijoter 45 minutes. Ajouter sel, poivre et jus de citron.

soupe aux dumplings

300 g (2 ⅓ tasses) de farine de blé entier
300 g (2 ⅓ tasses) de farine blanche
½ c. à thé (à café) de sel
½ c. à thé (à café) de graines de fenugrec
2 c. à soupe d'huile d'olive
1 gousse d'ail, broyée
1 oignon rouge, en tranches
3 tomates, hachées
1 morceau de gingembre de 2,5 cm (1 po), haché
½ c. à thé (à café) de muscade, râpée
½ c. à thé (à café) de curcuma
3 c. à soupe de sauce soja
100 g (2/3 de tasse) de petits pois
1 botte de radis, en tranches
1,5 litre (6 tasses) de Bouillon de légumes (p. 260), dilué
3 oignons verts, en tranches
Sel marin et poivre du moulin

Mélanger les farines et le sel. Ajouter de l'eau pour obtenir une pâte sèche. Abaisser sur une surface farinée en un long serpentin large comme un doigt. Couper en morceaux de 2,5 cm (1 po) et fariner. Dans une casserole, faire dorer le fenugrec dans l'huile. Ajouter l'ail et l'oignon; remuer 3 minutes. Ajouter tomates, épices et sauce soja. Couvrir et laisser mijoter 5 minutes. Ajouter les pois et les radis; cuire 2 minutes. Verser le bouillon, porter à ébullition et ajouter les dumplings. Faire bouillir de 6 à 8 minutes. Incorporer les oignons verts et assaisonner.

soupe aux poireaux et pommes de terre

4 poireaux, en tranches
3 c. à soupe de margarine végétale
4 pommes de terre moyennes, en petits cubes
1,5 litre (6 tasses) de Bouillon de légumes (p. 260)
Sel marin et poivre du moulin
1 botte de ciboulette

Faire sauter les poireaux dans la margarine. Ajouter les pommes de terre et cuire quelques minutes. Verser le bouillon et laisser mijoter 30 minutes. Assaisonner et garnir de ciboulette.

ENTRÉES

asperges à la ravigote *(photo)*

2 bottes d'asperges, parées
Sauce ravigote (p. 267)

Cuire les asperges 10 minutes dans l'eau bouillante salée. Servir avec la sauce ravigote.

pitas chauds, hoummos et crudités

300 g (2 tasses) de pois chiches, cuits et égouttés
2 gousses d'ail, broyées
4 c. à soupe de jus de citron
1 c. à thé (à café) de sel marin
2 c. à soupe de tahini
1 c. à soupe de persil, haché finement
1 c. à thé (à café) de paprika
1 c. à soupe d'huile d'olive
2 carottes et 8 radis longs, en petits bâtonnets
2 tiges de céleri
¼ de concombre, en bâtonnets
8 tomates cerises entières
Pointes de pain pita, chaudes

Au mélangeur, mixer les pois chiches, l'ail, le jus de citron, le sel et 4 c. à soupe d'eau. Ajouter le tahini et réduire en purée lisse. Mélanger dans un bol avec persil, paprika et huile. Servir avec les crudités et le pita.

salade de chou épicée

1 chou chinois, haché
1 c. à thé (à café) de sel marin non raffiné
2 gousses d'ail, hachées
1 morceau de gingembre de 2,5 cm (1 po), haché
1 piment, haché
2 tomates, hachées
1 poivron vert, haché
1 carotte, hachée
½ concombre, haché

Mélanger le chou avec le sel. Ajouter le reste des ingrédients, remuer et servir avec du pain.

poivrons grillés

3 poivrons rouges, coupés en 4 sur la longueur
Vinaigrette à l'ail (p. 215)

Griller les poivrons (peau vers la source de chaleur). Laisser refroidir dans un sac de papier. Peler et couper en lanières. Mélanger avec la vinaigrette et servir avec du pain croûté.

brochettes de légumes

(photo p. 265)

16 champignons de Paris entiers
12 tomates cerises entières
1 poivron rouge, en morceaux
1 poivron vert, en morceaux
2 courgettes, en morceaux
1 patate douce, cuite à moitié et en morceaux
1 aubergine, en morceaux
4 échalotes, coupées en 2
4 feuilles de laurier, coupées en 2
4 brochettes métalliques

Pour la marinade (500 ml/2 tasses):
350 g (1 ⅓ tasse) de ketchup (p. 267)
160 ml (⅔ de tasse) de vinaigre de vin rouge
Jus de 1 citron
6 gousses d'ail, broyées
2 c. à soupe de sucre de canne
2 c. à soupe d'huile d'olive
2 c. à soupe de moutarde

Préparer la marinade. Ajouter les autres ingrédients dans le bol, remuer, couvrir et laisser mariner 2 heures au froid. Enfiler les légumes sur les brochettes et badigeonner de marinade. Griller 10 minutes au barbecue en retournant de temps à autre.

purée d'aubergine

1 grosse aubergine entière
2 gousses d'ail, broyées
4 c. à soupe de tahini
4 c. à soupe de jus de citron
1 c. à soupe de persil frais, haché finement
1 c. à thé (à café) de graines de nigelle, grillées
Sel marin
1 c. à thé (à café) de paprika

Piquer l'aubergine à la fourchette et cuire sous le gril du four en la retournant souvent jusqu'à ce que la peau soit complètement noircie. Refroidir à l'eau froide, couper en deux et retirer la chair. Hacher finement et mélanger avec le reste des ingrédients. Servir avec pita chaud, laitue, tomate et concombre.

baluchons aux oignons

4 oignons verts, hachés finement
1 gousse d'ail, hachée finement
1 c. à soupe de gingembre, haché finement
250 g (8 oz) de tofu mariné, en petits cubes
Huile de tournesol
2 c. à soupe de sauce soja
250 g (8 oz) de pâte phyllo

Mélanger oignons, ail et gingembre. Faire sauter le tofu dans un peu d'huile. Ajouter la sauce soja, déposer sur les oignons et remuer. Couper la pâte en lanières de 8 cm (3 po) de largeur et badigeonner d'huile. Mettre 1 c. à thé (à café) de garniture sur le bout d'une lanière. Ramener la pâte par-dessus pour couvrir la farce et former un triangle. Replier la lanière sur elle-même pour obtenir un baluchon triangulaire. Répéter avec le reste des ingrédients. Badigeonner d'huile et cuire 10 minutes au four préchauffé à 425 °C/220 °F/gaz 7.

salade de tempeh

1 petite laitue rouge
1 botte de cresson
Capucines (feuilles et fleurs; facultatif)
1 carotte, en fines tranches
1 botte de ciboulette, hachée
8 tranches de tempeh
Huile de tournesol
Sel marin
Vinaigrette à la lime (p. 267)

Mélanger les 5 premiers ingrédients dans un bol. Dans une poêle sèche, griller le tempeh badigeonné d'huile et saler. Servir sur la salade et arroser de vinaigrette.

salade de tofu

200 g (7 oz) de tofu fumé, émietté
4 c. à soupe de jus de citron
1 c. à thé (à café) de zeste de citron, râpé
8 c. à soupe d'eau
1 échalote, hachée
1 gousse d'ail, hachée
3 c. à soupe de chapelure
4 c. à soupe d'huile d'olive
1 c. à thé (à café) de paprika
Sel marin et poivre du moulin

Mélanger tous les ingrédients et assaisonner au goût. Laisser refroidir avant de servir avec pita chaud, olives et tranches de concombre.

GOÛTERS

olives marinées

300 g (2 tasses) d'olives
4 c. à soupe d'huile d'olive
2 piments frais ou séchés, hachés
½ citron non pelé, coupé en quartiers puis en tranches
2 gousses d'ail, en tranches
1 c. à thé (à café) de graines de coriandre, broyées
1 c. à thé (à café) de thym séché
1 c. à thé (à café) d'origan séché

Presser doucement les olives avec un rouleau à pâtisserie. Mélanger avec le reste des ingrédients et faire mariner toute la nuit avant de servir.

noix et graines grillées

1 c. à soupe de chacun: noix de cajou, graines de pastèque, amandes, noix, noisettes, graines de tournesol, noix du Brésil
Sauce soja
½ c. à thé (à café) de sel
Quelques gouttes de tabasco (facultatif)

Dans une poêle sèche, faire griller les noix et les graines. Éteindre le feu et bien mélanger avec sauce soja, sel et tabasco.

canapés de tomate et concombre

1 concombre, en tranches épaisses
8 tomates cerises, coupées en deux
200 g (1 ¼ tasse) de noix
1 gousse d'ail
4 c. à soupe d'eau
5 c. à soupe d'huile d'olive
Sel marin
Persil frais, haché finement

Disposer les concombres et les tomates dans une grande assiette. Au mélangeur, réduire en purée lisse noix, ail, eau, huile et sel. Déposer une petite cuillère de ce pâté sur les tranches de légume et garnir de persil.

guacamole

4 petits avocats mûrs
2 c. à thé (à café) de coriandre moulue
2 c. à thé (à café) de cumin moulu
¼ de c. à thé (à café) de cayenne
4 c. à soupe de jus de citron
2 gousses d'ail, hachées
1 morceau de gingembre de 1 cm (½ po), haché
2 tomates mûres, hachées
Sel marin et poivre du moulin
Feuilles de coriandre fraîche, hachées

Réduire les avocats en purée presque lisse avec coriandre, cumin, cayenne, jus de citron, ail et gingembre. Verser dans un bol, ajouter les tomates et assaisonner. Réfrigérer. Garnir de coriandre et servir avec chips de tortillas et bâtonnets de carotte.

boulettes de tofu

1 oignon, râpé
1 piment vert, haché finement
500 g (1 lb) de tofu, râpé ou émietté
2 c. à thé (à café) de cumin moulu
1 gousse d'ail, broyée
Jus et zeste râpé de 1 citron bio

1 c. à soupe d'huile d'olive
Sel marin et poivre du moulin
Huile de pépins de raisin

Dans un bol, mélanger tous les ingrédients, sauf l'huile. Façonner en petites boulettes et faire sauter et dorer dans l'huile. Servir avec de la laitue.

tzaziki

½ concombre, en petits dés
250 ml (1 tasse) de yogourt de soja nature
1 c. à thé (à café) d'huile d'olive
2 gousses d'ail, hachées
2 c. à soupe de menthe, hachée
Sel marin et poivre du moulin

Mélanger tous les ingrédients, sauf le sel et le poivre. Réfrigérer. Assaisonner et servir avec du pain pita chaud et de la laitue.

pain à l'ail

4 tranches de pain
2 gousses d'ail, coupées en deux
2 tomates mûres, coupées en deux
2 c. à thé (à café) d'huile d'olive
Sel marin et poivre du moulin

Griller le pain et frotter un côté avec l'ail. Presser ½ tomate sur chaque tranche et faire pénétrer la pulpe (jeter la pelure). Arroser d'huile et assaisonner au goût.

SAUCES

vinaigrette tahini-citron

(photo du bas, p. 266)

2 c. à soupe de jus de citron
1 c. à soupe de tahini
1 c. à soupe de sirop d'érable
1 c. à soupe de moutarde de Dijon
7 c. à soupe d'huile d'olive
Sel marin et poivre du moulin

Mélanger tous les ingrédients jusqu'à consistance lisse.

vinaigrette à la lime

2 c. à soupe de jus de lime (citron vert)
1 c. à soupe de moutarde de Dijon
1 c. à thé (à café) de sucre de canne
Sel marin et poivre du moulin
Huile d'olive

À l'aide d'un fouet, mélanger tous les ingrédients, sauf l'huile. Verser l'huile en filet en fouettant jusqu'à consistance lisse. Ajouter un peu d'eau froide si on a du mal à obtenir une émulsion.

pesto *(photo du haut, p. 266)*

2 c. à soupe de pignons, broyés finement
1 botte de basilic
2 gousses d'ail, broyées
4 c. à soupe d'huile d'olive
1 c. à thé (à café) de sel marin

Au mélangeur ou dans un mortier, mixer tous les ingrédients en purée grossière. Ajouter un peu d'huile au besoin.

ravigote

1 gousse d'ail
2 c. à soupe de persil, haché
2 c. à soupe de ciboulette, hachée
1 c. à thé (à café) d'estragon, haché
2 c. à thé (à café) de câpres, égouttées
1 c. à soupe de moutarde de Dijon
1 c. à soupe de vinaigre de vin rouge
1 pincée de sel marin
160 ml (2/3 de tasse) d'huile d'olive

Au mélangeur, mixer tous les ingrédients, sauf l'huile. Ajouter un peu d'huile en mince filet, émulsifier, puis verser lentement le reste. Servir avec des légumes cuits.

ketchup *(photo du centre, p. 266)*

250 g (1 ½ tasse) d'oignons, hachés
500 g (3 tasses) de poivrons rouges, hachés
120 g (½ tasse) de sucre de canne
3 gousses d'ail, hachées
1 piment frais, haché
3 c. à soupe d'huile d'olive
1 c. à thé (à café) de poudre de moutarde
2 c. à thé (à café) de paprika
7 c. à soupe de vinaigre de vin rouge
4 gousses d'ail, broyées
Sel marin et poivre du moulin

Faire sauter les légumes dans l'huile, puis laisser mijoter 45 minutes. Filtrer au tamis. Ajouter les aromates et laisser mijoter 2 heures à feu très doux. Saler et poivrer. (Se conserve 3 ou 4 jours au réfrigérateur. Pour une conservation plus longue, verser dans des bocaux, sceller et stériliser 20 minutes dans l'eau bouillante.)

plats principaux, accompagnements et salades

feuilletés au tofu

250 g (8 oz) de tofu mariné, en petits cubes
2 c. à soupe de margarine végétale
250 g (6 tasses) de feuilles d'amarante ou d'épinards, hachées
1 pincée de muscade
Sel marin et poivre du moulin
Pâte feuilletée

Faire sauter le tofu dans la margarine, puis ajouter amarante, muscade, sel et poivre. Préchauffer le four à 200 °C/400 °F/gaz 6. Couper la pâte en carrés et humecter les bords. Garnir de la préparation, replier en diagonale pour faire un triangle et fermer hermétiquement. Cuire sur une plaque 15 minutes.

casserole de lentilles

100 g (½ tasse) de lentilles brunes
1 feuille de laurier
3 c. à soupe d'huile d'olive
1 c. à thé (à café) de chacun: curcuma, graines de coriandre, cumin et moutarde
½ c. à thé (à café) de cayenne
1 gousse d'ail, broyée
1 oignon rouge, haché
1 poireau, en tranches
250 g (8 oz) de champignons de Paris
1 pomme de terre, hachée
2 carottes, hachées
450 g (2 ¼ tasses) de tomates, pelées et hachées
Sel marin, poivre du moulin et coriandre fraîche

Faire bouillir les lentilles avec le laurier dans le double de leur volume en eau. Laisser mijoter à couvert. Chauffer l'huile dans une casserole allant au four. Broyer les graines à l'aide d'un pilon et mélanger avec les autres épices. Ajouter ail, oignon et poireau; faire sauter 2 minutes. Ajouter les champignons et faire sauter quelques minutes. Ajouter les autres légumes, les lentilles partiellement cuites et leur eau de cuisson. Assaisonner, ajouter un peu d'eau, couvrir et cuire 45 minutes au four préchauffé à 350 °C/ 180 °F/gaz 4. Garnir de coriandre et servir avec une purée de pommes de terre.

paella

250 g (1 ¼ tasse) de riz à grain long
3 c. à soupe d'huile d'olive
1 c. à thé (à café) de curcuma
2 gousses d'ail, hachées finement
1 oignon, haché
1 carotte, hachée
250 g (8 oz) de cœurs d'artichauts
1 tige de céleri, en fines tranches
1 poivron rouge, en tranches
4 tomates, pelées et hachées
500 ml (2 tasses) de Bouillon de légumes (p. 260)
100 g (2/3 de tasse) de petits pois
1 c. à soupe de persil frais, haché finement
1 c. à soupe de marjolaine fraîche ou 1 c. à thé (à café) séchée
2 c. à soupe de noix de cajou
1 citron, en tranches épaisses
Sel marin et poivre du moulin

Dans une poêle, faire dorer le riz dans l'huile. Ajouter curcuma, ail, oignon et carotte; cuire quelques minutes. Ajouter artichauts, céleri et poivron; cuire 2 minutes. Ajouter les tomates et le bouillon et laisser mijoter jusqu'à cuisson complète du riz. Mélanger avec le reste des ingrédients.

artichauts, gourganes et shiitake

2 c. à soupe d'huile d'olive
250 g (8 oz) de shiitake, coupés en 2
1 feuille de laurier
2 c. à thé (à café) de cumin moulu
1 c. à thé (à café) de curcuma
500 g (1 lb) de gourganes, écossées
500 g (1 lb) de cœurs d'artichauts, cuits
7 c. à soupe d'eau
2 c. à soupe de jus de citron
1 petite botte de persil, hachée finement
Sel marin et poivre du moulin

Chauffer l'huile dans une poêle. Faire revenir les shiitake quelques minutes avec le laurier et les épices. Ajouter les gourganes, les artichauts et l'eau. Laisser mijoter jusqu'à ce que les gourganes soient cuites, puis mélanger avec le reste des ingrédients.

asperges soja-érable

2 c. à soupe d'huile d'olive
1 c. à thé (à café) de cumin moulu
1 tige de citronnelle, en fines tranches
1 morceau de 2,5 cm (1 po) de gingembre, haché
1 botte d'asperges, en morceaux de 5 cm (2 po)
3 carottes moyennes, en julienne
1 botte d'oignons verts, en tranches
1 poivron rouge, en fines tranches
2 c. à soupe de purée de tamarin, dissoute dans 250 ml (1 tasse) d'eau chaude
1 poignée de germes de haricot
2 c. à soupe de sauce soja
1 c. à soupe de sirop d'érable
1 à 2 c. à soupe de jus de citron
Sel marin et poivre du moulin

Dans un wok, chauffer l'huile et faire sauter cumin, citronnelle et gingembre quelques secondes. Ajouter les légumes et faire sauter 5 minutes. Incorporer le tamarin et laisser mijoter pour attendrir les asperges. Mélanger avec le reste des ingrédients et servir avec du riz ou des nouilles.

courge et poivron rouge aux tomates *(photo)*

2 c. à soupe d'huile d'olive
1 courge musquée, pelée et en morceaux
1 oignon rouge, haché
1 gousse d'ail, hachée
1 poivron rouge, en lanières
6 tomates mûres, pelées et tranchées
2 c. à soupe de pâte de tomates
2 c. à soupe de basilic, haché ou 2 c. à thé (à café) séché
1 c. à thé (à café) de paprika
Sel marin et poivre du moulin
2 c. à soupe de persil, haché

Dans une grande poêle, chauffer l'huile et faire sauter courge, oignon et ail 2 minutes. Ajouter le reste des ingrédients, sauf le persil. Couvrir et laisser mijoter 20 minutes. Servir avec du riz ou des Pommes de terre au sésame (p. 273) et garnir de persil.

baluchons aux légumes

4 tranches épaisses de tofu ou de tempeh, hachées
2 oignons verts, en fines lanières
2 carottes, en julienne
2 tiges de céleri, en julienne
1 morceau de gingembre de 2,5 cm (1 po), en fins bâtonnets
1 tige de citronnelle de 10 cm (4 po)
1 poignée de germes de haricot
Sel et poivre du moulin
8 feuilles de pâte phyllo
Huile de pépins de raisin
1 brocoli, défait en bouquets
100 g (¾ de tasse) d'épis de maïs miniatures
1 poivron rouge, en lanières
1 c. à soupe de sauce soja
2 c. à soupe de jus de citron
1 c. à soupe de vinaigre
1 c. à soupe de sirop d'érable
1 c. à soupe de pâte de tomates
1 gousse d'ail, broyée
1 c. à thé (à café) de paprika

Faire sauter le tofu. Ajouter et faire sauter oignons, carottes et céleri dans l'ordre. Ajouter gingembre, citronnelle et germes de haricot. Cuire et assaisonner. Badigeonner la pâte d'huile. Répartir la garniture sur les feuilles. Ramener les coins vers le centre et faire des baluchons. Huiler et cuire 20 minutes au four préchauffé à 200 ºC/400 ºF/gaz 6. Faire sauter brocoli, maïs et poivron 5 minutes. Mélanger le reste des ingrédients dans un bol et verser sur les légumes. Réchauffer et servir avec les baluchons.

tarte à l'oignon *(photo)*

250 g (2 tasses) de farine d'épeautre ou de blé
½ c. à thé (à café) de sel
120 g (½ tasse) de magarine végétale froide
80 ml (⅓ de tasse) d'eau froide
750 g (4 ½ tasses) d'oignons, en fines tranches
2 c. à soupe d'huile d'olive
¾ de c. à thé (à café) de sel et 1 pincée de poivre
250 g (8 oz) de tofu, émietté
250 ml (1 tasse) de boisson (jus) de soja
1 c. à soupe de farine

Mélanger la farine et le sel. Avec les doigts, sabler le mélange avec la margarine jusqu'à consistance de parmesan. Pétrir avec l'eau froide pour assouplir. Réfrigérer. Faire revenir doucement les oignons dans l'huile sans coloration. Après 10 minutes, saler et poivrer. Couvrir et laisser mijoter 15 minutes à feu doux. Laisser réduire 5 minutes à découvert et retirer du feu. Dans un bol, mélanger le reste des ingrédients avec les oignons et assaisonner. Abaisser la pâte et l'étaler dans un moule à tarte graissé. Répartir la garniture et cuire de 25 à 30 minutes au four préchauffé à 350 ºC/180 ºF/gaz 4.

haricots à la provençale

1 oignon rouge, en tranches
2 gousses d'ail, en tranches
2 c. à soupe d'huile d'olive
1 boîte de haricots rouges
2 petites courgettes, en tranches
4 tomates mûres, pelées et hachées
125 ml (½ tasse) de Bouillon de légumes (p. 260), dilué
2 c. à soupe de basilic, haché et un peu plus pour garnir
100 g (¾ de tasse) de petites olives niçoises
Sel marin et poivre du moulin

Faire sauter l'oignon et l'ail 2 minutes dans l'huile. Ajouter haricot, courgettes et tomates. Cuire 2 minutes et ajouter le bouillon et le basilic. Porter à ébullition et laisser mijoter 10 minutes. Ajouter les olives et réchauffer. Ajouter sel, poivre et basilic et servir avec du riz sauvage.

casserole de tofu aux légumes

250 g (8 oz) de tofu, en cubes
4 c. à soupe d'huile d'olive
1 oignon rouge, en fines tranches
1 poivron vert, en fines tranches
2 gousses d'ail, hachées
1 c. à soupe de farine de blé entier
500 g (2 ½ tasses) de tomates, hachées
1 c. à soupe de pâte de tomates
2 c. à thé (à café) de marjolaine
Sel marin et poivre du moulin

Faire dorer légèrement le tofu dans la moitié de l'huile et réserver. Faire sauter l'oignon, le poivron et l'ail quelques minutes dans le reste de l'huile. Baisser le feu et saupoudrer de farine. Cuire 1 minute, ajouter les tomates et remuer à feu moyen. Ajouter le reste des ingrédients et porter à ébullition en remuant. Incorporer le tofu. Cuire 30 minutes dans un plat de cuisson au four préchauffé à 350 ºC/180 ºF/gaz 4.

bouillabaisse d'épinards

2 oignons blancs, en tranches
2 pommes de terre, en tranches
3 c. à soupe d'huile d'olive
500 g (1 lb) d'épinards, hachés
2 gousses d'ail, broyées
375 ml (1 ½ tasse) de Bouillon de légumes (p. 260), dilué
1 pincée de cayenne
1 c. à soupe d'aneth frais, haché (facultatif)
1 c. à soupe de persil frais, haché
Sel marin et poivre du moulin

Faire sauter les oignons et les pommes de terre dans l'huile. Ajouter les épinards et remuer. Ajouter ail, bouillon et cayenne. Laisser mijoter 10 minutes, ajouter fines herbes, sel et poivre. Réchauffer et servir avec du pain.

gombos à l'aigre-doux

1 c. à thé (à café) de graines de moutarde noire
1 c. à thé (à café) de cumin moulu
1 c. à thé (à café) de coriandre moulue
1 pincée de cayenne
½ c. à thé (à café) de curcuma
3 gousses d'ail, hachées
4 c. à soupe d'huile d'olive
500 g (1 lb) de gombos frais, parés
250 ml (1 tasse) d'eau
200 g (7 oz) de haricots verts, parés
2 c. à soupe de purée de tamarin
2 c. à soupe de sirop d'érable
Sel marin et poivre du moulin

Faire revenir les épices et l'ail 30 secondes dans l'huile. Ajouter les gombos et cuire 1 minute. Ajouter l'eau et les haricots et laisser mijoter 10 minutes en remuant souvent. Incorporer le tamarin et le sirop. Laisser mijoter 5 minutes, assaisonner et servir avec du riz basmati.

pâté chinois

120 g (2/3 de tasse) de lentilles brunes
1 feuille de laurier
1 c. à thé (à café) de thym
2 gousses d'ail, hachées finement
2 échalotes, hachées
2 carottes, hachées finement
3 c. à soupe d'huile d'olive
300 g (10 oz) de champignons, en quartiers
500 g (2 ½ tasses) de tomates, pelées et hachées
160 ml (2/3 de tasse) de jus de légumes ou de Bouillon de légumes dilué (p. 260)
1 c. à soupe de sauce soja
2 c. à soupe de basilic frais, haché
Sel marin et poivre du moulin
3 grosses pommes de terre et 2 patates douces, hachées et cuites à l'eau salée
4 c. à soupe de margarine
Boisson (jus) de soja
Paprika

Cuire les lentilles dans 3 fois leur volume d'eau. Faire revenir laurier, thym, ail, échalotes et carottes dans l'huile. Ajouter les champignons et faire sauter. Ajouter tomates, lentilles égouttées, jus de légumes et sauce soja. Laisser mijoter 10 minutes. Ajouter basilic, sel et poivre. Verser dans un grand plat de cuisson. Réduire pommes de terre et patates en purée avec margarine, boisson de soja, sel et poivre. Étaler sur la préparation et saupoudrer de paprika. Cuire environ 10 minutes au four préchauffé à 240 °C/465 °F/gaz 8.

patates douces au cari

2 c. à thé (à café) de graines de moutarde noire
1 c. à thé (à café) de poudre de cari
3 c. à soupe d'huile d'olive
1 oignon rouge, en tranches
2 piments verts, en tranches
350 g (2 tasses) de patates douces, pelées et en cubes
250 g (1 ½ tasse) de grains de maïs
Quelques bouquets de brocoli
150 g (4 tasses) d'épinards frais, hachés
410 ml (1 2/3 tasse) de lait de coco
Sel marin et poivre du moulin
2 c. à soupe de jus de lime (citron vert)
1 botte de coriandre fraîche (feuilles), hachée

Faire sauter les graines de moutarde et le cari dans l'huile. Ajouter les oignons et les piments et faire revenir 2 minutes. Ajouter patates, maïs et brocoli. Cuire 5 minutes et ajouter les épinards. Verser le lait de coco et laisser mijoter 10 minutes à feu doux. Assaisonner et ajouter le jus de lime. Garnir de coriandre et servir avec du riz.

champignons farcis aux fines herbes

12 à 16 gros chapeaux de champignons plats
2 c. à soupe d'huile d'olive
3 gousses d'ail, broyées
2 c. à thé (à café) de thym
3 c. à soupe de sauce soja
8 c. à soupe de chapelure
4 c. à soupe de persil frais, haché

Retirer les lamelles des champignons. Déposer les chapeaux sur une plaque graissée. Hacher finement les pieds et les faire sauter dans l'huile avec l'ail. Ajouter le thym et la sauce soja et cuire jusqu'à ce que les pieds rendent leur eau. Ajouter la chapelure et remuer. Retirer du feu et incorporer le persil. Farcir les chapeaux et cuire 10 minutes au four préchauffé à 200 °C/400 °F/gaz 6.

casserole d'hiver

1 oignon, en tranches
2 carottes, en tranches
1 panais, en tranches
3 c. à soupe d'huile d'olive
1 tige de céleri, en tranches
200 g (1 ¼ tasse) de pois chiches, cuits
300 g (10 oz) de shiitake entiers
750 ml (3 tasses) de Bouillon de légumes (p. 260)
Sel marin et poivre du moulin
2 grosses pommes de terre, en fines tranches

Dans une casserole profonde, faire sauter oignon, carottes et panais 5 minutes dans l'huile. Ajouter céleri, pois chiches et shiitake. Cuire 5 minutes et verser le bouillon. Réchauffer, assaisonner et couvrir de pommes de terre. Cuire 45 minutes au four préchauffé à 180 °C/350 °F/gaz 4.

burgers au tofu épicé

1 oignon, râpé
1 carotte, râpée
1 c. à soupe d'huile d'olive
2 c. à thé (à café) de coriandre moulue
1 gousse d'ail, broyée
2 c. à thé (à café) de pâte de tomates
250 g (8 oz) de tofu
2 c. à soupe de chapelure
2 c. à soupe de noix du Brésil, hachées finement
Sel marin et poivre du moulin
Farine
Huile de pépins de raisin (pour la friture)

Faire revenir l'oignon et la carotte dans l'huile. Ajouter coriandre, ail et pâte de tomates; cuire 2 minutes. Mélanger dans un bol avec tofu, chapelure et noix. Assaisonner et bien remuer. Façonner des galettes, fariner et frire à la poêle. Servir avec des légumes vapeur.

marrons et kumquats

1 gousse d'ail, en tranches
1 feuille de laurier
3 c. à soupe d'huile d'olive
500 g (1 lb) de marrons frais, épluchés
2 tiges de céleri, en tranches
2 poireaux, en tranches
3 c. à soupe de farine de blé entier
7 c. à soupe de vin rouge
375 ml (1 ½ tasse) de Bouillon de légumes (p. 260)
Jus de 1 tangerine
100 g (3 ½ oz) de kumquats
Sel marin et poivre du moulin

Faire revenir l'ail et le laurier dans l'huile quelques secondes. Ajouter les marrons, le céleri et les poireaux. Fariner, remuer et verser vin, bouillon et jus de tangerine. Réchauffer, ajouter les kumquats et assaisonner. Cuire à couvert environ 1 heure au four préchauffé à 350 °C/180 °F/gaz 4. Servir avec brocoli et riz sauvage.

ACCOMPAGNEMENTS

relish aux trois légumes

½ concombre, haché
250 g (½ lb) de tomates
1 oignon rouge, haché
2 piments verts, en fines tranches
2 c. à soupe de jus de lime (citron vert)
2 c. à soupe de feuilles de coriandre, hachées
1 pincée de sel
1 pincée de sucre non raffiné

Mélanger le tout et garder au froid jusqu'au moment de servir.

relish au piment rouge

4 piments rouges et 2 poivrons rouges, hachés
4 tomates mûres, hachées
2 gousses d'ail, hachées
3 c. à soupe de jus de lime (citron vert)
Sel

Mixer le tout au mélangeur et garder au froid jusqu'au moment de servir.

riz et lentilles

200 g (1 tasse) de riz basmati, rincé
100 g (½ tasse) de lentilles rouges, rincées
1 feuille de laurier
1 bâton de cannelle de 5 cm (2 po)
1 c. à thé (à café) de cumin moulu
Environ 1 litre (4 tasses) d'eau
Sel marin

Porter le tout à ébullition et laisser mijoter environ 30 minutes, jusqu'à ce que le riz soit cuit.

riz au citron

300 g (1 ½ tasse) de riz basmati, rincé
Environ 1 litre (4 tasses) d'eau
Sel marin
2 tiges de citronnelle, en fines tranches
3 c. à soupe de jus de citron

Porter le riz, l'eau et le sel à ébullition. Ajouter la citronnelle et laisser mijoter environ 30 minutes, jusqu'à ce que le riz soit cuit. Arroser de jus de citron.

pommes de terre au sésame

1,5 kg (3 lb) de pommes de terre, coupées en deux
Huile de tournesol
Gomasio (graines de sésame pilées au sel)
1 botte d'aneth frais, haché finement

Faire des incisions profondes dans la pelure des pommes de terre. Cuire dans l'eau salée (environ 5 min). Rincer, éponger et ranger dans une rôtissoire graissée. Badigeonner d'huile et cuire 25 minutes au four préchauffé à 220 °C/425 °F/gaz 7. Garnir de gomasio et d'aneth.

pain poêlé

250 g (2 tasses) de farine de blé entier
2 c. à thé (à café) de levure chimique (poudre à pâte)
½ c. à thé (à café) de sel marin
1 c. à thé (à café) de graines de carvi (facultatif)
Environ 250 ml (1 tasse) d'eau

Tamiser farine, levure et sel. Ajouter le carvi et assez d'eau pour obtenir une pâte souple. Pétrir, former un saucisson et diviser en 12 boules. Abaisser en rondelles de 15 cm (6 po). Cuire 2 minutes de chaque côté dans une poêle sèche très chaude. Servir chaud.

légumes verts aux noix de macadam

1 kg (2 lb) de chou ou autres légumes verts, en lanières
2 c. à soupe d'huile d'olive
7 c. à soupe d'eau ou de Bouillon de légumes (p. 260), dilué
1 c. à soupe de jus de citron
50 g (⅓ de tasse) de noix de macadam, grillées
Sel marin et poivre du moulin

Faire sauter les légumes 5 minutes dans l'huile. Verser l'eau, couvrir et laisser mijoter 5 minutes. Ajouter jus de citron, noix, sel et poivre.

salsa de tomates

500 g (1 lb) de tomates mûres, hachées finement
2 oignons verts, hachés finement
1 piment rouge, haché finement
4 c. à soupe de jus de lime (citron vert)
1 botte de basilic frais, hachée finement
Sel marin et poivre du moulin

Bien mélanger le tout dans un bol.

bettes à cardes au genièvre

6 baies de genièvre, broyées
2 c. à soupe d'huile d'olive
500 g (1 lb) de bettes à cardes, hachées
7 c. à soupe d'eau
Sel marin et poivre du moulin

Faire revenir les baies dans l'huile, puis y cuire les bettes 2 minutes. Verser l'eau, couvrir et laisser mijoter 10 minutes. Assaisonner.

SALADES

salade de carotte et betterave

300 g (2 ½ tasses) de carottes, râpées
300 g (1 ¾ tasse) de betteraves, râpées
1 c. à soupe de gingembre, haché finement
2 c. à soupe d'huile de tournesol
4 c. à soupe de jus de citron
100 g (1 tasse) de germes de haricot (facultatif)
2 c. à soupe de graines de tournesol, grillées
3 c. à soupe de graines de citrouille, grillées

Mélanger les 6 premiers ingrédients et garnir avec les graines.

salade niçoise

7 c. à soupe d'huile d'olive
2 c. à soupe de vinaigre de vin blanc
1 c. à soupe de jus de citron
1 c. à soupe de moutarde de Dijon
1 c. à soupe de sirop d'érable
Sel marin et poivre du moulin
200 g (7 oz) de pommes de terre nouvelles, bouillies, coupées en 2
125 g (4 oz) de tofu mariné, en cubes
Sauce soja
250 g (8 oz) de haricots verts, cuits à la vapeur
250 g (½ lb) de tomates, en quartiers
½ concombre, en bâtonnets
½ laitue Iceberg
4 c. à soupe de petites olives niçoises
2 c. à soupe de basilic, haché
2 c. à soupe de persil, haché

Mélanger huile, vinaigre, jus de citron, moutarde et sirop. Assaisonner et mélanger avec les pommes de terre. Faire sauter le tofu dans un peu d'huile, ajouter la sauce soja et mélanger avec les pommes de terre. Laisser refroidir un peu et ajouter le reste des ingrédients.

salade de boulgour

250 g (1 ⅓ tasse) de boulgour, cuit et refroidi
1 botte d'oignons verts, en tranches
2 tomates, hachées
1 poivron vert, en lanières
½ concombre, haché
1 gousse d'ail
2 c. à soupe chacun de coriandre, menthe et persil, hachés
4 c. à soupe d'huile d'olive
3 c. à soupe de jus de citron
Sel marin et poivre du moulin

Bien mélanger le tout et servir froid.

salade d'artichauts

8 cœurs d'artichauts
4 grosses tomates, en quartiers
1 oignon rouge, en tranches
100 g (¾ de tasse) d'olives vertes
Vinaigrette tahini-citron (p. 267).

Mélanger le tout et servir avec du pain croûté.

mesclun provençal

1 laitue beurre (Boston)
Feuilles et fines herbes de saison (roquette, oseille, capucines, radicchio, etc.)
Vinaigrette à l'ail (p. 215)

Mélanger laitue, feuilles et fines herbes. Ajouter la vinaigrette au moment de servir.

salade de roquette

4 poignées de roquette
1 petit oignon rouge, haché finement
4 petite tomates mûres, en quartiers
Vinaigrette à la lime (p. 267)
4 c. à soupe de noix, hachées grossièrement

Mélanger les légumes et arroser de vinaigrette. Garnir de noix et servir avec du pain croûté.

salade de brocoli et avocat

1 kg (2 lb) de pommes de terre non pelées, bouillies
Bouquets de 1 brocoli, cuits à la vapeur
1 avocat, en tranches
1 poivron rouge et 1 jaune, épépinés et tranchés
1 oignon vert, haché
4 c. à soupe d'huile d'olive
3 c. à soupe de câpres, égouttées
3 c. à soupe de persil frais, haché
1 c. à soupe de thym frais
Vinaigrette à la lime (p. 267)

Dans un bol, mélanger les tranches de pomme de terre refroidies avec le reste des ingrédients.

salade de cresson et mange-tout *(photo p. 274)*

¼ de chou chinois, en fines lanières
1 c. à thé (à café) de gingembre, haché
1 c. à thé (à café) d'ail, haché
1 petit piment rouge, haché
1 petite botte de cresson, hachée
250 g (2 ½ tasses) de germes de haricot
100 g (3 ½ oz) de mange-tout
2 oignons verts, en fines tranches
Vinaigrette à la lime (p. 267)

Mélanger le tout dans un bol.

salade de fenouil

1 bulbe de fenouil, en fines tranches (réserver les pluches)
1 avocat, en fines tranches
100 g (1 tasse) de pacanes
100 g (¾ de tasse) d'olives vertes
1 concombre, en fines tranches
Vinaigrette à l'ail (p. 215)

Mélanger le tout dans un bol. Garnir de pluches de fenouil.

salade de lentilles

50 g (¼ de tasse) de lentilles vertes, cuites et refroidies
200 g (7 oz) de haricots jaunes, cuits à la vapeur
1 petit chou-fleur, défait en bouquets
2 carottes, coupées en rubans au couteau-éplucheur
200 g (1 ¼ tasse) de petits pois, écossés
1 courgette, en fines tranches
1 botte de cresson, hachée
Vinaigrette tahini-citron (p. 267)

Mélanger le tout dans un bol.

salade de mangue et orange

1 orange, pelée et hachée
2 mangues, pelées et hachées
2 carottes, coupées en rubans au couteau-éplucheur
Feuilles de radicchio, en fines lanières
1 piment rouge, en fines tranches
1 c. à thé (à café) de gingembre frais, haché
3 c. à soupe de jus de citron

Mélanger le tout dans un bol.

salade de pâtes

350 g (12 oz) de pâtes en spirales trois couleurs, cuites
1 courgette, râpée
2 tomates, en quartiers
12 asperges, cuites et coupées en morceaux
1 botte de basilic, hachée
Vinaigrette à la lime (p. 267)

Mélanger les pâtes refroidies avec le reste des ingrédients.

salade de pommes de terre

1 kg (2 lb) de pommes de terre nouvelles non pelées, bouillies
310 ml (1 ¼ tasse) de yogourt de soja nature
1 échalote, hachée finement
1 petit poivron rouge, haché finement
2 c. à soupe de câpres, égouttées
1 à 2 c. à soupe de jus de citron
Sel marin et poivre du moulin
1 petite botte de ciboulette, hachée (garniture)

Couper les pommes de terre refroidies en tranches épaisses. Mélanger le reste des ingrédients dans un bol. Verser sur les pommes de terre et garnir de ciboulette.

salade de maïs et tomates séchées

4 épis de maïs, bouillis et égrenés
50 g (1 tasse) de tomates séchées, en lanières
1 poignée de roquette
1 petite laitue, en lanières
2 c. à soupe de basilic, haché
4 c. à soupe d'huile de noix
2 c. à soupe de vinaigre balsamique
Sel marin et poivre du moulin

Déposer le maïs sur un lit de tomates, roquette, laitue et basilic. Arroser du mélange d'huile et de vinaigre et assaisonner.

salade de tempeh à l'oseille

8 tranches de tempeh
2 c. à soupe d'huile d'olive
1 poignée d'oseille, en lanières
1 petite laitue romaine, en lanières
Vinaigrette à l'ail (p. 215)

Dorer le tempeh dans l'huile. Saler et couper en bouchées. Servir sur un lit d'oseille et de laitue. Arroser de vinaigrette et remuer.

salade ensoleillée

3 carottes, coupées en rubans au couteau-éplucheur
1 avocat, en tranches
1 mangue, pelée et tranchée
1 grenade, pelée et égrenée
1 poignée de capucines (feuilles et fleurs)
4 oignons verts, en tranches
1 gousse d'ail, hachée finement
1 morceau de gingembre de 2,5 cm (1 po), haché
3 c. à soupe d'huile de carthame
3 c. à soupe de jus de lime (citron vert)
Sel marin et poivre du moulin

Mélanger le tout dans un bol.

salade de riz sauvage *(photo)*

50 g (¼ de tasse) de riz sauvage, cuit et refroidi
1 bulbe de fenouil, cuit à la vapeur et tranché
1 poivron rouge, grillé et pelé (méthode p. 263)
2 tomates, en quartiers
2 oignons verts, en tranches
1 tige de céleri, en tranches
100 g (¾ de tasse) d'olives noires, dénoyautées
2 gousses d'ail, broyées
Vinaigrette tahini-citron (p. 267)

Garniture: 2 c. à soupe de basilic, haché et 2 c. à soupe de persil, haché
Mélanger le riz et le fenouil. Ajouter le reste des ingrédients et garnir de fines herbes.

desserts

gâteau aux framboises

250 g (2 tasses) de farine d'épeautre ou de blé entier
1 c. à soupe de levure chimique (poudre à pâte)
50 g (1/3 de tasse) d'amandes, moulues
120 g (½ tasse) de sucre de canne
7 c. à soupe d'huile de tournesol
2 c. à soupe d'extrait de malt
½ c. à thé (à café) d'essence de vanille ou d'amande
250 ml (1 tasse) d'eau chaude
180 ml (¾ de tasse) de yogourt de soja nature
50 g (1/3 de tasse) d'amandes blanchies, hachées et grillées
350 g (2 tasses) de framboises fraîches
3 c. à soupe de sirop d'érable (facultatif)

Tamiser la farine et la levure. Ajouter les amandes et le sucre. Mélanger l'huile, le malt, l'essence et l'eau. Mélanger très rapidement avec la farine. Verser dans un moule à gâteau rond huilé et fariné. Cuire de 20 à 30 minutes au four préchauffé à 350 °C/180 °F/gaz 4. Démouler le gâteau refroidi dans une assiette et napper de yogourt. Garnir d'amandes, de framboises et de sirop.

pommes au four

4 pommes, évidées
4 bananes, en purée
10 dattes, dénoyautées et hachées
4 c. à soupe de noix de macadam ou de Grenoble, hachées
3 c. à soupe de tahini
3 c. à soupe de jus de citron
7 c. à soupe de sirop d'érable

Faire une incision horizontale sur la pelure des pommes. Mélanger la moitié des bananes avec les dattes et farcir les pommes. Garnir de noix et cuire 20 minutes au four préchauffé à 350 °C/180 °F/gaz 4. Mélanger le reste des bananes avec tahini, jus de citron, sirop et un peu d'eau. Verser sur les pommes.

sorbet aux fruits de la passion *(photo p. 279)*

120 g (½ tasse) de sucre de canne
7 c. à soupe d'eau
310 ml (1 ¼ tasse) de pulpe de fruits de la passion

À feu doux, dissoudre le sucre dans l'eau. Remuer de temps à autre pour empêcher de coller. Porter à ébullition et laisser mijoter 1 minute. Laisser refroidir et mixer avec la pulpe. Congeler de 4 à 6 h. Avant de servir, briser en morceaux et passer au mélangeur.

crumble aux mûres *(photo)*

1 kg (6 tasses) de mûres, framboises ou bleuets (myrtilles)
2 c. à soupe de farine blanche
3 c. à soupe de sucre de canne
100 g (¾ de tasse) de farine d'épeautre ou de blé entier
100 g (1 tasse) de flocons d'avoine
4 c. à soupe de noix, hachées
160 g (2/3 de tasse) de margarine végétale
4 c. à soupe de miel

Dans un moule à tarte, mélanger les mûres, la farine blanche et le sucre. Dans un bol, mélanger le reste des ingrédients secs, puis incorporer la margarine et le miel. Verser sur les mûres et cuire 30 minutes au four préchauffé à 200 °C/400 °F/gaz 6.

nectarine surprise

4 c. à soupe de sirop d'érable
1 c. à thé (à café) de gingembre frais, râpé
4 nectarines, en fines tranches
1 c. à soupe de menthe fraîche, hachée finement

Chauffer 7 c. à soupe d'eau, le sirop et le gingembre. Laisser refroidir et verser sur les fruits. Laisser reposer de 2 à 3 heures au froid. Garnir de menthe.

sorbet aux framboises

(photo à l'avant-plan)

180 g (¾ de tasse) de sucre de canne
7 c. à soupe d'eau
310 ml (1 ¼ tasse) de jus de framboise

À feu doux, dissoudre le sucre dans l'eau. Remuer de temps à autre pour empêcher le sucre de coller. Porter à ébullition et laisser bouillir 1 minute. Laisser refroidir et mixer avec le jus. Congeler de 4 à 6 h. Avant de servir, briser en morceaux et passer au mélangeur.

salade de fruits tropicale

1 morceau de gingembre de 2,5 cm (1 po), haché
4 c. à soupe de sirop d'érable (facultatif)
Zeste et jus de 1 citron
7 c. à soupe de jus d'ananas
8 litchis, pelés et dénoyautés
1 ananas, pelé et coupé en tranches
1 mangue, pelée et coupée en cubes
4 kiwis, pelés et coupés en tranches
1 papaye, pelée et coupée en tranches

Laisser mijoter le gingembre, le sirop et les jus 1 minute. Laisser refroidir dans un bol et mélanger avec les fruits.

tarte aux poires

250 g (2 tasses) de farine d'épeautre ou de blé entier
½ c. à thé (à café) de sel
60 g (¼ de tasse) de sucre de canne
120 g (½ tasse) de margarine végétale froide
4 grosses poires, coupées en 2 sur la longueur et évidées
Pâte d'amandes (facultatif)

Mélanger farine, sel et sucre. Avec les doigts, sabler le mélange avec la margarine jusqu'à consistance de parmesan. Ajouter 5 c. à soupe d'eau froide et pétrir pour assouplir. Réfrigérer. Abaisser la moitié de la pâte et étaler dans un moule à flan graissé. Presser la pâte d'amandes au centre des demi-poires. Placer les poires dans le moule, face coupée vers le fond. Couvrir de pâte et la presser légèrement entre les poires et fermement tout autour. Cuire de 20 à 30 minutes au four préchauffé à 400 °C/200 °F/gaz 6.

jus

abricot et gingembre

5 abricots, dénoyautés
1 c. à thé (à café) de gingembre frais, haché
125 ml (½ tasse) de jus de pomme
125 ml (½ tasse) de boisson (jus) de soja

Mélanger et servir sur glace.

fruits d'automne

2 pommes, en quartiers
2 poires, en quartiers
½ pamplemousse, pelé

Passer à la centrifugeuse et servir sur glace.

betterave et pomme

250 g (½ lb) de betteraves, en quartiers
3 pommes, en quartiers
1 tranche de lime (citron vert)

Passer les quartiers de fruits à la centrifugeuse. Servir sur glace et garnir de lime.

crème de mûres *(photo de droite)*

100 g (2/3 de tasse) de mûres
1 banane mûre
1 poire, en quartiers
125 ml (½ tasse) de boisson (jus) de soja
1 c. à soupe de graines de tournesol

Passer au mélangeur et servir froid.

frappé aux fruits

¼ d'ananas, pelé et haché
½ mangue, pelée et hachée
1 banane

Passer au mélangeur et servir froid.

carotte, citron et ail

250 g (½ lb) de carottes
1 gousse d'ail, pelée
Jus de ½ citron

Passer les carottes et l'ail à la centrifugeuse. Mélanger avec le jus de citron.

concombre frais

1 concombre
1 tomate
1 poivron vert, en quartiers
1 gousse d'ail, pelée
2 brins d'aneth

Passer à la centrifugeuse et servir froid.

canneberge pétillante

300 g (3 tasses) de canneberges (airelles) ou 7 c. à soupe de jus
7 c. à soupe d'eau pétillante
1 tranche de citron

Passer les canneberges à la centrifugeuse, mélanger avec l'eau et garnir de citron.

mangue veloutée *(photo de gauche)*

1 mangue, en cubes
1 banane
1 morceau de noix de coco fraîche
Jus de 1 orange

Passer le tout au mélangeur.

jus vert

2 tiges de céleri avec feuilles
¼ de bulbe de fenouil
Quelques feuilles de roquette
½ concombre
1 tomate
Quelques brins de basilic
1 tranche de lime (citron vert) (garniture)

Passer à la centrifugeuse et garnir de lime.

goyave et pomme

1 goyave, pelée
160 ml (2/3 de tasse) de jus de pomme
1 tranche d'orange

Au mélangeur, mixer la goyave et le jus. Verser dans un verre et garnir d'orange.

réchauffe-cœur

100 g (3 ½ oz) de carottes
100 g (3 ½ oz) de betteraves
2 tiges de céleri avec feuilles
2 gousses d'ail, pelées
1 morceau de gingembre de 2,5 cm (1 po), pelé
Jus de ½ citron

Extraire le jus.

jus passion

3 fruits de la passion, pelés
½ mangue, pelée
¼ d'ananas, pelé

Extraire le jus à la centrifugeuse; servir sur glace.

mangue et lime

1 mangue, pelée et dénoyautée
7 c. à soupe de boisson aux amandes (p. 79)
Jus de 1 lime (citron vert)
1 pincée de cannelle (garniture)

Mixer le tout au mélangeur et garnir de cannelle.

melon et orange

200 g (7 oz) de cantaloup, épépiné et pelé
Jus de 1 orange

Mixer les ingrédients au mélangeur et servir sur glace.

beauté naturelle

2 pommes
½ cantaloup

Extraire le jus à la centrifugeuse.

nirvana

1 poire mûre
6 fraises

4 abricots
1 pêche
1 tranche de tangerine

Extraire le jus et garnir de la tranche de tangerine.

papaye citron

1 papaye, pelée et épépinée
Jus de 1 citron

Mixer les ingrédients au mélangeur et servir sur glace.

piña colada

½ ananas, pelé, évidé et haché
4 c. à soupe de lait de coco
1 c. à thé (à café) de jus de lime (citron vert)
2 c. à thé (à café) de sirop d'érable

Mixer les ingrédients au mélangeur et servir sur glace.

passion et lime

2 fruits de la passion
1 c. à soupe de sirop d'érable
Jus de 1 orange
Jus de ½ lime (citron vert)
2 c. à soupe de yogourt de soja nature
1 pincée de poudre de vanille
Eau pétillante

Mixer les 6 premiers ingrédients au mélangeur. Verser dans un verre, ajouter l'eau et des glaçons.

cocktail de tomate

200 g (1 tasse) de tomates, en quartiers
1 carotte
1 petite betterave, en quartiers
3 feuilles de laitue
3 feuilles d'épinards
6 brins de cresson
4 brins de persil
1 tige de céleri avec feuilles
1 pincée de sel de céleri
Quelques gouttes de tabasco (facultatif)
1 tranche de citron

À la centrifugeuse, extraire le jus des 8 premiers ingrédients. Verser dans un verre, puis mélanger avec sel de céleri et tabasco. Garnir de la tranche de citron.

ananas rose *(photo p. 282)*

¼ d'ananas, pelé, évidé et haché
Jus de 1 orange
150 g (1 tasse) de fraises

Mixer les ingrédients au mélangeur.

frappé aux raisins

1 grappe de raisins sans pépins
1 carotte
2 c. à soupe de raisins secs, trempés dans l'eau toute la nuit

À la centrifugeuse, extraire le jus des ingrédients et servir.

tutti frutti

6 fraises
5 abricots
2 pêches
4 c. à soupe de jus de pomme
Sirop d'érable (facultatif)

Au mélangeur, mixer tous les ingrédients et servir.

lever de soleil

1 pomme, évidée et coupée en quartiers
2 carottes
1 tomate, en quartiers
Jus de 1 orange
1 tranche d'orange
1 brin de menthe fraîche

À la centrifugeuse, extraire le jus des 3 premiers ingrédients. Mélanger avec le jus d'orange et verser dans un verre. Garnir de la tranche d'orange et de la menthe.

cocktail de légumes

5 carottes
1 petite betterave, en quartiers
1 poivron rouge, en quartiers
1 morceau de chou
1 poignée de roquette ou de légumes feuillus verts
3 tiges de céleri avec feuilles
2 tomates, en quartiers
1 gousse d'ail, pelée

Extraire le jus de tous les ingrédients la centrifugeuse et servir.

boissons et sirops aux herbes

thé calmant

1 part de camomille
1 part de fleurs de lavande
1 part de mélisse
1 part de millepertuis commun

Mélanger et utiliser 1 c. à thé (à café) pour 250 ml (1 tasse) d'eau bouillante. Couvrir et laisser infuser 10 minutes.

tonique à la camomille

60 g (2 oz) de fleurs de camomille
750 ml (3 tasses) de vin blanc bio
3 c. à soupe de miel
2 c. à soupe de jus de citron

Mélanger, couvrir et garder 10 jours dans un endroit frais et sombre. Filtrer et conserver dans des bouteilles stérilisées.

repousse-froid

½ c. à thé (à café) de fleurs de sureau
½ c. à thé (à café) d'origan
½ c. à thé (à café) d'achillée millefeuille
1 petite pincée de cayenne
250 ml (1 tasse) d'eau bouillante
2 c. à soupe de jus de citron
Miel

Laisser infuser les herbes 10 minutes et filtrer. Ajouter le jus et le miel. Boire chaud.

antitoux

1 c. à thé (à café) de violette odorante
½ c. à thé (à café) de bourrache
½ c. à thé (à café) de racine de réglisse
½ c. à thé (à café) de thym
½ c. à thé (à café) d'origan
180 ml (¾ de tasse) d'eau bouillante
1 trait de jus de citron
1 c. à thé (à café) de miel

Laisser infuser les herbes 10 minutes et filtrer. Ajouter le jus et le miel. Boire chaud.

infusion pour la circulation

3 parts de fleurs ou de baies d'aubépine
2 parts d'achillée millefeuille
1 part de graines de moutarde noire

Mélanger et utiliser 1 c. à thé (à café) pour 250 ml (1 tasse) d'eau bouillante. Couvrir et laisser infuser 10 minutes.

anticystite

1 part de graines de céleri
1 part de gaillet
1 part d'échinacée
1 part de violette odorante
1 part d'achillée millefeuille

Mélanger et utiliser 1 c. à thé (à café) pour 250 ml (1 tasse) d'eau bouillante. Couvrir et laisser infuser 10 minutes.

cordial au sureau

1 kg (2 lb) de baies de sureau, rincées et équeutées
500 ml (2 tasses) d'eau de source
2 c. à soupe de jus de citron
1 c. à thé (à café) d'acide citrique (facultatif)
360 g (1 ½ tasse) de sucre de canne

Faire bouillir le tout, sauf le sucre. Laisser mijoter jusqu'à ce que les baies éclatent. Filtrer dans une étamine, sucrer et ramener à ébullition. Laisser mijoter 5 minutes. Écumer et verser dans des bouteilles stérilisées chaudes. Sceller et garder au frais. Boire dilué dans l'eau chaude.

panaché au sureau

Quelques fleurs de sureau
1 tranche de citron
125 ml (½ tasse) d'eau bouillante
1 c. à thé (à café) de miel
125 ml (½ tasse) d'eau pétillante

Dans un petit bol, déposer baies, citron, eau bouillante et miel. Couvrir et laisser refroidir. Filtrer et servir dans un verre contenant l'eau pétillante et de la glace.

eucalyptus

3 parts de feuilles d'eucalyptus
2 parts de camomille
2 parts de thym

Mélanger et utiliser 1 c. à thé (à café) pour 250 ml (1 tasse) d'eau bouillante. Couvrir et laisser infuser 10 minutes.

mellite d'ail *(photo)*

180 ml (¾ de tasse) de vinaigre de vin rouge
3 c. à soupe d'ail, haché
2 c. à thé (à café) de graines de nigelle
250 g (¾ de tasse) de miel

Porter à ébullition vinaigre, ail et nigelle. Couvrir et laisser mijoter 5 minutes. Filtrer et ajouter le miel. Porter à ébullition, laisser mijoter 5 minutes à feu très doux et embouteiller. Prendre 1 c. à soupe à la fois.

thé vert à la menthe

1 c. à thé (à café) de thé vert
1 c. à soupe de menthe fraîche, hachée
180 ml (¾ de tasse) d'eau bouillante

Laisser infuser 5 minutes. Servir chaud ou froid.

thé pour rhume des foins

1 c. à thé (à café) de raifort frais, râpé
1 c. à thé (à café) de miel
250 ml (1 tasse) d'eau

Sous-recette

Pour l'infusion:
2 parts de fleurs de sureau
1 part de camomille
1 part d'échinacée
1 part d'euphraise
1 part de réglisse
1 part de menthe poivrée

Mélanger les trois premiers ingrédients. Infusion: Utiliser 1 c. à thé (à café) du mélange d'herbes pour 250 ml (1 tasse) d'eau bouillante. Laisser infuser le tout 10 minutes.

chai pour le cœur

1 c. à thé (à café) de thé vert
1 c. à thé (à café) de graines de nigelle
1 bâton de cannelle de 2,5 cm (1 po)
1 c. à thé (à café) de mélisse
1 petite pincée de cayenne
310 ml (1 ¼ tasse) de boisson (jus) de soja ou de riz
1 c. à thé (à café) de miel (facultatif)

Porter le tout à ébullition, sauf le miel. Laisser mijoter 2 minutes, filtrer et ajouter le miel.

Immuni-thé

2 parts d'ortie
1 part de bourrache
1 part de gaillet
1 part d'échinacée
1 part de réglisse
1 part de thym

Mélanger et utiliser 1 c. à thé (à café) pour 250 ml (1 tasse) d'eau bouillante. Couvrir et laisser infuser 10 minutes.

réglisse et cannelle

1 racine de réglisse de 1 cm (½ po), hachée
1 bâton de cannelle de 1 cm (½ po)
½ c. à thé (à café) de graines de fenouil
½ c. à thé (à café) de gingembre frais, haché
250 ml (1 tasse) d'eau

Porter le tout à ébullition et laisser mijoter 5 minutes à feu doux. Filtrer et servir.

thé pour les poumons

1 part de fleurs de sureau
1 part de feuilles d'eucalyptus
1 part de racine de réglisse
1 part de thym
1 part de menthe poivrée
1 part de violettes odorantes

Utiliser 1 c. à thé (à café) du mélange d'herbes pour 250 ml (1 tasse) d'eau bouillante. Laisser infuser 10 minutes.

cordial

2 parts de fruits d'églantier
1 part de thé parfumé au jasmin
1 part de mélisse
1 part de lavande
1 part d'avoine (grains entiers broyés)
1 part de romarin

Utiliser 1 c. à thé (à café) du mélange d'herbes pour 250 ml (1 tasse) d'eau bouillante. Laisser infuser 10 minutes.

sirop d'églantier

125 g (1/4 de lb) de fruits d'églantier
500 ml (2 tasses) d'eau
120 g (½ tasse) de sucre de canne

Porter à ébullition les fruits d'églantier et l'eau. Laisser refroidir hors feu. Filtrer dans plusieurs couches d'étamine. Porter le liquide à ébullition, ajouter le sucre et laisser réduire du tiers à feu doux en remuant souvent. Verser dans des bouteilles stérilisées et garder au frais.

sauge pour mal de gorge

310 ml (1 ¼ tasse) d'eau bouillante
1 c. à thé (à café) de sauge
½ c. à thé (à café) de gaillet
½ c. à thé (à café) de gingembre frais, haché finement

Laisser infuser le tout pendant 5 minutes.

boisson aux fruits

1 goyave, pelée
½ papaye, pelée et épépinée
1 banane
100 g (¾ de tasse) de cassis
100 g (2/3 de tasse) de fraises

Passer au mélangeur et servir sur glace.

thé de Morphée

2 parts de feuilles de passiflore
1 part de cataire
1 part de camomille
1 part de lavande

Utiliser 1 c. à thé (à café) du mélange d'herbes pour 250 ml (1 tasse) d'eau bouillante. Laisser infuser 10 minutes.

chai épicé

1 bâton de cannelle de 1 cm (½ po)
½ c. à thé (à café) de graines de moutarde noire
½ c. à thé (à café) de graines de fenouil
½ c. à thé (à café) de racine de réglisse
¼ c. à thé (à café) de graines de carvi
310 ml (1 ¼ tasse) de boisson de riz
1 c. à thé (à café) de miel (facultatif)

Porter le tout à ébullition, sauf le miel. Laisser mijoter quelques minutes et ajouter le miel.

antistress

1 part de basilic
1 part de bourrache
1 part de lavande
1 part de mélisse
1 part de menthe poivrée

Utiliser 1 c. à thé (à café) du mélange d'herbes pour 250 ml (1 tasse) d'eau bouillante. Laisser infuser 10 minutes.

thé antidouleur

2 parts de reine-des-prés
2 parts de millepertuis commun
1 part de romarin

Utiliser 1 c. à thé (à café) du mélange d'herbes pour 250 ml (1 tasse) d'eau bouillante. Laisser infuser 10 minutes.

thé pour mal d'oreille

1 part de gaillet
1 part d'échinacée
1 part de fleurs de sureau
1 part de racine de réglisse
1 part de menthe poivrée
1 part de fruits d'églantier
1 part de millepertuis commun

Utiliser 1 c. à thé (à café) du mélange d'herbes pour 250 ml (1 tasse) d'eau bouillante. Laisser infuser 10 minutes.

thé pour la fièvre

½ c. à thé (à café) de bourrache
½ c. à thé (à café) de cataire
½ c. à thé (à café) de camomille
1 petite pincée de cayenne
250 ml (1 tasse) d'eau bouillante

Laisser infuser pendant 5 minutes.

thé pour infections fongiques

2 parts d'échinacée
1 part de gaillet
1 part de mélisse
1 part de souci (calendula)

Utiliser 1 c. à thé (à café) du mélange d'herbes pour 250 ml (1 tasse) d'eau bouillante. Laisser infuser 10 minutes.

sirop de thym

500 ml (2 tasses) d'eau
3 c. à soupe de thym séché
360 g (1 ½ tasse) de sucre de canne

Porter l'eau à ébullition. Ajouter le thym et laisser infuser 20 minutes. Filtrer, sucrer et chauffer jusqu'à dissolution du sucre. Garder au froid dans des bouteilles stérilisées.

thé pour les glandes

1 part de bourrache
1 part de gaillet
1 part d'échinacée
1 part de souci (calendula)

Utiliser 1 c. à thé (à café) du mélange d'herbes pour 250 ml (1 tasse) d'eau bouillante. Laisser infuser 10 minutes.

thé pour mal de tête

1 part de grande camomille
1 part de marjolaine
1 part de menthe poivrée
1 part de romarin

Utiliser 1 c. à thé (à café) du mélange d'herbes pour 250 ml (1 tasse) d'eau bouillante. Laisser infuser 10 minutes.

thé pour les articulations

1 part de graines de moutarde noire
1 part de graines de céleri
1 part de fleurs de sureau
1 part d'ortie
1 part de millepertuis

Utiliser 1 c. à thé (à café) du mélange d'herbes pour 250 ml (1 tasse) d'eau bouillante. Laisser infuser 10 minutes.

thé pour la peau

1 part de gaillet
1 part d'échinacée
1 part d'ortie
1 part de violettes odorantes
1 part de souci (calendula)

Utiliser 1 c. à thé (à café) du mélange d'herbes pour 250 ml (1 tasse) d'eau bouillante. Laisser infuser 10 minutes.

tonique hivernal

200 g (1 ¼ tasse) de mûres
1 banane
2 c. à soupe de sirop d'érable
7 c. à soupe de boisson aux amandes (p. 79)

Mixer au mélangeur et servir.

programmes diététiques

cure de détoxication et d'exclusion

Si vous pensez avoir une allergie, tenez un journal alimentaire dans lequel vous inscrirez TOUT ce que vous mangez et buvez. À la fin de la journée, notez vos symptômes (mal de tête, d'estomac, etc.) d'allergie ou d'arthrite sur une échelle de 1 à 10. Les symptômes d'allergie peuvent apparaître jusqu'à 24 heures après la consommation d'un aliment.

Après une semaine, s'il est évident que vous avez de «bonnes» et de «mauvaises journées» selon ce que vous mangez, créez votre propre régime d'élimination en évitant les aliments qui ne sont pas bons pour vous et en gardant votre journal à jour.

Le régime suivant vous permettra d'identifier les aliments et boissons à éviter (vous pourrez les réintroduire après avoir vérifié s'ils vous conviennent). Choisissez une période où vous n'êtes pas trop occupé. Si vous avez une maladie grave, il faut consulter un médecin avant d'entreprendre un tel régime.

Certains symptômes de détoxication (nausée, mal de tête, diarrhée, etc.) diminueront après quelques jours et vous vous sentirez plus alerte. Mangez et buvez (eau et infusions légères) toutes les 2 ou 3 heures et mangez à volonté les aliments permis. Pendant la cure, remplacez votre dentifrice par du bicarbonate de soude et du sel.

Ce régime progressif permet d'éliminer chaque jour un ou des groupes alimentaires, puis de les réintroduire par la suite. Buvez au moins 1 litre (4 tasses) d'eau par jour.

1er JOUR

Éliminer: stimulants (thé, café, chocolat, alcool, tabac), aliments traités, sucres (miel, sirop, etc.) et additifs.

2e JOUR

Éliminer: produits laitiers, viande, poisson et fruits de mer.

3e JOUR

Éliminer: blé, sarrasin, maïs, noix, légumineuses et les aliments qui en contiennent.

4e JOUR

Éliminer: aliments contenant de l'acide oxalique (épinard, fraise, rhubarbe) et solanacées (aubergine, pomme de terre, piment, poivron, tomate, cayenne). Manger: légumes crus ou vapeur, fruits, riz.

5e JOUR

Éliminer: riz et agrumes (citron, orange, pamplemousse, lime (citron vert), tangerine, mandarine, clémentine, kumquat). Manger: légumes crus ou vapeur, fruits.

6e JOUR

Manger uniquement des fruits.

7e JOUR

Boire uniquement de l'eau.

8e JOUR

Manger uniquement des fruits.

9e JOUR

Manger: légumes crus ou vapeur et fruits (sauf agrumes, solanacées ou contenant de l'acide oxalique).

10e JOUR
Manger: fruits, légumes et riz. Réintroduire les solanacées. Observer s'il y a réaction.

11e JOUR
Manger: fruits, légumes et riz. Réintroduire les agrumes. Observer s'il y a réaction.

12e JOUR
Manger: fruits, légumes et riz. Réintroduire maïs, noix et légumineuses. Observer s'il y a réaction.

13e JOUR
Manger: fruits, légumes et riz. Réintroduire blé, sarrasin et poisson. Observer s'il y a réaction.

14e JOUR
Manger: fruits, légumes et riz. Réintroduire les produits laitiers. Observer s'il y a réaction.

15e JOUR
Manger: fruits, légumes et riz. Réintroduire les fruits de mer. Observer s'il y a réaction.

16e JOUR
Recommencer à manger «normalement». Noter les réactions pour: viande, sucre, aliments riches en acide oxalique, stimulants et additifs. Identifier et éliminer les groupes alimentaires provoquant une réaction négative.

cure de raisin

Pour détoxifier l'organisme, manger des raisins bios à volonté et boire souvent du jus de raisin bio sans sucre dilué. Se reposer et éviter le tabac.

1er, 2e ET 3e JOURS
Manger uniquement des raisins; boire seulement de l'eau et du jus de raisin.

4e JOUR
Ne rien manger; boire beaucoup d'eau et de jus de raisin.

5e, 6e ET 7e JOURS
Manger uniquement des raisins; boire seulement de l'eau et du jus de raisin.

léger régime curatif

Si vous avez une maladie chronique ou avez subi un stress physique, mental, émotif ou spirituel, ce régime composé d'aliments très nutritifs et faciles à digérer contient assez de protéines et de glucides pour faciliter votre guérison et maintenir votre niveau d'énergie. Faible en gras, il offre tous les acides gras, vitamines, minéraux et phytochimiques nécessaires. Mangez et combinez les aliments suivants à volonté; optez pour ceux qui ont un IG faible.

SUCRES COMPLEXES
Grains (ex.: quinoa, amarante, riz, couscous, boulgour, blé entier, orge, avoine, seigle), racines et tubercules (ex.: panais, céleri-rave, carotte, betterave, patate douce, pomme de terre).

PROTÉINES VÉGÉTALES
Haricot, pois et légumes feuillus verts. (Aucune viande puisqu'elle ne contient pas de fibres et peut renfermer des résidus d'hormones, antibiotiques, nitrites et autres additifs ou substances nocives.)

VITAMINES, MINÉRAUX ET PHYTOCHIMIQUES
Optez pour des légumes bios crus ou cuits au goût. Commencez par des légumes cuits et ajoutez peu à peu des légumes crus si vous les trouvez difficiles à digérer.

Prenez chaque jour un ou deux fruits de saison à faible IG. Ce régime vise à régénérer l'organisme grâce à des aliments procurant une énergie stable ne perturbant pas la glycémie. La plupart des fruits contiennent des sucres simples (disaccharides) absorbés plus vite par le sang que les sucres complexes (polysaccharides) des grains et de plusieurs légumes. Mangez aussi des fruits qui aident la digestion: papaye, ananas, banane, pamplemousse. Le citron renferme beaucoup de vitamine C et peu de sucre.

GRAS INSATURÉS ET HUILES OMÉGA

Noix, graines et huiles végétales (sauf huiles de palme ou de noix de coco) sont bonnes pour la santé.

BOISSONS

Évitez de surcharger votre estomac et buvez au moins 1 litre (4 tasses) d'eau par jour. Prenez aussi des jus de légumes sans sucre et des infusions naturelles.

CHOIX DE MENUS
CHOISIR UN PLAT PAR CATÉGORIE.

MATIN

Pain grillé aux tomates (p. 258)
Tofu brouillé (p. 258)
Pain grillé aux tomates et doliques (p. 258)
Quinoa aux fruits séchés (p. 258)
Musli (p. 259)

MIDI (SALADES ET SOUPES)

Salade d'endives grillées aux noix (p. 201)
Salade de tempeh au maïs (p. 209)
Soupe santé (p. 261)
Soupe aux doliques (p. 261)
Potage au chou-fleur (p. 261)
Soupe aux gourganes (p. 261)
Soupe épicée aux légumes (p. 262)
Soupe aux dumplings (p. 262)
Soupe aux poireaux et pommes de terre (p. 262)
Soupe aux légumes et quinoa (p. 205)
Salade de carotte et betterave (p. 275)
Salade niçoise (p. 275)
Salade de boulgour (p. 275)
Salade d'artichauts (p. 275)
Salade de roquette (p. 275)
Salade de brocoli et avocat (p. 275)
Salade de fenouil (p. 276)
Salade de lentilles (p. 276)
Salade de pommes de terre (p. 276)
Salade de maïs et tomates séchées (p. 276)
Salade de riz sauvage (p. 277)

SOIR

Entrées

Asperges à la ravigote (p. 262)
Pitas chauds, hoummos et crudités (p. 263)
Salade de chou épicée (p. 263)
Poivrons grillés (p. 263)
Brochettes de légumes (p. 264)
Purée d'aubergine (p. 264)
Salade de tofu (p. 264)

Plats principaux

Burgers aux betteraves (p. 179)
Taboulé de quinoa (p. 205)
Feuilletés au tofu (p. 268)
Casserole de lentilles (p. 268)
Haricots à la provençale (p. 271)
Casserole de tofu aux légumes (p. 271)
Bouillabaisse d'épinards (p. 271)
Pâté chinois (p. 272)
Patates douces au cari (p. 272)
Champignons farcis aux fines herbes (p. 272)
Casserole d'hiver (p. 272)
Marrons et kumquats (p. 273)

Goûters

Pâté épicé aux noix (p. 201)
Noix et graines grillées (p. 266)
Olives marinées (p. 264)
Canapés de tomate et concombre (p. 266)

Guacamole (p. 266)
Tzaziki (p. 267)

BOISSONS
Eau pure, infusions, jus de légumes frais, frappés, café de pissenlit ou de chicorée.

ALIMENTS À ÉVITER
- Sucres et aliments contenant du sucre ajouté
- Aliments traités, raffinés et vides
- Jus de fruits
- Stimulants (alcool, thé, café, chocolat, boissons gazeuses)
- Suppléments et médicaments non prescrits
- Aliments contenant des gras saturés
- Additifs
- Produits laitiers
- Viande
- Poisson
- Aliments à indice glycémique élevé

Ce régime peut soulager les douleurs causées par l'arthrite. Si ce n'est pas le cas, éviter: agrumes, aubergine, blé, épinard, fraise, poivron, pomme de terre, tomate, rhubarbe et vinaigre.

glossaire

Les mots en caractères **gras** font partie du glossaire.

ACÉTYLCHOLINE Neurotransmetteur utile au fonctionnement des système nerveux central et autonome.
ACIDE BENZOÏQUE Antiseptique pour les infections urinaires; agent de conservation (marinades, liqueurs).
ACIDE CITRIQUE Acide végétal donnant un goût distinct aux citrons, limes, oranges non mûries, cassis et framboise. Rafraîchissant et désaltérant.
ACIDE FOLIQUE Vitamine du complexe B présente dans les feuilles.
ACIDE FORMIQUE Acide irritant présent dans l'ortie.
ACIDE LINOLÉIQUE Acide gras «essentiel» (le corps n'en fabrique pas; il est fourni par les aliments) présent dans les légumes, noix, céréales, fruits, huiles végétales, œufs, volaille. L'un des **gras polyinsaturés** de la famille des **oméga-6**.
ACIDE LINOLÉNIQUE Acide gras «essentiel» de la famille des **gras polyinsaturés oméga-3** présent dans les graines de lin, de moutarde et de citrouille, huiles de noix et de soja, légumes feuillus verts, viandes et produits dérivés. Converti en acides icosapentaénoïque (EPA) et docosahexaénoïques (DHA) bons pour le taux de lipides sanguins et prévenir les caillots.
ACIDE OLÉIQUE Acide gras essentiel de la famille des oméga-9.
ACIDE OXALIQUE Substance chimique présente dans: thé, rhubarbe, épinard. Un excès favorise les calculs rénaux. À éviter en cas de calculs ou de malabsorption gastro-intestinale.
ACIDES PHÉNOLIQUES Substances présentes dans: vin, thé, légumes marinés. Favorisent la détoxication; inhibent la formation de cellules cancéreuses.
ACIDE QUINIQUE Acide organique sucré (pomme, pêche, poire, prune et certains légumes). Antiviral et neuroprotecteur.
ACIDE SALICYLIQUE Substance chimique végétale à la base de l'aspirine. Les plantes qui en contiennent sont antiseptiques, anti-inflammatoires et analgésiques.
ACIDE TARTRIQUE Acide présent dans plusieurs végétaux, dont le raisin.
ACIDE VALÉRIANIQUe Huile volatile sédative.
ANTHOCYANES **Flavonoïdes antioxydants** bleu foncé pouvant rendre les plaquettes sanguines moins «collantes» et prévenir les caillots.
ANTIBIOTIQUE Traitement anti-infectieux tuant ou inhibant la croissance des organismes nuisibles.
ANTICATARRHAL Substance pouvant réduire les sécrétions de la muqueuse.
ANTICOAGULANT Réduit le risque de caillots sanguins.
ANTIOXYDANT Substance inhibant et contrôlant l'effet néfaste des **radicaux libres**. Vitamines C et E, sélénium et zinc sont d'importants antioxydants.
ANTISCORBUTIQUE Prévient le scorbut; propriété des aliments contenant de la vitamine C.
ASTRINGENT Substance créant un resserrement (ex.: pour traiter saignement ou diarrhée).
BÊTA-SITOSTÉROL Stérol végétal réduisant le cholestérol; pourrait freiner la croissance tumorale (prostate, sein).
BIOFLAVONOÏDES (ou flavonoïdes) Groupe de composés bioactifs (**quercétine, kaempférol, rutine,** hespéridine) aux propriétés **antioxydantes** et **diurétiques**. Réduisent le cholestérol; pourraient protéger contre la cardiopathie et certains cancers.
BROMÉLINE Enzyme de l'ananas hydrolysant les protéines. Assiste les enzymes pancréatiques; pourrait réduire inflammation et enflures.
CARMINATIF Libère les gaz intestinaux (flatulence).
CAROTÈNE **Caroténoïde** végétal orange.
CAROTÉNOÏDE Pigments des aliments végétaux de couleur vive aux puissantes vertus **antioxydantes**. Se convertissent en vitamine A dans l'organisme.
CHLOROPHYLLE Pigment vert responsable de la photosynthèse dans les plantes. Inhibe la croissance bactérienne et soulage l'inflammation.
COMPOSÉS BIOACTIFS Substances chimiques (ex.: **antioxydants**) des aliments qui ont ou auraient des effets bénéfiques sur la santé.
COUMARINES Anticoagulants naturels.
CURCUMINOÏDES Pigments jaunes du curcuma aux vertus

anti-inflammatoires. Augmentent l'action de l'adrénaline; bons pour le foie.

CYANOGLUCOSIDES Composés bioactifs présents dans certaines plantes qui auraient des vertus médicinales.

DÉCOCTION Préparation médicinale obtenue en faisant bouillir racines, écorces, bois, noix ou graines dans l'eau de 10 à 15 minutes.

DIAPHORÉTIQUE Active la sudation.

DIURÉTIQUE Augmente la miction.

EXPECTORANT Provoque l'expulsion du mucus des poumons.

FÉBRIFUGE Remède réduisant la fièvre.

FLAVONOÏDES ***Voir*** **Bioflavonoïdes**.

GLUCOQUININE Substance chimique présente dans diverses plantes (bleuet, ail) réduisant la glycémie.

GLUCOQUINONE Substance chimique présente dans l'ortie; pourrait réduire la glycémie.

GLUCOSIDES Composés glucidiques à puissant effet médicinal.

GLUCOSINOLATES Groupe de plus de 20 susbtances chimiques présentes dans les plantes comestibles. Augmentent l'activité enzymatique aidant à éliminer les substances cancérigènes potentielles. Pris en excès, ils pourraient réduire l'absorption d'iode dans la thyroïde.

GLUTATHION Détruit les radicaux libres; son action est dépendante du sélénium.

GLUTEN Protéine des céréales. Les gliadines peuvent provoquer une réaction immunitaire causant la maladie cœliaque.

GRAS HYDROGÉNÉS Présents dans plusieurs aliments traités. Produits par l'ajout de gras polyinsaturés pendant le procédé d'hydrogénation. À température ambiante, les gras hydrogénés et partiellement hydrogénés sont plus solides que les gras polyinsaturés. Leurs techniques de fabrication créent la production de mauvais gras (trans).

GRAS MONO-INSATURÉ Acide gras dont les atomes de carbone sont liés par une seule liaison double. Présent dans plusieurs gras animaux et végétaux; l'huile d'olive en contient beaucoup.

GRAS POLYINSATURÉ Acide gras renfermant au moins deux doubles liaisons entre atomes de carbone. Présent dans les huiles végétales.

GRAS SATURÉ Acide gras habituellement solide à température ambiante (beurre, lard, suif). Puisque l'organisme en produit, il n'est pas nécessaire d'en inclure dans l'alimentation.

HISTAMINE Dérivé de l'histidine présent dans les tissus des animaux et les plantes. Dilate les petits vaisseaux sanguins, contracte les tubes bronchiques et stimule la production des sucs gastriques. Responsable de l'urticaire.

HUILES ESSENTIELLES (ou huiles volatiles) Huiles très odorantes donnant aux plantes leur odeur caractéristique et ayant plusieurs effets pharmacologiques.

IMMUNOSTIMULANT Renforce les défenses naturelles du corps.

INHIBITEURS DE PROTÉASE Protéines présentes dans les plantes (céréales, légumineuses) susceptibles de protéger contre le cancer.

ISOFLAVONES Groupe de **composés bioactifs** présents dans les céréales et légumineuses. Structure semblable à l'œstrogène humain. Pourraient protéger contre le cancer du sein, mais le débat se poursuit à propos de l'effet des phytoestogènes sur les enfants nourris avec des formules de lait à base de soja.

KAEMPFÉROL **Bioflavonoïde** présent dans plusieurs végétaux.

LACTOBACILLES Bactéries utiles à la flore microbienne; aussi présentes dans le yogourt.

LENTINANE Polysaccharide présent dans le shiitake. Augmente la réponse immunitaire en stimulant l'activité cellulaire. Traitement éventuel pour le sida (de concert avec d'autres médicaments) et le cancer.

LEUCOTRIÈNE Dérivé de l'acide arachidonique; joue un rôle sur la contraction des muscles lisses et l'inflammation due aux blessures.

LUTÉINE **Caroténoïde antioxydant** de plusieurs plantes.

LYCOPÈNE **Caroténoïde antioxydant** de la tomate libéré pendant la cuisson. Son absorption est facilitée par un faible apport en huile ou en gras pendant le repas.

MUCILAGE Sucre complexe présent dans plusieurs plantes; devient visqueux une fois dissous dans l'eau. Les remèdes à base d'herbe qui en contiennent soulagent l'inflammation des muqueuses.

OMÉGA-3 Groupe d'acides gras insaturés contenant de l'**acide linoléique** (EPA et DHA).
OMÉGA-6 Groupe d'acides gras insaturés contenant de l'**acide linoléique** et de l'acide arachidonique.
PAPAÏNE Substance du jus de papaye utile à la digestion.
PHYTOCHIMIQUES **Composés bioactifs** de certains végétaux bons pour la santé: composés sulfurés de l'ail, caroténoïdes, courmarines et bioflavonoïdes.
PHYTOHORMONES Hormone d'origine végétale (ex.: phytoestrogène) agissant comme les hormones humaines.
POLYSACCHARIDES Grosses molécules composées de chaînes de sucres simples (ex.: amidon).
PORPHYRINES Pigments présents dans le sang et les tissus des animaux, les plantes et les microorganismes.
PRINCIPES AMERS Groupe de produits chimiques végétaux amers. Stimulent le foie et la sécrétion des sucs digestifs; agents **antibiotiques**, antifongiques et anticancer.
QUERCÉTINE **Bioflavonoïde** et **antioxydant** (oignon, pomme, tomate, petits fruits, thé). Antihistaminique bon pour traiter les allergies et prévenir cancer et cardiopathie.
RADICAUX LIBRES Sous-produit du métabolisme pouvant endommager les membranes cellulaires par oxydation des acides gras. Sont neutralisés par les **antioxydants**.
RUTINE **Bioflavonoïde**; tonifie et guérit les vaisseaux sanguins périphériques.
SAPONINES **Composés bioactifs;** effet expectorant, diurétique et anti-inflammatoire. Présents dans plusieurs herbes et aliments (ex.: haricot de soja, avoine, réglisse, asperge).
TANNIN Substance végétale provoquant une contraction des tissus par précipitation des protéines. **Astringent**, réduit les sécrétions.
THYMOL Huile volatile très antiseptique.
TRYPTOPHANE Acide aminé pouvant être converti en niacine (B_3) dans l'organisme.
VASODILATATEUR Substance pouvant dilater les vaisseaux sanguins, facilitant ainsi la circulation sanguine.

les meilleures sources de nutriments

Voici les 10 meilleures sources alimentaires de plusieurs vitamines, minéraux et oligoéléments. Les aliments sont classifiés selon la quantité qu'ils contiennent par portion en commençant par les plus élevés.

VITAMINES HYDROSOLUBLES

VITAMINE B1 (thiamine): pois, riz brun, extrait de levure, pomme de terre, musli, graine de tournesol, haricot pinto, chou, tahini, poireau

VITAMINE B2 (riboflavine): extrait de levure, tempeh, musli, avocat, algues, pleurote, maïs, champignon, pois, feuille de moutarde

VITAMINE B3 (niacine): extrait de levure, tempeh, musli, gourgane, pois, beurre d'arachide, riz brun, haricot de soja, pomme de terre, son de blé

VITAMINE B5 (acide pantothénique): gourgane, avocat, champignon, tempeh, chou de Bruxelles, poireau, lentille, chou vert frisé

VITAMINE B6 (pyridoxine): tempeh, musli, pomme de terre, avocat, poivron rouge, banane, chou de Bruxelles, poireau, lentille, chou vert frisé

VITAMINE B12 (cobalamine): (f) = enrichi: extrait de levure (f), bouillon de légumes (f), margarine végétale (f), boisson (jus) de soja (f), céréales à déjeuner (f), tempeh, algues, pain au levain, shiitake, sauce soja

ACIDE FOLIQUE: dolique à œil noir, bette à carde, chou de Savoie, épinard, gourgane, haricot pinto, endive, chou de Bruxelles, chou vert frisé, gombo

BIOTINE: tempeh, haricot de soja, noisette, arachide, amande, musli, dolique à œil noir, champignon, avocat, mange-tout

VITAMINE C: goyave, cassis, poivron rouge, chou vert frisé, orange, chou de Bruxelles, brocoli, poivron vert, papaye, fraises

VITAMINES LIPOSOLUBLES

VITAMINE A (CAROTÈNE): patate douce, carotte, chou, poivron rouge, courge musquée, bette à carde, épinard, chou vert frisé, mangue, cantaloup

VITAMINE D: plusieurs aliments sont enrichis en vitamine D et peu en contiennent naturellement. Il est bon de prendre un peu de soleil chaque jour.

VIAMINE E: huile de germe de blé, tomate séchée, patate douce, huile de tournesol, huile de carthame, graine de tournesol, avocat, noisette, amande, courge musquée

VITAMINE K: brocoli, épinard, persil, chou, chou vert frisé, choux

MINÉRAUX

CALCIUM: tofu, gombo, chou, épinard, chou vert frisé, tempeh, graine de sésame, brocoli pourpre, oignon vert, figue séchée

MAGNÉSIUM: noix du Brésil, gombo, graine de pastèque, bette à carde, riz brun, tempeh, graine de tournesol, graine de sésame, haricot, épinard

PHOSPHORE: riz brun, tempeh, tahini, musli, pois, haricots et lentilles, noix et graines, maïs, tofu, patate douce

POTASSIUM: avocat, pomme de terre, patate douce, abricot séché, courge, haricot, banane, épinard, courgette, chou de Bruxelles

OLIGO-ÉLÉMENTS

FER: tempeh, lentille, pomme de terre, musli, chou, endive, pois, tahini, graine de cumin, pêche séchée

ZINC: azuki, tofu, tempeh, lentille, musli, pâtes, son de blé, pois chiche, tahini, riz brun

MANGANÈSE: pleurote, riz brun, musli, tempeh, noix de pin, tofu, mûre, noix de macadam, noisette, azuki

CUIVRE: tempeh, riz brun, azuki, pois cajan, champignon, graine de pastèque, graine de tournesol, noix de cajou, tahini, haricot de soja

IODE (LES MEILLEURES SOURCES PROVIENNENT DE LA MER): poisson, algues, sel marin, sel iodé. La quantité varie selon le taux d'iode dans le sol.

SÉLÉNIUM: noix du Brésil, pain complet, haricot rouge, noix de cajou, champignon, haricot de soja

index des aliments

Les numéros de pages en **gras** font référence à des recettes.

index santé

index des recettes

Voir aussi l'index des aliments, p. 296

Boissons médicinales

Décoctions

Desserts

Fruits

Infusions

Jus

Légumes et accompagnements

Plats végétariens

Poisson

Salades

index des recettes *(suite)*

bibliographie

Ballentine, R. *Diet & Nutrition,* Himalayan International Institute, 1982.

Bartram, T. *Herbal Medicine,* Constable & Robinson Ltd., 1998.

Belaiche, P. *Traité de phytothérapie et d'aromathérapie,* Maloine S.A., 1979.

Bieler, H. G. *Food is Your Best Medicine,* Spearman, 1968.

Bock K. et N. Basin, *The Road to Immunity,* Pocket Books, 1997.

Bocuse, P. *La cuisine du marché,* Flammation, 1976.

Braine, A. *Des plantes pour tous les jours,* Presse Pocket, 1993.

Caldicott, C. et C., *World Food Café,* Frances Lincoln. 1999.

Cechini, T, *Encyclopédie des plantes médicinales,* De Vecchi, 1993.

Collectif. *A Taste of History,* English Heritage, 1993.

Creasy, R. *The Edible French Garden,* Periplus, 1999.

Del Conte, A., *Secrets from an Italian Kitchen,* Corgi, 1989.

Delmas, M. *Les mille recettes aux mille vertus,* Magnard/Le François, 1990.

Dolamore, A. *Olive Oil Companion,* Macmillan, 1988.

Dorvault, F. *L'officine,* 23e éd., 1995.

Duhamel, B. *Cahiers de phytothérapie,* Masson, 1995.

Elliot, R. *The Bean Book,* Fontana, 1979.

Ewin, J. *The Plants We Need to Eat,* Thorsons, 1997.

Fern, K. *Plants for a Future,* Permanent Publications, 1997.

Fichaux, B. *La nouvelle cuisine familiale,* Gabriandre, 1996.

Garrow, J.S., et autres. *Human Nutrition & Dietetics,* Churchill Livingstone, 2000.

Grieve, M. *A Modern Herbal,* Tigers Books, 1992.

Grigson, J. *Jane Grigson's Fruit Book,* Penguin, 1983.

Gross, P. M. *Superfruits,* McGraw-Hill, 2010.

Harrod Buhner, S., *Herbal Antibiotics,* Newleaf, 2000.

Hartwig, K. *The Healthy Diet Calorie Counter,* D.B.P., 2004.

Hartvig K. et N. Rowley, *10 Days to Better Health,* Piatkus, 1998.

Hartvig K. et N. Rowley, *You Are What You Eat,* Piatkus, 1996.

Henderson, R.K., *The Neighborhood Forager,* Chelsea Green, 2000.

Hirsch, A. *Drink to Your Health,* Marlow, 2000.

Hoffmann. D. *The Complete Illustrated Holistic Herbal,* Element, 1996.

Jaffrey, M. *Eastern Vegetarian Cooking,* Arrow, 1990.

Kousmine, C. *La méthode Kousmine,* Jouvence, 1989.

Leclerc, H. *Précis de phytothérapie,* Masson, 1994.

McCance & Widdowson's The Composition of Foods, Royal Society of Chemistry & Food Standards Agency, 2002.

Mills, S. *The Dictionary of Modern Herbalism,* Thorsons, 1985.

Mulot, M.-A., *Votre santé par les élixirs,* Éditions du Dauphin, 1986.

Murray, M. T. et J. E. Pizzorno, *An Encyclopaedia of Natural Medicine,* Macdonald Optima, 1990.

Paterson, C. R. *Essentials of Human Biochemistry,* Pitman, 1983.

Paul, A. A. et D. A. T. Southgate, *McCance & Widdowson's The Composition of Foods,* Her Majesty's Stationery Office, 1978.

Paul, A. A., et autres. *Amino Acids & Fatty Acids,* supplément de *McCance & Widdowson's The Composition of Foods,* R.S.C. & M.A.F.F., 1991, 1992.

Pizzigoni, B. *La cuisine végétarienne pour tous,* De Vecchi poche, 1993.

Polunin, M., *Healing Foods,* Dorling Kindersley, 1997.

Rapaggi, M. L. *Erborare e Cucinare,* Edagricole Edizioni G. Agricole, 1995.

Reeves G. et E. Todd, *Immunology,* Blackwell Science, 2000.

Romeyn, M. *Nutrition & H.I.V.,* Jossey-Bass, 1998.

Rothera, E. *Perhaps It's An Allergy,* Foulsham, 1988.

Rowley, N. *Basic Clinical Science,* Hodder & Stoughton, 1994.

Rowley, N. et K. Hartvig. *Energy Food,* D.B.P., 2000.

Santa Maria J. *Chinese Vegetarian Cookery,* C.R.C.S., 1983.

Sompayrac, L. *How the Immune System Works,* Blackwell Publishing, 2008.

Straten, M. van, *Superfood Pocket Book,* Little Book Ltd., 2008.

Thesen, K., *Country Remedies,* Pierrot, 1979.

Valnet, J. *Aromathérapie,* Maloine S.A., 1984.

Valnet, J. *Phytothérapie,* Maloine S.A., 1983.

Valnet, J. *Fruits et légumes,* Maloine S.A., 1985.

Vaughan, J. G. et C. A. Geissler, *The New Oxford Book of Food Plants,* Oxford University Press, 1997.

Vaughan, J. G. et P. A. Judd, *The Oxford Book of Health Food,* Oxford University Press, 2006.

Veissid, J. *Traité de médecine populaire,* Société parisienne d'édition, 1973.

Weiss, R. F., *Herbal Medicine,* A.B. Arcanum, 1988.

World Cancer Research Fund in association with American Institute for Cancer Research, *Food, Nutrition & the Prevention of Cancer: a Global Perspective,* American Institute for Cancer Research, 1997.

Wren, R. C. *Potter's New Cyclopaedia of Botanical Drugs & Preparations,* Daniel, 1988.

remerciements

Kirsten Hartvig remercie:
Judy Barratt, Pamela Blake-Wilson, Geoffrey Cannon, Grace Cheetham, Richard Emerson, Peter Firebrace, Tara Firebrace, Allan Hartvig, Anders Hartvig, Simon Hickmott, Pip Martin, Jennifer Maughan, Ian Melrose, Anna Mews, Kathy Mitchison, Sue Mitchison, Françoise Nassivet, Manisha Patel, Liz Pearson, Dr Peter Pearson, Dr Nic Rowley, François Salies, Dr Joyce Thomas et Jacqueline Young pour leur aide et leur inspiration.

Duncan Baird Publishers remercie:
Dr Damien Downing (médecin consultant), Caroline Yates (consultante pour les recettes), Emma Bentham-Wood (assistante photographe), Juss Herd (styliste). Un merci particulier aux chefs Laurent et Marie Boileau pour leurs précieux conseils et pour avoir testé les recettes.